Guia Completa de Evangelismo

Guía Completa de Evangelismo

Scott Dawson, *editor*
Prólogo por Luis Palau

Josh McDowell ❖ George Barna
Rick Warren ❖ Joni Eareckson Tada
Steve Sjogren ❖ Lewis Drummond
Les y Leslie Parrott ❖ Dolphus Weary

> La misión de Editorial Vida es proporcionar los recursos necesarios a fin de alcanzar a las personas para Jesucristo y ayudarlas a crecer en su fe.

GUÍA COMPLETA DE EVANGELISMO
Edición en español publicada por
Editorial Vida — 2007
© 2007 Editorial Vida
Miami, Florida

Publicado en inglés con el título:
The Complete Evangelism Guidebook
Publicado por Baker Books
una división de Baker Publishing Books
Copyright © 2006 by Scott Dawson

Traducción: *Words for the World Inc.*
Edición: *Madeline Díaz*
Diseño interior: *Good Idea Productions, Inc.*
Diseño de cubierta: *Cathy Spee*

Reservados todos los derechos. A menos que se indique lo contrario, el texto bíblico se tomó de la Santa Biblia Nueva Versión Internacional. ©1999 por la Sociedad Bíblica Internacional.

ISBN — 10: 0-8297-4731-1
ISBN — 13: 978-0-8297-4731-7

Categoría: Vida cristiana / Devocional

Impreso en Estados Unidos de América
Printed in the United States of America

07 08 09 10 ❖ 6 5 4 3 2 1

Contenido

Prólogo *Luis Palau* 9
Agradecimientos 11
Introducción: ¿Por qué testificar o no? *Scott Dawson* .. 13

PARTE I — AL COMPARTIR SU FE

SECCIÓN A — DEFINA SU FE

1. ¿Qué es la fe? - *Luis Palau*. 20
2. Lo que la fe no es - *Timothy George* 24
3. Conozca la diferencia - *Rick Marshall*. 29
4. ¡Demuestre la diferencia! - *Lon Allison* 37

SECCIÓN B — DEMUESTRE SU FE

5. Un estilo de vida extraordinario - *Steve Sjogren*. 44
6. Acciones extraordinarias - *George Barna* 49

SECCIÓN C — DECLARE SU FE

7. Su testimonio - *Rick Warren* 58
8. Ilustraciones diarias - *Mike Silva*. 64
9. Presentación del evangelio - *Larry D. Robertson* 69
10. Las Escrituras - *Floyd Schneider*. 74

SECCIÓN D — DEFIENDA SU FE

11. Preguntas comunes bienvenidas - *Jay Strack* 79
12. Cuando tiene las respuestas - *Josh McDowell*. 85
13. Cuando no tiene las respuestas - *Lewis Drummond*. . . . 90
14. Cuándo hacer nuevas preguntas - *Alvin L. Reid* 97
15. ¡No tenga miedo! - *Scott Dawson* 100
16. Guerra espiritual - *Chuck Lawless* 106

Parte II Gente común

Sección E — Gente común debido al grupo de relación

17. Familia - *Tarra Dawson* *113*
18. Amigos - *Greg Stier* *118*
19. Compañeros de trabajo - *Daniel Owens* *123*
20. Parejas - *Les y Leslie Parrott* *128*
21. Vecinos - *Josh Malone y Mark Cahill* *133*
22. Compañeros de clase - *José Zayas* *138*
23. Extraños - *Phil Callaway* *144*

Sección F — Gente común debido al grupo de edad

24. Adultos de la tercera edad - *Jimmy Dusek y Jim Henry* *149*
25. La generación posterior a la Segunda Guerra Mundial - *Scott Dawson* *154*
26. Juventud - *Alvin L. Reid* *159*
27. Niños - *Patricia Palau* *163*

Sección G — Gente común debido a la vocación

28. Artes - *Colin Harbinson* *169*
29. Atletas - *Pat Williams* *174*
30. Negocios - *Regi Campbell* *180*
31. Educación - *Roger Parrott* *185*
32. Entretenimiento - *Karen Covell* *191*
33. Gobierno - *Tim Robnett* *199*
34. Medios de comunicación - *David Sanford* *204*
35. Campo médico - *Herbert Walker* *209*
36. Militares - *Sherman R. Reed* *215*

Sección H — Gente común debido a la religión

37. Agnosticismo - *Rusty Wright* *222*
38. Ateísmo - *Michael Landry* *227*
39. Budismo - *Daniel Heimbach y Vic Carpenter* *232*
40. Confucianismo - *Josh McDowell* *237*
41. Hinduismo - *Natun Bhattacharya* *242*
42. Judaísmo - *Karen Covell* *247*
43. Islam - *Abraham Sarker* *254*
44. Nueva Era - *Bob Waldrep* *262*

45. Ocultismo - *Bob Waldrep* *267*
46. Sectas - *Floyd Schneider*........................ *272*
47. Cristianismo - *Thom S. Rainer* *276*

Sección I — Gente común debido a la raza

48. Afroamericanos - *Dolphus Weary*................. *282*
49. Asiáticos - *Stanley K. Inouye* *286*
50. Hispanos - *Luis Palau*........................... *291*
51. Indígenas - *Jim Uttley Jr.*....................... *295*
52. Inmigrantes recientes - *Renée Sanford* *300*
53. Estudiantes internacionales - *Tom Phillips*......... *306*

Sección J — Gente común debido a la situación de su vida

54. Víctimas de abuso - *C. Richard Wells* *313*
55. Adictos - *Brent Crowe*.......................... *322*
56. Convictos - *Mark Earley*........................ *329*
57. Gente afectada por la discapacidad
    - *Joni Eareckson Tada*........................... *335*
58. Los desamparados - *Tony Cooper*.................. *338*
59. Mileniales - *Paul Anderson* *343*
60. Los adinerados - *Scott Dawson* *348*
61. Los pobres - *Monroe Free* *352*
62. Los desempleados - *Luis Palau* *356*
63. Proscritos - *Marty Trammell* *360*

Sección K — Gente común debido al sexo o la orientación sexual

64. Hombres - *Brian Peterson*....................... *365*
65. Mujeres - *Martha Wagner*....................... *373*
66. Solteros - *David Edwards* *378*
67. Homosexuales - *Robert y Shay Roop* *383*
68. Lesbianas - *Brad Harper*........................ *388*
69. Descontentos - *David Edwards*................... *392*

Notas 398
Recursos en la Internet gratis 402
Contribuidores................................. 404
Índice de Escrituras 419

Prólogo

¿Alguna vez probó una agradable Coca-Cola fría y refrescante? ¡Felicitaciones! También lo han hecho millones de otras personas alrededor del mundo. Y todo es culpa de Robert Woodruff.

Bueno, no es por completo su culpa. Pero él es en gran parte culpable.

Como podrán ver, Woodruff sirvió como presidente de Coca-Cola desde 1923 hasta 1955. Mientras era jefe ejecutivo de esa corporación de gaseosas, tuvo la audacia de decir: «Nos aseguraremos de que cada hombre en uniforme pueda obtener una botella de Coca-Cola por cinco centavos dondequiera que esté y cualquiera sea el costo».

Después de terminar la Segunda Guerra Mundial, dijo que quería que *toda* la gente del mundo hubiera probado la Coca-Cola durante su vida. ¡Qué visión!

Con cuidadosa planificación y mucha persistencia, Woodruff y sus colegas alcanzaron a su generación alrededor del globo para la Coca-Cola.

Dígame, ¿cuán grande es su visión? ¿Alguna vez pensó acerca de lo que puede hacer Dios a través de usted para influenciar a nuestra propia generación? No estoy bromeando. Tampoco estaba bromeando el Señor Jesucristo cuando llamó a sus discípulos a obtener una visión para impactar al mundo en su nombre.

Jesús hizo su misión muy clara: «Porque el Hijo del hombre vino a buscar y a salvar lo que se había perdido» (Lucas 19:10). Su último mandamiento: «Por tanto, vayan y hagan discípulos de todas las naciones» (Mateo 28:19) es conocido como la Gran Comisión no la Gran Sugerencia. Creo que evangelizar es el trabajo principal de la iglesia de Jesucristo.

Estoy orgulloso de predicar el evangelio, el poder de Dios, porque no puedo imaginar nada que ayude a la gente tanto como presentarles a Jesucristo. El evangelismo salva a la gente de morir sin Cristo pero también de vivir sin él. Y al vivir con él y para él, se convierten en sal y luz en un mundo perdido en la oscuridad, la tristeza, el conflicto, la violencia y el temor.

Nunca podría haber gozo mayor que regalar el evangelio, llevando a la gente al reino eterno de Dios Todopoderoso. No hay emoción más fuerte. Entréguese por completo a la tarea de evangelizar. Esta vida es su única oportunidad.

¿Espera grandes cosas de Dios? ¿O está dejando pasar las oportunidades? Si es verdad que el Señor quiere que se predique el evangelio por todo el mundo, no podemos permanecer pasivos. Sin que importe cuales sean nuestros dones o habilidades o recursos, necesitamos trabajar unidos como mayordomos fieles de lo que nos ha dado Dios.

Empiece a hacer algo al crear planes específicos de acción. De eso se trata este libro. Oro que les sea de ayuda mientras buscan compartir el mensaje transformador de vida del evangelio con sus amigos, familia, vecinos, compañeros de trabajo y muchos otros.

Las Buenas Nuevas de Jesucristo son para todos en cada segmento de la sociedad. Dios quiere usarlo para llegar a su mundo para Jesucristo. ¡Déjelo!

Luis Palau, autor, evangelista y presentador (www.palau.org)

Agradecimientos

Uno de mis mentores me dijo una vez: «¡Un hombre hecho por sí mismo no hace mucho!» Puedo decir con honestidad que este recurso no sería mucho si solo incluyera mis pensamientos y palabras. Es con la gratitud más sincera que doy gracias a todos los que han contribuido en este trabajo.

Todo empieza con mi compañera, ayuda y mejor amiga en todo el planeta, mi esposa, Tarra. Ella es la imagen de Proverbios 31 y también una gran escritora. Hunter y Hope renunciaron a su papá para este proyecto con el entendimiento de que estas palabras serían leídas por mucho tiempo. Mis padres me han mostrado con su vida el principio que «no hay éxito sin sacrificio», por lo cual siempre estaré en deuda.

Otro amigo mío cita un proverbio irlandés muy a menudo: «Lo mejor que puedes hacer por un amigo es presentárselo a tus amigos». Creo que esto es verdad a la hora de evangelizar, pero también creo que es cierto en este trabajo. Entretejido en estas páginas podrá leer el sentir del corazón de hombres y mujeres, a los cuales tal vez no conozca, pero cuyas introducciones y palabras lo desafiarán. Agradezco a cada autor contribuyente que se quedó despierto hasta tarde, se levantó temprano, y le hizo frente a cada desafío con una sonrisa por el bien de este libro.

Mi asistente personal, Cary Creer, trabajó noches, fines de semana y días feriados para asegurarse de que cada sección de este proyecto se completara. Ha llegado a conocer muy bien a algunos de los autores por medio de sus oportunos mensajes de correo electrónico y su dedicación a la excelencia en cada capítulo que se entregaba.

Linda Marcrum, nuestra editora de proyecto, que fue intachable en su edición, tenaz en sus plazos de entrega, y llena de gracia al corregir mi gramática, es una de las jugadoras más valoradas en este trabajo. No pienso que pueda olvidar nunca el día en que accedió a trabajar en este proyecto... ¡sin importar cuánto trate!

Le doy gracias a Josh Malone y Jan White por su ayuda en la investigación, en las entrevistas y en el desarrollo de algunas partes claves de este proyecto, y por no darse por vencidos ni ceder ante los obstáculos. También le debo un agradecimiento adicional a Saint Green, Jane Young y Christy Foster.

Además, todo el equipo de la Asociación Evangelística Scott Dawson sabe cuán importante es este proyecto para el evangelismo, en especial Keny Hatley, Mike Greer, Dwayne Moore, Gina Handley, Trey Reynolds y Stephanie Drew, los cuales han eliminado el estrés de mi vida y han trabajado sin descanso para el ministerio.

Quiero agradecer a la Junta de Directores de nuestro ministerio, que ha colaborado conmigo durante veinte años en compartir las Buenas Nuevas a lo ancho del planeta. Muchas gracias por su amor y apoyo hacia mí, pero en especial hacia el Señor.

También quiero darles las gracias a David Sanford y su equipo en Sanford Communications, sin los cuales este proyecto no se hubiese materializado. Te doy las gracias, David, por creer y compartir mi visión de alcanzar al mundo con el mensaje de Cristo. ¡Alabo al Señor por haberte traído a mi vida! Asimismo le doy gracias adicionales a Brian Peterson en Baker, que defendió este proyecto desde el principio.

Por último, pero de la mayor importancia, le doy gracias al que hace que este libro sea relevante y posible. Si no hubiese resurrección, no estaríamos desarrollando un recurso sobre cómo compartir a Jesucristo con el mundo. Si Cristo no hubiera cambiado mi vida, ni me molestaría en escribir este libro.

Como usted, tengo el mensaje de Jesucristo que necesita ser llevado a este mundo con pasión y elocuencia, y una carga que oro que este libro traiga a su vida. ¡Mi oración es que unamos nuestros brazos y dediquemos nuestras vidas a compartir el mensaje más grandioso que este mundo escuchará jamás!

Introducción

¿Por qué testificar o no?

Scott Dawson

Hace unos años llevé a cabo una encuesta entre más de seis mil cristianos de dieciséis estados en cuanto a por qué se le hace difícil a la gente compartir su fe. Después que se completó la investigación, un equipo de personas organizó las respuestas bajo las categorías correspondientes. Fue interesante ver que para el cristiano que no testificaba todas las respuestas dadas se relacionaban con tres problemas básicos.

La respuesta dada con más frecuencia fue la *ignorancia*. Una mayoría de creyentes en este país no tiene suficiente confianza en el conocimiento de su propia fe para compartirla con otro individuo. ¿Puede ser que le hayamos asignado la tarea de evangelizar, que es el fluir natural de conocer a Cristo, a una clase élite de creyentes que ha logrado algo especial? Mi temor es que los programas que han sido desarrollados para mejorar el evangelismo lo han ahora elevado a un nivel que intimida a la mayoría de los creyentes.

El evangelismo, en su forma más pura, se trata de *mí* compartiendo con *usted* lo que Cristo ha hecho en mi vida. Cualquiera que haya comenzado una relación con Cristo puede involucrarse en la tarea de evangelizar. Tal vez ser capaz de explicar términos como *pecado*, *evangelio* y *expiación* le dé elocuencia y desenvoltura al ganador de almas a la hora de compartir su fe; pero aun así, si nunca ha escuchado de *propiciación*, *elección* o cualquier otro término teológico, igual puede ser un evangelista.

La meta al leer este libro es poner la base teológica del evangelismo al lado de los métodos prácticos para evangelizar. Más de sesenta autores de todos los niveles de vida han logrado esta hazaña. Los profesores, pastores y laicos representados aquí comparten una pasión —evangelizar— y su deseo es que usted esté involucrado en esto. ¡Para nosotros, lo importante no es *si* está involucrado, sino *cómo* lo está! Este libro no ofrece otro programa de evangelismo sino que es una herramienta que puede usarse al evangelizar. Por lo menos, hay tres formas en que puede usar este recurso.

Primero, úselo para mejorar sus habilidades con relación al evangelismo. Deje que despierte el pesar que existe en su alma por aquellos que se encuentran a su alrededor. Segundo, úselo como una guía para interactuar con alguien que pertenece a un grupo particular de gente. Le prometo que en los siguientes treinta días conocerá a alguien acerca del cual se habla en este libro. El mundo ya no está cruzando el océano sino cruzando la calle. Tercero, en las conversaciones con otros cristianos escuchará acerca de la preocupación por amigos que tienen un estilo de vida o se hallan en situaciones de las que trata este libro. A través de este recurso estará listo para ofrecer una respuesta. Esto no tiene la intención de ser un estudio exhaustivo de cada grupo de gente, sino solo es una forma de compartir el evangelio con la gente variada que vive a su alrededor.

Nuestra encuesta demostró que la segunda razón por la cual la gente tiene dificultad en dar su testimonio es el *temor*. Nuestro equipo colocó respuestas como «temor a ser rechazado», «temor a lo desconocido» y «falta de coraje» bajo esta categoría. Sospecho que cada cristiano ha tenido temor de compartir a Jesús con alguien en algún momento u otro. Todos nos encontramos con esta emoción. ¿Cómo podemos vencer el temor? Déjenme usar el ejemplo de mi hija, la cual tiene cinco años en este momento (y medio, según ella). Mi hija le tiene miedo a la oscuridad. ¿Por qué? Porque no puede ver en la penumbra, así que no sabe lo que hay en un cuarto oscuro. Ahora, cuando dejamos la luz encendida, ella está bien. Tal vez se pregunte: «¿Cuál es la diferencia?» *La luz siempre disipa a la oscuridad.* Jesús es la luz del mundo (Juan 8:12) y siempre será el conquistador de cualquier temor que tengamos al compartir nuestra fe. El desafío es que le conozcamos en su verdad (17:3) y descubrir que el que está en nosotros es más poderoso que el que está en el mundo (1 Juan 4:4).

La tercera respuesta para no evangelizar dada en nuestra encuesta está relacionada con la *amistad*. Mucha gente no comparte su testimonio con sus amigos porque piensan (no lo saben con certeza) *que no les atraerá* y terminarán la amistad. El problema con esta forma de pensar se concentra en la integridad. Si estás lidiando con esto de manera personal, recuerda la base de la amistad. La amistad significa querer lo mejor para su amigo, pensar más en su amigo que en usted mismo. Si esto es verdad (y lo es), ¿qué es mejor que compartir a Jesucristo? ¿Cómo puede llamarse amigo y no compartir la mejor cosa que le pasó a usted y que también puede pasarle a su amigo?

A la amistad se le representa muchas veces como dos amigos en un mismo barco yendo en la misma dirección. Si una persona es su amigo de verdad (en vez de ser solo un conocido), ¿están yendo los dos en la misma dirección en lo espiritual y lo eterno? Muchos de nosotros hemos sacrificado nuestra integridad en el altar del compromiso con nuestros amigos. He llegado a la conclusión personal de que cuando alguien no quiere compartir con un amigo por temor a perder esa amistad, su falta de interés en cuanto a testificar tiene muy poco que ver con el amigo y mucho que ver con el confort personal del cristiano al involucrarse en el cumplimiento del mandamiento de Dios.

Por qué damos testimonio

En Mateo 22:36-37 le preguntaron a Jesús: «¿Cuál es el mandamiento más importante de la ley?» ¿Se acuerda cómo respondió Jesús? Él dijo: «Ama al Señor tu Dios con todo tu corazón, con todo tu ser y con toda tu mente». Fíjense que mencionó primero el corazón. A través de las Escrituras el corazón es la llave a las emociones, creencias o acciones. El evangelismo empieza en nuestros corazones. ¿Por qué? Porque la gente habla de lo que tiene en el corazón y no de lo que tiene en el cerebro. Los deportes, los hijos, nuestro lugar de destino o lo que sea son temas del corazón, y con el tiempo saldrán a la luz en cada conversación.

Así ocurre con relación a Jesús. ¡Él ha cambiado mi vida! ¡Tengo que hablar de él!

A veces, el debate sobre el evangelismo es ridículo. El deseo de evangelizar no debería surgir de un sentido de la responsabilidad o de la devoción sino de un sentido de deleite. El Salmo 37:4 dice: «Deléitate en el Señor, y él te concederá los deseos de tu corazón». Si Dios vive en usted, ¿de quién es el corazón? ¿Cómo podemos mantenerlo fuera de nuestras conversaciones si en verdad está en nuestro corazón? ¡No podemos! La razón por la que somos capaces y enérgicos en cuanto a compartir sobre Cristo es por el lugar que ocupa en nuestro corazón.

De todas formas, Jesús no se detuvo con el mandamiento mayor. Él continuó: «El segundo se parece a este: "Ama a tu prójimo como a ti mismo"» (Mateo 22:39). La otra razón por la cual evangelizamos es porque nos importa la gente. Como conclusión lógica, los cristianos deberían cuidar a las personas más, por más tiempo, y mejor que cualquier otro en el planeta. La letra de la vieja canción: «Sabrán que somos cristianos por nuestro amor», no se debería usar como la línea de una comedia, sino como el lema de nuestro vivir. De forma contraria a la opinión popular, está bien (y es ordenado por Cristo) cuidarnos los unos a los otros. Este cuidado debería concentrarse en dos áreas: la preocupación eterna y preocupación temporal.

Preocupación eterna

Todos nosotros vinimos con ciertas diferencias teológicas a este proyecto. Esto no es solo saludable sino también de ayuda en muchas conversaciones sobre evangelismo. Sin embargo, debemos estar de acuerdo en la creencia básica de que, apartados de Cristo, todos los hombres y mujeres están separados eternamente de Dios. Entiendo que esa oración puede ser un tema de discusión y (por desdicha) de desacuerdo en las aulas a través del país; pero aun así, este punto de partida es necesario.

Las Escrituras usan términos diferentes para describir la eternidad sin Dios, a la cual se le suele llamar «infierno». Aquí hay algunas:
- «Pero a los súbditos del reino se les echará afuera, a la oscuridad, donde habrá llanto y rechinar de dientes» (Mateo 8:12).
- «Luego dirá a los que estén a su izquierda: "Apártense de mí, malditos, al fuego eterno preparado para el diablo y sus ángeles"» (Mateo 25:41).
- «Aquellos irán al castigo eterno, y los justos a la vida eterna» (Mateo 25:46).
- «Ellos sufrirán el castigo de la destrucción eterna, lejos de la presencia del Señor y de la majestad de su poder» (2 Tesalonicenses 1:9).

Como puede ver, el infierno es definido como «sin fin» y «eterno». Es obvio que en las Escrituras la eternidad no ofrece una segunda opción para nuestro destino. ¡Además, para mí la parte más difícil de imaginar es estar separado de Cristo por toda la eternidad! ¿Puede imaginar un lugar sin siquiera un poquito de Cristo? Por más peligrosos que sean los callejones de los Estados Unidos hoy, por lo menos hay un farol en cada comunidad. Una eternidad sin Cristo es lo que hace al infierno un infierno para los inconversos.

Preocupación temporal

La ira de Dios tiene dos partes: una parte es la ira eterna (infierno) y la otra parte es temporal. ¡Su amigo sin Cristo está experimentando la ira de Dios en este momento! Tal vez no vea fuego y azufre rodeándolo a él o ella, pero la ira es real igual. La peor parte de la vida es el vacío, y sin Cristo el vacío no se puede llenar. Con frecuencia digo que todos los que no tienen a Cristo se van a la cama a la noche y piensan: *Logré pasar otro día.* ¿Cómo lo sé? Porque todos lo hemos hecho... ¡incluyéndome a mí! Solo que me cansé de eso y supe que tenía que haber algo más en esta vida. ¡Lo encontré en Jesucristo!

Ahora que ha leído las razones por las que no testificamos y hasta razones por las que sí lo hacemos, el próximo paso es aprender a dar testimonio. A través de las próximas páginas descubrirá un mundo de nuevas ideas y principios eternos para ayudarlo a compartir el evangelio de Jesucristo.

Use este libro como un recurso de nuevas ideas si ya tiene un estilo de vida activo en cuanto a evangelizar. O utilice este recurso como una introducción en su nueva aventura de evangelismo. Si es temeroso, pídale a Dios que lo calme. Si es apático, pídale a Dios que ponga en usted la carga. Si está listo, pídale a Dios que lo use para compartir su mensaje maravilloso.

¡Mi oración es que usted y yo siempre anhelemos ser como Andrés, el discípulo de Jesús que muy a menudo *traía a alguien a Jesús!* (véanse Juan 1:41; 6:8-9).

Parte I

Al compartir su fe

Sección A

Defina su fe

1

¿Qué es la fe?

Usando su músculo de evangelizar

Luis Palau

Cuando planta semillas de vegetales, está ejercitando su fe en que dentro de un tiempo disfrutará de vegetales cosechados en el jardín de su casa. Cuando se sienta en una silla de la mesa de su cocina, está ejercitando su fe en que la silla soportará su cuerpo. Cuando se sube a un avión, está ejercitando su fe en que el mismo no se deshará y el piloto lo manejará con seguridad hasta su destino.

Aunque la fe es esencial para la vida diaria, pensamos muy poco sobre esto porque hemos aprendido a poner nuestra confianza en lo que creemos son objetos y personas dignas de confianza. Pero a veces poner nuestra confianza en una persona es un asunto de vida o muerte.

Las buenas obras no son suficientes para ganar la aceptación de Dios, alcanzar la paz con Dios, o pagar la deuda del pecado. No importa cuánto tratemos o cuán sincero sea nuestro esfuerzo, nuestras conciencias nunca estarán limpias «de las obras que conducen a la muerte» (Hebreos 9:14). En cambio, tenemos que venir a Dios en sus términos: no por nuestras obras sino por la confianza en el trabajo perfecto de su Hijo.

Los objetos de confianza de nuestra fe

La pregunta importante no es cuánta fe necesitamos. Lo que importa es esto: ¿Quién es el objeto de nuestra fe? Solo el Dios de la Biblia, el que mandó a su Hijo Jesucristo a morir en la cruz por nuestros pecados, es de total confianza. La fe confía en que él es siempre quien dice ser. La fe cree que el Prometedor cumple sus promesas. Su fe es suficiente si su fe está puesta en él.

La obra de la salvación de Dios en Jesucristo se terminó hace casi dos mil años: antes de que yo naciera, mucho antes de cometer mi primer pecado, sin mencionar antes de que me arrepintiera y creyera. Está terminada, y no hay nada que le pueda añadir a mi salvación.

Aunque solemos tener confianza en que una silla soportará nuestro peso y los aviones llegarán a la ciudad de destino, estas cosas nos pueden decepcionar. No se necesita mucho para que estos objetos de nuestra fe pierdan nuestra confianza. Sin embargo, Dios siempre es digno de confianza; podemos depositar nuestra fe en él y saber con certeza que es quien dice ser y que hará lo que dice que va a hacer.

En Lamentaciones 3:21-23 se nos indica: «Pero algo más me viene a la memoria, lo cual me llena de esperanza: El gran amor del Señor nunca se acaba, y su compasión jamás se agota. Cada mañana se renuevan sus bondades; ¡muy grande es su fidelidad!» Nuestra esperanza está basada en un Dios que renueva sus bondades de forma constante; podemos descansar todo nuestro ser en su fidelidad.

Fe requerida

La fe es esencial para la vida eterna; es la manera en que establecemos una relación con Dios. Primero, cuando recibimos a Jesucristo como Salvador, estamos ejercitando la fe en que él es el camino al cielo, el que nos hace hijos de Dios. Segundo, debido a que no podemos ver a Dios ahora, vivimos nuestras vidas por fe. Tomamos nuestras decisiones y seguimos nuestros deseos basándonos en el carácter y las promesas de Dios.

Durante una cruzada evangelística, aconsejé a la gente que llamó a nuestro programa televisivo en busca de ayuda espiritual. Mientras oraba en la televisión por aquellos que querían recibir a Cristo, el jefe de la estación, que estaba parado en el estudio, escuchaba con atención.

«No lo entiendo», me dijo mientras el programa llegaba a su fin. «Yo voy a la iglesia todos los domingos. Participo en la Santa Cena. Me confieso en los momentos asignados. Y aun así no tengo la seguridad de la vida eterna».

Por desdicha, millones de estadounidenses comparten la misma inseguridad que aquel jefe de estación y se hallan en una gran búsqueda, porque están poniendo su confianza en sus propios esfuerzos —en especial en las observancias religiosas— para poder entrar al paraíso. Este tipo de creencia está presente en todas las religiones, incluyendo el cristianismo tradicional.

Desde el momento en que Adán desobedeció a Dios en el jardín, el hombre ha buscado su propio camino para cubrir su pecado y limpiar su conciencia. Nosotros deseamos *hacer* cosas. Hacemos la misma pregunta que la muchedumbre le preguntó a Jesús: «¿Qué debemos hacer *para realizar las obras* que Dios exige?» (Juan 6:28).

Y Dios siempre ha respondido: «No hay nada que puedan hacer. Tienen que confiar en que yo lo haré por ustedes». Jesús respondió a la muchedumbre: «Ésta es la obra de Dios: que crean en aquel a quien él envió» (v. 29).

¡Parece tan fácil! Dios exige solo fe para nuestra salvación, pero la manera en que vivimos es lo que nos habilita a crecer en nuestra relación con él. En Efesios 2:8-9 se nos dice: «Porque por gracia ustedes han sido salvados mediante la fe; esto no procede de ustedes, sino que es regalo de Dios, no por obras, para que nadie se jacte».

Una fe que se demuestra por la forma en que vivimos

Es después de que nos convertimos que debemos «estimularnos al amor y a las buenas obras» (Hebreos 10:24). Las buenas obras son el *resultado* de la fe. Las buenas obras son la respuesta lógica y amorosa a la misericordia y la gracia de Dios, y un fruto del Espíritu Santo que ahora vive en nosotros. «Porque somos hechura de Dios, creados en Cristo Jesús para buenas obras, las cuales Dios dispuso de antemano a fin de que las pongamos en práctica» (Efesios 2:10). La fe salvadora verdadera lleva de manera inevitable a las buenas obras, a cumplir el deseo de Dios revelado. La obediencia es la fe en acción.

«Sin embargo, alguien dirá: "Tú tienes fe, y yo tengo obras." Pues bien, muéstrame tu fe sin las obras, y yo te mostraré la fe por mis obras» (Santiago 2:18). Las buenas obras demuestran nuestra fe. «Pues como el cuerpo sin el espíritu está muerto, así también la fe sin obras está muerta» (v. 26). Trabajamos para Dios y para el bien porque somos salvos, no buscando ser salvos.

Una buena obra a los ojos de Dios no es algo que deseamos hacer. Las buenas obras representan la obediencia a los mandamientos revelados de Dios. Un cristiano honesto sentirá que sus buenas obras no llegan a ser perfectas. Pero se encuentra en paz con su imperfección porque no está basando el hecho de tener la relación correcta con Dios en las buenas obras. A diario proclama: «Mi alma se gloría en el SEÑOR» (Salmo 34:2), solo en él. De esto mismo se trata la salvación.

Fe en crecimiento

Nuestra fe en Dios no crece sin un cuidado atento. Como los vegetales en su jardín, su fe necesita un cuidado intencional. Un físico culturista no puede quedarse en la cama soñando con tener músculos grandes y de esa forma desarrollar músculos. De igual forma, no podemos dejar nuestra fe en un estante y esperar que crezca.

Dios no nos pide que trabajemos el «músculo» de la fe por nuestra cuenta. El padre del niño endemoniado que trajo a su hijo frente a Jesucristo dijo: «¡Sí creo! ¡Ayúdame en mi poca fe!» (Marcos 9:24). ¡Qué cosa más hermosa para decirle al Señor! Dios no espera que maduremos por nuestra cuenta, pero nos dio algunos mandamientos que nos ayudarán a desarrollar nuestra fe.

Lea la siguiente lista. ¿Dónde estamos parados? ¿Qué paso podemos dar para desarrollar el músculo de nuestra fe?

1. Tenga comunión con otros creyentes (Hebreos 10:25) para que puedan ayudarse unos a otros a perfeccionar su fe y así llegar a una mayor madurez. Comprométase con una iglesia e involúcrese en un estudio bíblico, Escuela Dominical o ministerio. ¡No puede crecer solo!
2. Comprométase a leer y estudiar la Palabra de Dios para conocerla mejor. David dice en el Salmo 119:11: «En mi corazón atesoro tus dichos para no pecar contra ti».
3. Elija orar por una persona, situación o incluso un país en particular. Orar por otros no solo aumentará su fe sino también aumentará su amor por la gente. ¡A Dios le encanta responder a las oraciones de sus hijos!

2

Lo que la fe no es

Seis errores que alejan a la gente de Cristo

Timothy George

En el Nuevo Testamento se usa la palabra fe de dos formas distintas. Cuando se habla de «la fe» con un articulo definido, se refiere al contenido de lo que se cree, al mensaje apostólico del amor de Dios y la gracia revelada en Jesucristo. Un lugar donde se usa la palabra fe de esta forma es Judas 3. Aquí se anima a los creyentes a «que sigan luchando vigorosamente por la fe encomendada una vez por todas a los santos».

Sin embargo, la palabra *fe* se usa de forma más habitual para describir no *lo que* creemos sino el medio *por el cual* creemos el mensaje del evangelio. De esta manera, Pablo dice en Efesios 2:8: «Porque por gracia ustedes han sido salvados mediante la fe; esto no procede de ustedes, sino que es el regalo de Dios».

Ambos significados de la palabra *fe* son importantes, es más esenciales, para la vida cristiana; la fe que creemos representa las Buenas Nuevas del evangelio mismo. Esto se resume muchas veces en el Nuevo Testamento (véanse Juan 3:16; Romanos 1:1-3; 1 Corintios 15:1-4; 1 Timoteo 3:16). No obstante, el mero conocimiento del contenido del mensaje cristiano no lo hace cristiano a uno. Otros capítulos en este libro mostrarán de una forma positiva lo que significa «creer en el Señor Jesucristo», para así tener el tipo de fe en él que lleva a la salvación. Pero en las próximas líneas, quiero hacer algo diferente. Quiero hablar de lo que la fe no es, hablar de seis pasadizos que en realidad nos *alejarán* de Cristo en lugar de *acercarnos* a él. Es importante evitar estos obstáculos si vamos a conocer y clamar a Jesucristo como el Señor y Salvador de nuestras vidas.

No es una mera aceptación mental

Con frecuencia cuando la gente escucha la historia de Jesús, cuando leen acerca de su vida y muerte en la cruz o hasta de su resurrección de entre los muertos, concuerdan de manera total con los hechos históricos con los que se han encontrado. Pueden agachar la cabeza y convenir en su mente con tales proposiciones. Esto es bueno y necesario, pero en sí mismo no es suficiente para llevarlo a uno a una fe viva en Cristo. ¿Por qué no? Porque el problema básico humano no es la mera falta de información. Lo que necesitamos no es más información sino más bien una trasformación interna. Solo decir que sí a los hechos no puede crear por sí solo tal cambio en nuestro corazón y voluntad.

No es una alianza con una iglesia o denominación

La mayoría de las iglesias y denominaciones tienen una colección de creencias mencionadas, una confesión de fe, oficiales, programas, patrones de adoración y actividades sociales de muchos tipos. Estas no son cosas malas en sí mismas, y mucha gente se convierte en creyente en Cristo a través del alcance de las congregaciones locales. Pero mi punto es este: Conocer a Jesucristo no es lo mismo que formar parte de una iglesia. Jesucristo es una persona real, no solo una idea o una doctrina. Llegamos a conocer a Jesús de la misma forma en que conocemos a cualquier otra persona: personalmente, a través de encuentros personales, por medio de una relación que empieza por reconocer quién es, hablando con él de uno a uno, y abriéndole la puerta de nuestra vida para que entre (Apocalipsis 3:20).

No es una dotación hereditaria

Alguna gente piensa que, porque sus padres o abuelos eran creyentes en Jesús, ellos son cristianos de forma automática por virtud de sus conexiones familiares. Pero una relación con Jesús no es algo que puede ser heredado como los ojos azules, unos pies grandes o la granja familiar. Jesús una vez tuvo un famoso encuentro con un hombre muy religioso, Nicodemo, y le dijo: «Tienen que nacer de nuevo» (Juan 3:7). Nicodemo se preguntaba cómo era posible que un hombre ya crecido fuera desarmado, para decirlo de alguna forma, y llevado de regreso a través de todas las etapas de su vida hasta el mismo punto de su concepción. Jesús le explicó que no estaba hablando de un nacimiento físico sino de un nuevo nacimiento, un nuevo comienzo, «desde arriba». Jesús hablaba de un nacimiento espiritual, uno que puede ocurrir solo por medio del Espíritu Santo. Las lealtades nacionales, el orgullo étnico y los linajes familiares

No es un estado emocional

Algunas personas equiparan la vida cristiana con un cierto estado emocional, una condición de una realzada conciencia religiosa o un sentido de autoestima propia, sintiéndose bien acerca de uno mismo. Un teólogo describe a la religión como «el sentimiento de dependencia absoluta». Hay algo de verdad en esto, por supuesto. Cuando Jesús entra en la vida de uno, su presencia afecta todo, inclusive las emociones. Una sonata de Bach o una hermosa pintura de Rembrandt nos pueden llenar de un sentimiento de maravilla o inundar nuestros ojos de lágrimas. Los sentimientos no son malos, pero son débiles. Nuestras emociones florecen y fluyen por las circunstancias de nuestra vida. Los sentimientos divinos fluyen de la fe, pero nunca pueden ser la fundación de la misma. Tal como escribió Martín Lutero: «Los sentimientos vienen y van, y los mismos son engañosos; mi garantía es la Palabra de Dios, en nada más vale la pena creer».

No es un sistema de buenas obras

Muchas veces hacemos la equivalencia de la fe con un comportamiento externo, un código ético, una vida vivida según altos principios morales. Es cierto que la Biblia enseña que hay una relación cercana entre la fe y las obras. «La fe por sí sola, si no tiene obras, está muerta» (Santiago 2:17). Las buenas obras deben fluir de una vida de fe, así como una fruta aparece en un árbol bien plantado. Pero la secuencia de esa analogía es importante: primero las raíces, luego el fruto. El problema es que nadie puede vivir una vida lo bastante buena, lo suficiente libre de pecado y egoísmo, como para ser aceptado por Dios por su comportamiento meritorio. La Biblia dice: «Pues todos han pecado y están privados de la gloria de Dios» (Romanos 3:23). Creer en el Señor Jesucristo significa entregarnos a su misericordia, tener confianza en su sacrificio expiatorio en la cruz, rendirnos a su voluntad y aceptar su señorío en nuestras vidas. Sobre la base de esta relación, aprendemos a caminar en la luz y a crecer más para llegar a ser el tipo de persona que Dios quiere que seamos.

Hay otro peligro sutil en este punto. Mucha gente sabe que la Biblia enseña que somos salvados por su gracia, a través de la fe, y no por las buenas obras que hayamos hecho. Sin embargo, a veces estamos tentados a tratar a la fe como si fuese en sí misma un tipo de buena obra, un acto meritorio que podemos hacer para estar en buena relación con Dios. Nada está tan lejos de la verdad. Esta es la razón por la cual la Biblia hace un fuerte énfasis en que la fe misma es un regalo, algo que hemos recibido directamente del Señor, no un servicio que le entregamos a Dios para asegurar su misericordia o favor hacia nosotros. Solo cuando nos damos cuenta de que la gracia es un favor inmerecido y no provocado de Dios y que la fe es un regalo gratis dado por el Señor, aparte de cualquier cosa que hagamos para merecerla, podremos entonces apreciar en verdad la inmensidad del amor de Dios por nosotros. Al escribir a los cristianos de Corinto, Pablo hizo esta pregunta: «¿Qué tienes que no hayas recibido?» (1 Corintios 4:7). La respuesta propicia a esta pregunta para cada cristiano es: «Nada, nada que signifique algo». Tal vez el antiguo himno lo diga mejor: «En mis manos no traigo premio, solo a tu cruz me aferro».

No es una condición pasiva e inerte

Convertirse en cristiano involucra un movimiento doble de nuestra parte, ambos impulsados y habilitados por el Espíritu Santo: arrepentimiento y fe. El *arrepentimiento* es dar la vuelta, cambiar de dirección, renunciar a una forma de pensar por otra. La *fe* es el lado positivo de este movimiento; abrazar a Jesucristo, confiar solo en él, aferrarse a su cruz, descansar en su promesa de perdón y nueva vida. Aunque recibimos la fe como un regalo radical de Dios, en sí misma ella no es una condición pasiva e inerte que nos deja sin emoción o cambio. La fe es una realidad activa y dinámica que nos empuja hacia adelante en la vida cristiana. La fe pertenece al trío básico de las virtudes cristianas: fe, esperanza y amor. Ninguna de estas son cualidades que se generan por sí solas, ni son meras posibilidades humanas. Son regalos de Dios actualizados en las vidas de sus hijos por la presencia de su Espíritu en sus corazones.

El verdadero significado de la fe

Es importante repasar estos entendimientos erróneos de la fe para captar su verdadera realidad. He aquí algunos pasos que puede dar en orden de explorar el significado de la fe más a fondo:

- Medite en la vida, muerte y resurrección de Jesucristo. Examine las formas en que hombres y mujeres en la Biblia vinieron a la fe en Cristo. Jesús siempre trató a un nivel personal con los que se encontraba, extendiendo una mano de compasión, llamándoles por nombre. «María», le dijo a una mujer perdonada. «¡Lázaro!», llamó a un hombre muerto. Jesús nos sigue llamando por nombre y quiere que le sigamos por fe.

- Pase un tiempo a solas con Dios en oración. Aunque no somos salvos por nuestra oración, Jesús promete no echar a cualquiera que viene a él. No hace falta que nuestras oraciones sean sofisticadas ni largas. Cuando no estemos seguros de qué decir, será suficiente con algo tan simple como: «¡Jesús, ten misericordia de mí!»
- Pregúntele a un amigo cómo él o ella se convirtió en un creyente de Jesús. Aquí está mi historia, dicha de forma breve. Cuando tenía once años, sabía que tenía que creer en Jesús y que nunca había dado ese paso. Después de escuchar un sermón de la Biblia sobre el Salmo 116, fui a casa esa noche y me arrodillé al costado de mi cama. Hice una oración muy simple, algo así: «Jesús, perdona mis pecados. Entra en mi vida. Quiero conocerte y seguirte». Esta no fue una experiencia dramática sino una simple rendición de un muchacho joven al Cristo viviente. Desde ese día hasta ahora, mi vida ha sido distinta, y aunque le he fallado a Cristo muchas veces, él nunca me ha fallado a mí. Mi confianza hoy, y por la eternidad, está solo en él.

3

Conozca la diferencia

El cristianismo no es solo una religión

Rick Marshall

> Y lo llamarán Emanuel (que significa «Dios con nosotros»).
> Mateo 1:23

> En el corazón de la fe cristiana está la *encarnación*, y en el corazón del camino cristiano están los *seguidores* del camino.
> Os Guinness (itálicas agregadas)

El cristianismo es único, diferente de todas las otras religiones por muchas razones, pero sobre todo por una. ¡Dicho de manera simple, el camino cristiano enseña que Dios se convirtió en hombre!

La palabra encarnación significa «dotar con un cuerpo humano, con apariencia humana». Esto es un concepto maravilloso. Si es verdad que Dios se hizo hombre, tal cosa debe ser considerada el suceso más significativo en la historia del mundo. El gran profesor de las universidades Cambridge y Oxford, C. S. Lewis, escribió hace más de sesenta años en el clásico *Mere Christianity* [Cristianismo y nada más]: «Tengo que aceptar el punto de vista de que Jesús fue y es Dios. Dios aterrizó en forma humana en este mundo ocupado por el enemigo».

La estrategia de Dios para revelar su verdadera naturaleza y su cariño por la humanidad perdida no fue mediante una organización, a través de los medios, las campañas publicitarias, las miniseries de televisión, o los Premios Oscar. Fue por medio de un ser humano de carne y hueso, Jesucristo. ¡Poner esta idea en términos de película sería igual a decir que solo ha habido un ET históricamente verificable! Juan, el amigo y discípulo de Jesús, escribió una descripción elocuente de esta gran revelación: «Y el Verbo se hizo hombre y habitó entre nosotros. Y hemos contemplado su gloria, la gloria que corresponde al Hijo unigénito del Padre, lleno de gracia y de verdad» (Juan 1:14).

Dios el Padre mandó a su Hijo en una misión de rescate para toda la humanidad: para todas las mujeres y todos los hombres de todas las razas, todos los lenguajes, todas las clases.

Aun así existe una gran cantidad de dudosos. Conocemos a personas que hacen la pregunta: «¿Cuál es la diferencia entre el cristianismo y todas las otras religiones?» Esta es una pregunta importante, en especial en una era donde la tolerancia se considera una de las grandes virtudes.

Cuando mi hija Jessica estaba en su último año de la Universidad Millersville en Pennsylvania, estudiando para obtener su diploma para enseñar, tuvo un encuentro que cambió su forma de pensar sobre el evangelismo y desafió la mía. Como estudiante de literatura inglesa, participaba en un grupo de lectura semanal. Se leían pasajes en voz alta y luego discutían y debatían con pasión, pero nunca de forma vindicativa, es decir, hasta el día en que se habló de religión. Un miembro del grupo dijo de modo abrupto: «Jessica, tú eres la cristiana. ¡Dinos lo que significa esto!» Ella estaba asombrada y sin palabras por la hostilidad y la amargura que se evidenciaban en la voz de su amigo. Antes de terminar la historia, Jess me dijo: «¡Papá, no me llamaré más a mí misma cristiana!» Mi mirada preocupada trajo una sonrisa a su cara mientras me explicaba: «Papá, no te preocupes. Sigo creyendo en Jesús».

Después me comentó que dos semanas más tarde, cuando discutían un pasaje de otro libro asignado, no se podía evitar el tema espiritual. Esta vez Jessica tomó la iniciativa y dijo: «Para mí, en cuanto a este tema, Jesús es el maestro y yo su discípulo».

«¿Cómo respondieron a eso?», le pregunté.

Con una sonrisa Jessica respondió: «Inclinaron la cabeza con aprobación y dijeron: "¡Qué bien!"» ¿Es acaso solo un tema de semántica? No lo creo.

La religión —el cristianismo— estaba «afuera», ¡pero la persona de Jesús estaba «adentro»!

Fuentes de confusión

Os Guinness, autor y pensador reconocido, ha escrito con visión: «Nunca seremos testigos tan poderosos del evangelio de Cristo como cuando nosotros mismos hemos sido cambiados por seguir a Jesús». Como hemos visto, la estrategia de Dios fue mandar a la tierra a su representante personal de carne y hueso en la persona de Jesús. ¡Ahora usted y yo, sus seguidores, somos sus representantes también, parte de su estrategia! Durante los dos mil años de historia de la iglesia los seguidores de Jesús han sido sus representantes. Sin embargo, a pesar de esto, es aún difícil para la gente tomar las alegaciones del cristianismo con seriedad. ¿Qué ha ocurrido en nuestros días para hacer que esto se incremente tanto?

Primero, los tiempos han cambiado. Han tenido lugar cambios culturales de proporción sísmica en nuestra vida. *Segundo*, el impacto de tales cambios, tal vez sin darnos cuenta, ha afectado de manera importante la forma en que vivimos y pensamos. Considere lo siguiente:

- Incrementos dramáticos en la expectativa de vida en los Estados Unidos desde el año 1900, de la edad de cuarenta a la edad de setenta y siete.
- Incrementos importantes en el nivel de vida y el aumento de la clase media.
- Seria decadencia de los recursos naturales.
- Globalización de la economía mundial.
- Reubicación del trabajo de rural a urbano y pérdida de la comunidad.
- Quebrantamiento de la familia al seguir las leyes liberalizadas del divorcio.
- Propagación de enfermedades virulentas.
- Dominio global de la cultura «pop».
- Niveles de temor y ansiedad en crecimiento después de la tragedia de las Torres Gemelas el 11 de septiembre.
- Crecimiento explosivo de la tecnología.

Este último cambio, el impacto de la tecnología, no puede ser mencionado demasiado. Somos la primera de dos o tres generaciones que ha sido criada en un medio ambiente en su mayor parte electrónico.

En 1922 el presidente Warren Hardin fue el primer director ejecutivo que llevó una radio a la Casa Blanca. Hoy, de acuerdo a una encuesta de la Fundación de la Familia Káiser (Kaiser Family Foundation) en marzo del 2005 —«Generación M: Medios en la vida de las personas entre 8 y 18 años»[1]— el hogar promedio estadounidense tiene:

- Cuatro equipos de CD o casetes.
- Tres televisores, con un hogar de cada cinco teniendo cinco o más.
- Tres video grabadoras o equipos de DVD.
- Dos computadoras.
- Dos equipos de video juegos.

Los estudiantes usan los medios electrónicos un promedio de seis horas y media al día. Esto es más de cuarenta y cinco horas a la semana. Tal vez es muy temprano para conocer por completo el impacto de esta saturación de equipos electrónicos, pero lo que sí sabemos con certeza es que todos los estadounidenses tienen acceso a una cantidad de medios y tecnología nunca antes vista. Y con seguridad, no todos son buenos.

El uso de la tecnología

Por supuesto que la tecnología puede ser usada para comunicar el evangelio y hacer que el reino de Dios avance, pero esto lleva aparejado un precio, un precio terrible. Hoy, si un líder cristiano muy conocido cae en tentación y rompe ya sea la ley moral de Dios o la ley de la tierra o ambas, ¿qué sucede? Después de que la noticia sale a la luz, casi a la velocidad de un rayo las organizaciones de noticias le cuentan la historia a millones de personas alrededor del mundo por medio de la Internet, el cable, el satélite o las emisiones de televisión y radio. Nos subimos a la «supercarretera de la información» todos los días. Recuerde que hace cien años eran necesarias tres semanas para que una carta escrita a mano fuera de Nueva York a Londres. Hoy no, y nunca más. El ya fallecido autor y profesor de la Universidad de Nueva York, Neil Postman, entendía el efecto de los medios de comunicación desenfrenados: «Es simplemente imposible», escribió, «demostrar el nivel de seriedad de cualquier acontecimiento si sus implicaciones son agotadas en menos de un minuto».[2] Esto trae impedimentos difíciles para el uso cristiano de los medios. Lleva tiempo contar el mensaje eterno y profundo del evangelio, pero los medios limitan el tiempo que cualquier comunicador tiene para contarlo. Postman escribe: «[Los predicadores de la televisión] han dado por un hecho que lo que antes se hacía en una iglesia o una carpa, y cara a cara, se puede hacer ahora por el televisor sin perder significado, sin cambiar la calidad de la experiencia religiosa».[3] Todos los tipos de medios pueden manipular, pero en especial los medios electrónicos. Un programa de televisión cristiano producido en un estudio que requiere maquillaje, luz, un escenario, ser editado según el tiempo, así como frecuentes interrupciones durante la grabación, distorsionará la historia bíblica. Llamémosla fe «resumida»: el intento de comunicar la verdad bíblica en menos de treinta segundos. Usted puede plantar una semilla en treinta segundos, pero no es posible cultivarla, nutrirla o cosecharla en esa cantidad de tiempo.

La imagen cristiana en los medios

De modo lamentable, con mucha frecuencia la imagen negativa del cristianismo que el mundo observa a través de los medios es correcta. La imagen no es de cómo debemos ser, sino una forma de televisión real. No podemos eliminar de la memoria pública nuestros fallos públicos. Nuestras afirmaciones y reclamos deben ser respaldados por la evidencia. Debemos ser vistos como verdaderos seguidores de Jesús. La confianza en la iglesia se ha perdido por nuestra codicia, hipocresía, lenguaje fuerte, enojo y acciones terribles. Nunca olvidaré la calcomanía en un parachoques que decía: «¡Jesús, sálvame de tus seguidores!»

La confianza se puede perder en treinta segundos, y puede llevar años restaurarla. La pérdida de confianza del público se evidencia en los medios a diario. Nuestra fe requiere honestidad y consistencia, y el mundo espectador también las pide. Si fallamos, necesitamos el valor y la humildad para confesarlo. Las tres palabras más difíciles de decir en cualquier idioma son: «¡No tenía razón!»

En otro nivel más importante, el mundo no recibe una imagen correcta del cristianismo a través de los medios. Es una noticia de primera página cuando un avión de pasajeros se estrella, pero el hecho de que todos los días miles de aviones despegan y aterrizan seguros no es novedad. De la misma manera, no es novedad que todos los días alrededor del globo terráqueo millones de seguidores de Jesús viven sus vidas y hablan la verdad con valor, compasión, gracia y amor, llevando a cabo un sin fin de actos de generosidad y sacrificio. La persona promedio nunca ve a Dios trabajando en estas vidas y nunca escucha el mensaje del evangelio a través de los medios.

¡No obstante, a pesar de este silencio, los seguidores de Cristo han cambiado el curso de la historia! Muchas de las grandes ideas e instituciones del mundo occidental han tenido su inspiración y origen en la fe cristiana. Considere, por ejemplo:

- Las grandes obras de la música, la pintura, la escultura, la literatura y la arquitectura.
- El establecimiento de hospitales, orfanatos y refugios.
- El cuidado de los pobres y la filantropía.
- El fin de la esclavitud, el movimiento de derechos civiles y el esparcimiento de la libertad.

De alguna forma, la debilidad aparente de Dios trabajando a través de *vasijas humanas* es también su gran fortaleza. No solo somos los objetos del amor de Dios, sino también los que llevamos su mensaje. En efecto, él es el Maestro y nosotros debemos ser sus seguidores. Por esta razón, como sus seguidores debemos hablar y actuar de la manera más cercana a sus demandas y su llamado en nuestras vidas. En una carta abierta a los cristianos, Os Guinness escribió acerca de esto: «En una época en que se ata a la religión con odio y violencia, debemos mostrar amor. En una época de mediocridad y corrupción, debemos ser un pueblo de integridad y excelencia».

A Billy Graham una vez se le preguntó en una conferencia de prensa: «¿Adónde podemos ir para inspirarnos e instruirnos en cuanto a cómo renovar la iglesia?» Él respondió: «Debemos volver atrás por lo menos dos mil años, a la Biblia y los líderes de la iglesia primitiva que nos mostraron cómo seguir a Cristo con dedicación y lealtad». Esto es lo que el mundo espectador necesita escuchar, y según creo, quiere ver.

Una historia única

La historia cristiana es única en el mundo. G. K. Chesterton, el célebre inglés de principios del siglo veinte, escribió: «Siempre he sentido la vida en primer lugar como una historia; y si hay una historia, hay una persona que la cuenta».[4] De manera similar, J. R. R. Tolkien, en su libro clásico *The Lord of the Ring: The Two Towers* [El señor de los anillos: Las dos torres], dice esto a través de su personaje Samwise Gamgee a Frodo Baggins: «Me pregunto, ¿en qué tipo de historia hemos caído?»[5]

Dios, el narrador de la historia, creó un mundo de hermosura y bondad. En los capítulos de Génesis que le dan inicio al relato, se nos dice que nada era malo en ninguna parte de la creación. En su diseño original, el mundo era un jardín perfecto, nuestra casa hecha por Dios. Desde ese entonces en el Edén, hemos soñado y buscado un eco de ese tiempo y lugar. Pero en esta vida tal cosa no podrá suceder. La Biblia nos enseña que algo está mal dentro de nosotros y entre nosotros. De forma trágica, el pecado entró en el mundo perfecto de Dios. Los teólogos le llaman a esta tragedia la caída. Y sus efectos los vemos todos los días.

Mientras escribo este párrafo, puedo ver la portada de la revista *Time* del 14 de marzo del 2005, la cual muestra una fotografía hechizante en blanco y negro de una mujer desesperada y casi sin vida, tal vez una madre, con tres criaturas aferrándose de ella. El título dice: «Cómo terminar con la pobreza: Ocho millones de personas mueren cada año porque son muy pobres para mantenerse con vida». Me duele el corazón, y pienso: *¿Cómo puede ocurrir esto en un mundo con tantas riquezas?* Sin embargo, esta es nuestra realidad. Vivimos en un planeta asolado, afectado en cada parte: la tierra, el cielo, el mar, los animales, y en especial la familia humana, cuyos integrantes fueron creados a imagen de Dios (Génesis 1:27).

Hay otro tipo de pobreza que atrapa a todos. Es una pobreza del alma, en la que los apetitos nunca se satisfacen, los deseos nunca se cumplen, las esperanzas nunca llegan a ser realidad y los temores siempre crecen. C. S. Lewis sentía esto de manera cercana: «Encuentro en mi ser un deseo que ninguna experiencia en este mundo puede satisfacer, la explicación más probable es que fui creado para otro mundo».[6]

Sabemos que la Tierra no es nuestro hogar final, porque Dios «puso en la mente humana el sentido del tiempo» (Eclesiastés 3:11). Cada día tratamos de cambiar para bien nuestros alrededores o de vivir negando que no estamos fuera de lugar. Pero esta es una verdad bíblica sin escapatoria: fuimos hechos por Dios para ser y hacer algo mejor. Así como canta Bono de U2 en su canción «Yahweh», estamos «estancados en un poco de piel y huesos». Las muy conocidas palabras de San Agustín, escritas hace más de mil seiscientos años atrás, siguen siendo verdad: «Nuestros corazones no tienen descanso hasta que encuentran su descanso en ti».

Al fin del milenio, MTV hizo un conteo de las mejores cien canciones de rock de la historia. La número uno fue «Satisfacción», interpretada por el grupo de rock inglés los Rolling Stones. La línea del comienzo se convirtió en el himno de una generación desplazada: «No puedo obtener satisfacción, aunque he tratado y tratado y tratado y tratado...» Nada podrá satisfacer nuestros corazones por completo a no ser que venga del corazón de Dios.

Jesús no es una roca rodante. Es la roca de nuestra salvación y la piedra angular de nuestra fe. Y aun llama a los corazones sin descanso: «Vengan a mí todos ustedes que están cansados y agobiados, y yo les daré descanso. Carguen con mi yugo y aprendan de mí, pues yo soy apacible y humilde de corazón, y encontrarán descanso para su alma» (Mateo 11:28-29).

La creación de Dios nos anima: «¡Sean agradecidos!» La caída de la humanidad nos dice: «Estén tristes». Pero la encarnación, la historia de la redención, declara: «¡Estén alegres!» Esta es la historia de la amiga de mi esposa, Joy, que escribió acerca de su encuentro con el Salvador: «Toda mi vida trascurrió esperando ese momento, cuando quedé agotada por completo, y Dios tomo la rienda». Solo la intervención de Dios por medio de su Hijo Jesucristo hizo que el mundo de Joy estuviese bien... y el mío y el de todos los que «fueron rescatados de la vida absurda ... con la preciosa sangre de Cristo» (1 Pedro 1:18-19).

C. S. Lewis le llamó a esto «la buena invasión». Dios vino al planeta Tierra en una misión de rescate. Pedro y Mateo, discípulos y amigos de Jesús, describen la misión de Cristo en el Nuevo Testamento: «El Hijo del hombre no vino para que le sirvan, sino para servir y para dar su vida en rescate por muchos» (Mateo 20:28). «Cristo murió por los pecados una vez por todas, el justo por los injustos, a fin de llevarlos a ustedes a Dios» (1 Pedro 3:18).

El trabajo de Dios en nosotros

Creo que la encarnación —Dios haciéndose hombre— es el ejemplo supremo a seguir. Tal verdad central y alegación hacen que el cristianismo sea único, y la más poderosa fuerza para el bien sobre el planeta. Somos las manos, pies y voz de Jesús —sus narradores de historias— llamados a llevar amor, sabiduría y santidad a nuestro mundo turbulento y caótico debido a la tecnología. El cristianismo no es solo una religión, se trata de una relación. Una vida transformada, hecha para la eternidad, toca a otra vida. Este es el trabajo de Dios en nosotros y a través de nosotros, con la esperanza de que todos en nuestro mundo conozcan la diferencia que Dios puede brindar. Sin embargo, primero Jesús se debe convertir en nuestro centro y pasión. Solo en ese entonces seremos cambiados, y eso es lo que un mundo perdido tiene ansias de ver.

4

¡Demuestre la diferencia!

Es imposible no brillar

Lou Allison

Los sabios resplandecerán con el brillo de la bóveda celeste; los que instruyen a las multitudes en el camino de la justicia brillarán como las estrellas por toda la eternidad.

Daniel 12:3

Hay algo en una estrella. Estoy escribiendo este capítulo para *La guía completa de evangelismo* mientras se acerca la Navidad. ¡Las casas en el área de Chicago son decoradas con una dedicación y un entusiasmo cercanos al fanatismo! En nuestra calle, con más de cincuenta hogares, solo hay menos de cinco viviendas sin luces afuera. Las casas con luces blancas son las más brillantes. Hay cientos y miles de estas estrellitas en la calle Carpenter Drive. La misma brilla de un modo maravilloso. No hay lugar para la oscuridad.

Daniel sugiere que los seguidores de Dios brillan con una luz similar. Su lenguaje es exuberante. Los sabios son como el brillo de los cielos. Aquellos (los sabios) que llevan a la gente por el camino de la justicia son «estrellas eternas». Es imposible no brillar si estamos en Cristo y caminando llenos del Espíritu Santo. En este capítulo voy a describir este brillo con un poco de detalle teológico. No obstante, no se preocupe. Esto no es una teología bíblica del «estrellato». Lo que voy a tratar de hacer es detallar la diferencia entre los seguidores de Cristo y esos que aún están fuera del reino. ¿Por qué? No para separarnos del mundo, sino más bien para ayudarnos a quererlo mejor con todas las distinciones que el Espíritu expresa a través de nosotros.

La herencia que tenemos en Cristo nos provee de un estilo de luz único y contagioso al alcanzar al mundo. A veces nos olvidamos de eso. Y en realidad puedo entender cómo. Este es un mundo bastante oscuro. Un lenguaje oscuro e historias oscuras llenan la comunicación entre los humanos en todos los niveles concebibles. Y hasta las mismas «estrellas» tienen lapsos. El pecado se arrastra de manera insidiosa desafiándonos a negar a Dios y a nuestro verdadero ser. Lo peor de todo es que cada creyente se siente tentado a contar con sí mismo, en vez de con el Espíritu que vive en nosotros y nos hace brillar. Por eso es que necesitamos una dosis de realidad bíblica al comprometernos con el mundo que Jesús ama. Él odia la oscuridad. En realidad, la Biblia dice que no soportará la oscuridad. Donde sea que él esté, la luz consume la oscuridad (Juan 1:5). A donde sea que vaya, la luz lo sigue.

Trataré de definir este brillo en los seguidores de Cristo en cuatro dimensiones. Piense en ellas como puntos en una estrella. El punto más alto de la estrella es la brillantez de Cristo en nuestras vidas. De aquí podemos rastrear otros cuatro puntos, cada uno de los cuales describe un poco más el brillo que tenemos como cristianos.

El primero es nuestra *coherencia*. Ser coherente es ser consistente en lo lógico. Cualquier persona que piense aunque sea un poco sobre la vida desarrollará su propia visión mundial. Sin embargo, la clave no es si una persona tiene o no una visión mundial, sino si la misma tiene sentido cuando se examina. ¿Es por lo tanto coherente? El cristiano tiene una visión mundial coherente porque hay un texto estándar de la verdad: Las Escrituras.

La segunda dimensión es nuestro *carácter*. Vamos a repasar la realidad de Cristo en nosotros y cómo eso nos transforma. El poder del pecado está roto, y nuevos vientos de santidad soplan en nuestras almas.

La tercera realidad es en el área de la *aptitud*. La Biblia se refiere a esto como la repartición de capacidades especiales (dones espirituales) que expresan y agrandan el reino alrededor del planeta.

Por último, existe una *química* única que es orgánica en los seguidores de Cristo. Hay un romance divino, para llamarlo de alguna forma, una relación de amor entre los seguidores de todos los colores y legados que desafía cualquier explicación humana. Cada uno de estos puntos de la estrella derrama una luz que sirve de testimonio a nuestras ciudades y vecindarios perdidos. ¡Por esto, es *imposible* no brillar o demostrar la diferencia!

Coherencia

> En cambio, el que es espiritual lo juzga todo, aunque él mismo no está sujeto al juicio de nadie, porque «¿quién ha conocido la mente del Señor para que pueda instruirlo?» Nosotros, por nuestra parte, tenemos la mente de Cristo.
>
> 1 Corintios 2:15-16

No hace mucho hablé con un joven que me dijo que estaba desarrollando su propia perspectiva. A medida que progresaba la discusión, entendí su método. Él veía el mundo de las ideas como un mercado, donde podía elegir de cualquier corredor y estante cualquier noción de la verdad que le viniera bien en ese momento en particular. Tirando cada idea en el carrito, tendría una bolsa de compras llena de filosofías y creencias. En la parte exterior de la bolsa diría: «Punto de vista».

El problema es que algunas cosas no pueden ir juntas. Por ejemplo, en nuestro mundo occidental la noción de la tolerancia puede ser una de las virtudes más altas. El problema es que la tolerancia se derrumba cuando uno pregunta si todo debe tolerarse. ¿Se debería tolerar el asesinato? ¿Se debería tolerar la violación durante una cita? Por supuesto que no. Entonces, tal vez la tolerancia debe ser calificada. Pero, ¿quién haría la calificación? Ahí está el problema. Lo más probable es que este joven diga que cada individuo debe definir lo que se puede tolerar. Así que en vez de coherencia, lo que queda es un caos. Todos hacen lo que está bien a sus ojos.

Los cristianos tienen la mente de Cristo. El Espíritu en nosotros nos guía a toda verdad (Juan 16:13). Las Escrituras nos enseñan la verdad sobre Dios y la humanidad. ¡Qué buena fuente de luz! Llegamos a la coherencia gracias al punto de vista consistente que enseña el Espíritu y es revelado en el texto sagrado. Estoy muy agradecido porque no tengo que luchar con temas como cuándo comienza la vida, o cómo surgió el universo, o el lugar del hombre en el orden de los seres creados, o cómo actuar dentro de las relaciones. Tengo una posición consistente y bastante brillante en todos esos temas, no porque yo sea brillante sino porque el Dios que revela la verdad lo es. Este es el primer punto importante en nuestra estrella brillante, una perspectiva del mundo coherente.

Carácter

> Sabemos que nuestra vieja naturaleza fue crucificada con él para que

nuestro cuerpo pecaminoso perdiera su poder, de modo que ya no siguiéramos siendo esclavos del pecado.

Romanos 6:6

Ya sea que usted vea a la bondad como una virtud o un vicio, va a terminar perdiendo la carrera. Nosotros creemos (nuestra perspectiva coherente) que cada ser humano es adicto al pecado. No hay parte de nosotros que no pudiera ser mejor. Y si somos honestos, la mayor parte de los seres humanos confesarían que es más fácil ser malos que buenos, porque en nuestro interior vive la enfermedad del pecado; es decir, hasta que Jesucristo nos sumerge en su bondad. Pablo explica que nosotros (nuestra vieja naturaleza pecaminosa) fuimos muertos cuando Cristo murió. Y ahora su nueva vida resucitada se halla en nosotros, dándonos una nueva vida (Romanos 6:8). ¡Qué ventaja increíble! Las cosas han cambiado. Antes no podíamos evitar el pecado. Ahora, con Cristo viviendo en nosotros, el pecado es un extranjero, un virus que molesta pero que no forma parte nuestra. No digo que ya no pequemos, porque lo hacemos. Solo que ya no es cómodo hacerlo. Mientras el pecado una vez nos parecía bien, ahora no lo sentimos así.

En mis treinta y pico estaba encaprichado con los Porsches. Soñaba con ser dueño de un Porsche (uno usado, por supuesto, para demostrar buena mayordomía). Eran lustrosos, rápidos, clásicos, y con las ruedas perfectas para un joven pastor californiano. Sin embargo, había mucho «pecado de prestigio» dando vueltas dentro de mí. Ahora, algunos de los lectores no tendrían ningún problema de pecado con un Porsche. Pero yo sí. Con toda honestidad estaba obsesionado. Gracias a Dios eso se acabo. Veinte años después, la idea de tener un Porsche ni me da vueltas por la cabeza. ¡Estaría loco en cambiar nuestro GMC del 95 por un Porsche! Una ilustración tonta, tal vez, pero espero que el punto haya quedado claro. El pecado ya no es el amo. El pecado es una visita, y gracias a Dios, algún día será solo una memoria distante. ¡Qué luz! En realidad, la bondad es un atractivo maravilloso para un mundo manipulado por las adicciones.

Competencia

A cada uno se le da una manifestación especial del Espíritu para el bien de los demás.

1 Corintios 12:7

De esta manera Pablo empieza sus enseñanzas sobre los dones espirituales. ¿Entendemos en realidad lo diferentes que nos hace esto del mundo no creyente?

A cada creyente se le ha dado por lo menos una capacidad especial de parte de Dios para hacer del mundo un lugar mejor (Romanos 12:6-8; 1 Corintios 12: 4-11; Efesios 4:11-13). ¿Ha estado alguna vez con una persona con el don de la misericordia? Son gente única. Se detienen para ayudar a personas desconocidas, trabajan en misiones de rescate y abren las puertas de su casa a la gente necesitada. No soportan al SIDA, y lloran en público por el dolor que causa. Los cristianos con el don de la misericordia se preocupan de verdad, sin agendas egoístas escondidas. Eso es lo que hace Dios en sus seguidores.

La misericordia es solo una de las aproximadamente veinte capacidades especiales que Dios le da a la gente. Estas capacidades son dadas de manera sobrenatural y, cuando son desplegadas, tienen también un impacto sobrenatural. Debemos usar nuestros dones para el bienestar común. Ellos representan la manera en que Dios extiende la luz de su reino hasta cada esquina del planeta.

Química

> Todos fuimos bautizados por un solo Espíritu para constituir un solo cuerpo —ya seamos judíos o gentiles, esclavos o libres—, y a todos se nos dio a beber de un mismo Espíritu.
>
> 1 Corintios 12:13

Esta cosa de la familia global es intoxicante. Mientras escribo estas palabras, mis recuerdos viajan hacia las Filipinas, Inglaterra y Escocia. Pero no me estoy acordando de lugares. Veo caras. Veo hermanos y hermanas que he conocido en este último año, y se me llena el corazón de alegría. Dios nos ha hecho una familia. Después de unas pocas horas de habernos conocido, había una conexión, una química que solo aquel que llamamos *Padre* podría haber iniciado.

La iglesia es en primer lugar una familia de creyentes. En algunos aspectos es más fuerte que la de sangre. Esta familia está destinada a vivir junta para siempre, mientras que tristemente, algunas de nuestras relaciones de sangre en la tierra están separadas de Dios y también de nosotros si le dicen que no a Jesús. No menciono esto para crear tristeza, sino para señalar la naturaleza eterna de la familia de Dios. Puede ser que la familia global de Dios, amándose los unos a los otros con fuerza, sea el testigo más importante de Dios junto a la proclamación del evangelio.

Imagine el poder de este punto de la estrella. Algunas de las divisiones más fuertes de la humanidad, como el nacionalismo, la raza, el sexo y la clase, serán borradas en verdad por la realidad circundante de la familia de Dios. Esto no significa que romperemos las murallas de separación de manera perfecta. Pero cuando estamos llenos del Espíritu Santo, las murallas caen. ¡Qué luz para el mundo! Esta semana hablé con los líderes de una iglesia en Santa Cruz, California, la cual emplea a una persona que ayuda a coordinar los esfuerzos de sesenta iglesias en la ciudad. Ellos creen que hay una iglesia en esa ciudad. Se le conoce por diferentes nombres, y se reúnen en diferentes lugares, pero es *una* iglesia.

¿Está sorprendido de todo lo que tenemos en Cristo? Este corto capítulo apenas toca cada uno de los puntos de la luz. Pero tal vez esto es adecuado. Mi deseo es que estas realidades no nos lleven a acumular nuestras cosas buenas, sino a desearlas para cada persona en el mundo. Y recuerde que estas cuatro realidades son testigos del punto más alto de la estrella: la gran luz de Jesucristo. ¡Así que brillemos y demostremos la diferencia que hace Cristo!

Sección B

Demuestre su fe

5

Un estilo de vida extraordinario

Evangelismo servidor:
Usando la bondad de Dios para alcanzar al corazón humano

Steve Sjogren

Llegué a Cincinnati, Ohio, unos veinte años después de haber sido parte de varios grupos fundadores de iglesias en distintos lugares de los Estados Unidos y Europa. Me había encontrado con grandes éxitos y fallos espectaculares antes de llegar a Cincinnati, y al llegar aquí quedé sorprendido por los altos niveles de tradicionalismo. Había ayudado a empezar una iglesia en Oslo, Noruega, pero la resistencia con la que me encontré en Cincinnati era mayor que la de Europa. ¡La gente de esta ciudad del medio oeste estaba muy atenta, preguntándose de manera constante si esta nueva iglesia era un culto! Parece ser que si usted no es católico romano o bautista en esta ciudad, entonces es sospechoso.

Con el tiempo, la resistencia fue desapareciendo a medida que íbamos a la ciudad haciendo actos de generosidad, a lo cual ahora se le llama evangelismo sirviente. Para resumir una historia larga, esta iglesia ha servido a entre cuatro y cinco millones de personas en el área de Cincinnati. La gente ha respondido de manera notable. La iglesia ha crecido hasta llegar a unos seis mil durante los fines de semana, con un gran porcentaje proviniendo de un trasfondo no eclesiástico por completo.

El evangelismo sirviente está basado en los siguientes principios o perspectivas:

- Cualquiera puede ser bondadoso.
- El cristiano promedio es capaz de llevar a cabo un evangelismo altamente efectivo, cualquiera puede plantar una semilla (véase Mateo 13).
- El evangelismo sirviente es un proceso y no produce un cambio brusco e inmediato del reino de la oscuridad al reino de la luz. «Yo sembré, Apolos regó, pero Dios ha dado el crecimiento» (1 Corintios 3:6).
- El evangelismo ocurre en una atmósfera de aceptación de la nueva gente que va llegando: ámandoles tal como son y donde sea que estén. La historia del hijo pródigo es el modelo de este tipo de aceptación (Lucas 15:11-32).
- Podemos empezar a llevar a cabo el evangelismo efectivo ahora, aquí mismo en donde estamos. No hace falta más entrenamiento. Todos hemos recibido el entrenamiento que necesitamos para ser evangelistas efectivos si hemos estado seis meses en la iglesia y leído nuestras Biblias. ¡Es muy simple! Solo háganlo, tal como dice Mateo 28:19.
- Es la bondad de Dios la que nos guía al arrepentimiento (Romanos 2:4).

Que comience la plantación de semillas

Empiece a tirar las semillas del amor y la bondad de Dios con valentía en su ciudad. No sea un plantador de semillas demasiado cauteloso, como muchos cristianos de esta generación. Existe un temor acerca de que hay una cantidad limitada de semillas para repartir. Eso es un malentendido con relación a la abundancia de Dios sobre la tierra. Él no está estancado en la miseria. Hay dinero más que suficiente para plantar semillas de su amor en nuestras ciudades. Muy a menudo me preguntan: «¿No será caro hacer las cosas de las que está hablando?» (por ejemplo, regalar botellas de agua o dar chocolate caliente con malvaviscos). Mi respuesta es: «¿Quién dijo que iba a ser barato ganar a nuestras ciudades para Cristo?» Por supuesto que nos va a costar algo. En mi último libro, *Irresistible Evangelism* [Evangelismo irresistible], citamos a una fuente que afirma que la iglesia gasta trescientos treinta mil dólares por conversión alrededor del mundo. ¡Eso es mucho dinero en cualquier escala! Los proyectos que yo sugiero son muy baratos en comparación.

Según lo veo, necesitamos levantar iglesias en cada ciudad que estén llenas de plantadores de semillas, gente que salga y tire sus semillas de bondad, generosidad y amor. Por ejemplo, en nuestra iglesia ya es parte de nuestra naturaleza pagar la comida de la persona que está detrás en la fila de automóviles del restaurante de comida rápida. Solo le preguntan al cajero: «¿Cuánto cuesta la comida del auto que está detrás de mí?» Le pagan la comida y le dan al cajero una «tarjeta conexión» (esta es del tamaño de una tarjeta de presentación y contiene toda la información pertinente a la iglesia: mapa, sitio en la Internet, número de teléfono, horario del servicio, logo y una frase pequeña como: «Esto es para demostrar el amor de Dios de una manera práctica. ¡Si le podemos ser de más ayuda, por favor, no dude en hacernos una llamada!»).

Nuestra iglesia entrega cerca de doscientas mil de estas tarjetas por año —muchas por las ventanillas de los restaurantes de comida rápida— a personas sorprendidas y hambrientas durante su horario de almuerzo. Cada vez que se planta una semilla así, estamos motivando a esa persona a estar un paso más cerca de Cristo. Según mi estimación, son necesarios de doce a veinte de estos momentos de bendición en los que Dios logra penetrar y hacer una conexión entre el acto de amor y el corazón de esa persona antes de que la misma venga a Cristo. ¡Eso significa muchos almuerzos gratis!

A medida que fomentamos este tipo de iglesias en cada ciudad y ellas desarrollan una atmósfera de aceptación en sus celebraciones de fin de semana (hacen una fiesta en vez de un funeral), estaremos cambiando de manera constante las percepciones de la ciudad hacia la iglesia. Se escuchará la voz de la iglesia una vez más. La gente escuchará a los cristianos cuando digan las simples verdades del Mensaje, como: «¡Jesús te ama!» Y la gente comenzará a creernos porque habrán visto ese amor en acción a través de muchos, muchos cristianos alrededor de la ciudad.

Yo sé que es una estrategia simple, pero funciona. La he visto funcionar. En estos veinte años hemos avanzado mucho en cuanto a redefinir la percepción de la ciudad sobre Dios y muchas, muchas iglesias se están beneficiando. Antes de que empezara a formarse este nuevo acuerdo, solo había una iglesia con más de mil miembros, y era de ese tamaño porque traía a la gente de alrededor de la ciudad en autobuses. Ahora, después de que muchas iglesias se han sumado a esta demostración del amor de Dios en maneras prácticas por toda la ciudad, hay unas doce iglesias con más de mil miembros y unas tres acercándose a los cuatro mil o más. Eso es progreso en un paquete que se puede medir de manera objetiva.

Muestre, después diga

Según lo veo yo, los modelos de evangelismo con los que hemos trabajado en los Estados Unidos han estado basados en proposiciones de ganar o perder. Es como si hubiéramos basado nuestro evangelismo en la filosofía del entrenador Vince Lombardi: «Ganar no es todo… ¡es lo único!» En el mundo eclesiástico hemos creado una cultura de ganar sin importar el costo. Salimos y peleamos con los no creyentes. Discutimos hasta obtener la sumisión, y con el tiempo se dan por vencidos porque los hemos dejado de rodillas en lo intelectual. Pensamos: *Sí, así es como sumamos creyentes al reino*. Pero nada puede estar tan lejos de la verdad.

La verdad es que la gente está añorando convencerse de que Jesús es real y lo que representa es bueno y justo. Pero en estos días ninguna persona va a llegar al reino a través de la discusión. La gente va a ser estimulada y alentada hacia el reino de Dios por compañeros de viaje que están dispuestos a hacer cambios para ser justo como ellos. Tal vez Vince Lombardi no era cristiano. ¿Alguna vez se puso a pensar en eso? Hemos adoptado un enfoque al ministerio que está basado en algo que no es cristiano en su enfoque básico. Jesús nunca afrontó una situación con una perspectiva de ganar o perder (excepto, tal vez, con los fariseos). Él se ponía al nivel de la persona y hablaba su idioma, de esa forma podían entenderle con facilidad.

Estamos viviendo en una época que no es exactamente postmoderna, pero que está influenciada en gran manera por los pensamientos postmodernos. Creo que esto es verdad a través de los Estados Unidos en este momento, en pueblos chicos y ciudades grandes por igual. Por ejemplo, la gente está diciendo: «Si no lo puedo experimentar primero, no es real». Están diciendo (y pensando): «Tiene que tocarme el corazón antes de que lo deje invadir el espacio de mi cabeza». Hace unos años el grupo de rock canadiense Rush interpretó la exitosa canción «Muestre, no diga». Esa canción podría haber sido con facilidad una canción profética para la iglesia, pero nos perdimos el momento. Ese es el sentimiento del mundo expectante: «Muestren, no digan». O por lo menos: «Muestren antes de tratar de decir».

En realidad, la gente no necesita un automóvil limpio. Sin embargo, a la mayoría nos gusta tener un auto limpio, y a algunos de nosotros hasta nos gusta hacer la limpieza. Una pequeña iglesia de campo decidió que los autos sucios eran una oportunidad maravillosa para evangelizar. El pequeño pueblo de tres mil quinientos habitantes solo tenía tres supermercados. Y la mayor parte de los autos aparecía en el estacionamiento de alguno de ellos por lo menos una vez a la semana.

Todos los días durante una semana y después de la escuela, el grupo de jóvenes se dividía en tres equipos e iban en busca de autos a los estacionamientos. La tarea era simple: poner un pequeño folleto bajo el limpia parabrisas. El mensaje decía: «Somos los jóvenes de secundaria de la iglesia XYZ. Este sábado queremos limpiar la mugre de nuestra ciudad. Su auto está invitado a un lavado gratis y espectacular en la estación de servicio ABC». Esta estación de servicio se encontraba al lado del supermercado más grande. La gente podía dejar sus autos para ser lavados mientras hacían las compras.

Se pueden imaginar que el número de

personas presentes era tremendo. Y no había sorpresas feas, ya sabe, folletos apilados en la guantera, debajo de los asientos, dentro de los conductos del aire acondicionado, o en el espacio de la rueda de repuesto. No, lo único que se ofrecía era un servicio gratis respetable.

De Tony Campolo y Gordon Aeschliman, *Fifty Way You Can Share Your Faith* [Cincuenta maneras de compartir su fe], InterVarsity, 1992, pp. 27-28. Usado con permiso de los autores.

6

Acciones extraordinarias

Adaptado de Evangelismo que funciona

George Barna

Todos los avivamientos en la historia han estado basados en una explosión de oración y evangelismo.

Durante este pasado cuarto de siglo, el cristianismo en los Estados Unidos ha resistido un desafío poderoso a su fuerza y superioridad como la base de su ley, orden, virtud y propósito. La iglesia cristiana de este país sigue siendo desafiada por las fuerzas sociales alineadas contra ella.

Los resultados de la batalla incesante para destruir las bases del cristianismo son evidentes: la burla de que son objeto los cristianos y su fe de parte de los medios de comunicación, la asistencia en descenso a las iglesias, un cada vez más reducido grupo de gente comprometida de forma ardiente con su fe, libros de historia y debates políticos que eliminan o niegan las influencias positivas del cristianismo, la reducción de las libertades religiosas (llevada a cabo de modo irónico en nombre de la libertad religiosa), un enfoque nacional desviado de las cosas de Dios hacia los vicios y las satisfacciones de la humanidad, la influencia decreciente de las instituciones religiosas y los oradores religiosos, así como restricciones «legales» severas en contra de la aplicación de la fe cristiana a todas las dimensiones de la vida.

Un tiempo para el avivamiento

Nuestra situación presente no carece de precedente en la historia humana. Un descubrimiento reconfortante es que, en la historia, las condiciones llegan a su nadir justo antes del amanecer de un período de renacimiento o iluminación. Con frecuencia las cosas deben llegar a un punto tan deplorable que ni siquiera los que ayudaron a ingeniar tales circunstancias se mantienen interesados en continuar el curso que trazaron.

El resultado es una transformación rápida de la decadencia al arrepentimiento y la renovación cultural. Desde una perspectiva cristiana, estamos sumergidos en un tiempo difícil pero excitante, pues las condiciones sociales y morales están maduras para un avivamiento. Sin embargo, hay algo que falta. Los estudiantes de historia eclesiástica y de cultura contemporánea podrán ver el problema con la proposición de que Estados Unidos está al borde de un avivamiento de manera inmediata. Cada avivamiento en la historia del mundo moderno se ha basado en una explosión de oración y evangelismo.

Durante el tiempo que precede a un avivamiento espiritual, las iglesias enfocan sus energías y recursos en el arrepentimiento de la congregación, el compromiso personal con la evangelización, y la preparación para un potencial derramamiento del Espíritu Santo de Dios sobre la tierra y un fluir de nuevos creyentes. El agujero en la hipótesis de que los Estados Unidos están viviendo al borde del avivamiento reside en el hecho de que según el lugar donde está parada la iglesia hoy, no se encuentra lista para iniciar y mantener una revolución del corazón y el alma humana.

Sin embargo, nadie puede negar que nuestra presente condición cultural y espiritual está madura para un retorno masivo a Dios de los habitantes de los Estados Unidos. Hoy viven en los Estados Unidos aproximadamente unos doscientos noventa y cinco millones de personas. De acuerdo a mis cálculos, basado en encuestas a gran escala de la población, unos ciento noventa millones de esas personas todavía no han aceptado a su Señor y Salvador.

Responsabilidad para compartir el evangelio

Nuestra investigación también muestra que el evangelismo no es el factor revitalizador que la mayoría de los cristianos desean que fuera. ¡Qué irónico que durante este tiempo de apremiante necesidad para la proclamación del evangelio y los poderes sanadores de la iglesia, los rangos de mensajeros hayan decaído hasta alcanzar proporciones anémicas!

¿Por qué existe esta paradoja: una creciente necesidad del amor y la verdad de Dios en una cultura donde la iglesia parece apática por comunicar y demostrar ese amor? Yo creo que tiene que ver con nuestra percepción errónea de las circunstancias y las malas interpretaciones de las responsabilidades. Por ejemplo, la mayoría de los cristianos cree (de forma incorrecta) que el evangelismo tiene que ocurrir primordialmente durante el servicio de alabanza de los domingos.

La mayor parte de la gente está contenta con dejar que la iglesia se ocupe del trabajo de esparcir la línea oficial del partido religioso. Como consecuencia, mientras que numerosas iglesias estén accesibles a la población, los cristianos tienden a sentirse seguros de que el evangelismo está teniendo lugar, o por lo menos puede ocurrir. El hecho de que tenemos unas trescientas veinte mil iglesias protestantes y católicas en los Estados Unidos ha seducido a la comunidad cristiana hacia la complacencia en cuanto a la necesidad de un evangelismo entusiasta, multifacético y agresivo fuera de los servicios de la iglesia.

En nuestras simplificaciones bien intencionadas pero dañinas de la experiencia y la responsabilidad cristianas, nos hemos acostumbrado a pensar sobre el evangelismo como algo exclusivo a tres tipos de individuos: pastores, misioneros y personas que tienen el don espiritual para evangelizar.

Aun exagerando los números, no podemos afirmar con honestidad la existencia de un conjunto de más de cinco millones de supuestos especialistas en evangelización. Esto deja a una enorme mayoría de cristianos que se siente libre en lo mental y emocional de la preocupación y la responsabilidad por llevar a cabo esfuerzos evangélicos duraderos.

Dado que más de ochenta millones de adultos afirman que recibir mensajes evangélicos es «molesto» y sabiendo que muchos millones de cristianos se rehúsan a describirse como vueltos a nacer por temor a convertirse en proscritos sociales, cristianos y no cristianos optan de igual manera por una nación en la cual la gente es libre de practicar su religión mientras se haga en secreto (o de forma callada).

Las explosiones públicas de religiosidad, ya sean a través de la oración pública, las exhortaciones a actuar según los valores y principios bíblicos, o el proselitismo interpersonal, se ven como la evidencia de comportamiento inapropiado y burdo. En este medio ambiente, un «cristiano real» es aquella persona que tiene tanta compasión que mantiene sus creencias en privado. Y entonces el regalo más maravilloso del mundo se enfrenta con el hecho de convertirse en el secreto más maravilloso del mundo. Mucha de la gente con la que cuenta Dios para esparcir el evangelio se ha dejado llevar por las presiones de la población para que mantengan un silencio reverente en cuanto a una cosa tan personal como las creencias espirituales.

En vez de comprometerse con las dificultades asociadas al hecho de ser los agentes de influencia, los cristianos se han convertido en los agentes influenciados... influenciados por la misma sociedad que han sido llamados a transformar con el amor de Cristo, para la gloria de Dios y el beneficio de aquellos que son transformados.

Así como la venida de Jesús hace dos mil años no fue un accidente, también debemos entender que su ejemplo (y el de los apóstoles) es un modelo perfectamente adaptable para instituir hoy. El apóstol Pablo, el primer gran evangelista itinerante del mundo, nos proveyó con un principio básico, obtenido del ejemplo del ministerio de Jesús, para comunicar el evangelio de una forma efectiva. Pablo les pide a los creyentes en la iglesia de Corinto que contextualicen el mensaje; o sea, que compartan el evangelio con una cultura de una forma que se pueda entender pero sin comprometer o reformar la obra de Cristo (1 Corintios 9:19-23). El apóstol entendió que él fue llamado a ser un mensajero fiel de un mensaje sin tiempo y que este mensaje iba a ser relevante a toda la gente en cualquier esfera de la vida. También comprendió que la forma en que se proclamaba esta información tal vez tendría que cambiar de un contexto cultural a otro.

Las verdades evangelísticas aún son aplicables

Considere algunos de los puntos centrales del evangelismo registrados para nosotros en la Biblia. Estos principios son tan dinámicos y pertinentes para nosotros hoy como lo fueron para Pedro, Juan, Mateo, Santiago y el resto del grupo que seguía a Jesús y que luego transformó el mundo al repetir su historia.

- El mensaje es de Dios. La forma de llevar el mensaje a esos que lo necesitan escuchar es por medio de personas que lo comunican a través de palabras y acciones que son consistentes con las lecciones de la Biblia.
- Dios puede usar, usó y usará a cualquiera que esté dispuesto a servirlo llevando el evangelio. Él bendecirá los esfuerzos de sus siervos ya sean evangelistas dotados o no.
- Somos llamados a aprovechar las oportunidades para compartir nuestra fe en Cristo y a obtener lo máximo de estas oportunidades. Sin embargo, el acto de convertir a una persona de un pecador condenado en un discípulo perdonado y amado por Cristo es el trabajo del Espíritu Santo. El evangelista tiene un rol en el proceso de conversión, pero no tiene la responsabilidad de las decisiones tomadas por aquellos que escuchan el evangelio.
- Una vida transformada por la realidad del evangelio es una atracción poderosa para un no creyente. Aunque una explicación verbal de la fe es de ayuda

para facilitar la decisión de seguir a Cristo de un no creyente, una proclamación verbal sin un estilo de vida que apoye esa proclamación no tiene poder.
- Los evangelistas más efectivos son los cristianos más obedientes y dedicados. No hace falta que tengan entrenamiento teológico formal, una posición a tiempo completo en la iglesia, o credenciales tales como una ordenación. Necesitan pasión por Cristo, un deseo de darlo a conocer al mundo, y las ganas de ser usados en toda situación que ayude a guiar a otros al reino de Dios.
- El evangelismo es el puente que creamos entre nuestro amor a Dios y nuestro amor a otras personas. Por medio del trabajo del Espíritu Santo en nosotros, Dios puede completar la transformación de una persona para sus propósitos y gloria.
- No podemos dar lo que no tenemos. Por esta razón, debemos tener una relación cercana con Dios y estar dispuestos a ser usados por él como conductos de su gracia.
- Un alcance efectivo siempre involucra una oración sincera y ferviente para que Dios bendiga nuestros esfuerzos, aunque no haya garantía de que los no creyentes tomen la decisión correcta.
- Conocer, usar y confiar en la Palabra de Dios es central para llevar a una persona hacia una fe salvadora en Jesús.
- Cuando compartimos nuestra fe con los no creyentes de manera inteligente, agradamos a Dios.
- Cada cristiano debe estar listo en todo momento y toda situación para compartir su fe en Cristo con aquellos que no tienen una relación con el Señor.
- El evangelismo no debe ser limitado por la conveniencia o las preferencias humanas. Se debe llevar a cabo con obediencia y fe.
- Los esfuerzos evangelísticos más efectivos son aquellos que son simples y sinceros.
- El evangelismo que empieza en el punto de necesidad del no creyente y conecta al evangelio con esa área específica de necesidad tiene la mayor capacidad para capturar la mente y el corazón del no creyente.

No se puede negar —aunque alguna gente ha tratado de hacerlo— que usted y yo como creyentes en Jesucristo tenemos la responsabilidad de compartir las Buenas Nuevas de este regalo gratuito de supremo amor con el resto de la creación. La motivación no debe ser si la gente está ansiosa o no por escuchar el evangelio, sino si hemos sido llamados a entregar el mensaje a un mundo incrédulo.

El lado difícil del éxito

En los Estados Unidos hoy, como en muchas naciones alrededor del mundo durante siglos, el éxito se ha definido en términos terrenales y materiales: Comodidad, larga vida, popularidad, paz emocional, inteligencia, libertad e independencia financiera. Cada vez más, vemos que nuestro país se acerca a la noción de que para alcanzar el éxito verdadero debe haber una combinación de estas condiciones, a lo que a veces se le llama de forma errónea «felicidad».

En el cielo hoy, el éxito se define de la misma forma que lo definió Jesucristo hace dos mil años durante su ministerio terrenal o miles de años antes que eso cuando Dios revelaba su voluntad a Israel. El éxito significa lealtad y obediencia a Dios. Todo lo demás es una distracción. Al final, todo lo que importa es si le hemos dado el control de nuestras vidas a Dios y si le hemos sido leales.

A medida que tratamos de entender lo que significa la lealtad, la Biblia es el recurso mejor y con más autoridad para estudiar. La obediencia se define como:

- Un compromiso personal con Cristo por medio del cual lo reconocemos como nuestro único Salvador (véase Juan 3:16-18).
- Un compromiso personal a la santidad, tal vez definida mejor como los frutos del Espíritu por Pablo (véanse Gálatas 5:22-24; 1 Tesalonicenses 4:7).
- Un compromiso personal a complacer a Dios, no con el propósito de la salvación sino como una forma de brindarle gloria, honor y agrado por medio de nuestra obediencia a sus mandamientos (véanse Éxodo 20:1-21; Romanos 12:1-2).
- Un compromiso personal a alabar solo a Dios de forma consistente (véase Mateo 4:10).
- Un compromiso personal a realizar acciones desinteresadas por otros, motivadas por el amor ejemplar de Cristo y conducidas a reflejar nuestro amor por Dios y su creación (véase Juan 13:1-17).
- Un compromiso personal a compartir las Buenas Nuevas de la vida sacrificada, muerte y resurrección de Cristo (véase Mateo 28:19).

¿Por qué se ha martirizado a cuarenta millones de personas desde la muerte de Cristo? Porque por lo menos cuarenta millones de personas fueron retadas de manera radical en su fe y se rehusaron a dejar de seguir a Cristo sin importar el costo de esa relación. Para esos santos, el mismo propósito de la vida estaba envuelto en su entendimiento de la plenitud de la vida cristiana. Estos mártires veían su relación con Jesucristo como algo por lo cual valía la pena morir. Su fe era más que una simple serie de verdades religiosas que los capacitaban para obtener riquezas terrenales, ser vistos en los lugares correctos en el momento correcto, o para obtener nueva información del carácter humano. Su fe era el hilo que determinaba sus vidas y que ilustraba de una forma dramática cómo definían el éxito y el propósito de la vida.

¿Qué nos dice el ejemplo de estos mártires a nosotros en una época diferente, en la que la gente puede ser ridiculizada por su compromiso público con el cristianismo, pero en realidad no amenazada con la muerte física por su alianza con Jesucristo? Sus ejemplos representan nada menos que un estandarte de comparación de cuán comprometidos con Cristo debemos estar, cuán apasionados debemos ser por nuestra fe, y de qué manera tan completa debemos estar dispuestos a confiar en las promesas de Dios.

¿Cree en la noción, sin un poquito de dudas, de que «Dios dispone todas las cosas para el bien de quienes lo aman, los que han sido llamados de acuerdo con su propósito» (Romanos 8:28)? ¿Cree en verdad que su gracia es suficiente para usted (2 Corintios 12:9)? ¿Acepta en realidad la idea de que el fin mayor de la humanidad es «amar al Señor tu Dios con todo tu corazón, con todo tu ser y con toda tu mente» (Mateo 22:37; véase también el v. 38)?

El evangelismo en perspectiva

El evangelismo, entonces, es uno de los elementos más importantes de lo que representa ser leales y obedientes a Dios. Sin embargo, no es el único aspecto que nos hace tener valor como siervos del Padre. Algunas personas tal vez consideren esto una herejía, pero sugiero que tal vez el evangelismo no es la actividad más importante de la vida.

El evangelismo es críticamente importante, pero también lo son otros elementos de la vida cristiana. El cristianismo que se enfoca de manera exclusiva en evangelizar e ignora otros factores críticos de la fidelidad es peligroso, es un cristianismo desequilibrado. Una vida de devoción a Cristo que no incluye un enfoque en el evangelismo también está desequilibrada.

El énfasis que le damos a evangelizar depende de muchos factores: las oportunidades que tenemos, nuestra capacidad para comunicarnos con claridad, nuestra madurez como creyentes, los dones espirituales y talentos especiales que nos provee Dios, entre muchas otras cosas. De esta forma, el equilibrio no significa necesariamente que usted y yo debemos pasar la misma cantidad de tiempo realizando esfuerzos evangélicos, como por ejemplo, discipulando, sirviendo, orando y alabando.

Como una analogía útil, piense en el significado del equilibrio químico en una piscina. ¿Puede imaginar una piscina llena de cantidades iguales de agua, cloro, ácido, sosa y cada uno de los otros químicos claves? ¡Salte dentro de esta mezcla y tendrá una zambullida dolorosa y memorable! Los químicos deben estar balanceados de forma que creen un medio ambiente habitable.

De la misma manera, llevar una vida que sea balanceada en verdad requiere que nos entendamos a nosotros mismos y a nuestro llamado, y que seamos verdaderos en ambas cosas. Al compartir nuestra fe con otros, debemos asegurarnos de que el evangelismo surge de un corazón que quiere comprometerse con esto como un acto de amor por Dios y un servicio a la humanidad, y que se lleva a cabo en el contexto de nuestros esfuerzos para ser un agente completo y diligente de Dios.

La cuestión de la relevancia

Algunas personas se preguntan si el evangelismo es relevante hoy. La pregunta no se refiere tanto a la utilidad de compartir el evangelio, sino que es una pregunta sobre la validez de la fe cristiana para una época que es más compleja y tal vez más perversa que las anteriores. La pregunta hace mención de una crisis de fe más que de una verdadera preocupación sobre el valor de exhortar a otros a seguir a Cristo.

Sin embargo, el hecho de que muchos cristianos hagan tal pregunta, señala la importancia de un compromiso a tener un cristianismo balanceado. La gente debe escuchar al evangelio proclamado. Debe estudiar los fundamentos de la fe. Debe ver la fe a través de la devoción constante al crecimiento espiritual.

Evangelizar es relevante solo mientras la fe cristiana sea relevante para la gente en esta tierra. Con ese fin, sugiero que si se entiende y explica de manera apropiada, el evangelio es igual de relevante en todas las épocas y tal vez se necesite más ahora que nunca, dada la conciencia depravada de nuestra cultura.

El mensaje del amor de Dios por su creación es más relevante que cualquier mensaje comunicado en las canciones y películas más populares de hoy, más importante que los temas políticos que se debaten con tanto fervor en la casa de gobierno, y más relevante que las decisiones que parecen ser de vida o muerte que tomamos en nuestros trabajos. El deber que tenemos usted y yo es el de pensar y orar acerca de cómo nos puede usar Dios de la manera más efectiva y significativa para esparcir las Buenas Nuevas.

El tema no es si existe o no hoy la necesidad de evangelizar. El verdadero desafío que debemos aceptar es si estamos comprometidos a presentar el evangelio de una manera continua y relevante a aquellos que no son seguidores de Cristo.

Sección C

Declare su fe

7

Su testimonio

Comparta el mensaje de su vida

Rick Warren

> Partiendo de ustedes, el mensaje del Señor se ha proclamado no sólo en Macedonia y en Acaya sino en todo lugar; a tal punto se ha divulgado su fe en Dios que ya no es necesario que nosotros digamos nada.
>
> 1 Tesalonicenses 1:8

Dios ha puesto un mensaje de vida en usted. Cuando se convirtió en creyente, también se convirtió en el mensajero de Dios. Dios quiere hablarle al mundo a través de usted. Pablo dijo: «Más bien, hablamos con sinceridad delante de él en Cristo, como enviados de Dios que somos» (2 Corintios 2:17). Usted tiene un depósito de experiencias que Dios quiere usar para traer a otros a su familia. La Biblia dice: «El que cree en el Hijo de Dios acepta este testimonio» (1 Juan 5:10).

El mensaje de su vida tiene cuatro partes:

- su testimonio: la historia de cómo comenzó su relación con Jesús.
- las lecciones de su vida: las lecciones más importantes que Dios le ha enseñado.
- sus pasiones divinas: los temas que Dios tenía la intención que le importaran más cuando lo formó.
- las Buenas Nuevas: el mensaje de la salvación.

Comparta su testimonio

Su testimonio es la historia de cómo Cristo ha hecho una diferencia en su vida. Pedro nos dice que los creyentes son elegidos por Dios «para que proclamen las obras maravillosas de aquel que los llamó de las tinieblas a su luz admirable» (1 Pedro 2:9).

Esta es la esencia de testificar: simplemente hacer un reporte de su experiencia personal con el Señor. En una corte, un testigo no está supuesto a debatir el caso, probar la verdad o ejercer presión a favor de un veredicto; ese es el trabajo del abogado. Los testigos solo cuentan lo que les pasó a ellos. Jesús dijo «serán mis testigos» (Hechos 1:8). No dijo: «Deben ser mis abogados». Él quiere que cuente su historia a otros. Compartir su testimonio es una parte esencial de su misión en la tierra, y creo que es una parte esencial de ser pastor. En muchas formas, su testimonio personal y auténtico es más efectivo que un sermón.

Es más fácil establecer una relación con una historia personal que con los principios religiosos, y a la gente le encanta escucharlas. Captan nuestra atención y las recordamos por más tiempo. Seguro que perderíamos el interés de los incrédulos si empezáramos a citar a los teólogos, pero tienen una curiosidad natural por una experiencia que nunca han tenido. Las historias compartidas crean un puente en las relaciones por el cual Jesús puede cruzar de su corazón al de ellos.

Otro valor de su testimonio es que sobrepasa las barreras intelectuales. Mucha gente que no acepta la autoridad de la Biblia escucha una historia humilde y personal. Por eso es que en seis ocasiones distintas Pablo usa su testimonio para compartir el evangelio en vez de citar las Escrituras (véase Hechos 22—26).

La Biblia dice: «Estén siempre preparados para responder a todo el que les pida razón de la esperanza que hay en ustedes» (1 Pedro 3:15). La mejor forma de estar «listo» es escribir su testimonio y luego memorizar los puntos importantes.

Divídalo en cuatro partes:

1. Cómo era mi vida antes de conocer a Jesús.
2. Cómo me di cuenta de que necesitaba a Jesús.
3. Cómo le entregué mi vida a Jesús.
4. La diferencia que ha hecho Jesús en mi vida.

Por supuesto, usted tiene otros testimonios además del de la historia de su salvación. Tiene una historia para cada experiencia con la cual lo ha ayudado Dios. Debería hacer una lista de todos los problemas, circunstancias y crisis a través de las cuales Dios lo guió. Luego sea sensible y use la historia con la cual su amigo no creyente se relacione mejor. Situaciones distintas necesitan testimonios distintos.

Comparta sus lecciones de vida

La segunda parte del mensaje de su vida incluye las verdades que Dios le ha enseñado a través de sus experiencias con él. David oró: «Enséñame, Señor, a seguir tus decretos, y los cumpliré hasta el fin» (Salmo 119:33).

Es triste que nunca aprendamos a partir de mucho de lo que nos sucede. La Biblia dice de los israelitas: «Muchas veces Dios los libró; pero ellos, empeñados en su rebeldía, se hundieron en la maldad» (Salmo 106:43). Seguro que ha conocido gente así.

Mientras que es sabio aprender de la experiencia, es más sabio aprender de las experiencias de otros. No hay suficiente tiempo para aprender todo en la vida por prueba y error. Debemos aprender de las lecciones de vida de cada uno. La Biblia dice: «Como anillo o collar de oro fino son los regaños del sabio en oídos atentos» (Proverbios 25:12).

Escriba las lecciones más importantes de su vida que ha aprendido, y así las podrá compartir con otros. Debemos estar agradecidos de que Salomón lo hiciera, porque nos dio los libros de Proverbios y Eclesiastés, los cuales están llenos de lecciones prácticas para el diario vivir. Imagine cuánta frustración sin sentido podríamos evitar si aprendiéramos de las lecciones de vida de los demás.

La gente madura desarrolla el hábito de extraer lecciones de las experiencias diarias. Le urjo a que haga una lista de sus lecciones de vida. No habrá pensado en ellas en realidad a no ser que las escriba.

Aquí hay algunas preguntas para estimular su memoria y para ayudarlo a empezar:

- ¿Qué me ha enseñado Dios a partir de mis fallos (Salmo 51)?
- ¿Qué me ha enseñado Dios debido a mi falta de dinero (Filipenses 4:11-13)?
- ¿Qué me ha enseñado Dios por medio del dolor, la pena o la depresión (2 Corintios 1:4-10)?
- ¿Qué me ha enseñado Dios a través de tener que esperar (Salmo 40)?
- ¿Qué me ha enseñado Dios mediante la enfermedad (Salmo 119:71)?
- ¿Qué me ha enseñado Dios a través de la decepción (Génesis 50:20)?
- ¿Qué he aprendido de mi familia, mi iglesia, mis relaciones, mis grupos pequeños y mis críticas?

Comparta sus pasiones divinas

Dios es un Dios apasionado. Ama con pasión algunas cosas y odia otras también con pasión. A medida que crezca más cerca de Dios, le dará pasión por algo que a él le importa mucho, para que así pueda ser su representante en el mundo. Puede ser pasión por un problema, un propósito, un principio o un grupo de gente. Lo que sea, se sentirá llamado a hablar sobre eso y a hacer lo que pueda para marcar una diferencia.

Usted no puede mantenerse callado con relación a lo que le importa más. Jesús dijo: «De la abundancia del corazón habla la boca» (Mateo 12:34). Dos ejemplos son:

- David, que dijo: «El celo por tu casa me consume» (Salmo 69:9).
- Jeremías, que dijo: «Su palabra en mi interior se vuelve un fuego ardiente que me cala hasta los huesos. He hecho todo lo posible por contenerla, pero ya no puedo más» (Jeremías 20:9).

Dios les da a algunas personas una gran pasión para defender una causa. Muchas veces se trata de un problema que han experimentado en lo personal, como el abuso, la adicción, la infertilidad, la depresión, la enfermedad o alguna otra dificultad. A veces, Dios le da a la gente una pasión para representar a un grupo que no puede representarse a sí mismo: los no nacidos, los perseguidos, los pobres, los prisioneros, los maltratados, los que están en desventaja, y aquellos a los que se les niega la justicia. La Biblia está llena de mandamientos acerca de defender a los que no pueden defenderse.

Dios usa a la gente apasionada para esparcir su reino. No tenga miedo de predicar sobre sus pasiones. Dios nos da distintas pasiones para que así todo lo que él quiere que se haga en el mundo se lleve a cabo. No debe esperar que toda la gente en el universo tenga la misma pasión que usted. En cambio, debemos escuchar y valorar el mensaje de vida de cada uno, porque nadie lo puede decir todo. Nunca se burle de la pasión divina de otro. La Biblia dice: «Está bien mostrar interés, con tal de que ese interés sea bien intencionado» (Gálatas 4:18).

Compartir las Buenas Nuevas

¿Qué son las Buenas Nuevas? «De hecho, en el evangelio se revela la justicia que proviene de Dios, la cual es por fe de principio a fin» (Romanos 1:17). «Esto es, que en Cristo, Dios estaba reconciliando al mundo consigo mismo, no tomándole en cuenta sus pecados y encargándonos a nosotros el mensaje de la reconciliación» (2 Corintios 5:19). Las Buenas Nuevas consisten en que cuando confiamos en la gracia de Dios para salvarnos a través de lo que hizo Jesús, nuestros pecados son perdonados, tenemos un propósito para vivir, y poseemos la promesa de un hogar en el cielo.

Hay cientos de libros acerca de cómo compartir las Buenas Nuevas, pero ni todo el entrenamiento del mundo lo motivará a ser un testigo de Cristo hasta que aprenda a amar a la gente perdida de la forma en que Dios lo hace. Dios no ha hecho nunca a una persona que no ame. Todos le importan. Cuando Jesús abrió sus brazos en la cruz, estaba diciendo: «¡Te amo así de grande!» La Biblia dice: «El amor de Cristo nos obliga, porque estamos convencidos de que uno murió por todos» (2 Corintios 5:14). Cuando se sienta apático sobre su misión en el mundo, dedique un tiempo a pensar en lo que Jesús ha hecho por usted en la cruz.

Nos deben importar los no creyentes porque a Dios le importan. El amor no deja opción. La Biblia dice: «El amor perfecto echa fuera el temor» (1 Juan 4:18). Un padre correría hacia un edificio en llamas para salvar a su hijo porque el amor hacia ese hijo es mayor que el temor. Si ha tenido miedo de compartir las Buenas Nuevas con los que tiene alrededor, pídale a Dios que le llene el corazón de amor por ellos.

La Biblia dice: «Él tiene paciencia con ustedes, porque no quiere que nadie perezca sino que todos se arrepientan» (2 Pedro 3:9). Mientras que conozca a una persona que no conoce a Cristo, debe seguir orando por esa persona, sirviéndole con amor y compartiendo las Buenas Nuevas. Mientras que haya una persona en su comunidad que no sea parte de la familia de Dios, su iglesia debe dedicarse a la tarea de alcanzarla. La iglesia que no quiere crecer le está diciendo al mundo: «Se pueden ir al infierno».

¿Qué está dispuesto a hacer para que la gente que conoce vaya al cielo? ¿Invitarlos a la iglesia? ¿Llevarles una comida? ¿Orar por ellos todos los días hasta que sean salvos? Su campo misionero se encuentra a su alrededor. No pierda las oportunidades que Dios le está dando. La Biblia dice: «Compórtense sabiamente con los que no creen en Cristo, aprovechando al máximo cada momento oportuno» (Colosenses 4:5).

¿Hay gente que va a estar en el cielo gracias a usted? ¿Habrá gente en el cielo que le podrá decir: «Le quiero dar las gracias. Estoy aquí porque le importé lo suficiente como para que compartiera las Buenas Nuevas conmigo»? Imagínese el gozo de saludar a personas en el cielo a las que ha ayudado a estar ahí. La salvación eterna del alma de una persona es más importante que cualquier cosa que usted logre en la vida. Solo la gente durará por siempre.

Dios lo creo para cumplir cinco propósitos en la tierra: Él lo hizo para que fuera un miembro de su familia, un modelo de su carácter, un magnificador de su gloria, un ministro de su gracia y un mensajero de sus Buenas Nuevas a otros. De estos cinco propósitos, el quinto solo se puede llevar a cabo en la tierra. Los otros cuatro los seguirá realizando en la eternidad. Por eso es que esparcir las Buenas Nuevas es tan importante; solo tiene poco tiempo para compartir el mensaje de su vida y cumplir su misión.

Este capítulo está reimpreso del sitio en la Internet www.Pastors.com. © Copyright 2005 por Rick Warren. Usado con permiso. Todos los derechos reservados.

8

Ilustraciones diarias

Comparta el evangelio justo donde está

Mike Silva

Este es el secreto del evangelismo: Dime y me olvidaré. Muéstrame y me acordaré. Involúcrame y entenderé.

Es necesario más que un entendimiento claro del mensaje del evangelio transformador de vidas para experimentar la epifanía que viene a través de una pintura, la cual sabemos que vale más que mil palabras. Es vitalmente importante saber cómo explicar lo básico del mensaje del evangelio, pero ¿es suficiente con decir las palabras correctas? Más que nunca, debemos alumbrar a Jesús y el mensaje del evangelio para que otros puedan *verlo*. De manera similar al primer siglo, vivimos en una época cada vez más visual. Dios nos ha creado para ser criaturas visuales. Antes de que la gente pueda *escuchar* el evangelio, necesita *verlo*.

Lugares diarios

No es necesario que viaje a un país del tercer mundo para compartir el evangelio. Puede hacerlo mientras que le abre la puerta a un amigo para que entre al restaurante, asistiendo a un evento deportivo con un compañero de trabajo, o pescando en un río con un familiar no creyente. Las oportunidades para mostrar las Buena Nuevas lo rodean. Por ejemplo, mientras abre la puerta para alguien, tal vez recuerde que Jesús usa la imagen de una puerta para ilustrar la manera en que él está frente a la puerta de su corazón tocándola. Nosotros nos encerramos con la esperanza de que se vaya, o abrimos la puerta y lo invitamos a que entre.

Dios también puede estar involucrado en los deportes. Al ingresar a un estadio de béisbol y darle el boleto a la persona que atiende, puede considerar cómo será entrar al cielo. Esta es una gran oportunidad para preguntarle a su compañero si ha pensado acerca de su «entrada al cielo». Podríamos preguntar qué pasaría si Dios nos mirara y dijera: «¿Por qué piensas que te debo dejar entrar al cielo? ¿Tienes un boleto de entrada?» Como cristianos, podemos responder: «Sí, Señor, es Jesucristo; solo él es mi boleto para el cielo». Entonces nuestro Padre celestial dirá: «¡Pasa! ¡Disfruta el partido!»

Quizás sea el tipo de persona que le gusta pescar en un río callado junto a un amigo cercano. Jesús disfrutaba estando en el lago con sus discípulos. Puede usar los pescados, el bote, la vara y muchas otras cosas para empezar una conversación sobre la vida de Jesús.

Esté adentro o afuera, en el trabajo o en la casa, haciendo ejercicios o descansando después de haber comido, dedique un minuto a mirar a su alrededor. ¡Una oportunidad para compartir el mejor mensaje de todos se le puede estar presentando!

Objetos diarios

Cuando Jesús quería ilustrar el cielo, usaba objetos que eran conocidos para los israelitas, como una semilla de mostaza (Mateo 13:31) o una red de pesca (v. 47). Usted puede hacer lo mismo. Las cosas que usa todos los días pueden convertirse en ilustraciones de la salvación.

Los certificados de regalo se han hecho muy populares en nuestra sociedad. A la gente le gusta recibirlos porque pueden elegir el regalo que en verdad quieren. Sin embargo, una cosa que debemos recordar es que estos certificados suelen venir con una fecha de vencimiento. Un certificado de regalo puede valer cien dólares un día, mientras que al día siguiente más vale tirarlo a la basura porque venció y ha perdido la oportunidad de ser usado.

El regalo del perdón de Dios es como un certificado de regalo que es más valioso que cualquier cosa que pueda imaginar. Pagó por él con la vida de su Hijo. Dios nos está dando ese certificado inapreciable, esperando que lo recibamos. Sin embargo, si no lo aceptamos y lo usamos, no tendrá valor para nosotros. La próxima vez que le compre un certificado de regalo a alguien, piense en cómo puede usarlo para ilustrar el mejor regalo de todos.

¿Conoce a alguien que le guste leer libros exitosos? Cada semana puede haber un título diferente en el primer lugar de la lista de éxitos de ventas del *New*

York Times, pero ninguno de ellos ha vendido tantas copias, ha sido más impreso y traducido a más idiomas que la Palabra de Dios, la Biblia. La Biblia es en realidad el libro número uno de todos los tiempos... año tras año, década tras década, siglo tras siglo, milenio tras milenio.

La próxima vez que alguien le pregunte qué ha estado leyendo, dígale que está en el medio del libro más exitoso del mundo y de todos los tiempos. ¡Tal vez esa persona quiera saber qué significa toda esta excitación!

Casi toda la gente tiene una caja vacía dando vueltas por su casa u oficina. Cuando veo una caja vacía, suelo pensar en lo que opino sobre la religión. Mucha gente es «religiosa». Llenan su vida de un montón de reglas y regulaciones que dicen que se debe vivir de cierta forma y ser cierto tipo de persona para agradar a Dios. Sin embargo, al final, una religión hueca deja a estas personas sintiéndose insatisfechas y vacías, como una caja sin usar.

Podemos estar agradecidos de que Jesús no viniera a imponer sobre nosotros una religión. Él quiere una relación con nosotros. En vez de tratar de vivir con una lista larga de cosas que podemos o no hacer, tratando de ser lo suficiente buenos para el cielo, podemos poner nuestra confianza en Jesucristo y lo que hizo por nosotros en la cruz.

El evangelismo no significa caminar a todos lados con una Biblia grande y negra bajo el brazo. Los mejores testigos no son los que usan camisetas que dicen: «¡Si no es cristiano se va a ir al infierno!» Puede ser un testigo efectivo usando cosas que tiene alrededor de su casa para ilustrar el mensaje del evangelio.

Situaciones diarias

Jesús nunca dejó la tierra donde nació. No viajó al centro social del mundo, Roma, ni tampoco hizo grandes expediciones a lugares lejanos. En cambio, sacó ventaja del lugar donde Dios lo puso y usó las situaciones a su alrededor para ganar a las personas para el reino.

No espere por un terremoto o un desastre nacional como el de las Torres Gemelas para alcanzar a la gente para Dios. Usted puede ser la herramienta de Dios hoy, ya sea que esté manejando su auto, caminando por su vecindario o sentado en un restaurante. No importa si es un trabajador de la construcción, un jefe ejecutivo o una maestra de primaria, Dios lo usará ahí donde está.

Imagine su restaurante de comida rápida preferido, y suponga que está en la fila esperando hacer su pedido. Como no tiene mucha hambre, planea pedir solo una hamburguesa con queso. Luego la persona tras el mostrador le pregunta: «¿Quisiera papas fritas con eso?»

«Ah, seguro», dice usted. Ahora que se las mencionan, las papas fritas le parecen ricas. Piense en todas las veces que ha pedido papas fritas o ha incluido algo más en su almuerzo porque la persona tras el mostrador lo «invitó» a hacerlo.

De manera similar, mucha gente perdida y dolida está esperando en la fila por una invitación... ¡un empujoncito gentil de un amigo de confianza! Una cena entre amigos, un concierto o un programa especial en su iglesia puede ser justo lo necesario para levantar su ánimo e interesar a alguien en el cristianismo.

Todos hemos estado en la fila del supermercado. Mientras esperaba y miraba detrás del mostrador, ¿alguna vez estuvo tentado de comprar un billete de lotería? Todos los días miles de personas caen en esa tentación. Sin embargo, ¿sabía que la posibilidad de ganar un premio de ochenta y cuatro millones de dólares es de 1 entre 515.403.500? Sin embargo, mucha gente gastará unos cuantos cientos de dólares para comprar un billete cuando el premio es alto.

Lo único que le puedo decir a una persona que compra un billete de lotería es: «¡Buena suerte!», porque eso es lo único que podrá tener... suerte. No hay ninguna garantía de que ganará algo. Ni siquiera existe una buena posibilidad de que gane.

No obstante, para la persona que busca a Jesucristo, la posibilidad de que lo encuentre y reciba vida eterna es 1 de 1. ¡Jesús nos dijo que *cualquiera* que lo busque lo encontrará!

Gente habitual

Cuando usted está en un lugar habitual, cumpliendo un objetivo habitual, en una situación habitual, ¿con quién se encuentra? ¡Con la gente habitual! Estamos rodeados por hombres y mujeres que necesitan escuchar el evangelio. Nos sirven el café, trabajan en nuestras oficinas, ponen nuestras compras en bolsas y viven en nuestro vecindario.

Evangelizar no es difícil, pero conlleva esfuerzo. He aquí algunos pasos que puede dar:

- Elija tres imágenes visuales o por medio de palabras que se sentiría cómodo usando. Para ideas, vea mi último libro, *¿Quisiera papas fritas con eso?*[1], el cual explica cómo usar más de cien imágenes habituales para presentar el mensaje del evangelio.
- Practique cómo usar sus imágenes visuales para presentar el evangelio. La mejor manera de practicar es usándolas con unos cuantos amigos cristianos.

- Una vez que ha llegado a dominar el evangelio de forma visual, utilice esta habilidad para compartir las Buenas Nuevas con un amigo o familiar aún no salvo. Hasta les puede decir: «Estoy tratando de aprender a explicar lo que creo. ¿Puedo compartir una ilustración contigo?» Luego pregúntele lo que pensó. Agradézcale a la persona, en especial si esta le ofreció una crítica constructiva. Lo más probable es que la persona haga preguntas o muestre interés en saber más del Salvador.
- ¡No se detenga! Siga sumando más ilustraciones a su repertorio. Nunca se quedará sin maneras nuevas y creativas de compartir las Buenas Nuevas.

Presentación del evangelio

Comparta el evangelio de forma clara y efectiva

Larry D. Robertson

Ya que «el evangelio ... es poder de Dios para la salvación de todos los que creen» (Romanos 1:16), es obligatorio para un cristiano presentar el evangelio de una forma clara. Y por supuesto, una persona debe tener un entendimiento claro del evangelio cristiano para ser capaz de compartirlo también de manera clara.

El apóstol Pablo define el evangelio en 1 Corintios 15:1-4: «Ahora, hermanos, quiero recordarles el evangelio que les prediqué ... que Cristo murió por nuestros pecados según las Escrituras, que fue sepultado, que resucitó al tercer día según las Escrituras». En breve, el evangelio es el mensaje simple e histórico de la muerte y resurrección de Jesús.

El término *evangelio* significa de manera literal y apropiada «Buenas Nuevas», ya que es un mensaje de esperanza, que habla a la condición de pecado humana y le promete perdón, propósito y vida eterna a aquellos que creen. No obstante, el evangelio tiene un «lado oscuro» lógico. Mientras que el mismo promete el cielo a aquellos que creen, los que no aceptan el evangelio (y por consecuencia la salvación de Dios) están destinados al infierno.

No hay una fórmula, una oración para el pecador en sí, ningún método ordenado o recetado en las Escrituras para compartir el evangelio. Cada persona es única, por esto ninguna conversación evangelística será igual. Por cierto que hay conceptos claves que se deben comunicar si queremos mantener la verdad del evangelio, pero lo que cambia es la forma en que trasferimos esos conceptos. La persona que testifica debe orar por discernimiento y tacto en cada situación.

Mientras que tener flexibilidad a la hora de compartir nuestra fe es importante, los que testifican deben tener cuidado en cómo obtienen las decisiones. Debemos recordar que el fin no siempre justifica los medios. Nuestra meta es «crear discípulos» (Mateo 28:19), no solo obtener decisiones.

Por desdicha, a veces nuestro celo espiritual (por lo menos quiero pensar que siempre es espiritual) nos ha llevado a resultados evangelísticos que decepcionan a largo plazo. Vemos a la gente hacer su «decisión por Cristo», pero después no continúan con una confesión pública de su fe a través del bautismo (véase Mateo 10: 32-33) ni tampoco se convierten en seguidores de Cristo dedicados en verdad.

He escuchado a una buena cantidad de predicadores defender un evangelismo negligente —algo a lo que Dietrich Bonhoeffer llamó la prédica de «la gracia barata»— al afirmar que normalmente podemos esperar que solo un veinticinco por ciento de los que «pronuncian la oración del pecador» continúen con el bautismo. ¡Algunos hasta usan la parábola de Jesús sobre los distintos tipos de tierra (Mateo 13:3-8,18-23) para confirmar su punto!» ¿Cómo llegamos a pensar en esto como si fuera una cosa normal?

Las palabras de Jesús sobre tener un fruto que dure (Juan 15:16) rondan mucho de nuestro evangelismo contemporáneo. Mientras que una multitud de factores pueden contribuir a una decisión por Cristo no duradera (véase, por ejemplo, 1 Juan 2:19), la claridad en la presentación del evangelio solo incrementa la calidad de tales decisiones.

El sermón del Pedro en el día de Pentecostés (Hechos 2:14-41) presenta un ejemplo excelente del evangleio que es compartido con claridad y eficacia. Varias características distintivas de la presentación de Pedro del evangelio son dignas de discusión.

Practique lo que predica

Cuando Pedro y los otros apóstoles se pararon para declarar las Buenas Nuevas de Jesús en el día de Pentecostés, lo hicieron como hombres que habían sido cambiados en forma dramática por la muerte y la resurrección de Jesús. ¡Estaban tan cambiados por el poder del Espíritu Santo que algunos en la muchedumbre los acusaban de estar borrachos! Pedro comenzó su sermón explicando que la diferencia que notaban en la gente era el trabajo de Dios.

La mayoría de las veces testificamos con nuestra vida antes que con nuestros labios. Por eso la necesidad de ser auténticos y creíbles a la hora de testificar no se puede mencionar en exceso. Recuerde el antiguo dicho: «Las acciones hablan más fuerte que las palabras».

San Francisco de Asís solía decir: «Predica siempre el evangelio. De ser necesario usa palabras». Esto no significa que las palabras no son necesarias, sino que nuestra conducta y carácter contribuyen de forma significativa a nuestro éxito como testigos. Si lo que la gente observa en nuestra vida contradice lo que decimos con nuestros labios, nuestra presentación del evangelio se distorsiona.

Use las Escrituras

Una de las cualidades más notables del sermón de Pedro fue el uso de las Escrituras. En otras palabras, a medida que interpretaba y aplicaba las Escrituras, las presentaba como cargadas de autoridad. La Palabra de Dios es mucho más poderosa que la sabiduría y la elocuencia humanas, sin importar cuán innovadoras o creativas parezcan.

El uso de las Escrituras cuando presentamos el evangelio no requiere de un título del seminario ni de una Biblia de cinco kilos. Nuestro testimonio puede estar contenido en medios tales como conversaciones, folletos evangelísticos, correo electrónico, libros, sitios en la red, grabaciones de audio o transferencias de computadora a computadora. El punto no es el medio por el cual se presenta la Palabra de Dios, *sino* que la misma sea presentada. «Ciertamente, la palabra de Dios es viva y poderosa, y más cortante que cualquier espada de dos filos. Penetra hasta lo más profundo del alma y del espíritu, hasta la médula de los huesos, y juzga los pensamientos y las intenciones del corazón» (Hebreos 4:12).

Hable acerca de Jesús

Había muchos temas que Pedro podría haber tocado y muchos argumentos que pudo haber hecho mientras le hablaba a la muchedumbre en Jerusalén ese día. Sin embargo, habló sobre Jesús. Pero habló sobre más que la vida y el ministerio de Jesús; él enfatizó su muerte y resurrección.

Decir que una presentación clara del evangelio tiene su enfoque en la muerte y resurrección de Jesús puede sonar obvio, pero no todos están de acuerdo con lo que el evangelio es. Si le pide a la gente que defina el evangelio, le dirán que es el amor o la ira de Dios. Otros lo describirán en términos de las enseñanzas y la ética de Jesús. E incluso hay algunos que lo describen como un servicio a otros.

Algunas personas tratan de evangelizar con otro mensaje que no sea la muerte y resurrección de Jesús, y lo hacen en detrimento de su testimonio. Algunos otros se ofenden por los hechos del evangelio y prefieren un «evangelio no sangriento» o un «evangelio más lindo». Pero el evangelio es lo que es. No podemos recrearlo o corregirlo. Simplemente *es*.

El hecho de que *Cristo murió por nuestros pecados* significa que Jesús pagó por nuestros pecados al ser nuestro sustituto. Ya que nuestra falta de rectitud nos prevenía de satisfacer los mandamientos de Dios de santidad y perfección, el Señor acreditó la rectitud de Cristo a las deudas de pecado de aquellos que creen.

La resurrección completa la ecuación. La fe cristiana se levanta o cae en la resurrección de Jesucristo. La cruz no tiene poder sin la tumba vacía. Si Jesús no se levantó de entre los muertos, no fue nada más que un revolucionario martirizado por su causa. ¡Sin embargo, él *se levantó al tercer día!*

La resurrección de Cristo trae esperanza a pesar del factor terminal: que todos vamos a morir. Sabemos de por lo menos tres personas que Jesús levantó de la muerte... ¡pero Jesucristo fue el primero que se levantó de entre los muertos y nunca volvió a morir! La resurrección trae esperanza y significado a esta vida y a la vida que vendrá.

Nunca tema enfocarse en Jesús mientras comparte su fe. Ya que él es *«el salvador de este mundo»* (Juan 4:42), ¿qué otra cosa puede compartir con una persona que sea más importante que la historia del evangelio?

El rol del Espíritu Santo

Cuando los hombres que evidentemente han sido transformados presentan el mensaje con claridad, algo inusual sucede. Los que escuchaban «se sintieron profundamente conmovidos» y decían: «¿qué debemos hacer?» (Hechos 2:37). ¿Cuándo fue la última vez que vio a una congregación responder a un sermón de esta manera?

Jesús dijo que el Espíritu Santo «convencerá al mundo de su error en cuanto al pecado, a la justicia y al juicio» (Juan 16:8). Abundan los métodos y técnicas para obtener una respuesta de la gente, pero ¿qué hemos logrado si la persona no se quebranta con relación a su pecado?

El que testifica debe tener cuidado de no depender de tácticas nuevas sino de confiar en el Espíritu de Dios para convencer a la gente de su necesidad de Cristo. ¡Pedro declaró la verdad del evangelio, confió en el Espíritu Santo para persuadir, y vio a tres mil personas convertirse en seguidores de Cristo en un día! La persona que testifica hoy debe compartir el evangelio con claridad y confiar en el Espíritu Santo para traer convicción.

La invitación

Cuando la muchedumbre preguntó qué debía hacer en respuesta al mensaje del evangelio, Pedro los llamó al arrepentimiento y a la confesión pública de Jesús como Salvador y Señor. Muchas veces la invitación es el punto donde muchas conversaciones evangelísticas se deshacen. Muchos de los que testifican pueden compartir los hechos del evangelio con claridad y convicción, pero titubean cuando llega el momento de invitar a la persona a recibir a Cristo.

Se cuenta la historia de que Henry Ford tenía un amigo que estaba en el negocio de los seguros. Cuando el señor Ford le compró una póliza por un millón de dólares a otro agente, su amigo le preguntó por qué no le había comprado la póliza a él. El señor Ford le respondió: «Tú no me preguntaste».

El mensaje de la muerte y resurrección de Jesús, por necesidad, suplica una respuesta. La invitación es, por lo tanto, la conclusión lógica y práctica a la presentación del evangelio. Sin embargo, la meta del que testifica acerca del evangelio es mucho más que solo lograr que la persona haga una oración. La meta es que la persona le dé la espalda al pecado y vaya a Dios (Hechos 26:20). Así que para ser salva es necesario que una persona entienda tres conceptos: pecado, arrepentimiento y señorío. No hace falta que se usen estos términos, pero los conceptos se deben entender.

Jesús dijo que el arrepentimiento es algo no negociable para obtener la salvación: «¡Les digo que no! ... todos ustedes perecerán, a menos que se arrepientan» (Lucas 13:5). No obstante, ¿cómo puede arrepentirse la gente si no entiende o no está al tanto de su pecado? Y la confesión de Jesús como Señor requiere entregarse a su señorío (véase 6:46). Por lo tanto, el arrepentimiento significa alejarse del pecado y acercarse a Dios con fe y obediencia.

Mientras que presentar el mensaje del evangelio es intimidante para muchos de los que testifican, podría no serlo. El evangelismo puede ser (y debe ser) una parte natural y normal de la experiencia de todos los cristianos. El evangelio se puede entretejer en básicamente todas las conversaciones. Las presentaciones del evangelio ya escritas pueden ayudar, pero muchos creyentes ya han pasado por la frustración de memorizar y recitar monólogos evangelísticos. Aun así, es una buena idea tener una dirección en nuestras conversaciones.

Recuerde, no todas las conversaciones evangelísticas serán iguales. Tenga cuidado de que el testimonio de su vida no se contradiga con el testimonio de sus labios. Use las Escrituras al concentrarse en la muerte y resurrección de Jesús. Y confíe en el Espíritu Santo para traer convicción a medida que le pide a la persona que reciba el evangelio. «¡Qué hermoso es recibir al mensajero que trae buenas nuevas!» (Romanos 10:15).

10

Las Escrituras

El poder que transforma las vidas que están dispuestas

Floyd Schneider

A los sesenta, Max todavía trabajaba como un guía de montaña, conduciendo a los distintos grupos a través de las montañas de Austria. No quería ir a la iglesia. Todavía no era salvo, pero al fin logramos convencerlo para que viniera a nuestro estudio bíblico semanal sobre el Evangelio de Juan. Su salvación llegó poco a poco, a medida que la Palabra de Dios penetraba en su corazón. Cuando al fin se convirtió, nos dijo que el estudio bíblico le había hecho darse cuenta de que había estado buscando a Dios por un largo tiempo. ¡A la larga, a través de más lecturas bíblicas, le quedó claro que Dios lo había estado buscando a él!

Guiándonos a la salvación

Dios quiere salvar a todos. «Dios nuestro salvador … quiere que todos sean salvos y lleguen a conocer la verdad» (1 Timoteo 2:3-4). ¿Qué lugar ocupan las Escrituras en el plan de Dios de traer a todos a sí mismo? La respuesta tiene cuatro partes.

Primero, el Señor le dijo a la mujer samaritana que Dios está buscando un cierto tipo de persona para que lo adore. «Los verdaderos adoradores rendirán culto al Padre en espíritu y en verdad, porque así quiere el Padre que sean los que le adoren» (Juan 4:23). Aunque Dios quiere que todos se salven, Proverbios 8:17

enfatiza la pasión que tiene Dios por los que le buscan: «A los que me aman, les correspondo; a los que me buscan, me doy a conocer».

Segundo, nadie busca a Dios por iniciativa propia. «Desde el cielo el Señor contempla a los mortales, para ver si hay alguien que sea sensato y busque a Dios. Pero todos se han descarriado, a una se han corrompido» (Salmo 14:2-3). Por lo tanto, Jesús manda al Espíritu Santo a atraer a los no creyentes a sí mismo. «Cuando [el Espíritu Santo] venga, convencerá al mundo de su error en cuanto al pecado, a la justicia, y al juicio» (Juan 16:8). Ambos, el Señor Jesús y el Espíritu Santo, son de la misma esencia; ambos son Dios. Si una persona reacciona de manera favorable al Espíritu Santo, tal persona reaccionará de la misma manera al Señor Jesús. El llamado del Espíritu Santo hace posible para cada ser humano empezar a buscar a Dios. Luego la voluntad propia dada por Dios debe decidir. ¿Qué es lo que en verdad quiero en la vida? ¿Quiero tener un vacío en el corazón?

Tercero, el Espíritu Santo inspiró el texto de la Biblia (2 Pedro 1:21). La frase *inspirada por Dios* en 2 Timoteo 3:16 significa literalmente que Dios «exhaló» las palabras que los apóstoles usaron para escribir su texto en las Escrituras. La Biblia es el único libro que Dios escribió de manera directa. Las Escrituras son el único libro sobrenatural del mundo. El Corán musulmán, las escrituras hindúes, el libro de los mormones y toda otra literatura religiosa son escrituras muertas que mantienen a la gente en la oscuridad. Solo la Biblia está viva y tiene el poder de cambiar un corazón y acercar a una persona a Cristo.

> Ciertamente, la palabra de Dios es viva y poderosa, y más cortante que cualquier espada de dos filos. Penetra hasta lo más profundo del alma y del espíritu, hasta la médula de los huesos, y juzga los pensamientos y las intenciones del corazón. Ninguna cosa creada escapa a la vista de Dios. Todo está al descubierto, expuesto a los ojos de aquel a quien hemos de rendir cuentas.
>
> Hebreos 4:12-13

El Espíritu Santo usa las Escrituras como un caballero usa una espada. La espada corta a través de los pensamientos e intenciones del corazón, revelándole al no creyente su problema con el pecado en lo profundo de su alma. Lo despierta al hecho de que para Dios está muerto en lo espiritual.

Cuarto, el Espíritu Santo usa las Escrituras para conducir a la gente a Cristo. Queremos que la gente venga a Jesús, pero no podemos invitarlos a nuestras casas para que lo conozcan de forma física, tal como hizo Mateo (Lucas 5:29). Sin embargo, ya que el Espíritu Santo fue el que inspiró la Biblia, esta es la herramienta sobrenatural que él usa para presentarle a la gente a Jesús. Si una persona rechaza la Biblia, está negando el testimonio del Espíritu Santo en su vida.

Hemos descubierto en nuestro ministerio de evangelismo y fundación de iglesias que la gente que niega la Biblia —que no quiere leerla o tomarla en serio— también niega cualquier cosa que le digamos sobre Dios o el Señor Jesús. Hemos descubierto que la forma en que la gente reacciona a la Biblia nos muestra si está buscando en realidad a Dios o no. En algunos casos, les compartimos el evangelio a las personas sin mostrarles primero los versículos en la Biblia. Cuando respondían de manera positiva al mensaje del evangelio, querían empezar a leer la Biblia de inmediato.

Dios está buscando a los que lo buscan. Él se acerca a estos buscadores a través de las Escrituras, y por medio de las Escrituras podemos descubrir quiénes son.

Santificando a los creyentes

El Señor usa las Escrituras de una segunda forma en el evangelismo. El apóstol Juan escribe: «Queridos hermanos ahora somos hijos de Dios, pero todavía no se ha manifestado lo que habremos de ser. Sabemos, sin embargo, que cuando Cristo venga seremos semejantes a él, porque lo veremos tal como él es» (1 Juan 3:2). El proceso por medio del cual el creyente llega a ser este producto terminado e incomparable se llama santificación, y las Escrituras tienen un papel muy importante en dicho proceso.

«Desde tu niñez conoces las Sagradas Escrituras, que pueden darte la sabiduría necesaria para la salvación mediante la fe en Cristo Jesús» (2 Timoteo 3:15). Esta salvación se refiere al proceso en tres etapas que va de un estado degenerado hasta la perfección en el cielo. La primera etapa ocurre cuando una persona acepta a Cristo como Salvador. Esta etapa libera al creyente del castigo por el pecado. La segunda etapa de la salvación, el proceso de santificación, libera al creyente del poder del pecado. Y la tercera etapa, la llegada al cielo, libera al creyente de la presencia del pecado.

Durante la segunda etapa de la salvación de un creyente, Dios tiene más en mente que el creyente se convierta en una mejor persona. Una vez que aceptamos a Cristo como Salvador, empezamos a cambiar. El Espíritu Santo empieza a trabajar en nosotros para producir los frutos del Espíritu: amor, alegría, paz, paciencia, amabilidad, bondad, fidelidad, humildad y dominio propio (Gálatas 5:22-23). Nuestra naturaleza pecaminosa ha sido clavada en al cruz con el Señor Jesús, y Dios nos ha dado su naturaleza. «Luego de escapar de la corrupción que hay en el mundo debido a los malos deseos, lleguen a tener parte en la naturaleza divina» (2 Pedro 1:4). ¡Ahora empieza la batalla!

Mientras que el creyente lucha para obedecer a Dios, él o ella a través de las Escrituras. Esto estimula al creyente a abandonando toda maldad y todo engaño, hipocresía, deseen con ansias la leche pura de la palabra, como niños r... medio de ella, crecerán en su salvación» (1 Pedro 2:1-2).

Cuando esta transformación empieza a ocurrir, familiares y amigos yentes empiezan a ver los cambios en la manera de hablar, el comportamiento y la actitud del creyente. Y debido a que estos cambios son sobrenaturales, no pueden ser ignorados. El mundo no va a entender lo que le ha pasado al creyente, pero sus familiares y amigos van a empezar a hacer preguntas. ¡Ahora el nuevo creyente tendrá la oportunidad de alcanzar a otros, llevando a cabo el primer propósito de Dios! «Más bien, honren en su corazón a Cristo como Señor. Estén siempre preparados para responder a todo el que les pida razón de la esperanza que hay en ustedes, pero háganlo con gentileza y respeto» (1 Pedro 3:15-16).

A medida que el creyente crece cada vez más en el conocimiento de las Escrituras, la Palabra se convierte en algo «útil para enseñar, para reprender, para corregir y para instruir en la justicia, a fin de que el siervo de Dios esté enteramente capacitado para toda buena obra» (2 Timoteo 3:16-17). En algún momento del crecimiento del creyente, él o ella descubrirá una habilidad para hacer lo que Apolos hizo cuando les estaba testificando a los judíos, «demostrando por las Escrituras que Jesús es el Mesías» (Hechos 18:28).

Me senté en la cocina de Max, tomando té y comiendo unos pastelitos austriacos. Acababa de explicar cómo cada uno de los miembros de su familia había reconocido un cambio en él. Me dijo que no se había percatado mucho del cambio hasta que sus familiares empezaron a señalarle algunas cosas. Ya no decía malas palabras. Ya no mentía sobre sus exploraciones en las montañas. Era mucho más hospitalario y generoso. Y su familia se había dividido. Algunos empezaron a odiarlo. Otros empezaron a leer la Biblia con él.

El ciclo de Dios continúa.

Las Escrituras transforman vidas. Usando cualquier método posible, sea persuasivo con sus amigos y familiares inconversos para que saturen sus mentes con la Palabra de Dios. El Espíritu Santo hará el resto.

Sección D

Defienda su fe

11

Preguntas comunes bienvenidas

Cuatro preguntas con las que me he encontrado mientras doy testimonio

Jay Strack

Dios sabe que nuestra fe será cuestionada. En 1 Pedro 3:15 se nos dice: «Honren en su corazón a Cristo como Señor. Estén siempre preparados para responder a todo el que les pida razón de la esperanza que hay en ustedes». Muchos cristianos se intimidan con las preguntas que sus amigos y familiares no creyentes les hacen. ¿Cómo podemos hacer para tener una respuesta para cada pregunta? ¿Cómo podemos responderlas sin destruir la relación?

Tipos de preguntas

Para ofrecer una defensa con docilidad, no podemos estar desalentados o distraídos ante las preguntas que nos hacen. En cambio, anticipe el tipo de preguntas que aquellos que buscan de verdad le harán:

☛ *Preguntas filtro.* Muchas veces las personas le harán una pregunta para liberar la presión o convencerse a sí mismas. Si no le han preguntado todavía, no pasará mucho tiempo hasta que se enfrente a algunas de las preguntas más viejas: «¿Y qué de la gente en África? ¿Qué de la vida en otros planetas? ¿Cree en la teoría de la evolución?» Muchas veces estas son preguntas filtro —aquellas que la gente hace incluso cuando no está interesada en la respuesta— pero puede usar las respuestas a estas preguntas para tocar temas importantes.

☞ *Preguntas de acuerdo a la estación.* Ciertas preguntas solo ocurren en épocas específicas del año. Por ejemplo, durante Navidad y Pascuas hay muchas preguntas sobre el nacimiento virginal y la resurrección de los muertos. La noche de brujas trae preguntas sobre el mal. Como residente de la Florida, durante la época de huracanes se me pregunta por qué le pasan cosas malas a las personas buenas.

☞ *Preguntas sobre sucesos actuales y la cultura popular.* Los sucesos mundiales y nacionales también pueden causar preguntas. Cuando los Estados Unidos están involucrados en una guerra, una pregunta frecuente es si un cristiano debe servir en el servicio militar. Un libro, una película o un programa de televisión nuevo también puede causar preguntas. En la década del ochenta, *Chariots of the Gods* [Las carrozas de los dioses] de Erich von Daniken, causó que mucha gente se preguntara sobre los extraterrestres y cómo la vida en otros planetas afectaría las creencias cristianas. En una época más reciente, nos hemos enfrentado a las preguntas que fluyen de la obra de ficción de Dan Brown, *El Código de Da Vinci*, en la cual se afirma que Jesús y María Magdalena estaban casados y tuvieron un niño.

En 2 Timoteo 2:15 se nos dice: «Esfuérzate por presentarte a Dios aprobado». Esto significa que necesitamos estudiar y aprender la Palabra de Dios, pero no podemos esperar tener todas las respuestas. Cuando me he hallado frente a una pregunta que no puedo responder por completo, admito que no tengo toda la información, pero que debido a que me importa la persona que hizo la pregunta, acudiré a otros o dedicaré más tiempo a estudiar y obtener una respuesta más completa. Por ahora, nos concentraremos en las cuatro preguntas más comunes que se me han formulado cuando hablo con otros sobre Cristo.

Las cuatro preguntas comunes

1. ¿Cree honestamente en el nacimiento virginal?

Nuestra primera pregunta suele ser una de temporada, aunque no solo se pregunta durante la época de Navidad. Larry King ha entrevistado a Billy Graham en unas cuantas ocasiones. Una vez en particular Billy Graham le preguntó a Larry:

—Si fuera posible que entrevistaras a Jesús cara a cara y solo pudieras hacerle una pregunta, ¿qué le preguntarías?

—Le preguntaría: "¿Naciste de una virgen?" —respondió Larry King sin pensar.

Billy Graham quedó medio sorprendido.

—Si no le molesta que le pregunte, ¿por qué sería eso lo que le preguntaría?

—Bueno —respondió Larry— si él nació de una virgen, eso respondería todas las otras preguntas que tuviera.

Como cristiano, creo que debe estar preparado para responder a esta pregunta común. La primera vez que me topé con esta cuestión fue a la temprana edad de veinte años, cuando era un estudiante de Charleston Southern. Le estaba hablando a varios grupos del sudeste y me llamaron para departir en una gran asamblea en la Universidad de la Florida. Me daba un poco de temor hablarle a mis compañeros y a los profesores en la universidad, pero le hice frente al desafío. Después de dar mi presentación, un profesor se levantó y me felicitó, luego me hizo una pregunta: «Entiendo que va a la universidad en Carolina del Sur. Qué tal si una chica de Carolina del Norte bajara de la montaña, notablemente embarazada, y afirmara que nunca estuvo con un hombre, ¿le creería?» La gente en la habitación comenzó a reír porque sabían a qué se refería.

La respuesta que le di al profesor fue honesta. Le dije que debido a mi trasfondo no suelo confiar en la gente sin algún tipo de prueba, y por eso no le creería a esa chica. Sin embargo, ya que mi esposa y yo le damos mucho valor a la vida —tanto de la madre soltera como de su hijo aún sin nacer— les ofreceríamos ayuda. Cuando naciera el niño, lo observaría para ver si en verdad había algo extraordinario en él. Si empezara a hacer milagros, a hablar como ningún otro niño lo hace, a actuar como ningún otro hombre, a vivir y a morir de una manera extraordinaria, y luego resucitara de entre los muertos… bueno, tendría que ser lo suficiente hombre para admitir que estuve equivocado porque no hay forma de que un hombre ordinario fuera padre de ese niño.

Tenemos que tener en mente cuando respondemos a esta pregunta que la prueba de que Jesús es Hijo de Dios no está solo en las palabras que dijo María, sino en la vida extraordinaria que él llevó. Jesús no tuvo igual. Y si Dios pudo formar a un hombre del barro y crear todo el mundo a nuestro alrededor, ¿por qué está más allá de nuestro entendimiento el hecho de que él sea capaz de hacer que una jovencita quede embarazada?

2. ¿Qué de los que nunca escucharon el evangelio?

Cuando miramos la mente y el corazón de Dios expresados a través de la Biblia, con facilidad nos damos cuenta de que él se preocupa por la gente más que nosotros. En Mateo 10:29-31 leemos: «¿No se venden dos gorriones por una monedita? Sin embargo, ni uno de ellos caerá a tierra sin que lo permita el Padre;

y él les tiene contado a ustedes aun los cabellos de la cabeza. Así que no tengan miedo; ustedes valen más que muchos gorriones». Y en 2 Pedro 3:9 se nos dice: «El Señor no tarda en cumplir su promesa, según entienden alguno la tardanza. Más bien, él tiene paciencia con ustedes, porque no quiere que nadie perezca sino que todos se arrepientan». Dios les da un valor muy grande a los hombres y las mujeres. Es su promesa que todos tengan una oportunidad para elegir vivir con él en la eternidad.

Después que los discípulos se encontraron con el Cristo resucitado, sintieron la pasión de decírselo al mundo. La más antigua referencia a la iglesia cristiana se puede rastrear hasta Hechos 8, cuando Felipe llevó a un hombre etíope al Señor y lo bautizó. A Tomas se le acredita por llevar el cristianismo a la gente de la India. Y en Hechos 2:5 en el día de Pentecostés, «estaban de visita en Jerusalén judíos piadosos, precedentes de todas las naciones de la tierra». A Dios le preocupa la gente de todas las naciones, por lo cual se nos dice que vayamos al mundo y hagamos discípulos.

Estando consciente de lo que compartí al principio del capítulo sobre las preguntas filtro, cuando me hacen la pregunta sobre aquellos que nunca han escuchado el evangelio suelo decirle a la persona con la que estoy conversando que me conmueve su preocupación por los demás, pero que mi primera inquietud es la necesidad que ella tiene de Jesús. Así que le sugiero que me deje guiarle en la oración del pecador, luego seguir con discipulado, y después los dos podremos involucrarnos en el trabajo misionero. Si la persona no está dispuesta a ser salva, ¿cómo puede guiar a otros a serlo? Es como aquel que no sabe nadar, y estando parado a la orilla del océano, mira sin poder ayudar cómo el mar se traga a los otros. No importa cuánto se preocupe por ellos; no es capaz de ayudar.

3. ¿Dónde queda la evolución?

Cuando recién me convertí en cristiano, esta era la pregunta que me dio más preocupación. Debido a que me habían enseñado sobre la evolución en la escuela, no estaba seguro de cómo la misma encajaba con lo que me decía la Biblia. Fue difícil para mí lograr entenderlo, y por eso comprendo por qué este es un tema importante para muchos.

Después de mirar las explicaciones que ofrece la evolución y compararlas con las verdades de las Escrituras, llegué a la fácil conclusión de que la Biblia estaba en lo correcto. Ahora, cuando me hacen esta pregunta, les respondo con mi propia interrogante: ¿Haz leído el *Origen de las Especies* de Darwin? Cada vez que leo el trabajo de Darwin tengo un hábito curioso. Agarro un marcador y subrayo ciertas palabras y frases: *quizás, tal vez, puede haber sido, parece ser, plausible, factible* y *posible*. Estas palabras y frases aparecen ciento ochenta y ocho veces. Tal libro ha sido considerado por mucho tiempo la base de la evolución; sin embargo, no se puede crear un argumento sólido con tantos *quizá* y *puede ser*.

En comparación, la Biblia afirma más de dos mil veces: «Así dice el Señor». Y la Biblia se puede usar como una autoridad en ciencias. Las Escrituras dicen en Isaías 40:22 que el Señor está sentado sobre el círculo de la tierra. Esto se escribió setecientos años antes de Cristo y miles de años antes de que la gente empezara a creer que la tierra era redonda.

Probablemente usted no quiera involucrarse en un debate científico, ni un juego de «él dijo ella dijo». Cuando yo era un buscador y le hice esta pregunta a un sabio hombre de fe, él me respondió: «¿Estás más preocupado sobre de dónde viniste o en dónde vas a terminar?»

4. ¿Tengo que ir a la iglesia para alabar a Dios?

El término del Nuevo Testamento traducido como «iglesia» es *ekklesia*, que se deriva de dos palabras: *ek*, que significa «afuera», y *kaleō*, que significa «llamar». Al principio, se refería a una asamblea de personas «llamadas afuera» de sus casas a un lugar de reunión para una discusión. Después de un tiempo, el término fue aplicado a los cristianos que se reunían para la alabanza pública y la discusión de temas cristianos. Una definición popular de la iglesia local hoy es un cuerpo de creyentes en Jesucristo bautizados que se unen para completar el último mandamiento de Cristo.

La palabra *iglesia* se usa muchas veces en el Nuevo Testamento. En muchas instancias se refiere al cuerpo total de creyentes redimidos, aunque la palabra se usa con mucha frecuencia para referirse a una congregación local que se reúne de manera regular para alabar. La iglesia es la herramienta asignada por Dios para llevar a cabo su Gran Comisión… al orar, enseñar, discipular, bautizar y ministrar (Mateo 28:19-20). Leemos en 1 Timoteo 3:15 que la iglesia es también «columna y fundamento de la verdad». En las Escrituras, la iglesia es llamada un cuerpo (1 Corintios 12:12-31), un edificio (Efesios 2:19-22) y una novia (2 Corintios 11: 2; Apocalipsis 19:7).

No todos los que son parte de una iglesia visible son verdaderos cristianos, pero todos los cristianos deberían pertenecer a una iglesia visible como la del Nuevo Testamento, es decir, a una congregación de creyentes. En Hechos 2: 40-47 aparece una descripción de una iglesia del Nuevo Testamento. En Hebreos 10:25 se nos instruye: «No dejemos de congregarnos, como acostumbran hacerlo algunos». Ser cristiano significa seguir el ejemplo de Jesús. En Lucas 4:16 vemos que Jesús «un sábado entró en la sinagoga, como era su costumbre». Jesús fue a un edificio, a un lugar de adoración. Por medio de este hecho, Jesús es nuestro gran ejemplo.

La necesidad de mansedumbre

No importa la pregunta que se le haga, siempre acuérdese de tratar a la persona que pregunta con dignidad y respeto. No trate de hacer quedar mal a un buscador. Recuerde que usted mismo fue un buscador una vez. Use sus propios ejemplos, experiencias y preguntas para traer la promesa de Dios a sus amigos y familia de una manera excitante y bienvenida. La única forma en que aprendemos es haciendo preguntas, y como cristianos nuestra primera meta debería ser ayudar a otros a que aprendan sobre las promesas que tenemos en Cristo.

Si cuestiona la urgencia que tiene para compartir con otros acerca de Cristo, hágase usted mismo el siguiente examen:

1. ¿Estoy agradecido por lo que el Señor Jesucristo hizo por mí en la cruz y a través de su resurrección corporal? ¿Entiendo que hizo algo por mí que no merezco y que nunca podría pagar?
2. ¿Le creo a las Escrituras cuando dicen que la vida es fina como una hoja de papel y que hay consecuencias por estar separados de Dios? ¿Se me rompe el corazón por aquellos que no conocen a Cristo debido a esta verdad?

He descubierto que un testimonio con lágrimas sinceras es el argumento más poderoso. «El fruto de la justicia es árbol de vida» (Proverbios 11:30).

12

Cuando tiene las respuestas

*Adaptado del libro: More than a Carpenter
[Más que un carpintero]*

Josh MacDowell

El hecho de que Jesús decía ser Dios elimina el complot popular de los escépticos que veían a Jesús solo como un hombre moral o un profeta que dijo muchas cosas profundas. Muchas veces esta conclusión se considera la única aceptable para los estudiosos o el resultado obvio del proceso intelectual. Sin embargo, el problema es que mucha gente asiente con la cabeza en conformidad sin darse cuanta del error de ese razonamiento.

Era de importancia fundamental para Jesús que los hombres y mujeres creyeran en quién era él. Habiendo dicho Jesús lo que dijo y afirmando lo que afirmó, uno no puede llegar a la conclusión de que él solo era un hombre de buena moral o un profeta. Esta conclusión no es posible, y Jesús nunca quiso que lo fuera.

C. S. Lewis, que era profesor en la Universidad de Cambridge y en su momento un agnóstico, entendió este tema con claridad. Él escribió:

> Estoy tratando aquí de prevenir que alguien diga esa cosa tan tonta que la gente suele decir sobre él: «Estoy listo para aceptar a Jesús como un gran maestro moral. Pero no acepto su reclamo de que era Dios». Eso es lo que no debemos decir. Un hombre que fuera meramente un hombre y que haya dicho las cosas que Jesús dijo no sería un maestro moral. Sería o un lunático —al nivel de una persona que dice ser un

huevo hervido— o el Diablo del infierno. Usted debe hacer su decisión. O este hombre era, y es, el Hijo de Dios; o si no un loco o algo peor.[1]

Jesús dijo ser Dios. No dejó ninguna otra opción abierta. Y lo que dijo debe ser verdadero o falso, por eso es algo en lo que se debe pensar con seriedad. La pregunta de Jesús a sus discípulos: «¿Quién dicen que soy yo?» (Mateo 16:15), tiene tres respuestas posibles.

Primero, digamos que la afirmación de ser Dios era falsa. Si era falsa, tenemos dos y solo dos alternativas. O él sabía que era falsa o no sabía que lo era. Consideraremos cada opción por separado y estudiaremos la evidencia. Después debemos considerar la posibilidad de que su afirmación de ser Dios fuera verdad.

¿Era un mentiroso?

Si cuando Jesús hizo su afirmación sabía que no era Dios, estaba mintiendo y engañando a sus seguidores a propósito. Pero si era un mentiroso, también era un hipócrita, pues les decía a otros que fueran honestos sin importar el costo mientras que él mismo enseñaba y vivía una mentira descomunal. Más allá de eso, era un demonio, porque les dijo a otros que confiaran en él para su destino eterno. Si no podía respaldar su afirmación y lo sabía, era un vil indescriptible. Además, sería un tonto, porque fue su afirmación de ser Dios la que lo llevó a la crucifixión.

Muchos dirán que Jesús fue un maestro de la buena moral. Seamos realistas. ¿Cómo podría ser un gran maestro de la moral y desviar a la gente a propósito en el punto más importante de su enseñanza, su propia identidad?

Uno tendría que llegar a la conclusión lógica de que era un mentiroso deliberado. Sin embargo, esta forma de ver a Jesús no coincide con lo que sabemos de él o el resultado de su vida y enseñanzas. En cualquier lugar que se ha proclamado a Jesús, las vidas han cambiado para bien, las naciones se han transformado de manera positiva, los ladrones se han convertido en personas honestas, los alcohólicos se han curado, individuos odiosos han llegado a ser dadores de amor, y la gente injusta se ha reformado para ser justa.

Si Jesús quería juntar personas que lo siguieran y creyeran en él como Dios, ¿por qué fue a la nación judía? ¿Por qué fue como un carpintero nazareno a un país tan pequeño en tamaño y población, que se adhería de forma tan minuciosa a la unidad indivisible de Dios? ¿Por qué no fue a Egipto, o incluso más lógico, a Grecia, donde creían en muchos dioses y en varias manifestaciones de los mismos?

Alguien que vivió como Jesús vivió, enseñó como Jesús enseñó, y murió como Jesús murió, no podría estar mintiendo.

¿Era un lunático?

Si es inconcebible que Jesús fuera un mentiroso, ¿no es posible que él pensara que era Dios pero estuviera equivocado? Después de todo, es posible ser sincero y estar equivocado al mismo tiempo. Sin embargo, debemos recordar que el hecho de que alguien crea que es Dios, en especial en una cultura en extremo monoteísta, y luego les diga a otros que su destino eterno depende de si creen o no en él, no equivale a una pequeña idea fantasiosa sino a los pensamientos de un loco en el sentido más completo. ¿Era Jesús tal persona?

Que uno crea que es Dios sería parecido a que alguien hoy creyera que es Napoleón. Estaría delirando y engañándose, y lo más probable es que lo encerrarían para que no se lastimara a sí mismo o a cualquier otro. Sin embargo, en Jesús no se ven las anormalidades y el desequilibrio que suelen ir asociados a la locura. Su postura y compostura eran por cierto maravillosas si estaba loco.

A la luz de las otras cosas que sabemos de Jesús, es difícil imaginar que tuviera la mente enferma. Este era un hombre que pronunció algunos de los dichos más significativos que se han escrito. Sus instrucciones han liberado a muchos individuos de sus ataduras mentales. Clark H. Pinnock pregunta: «¿Tenía delirios de grandeza? ¿Era paranoico, un engañador sin intención, un esquizofrénico? Repito, la habilidad y fuerza de sus enseñanzas apoyan la idea de que poseía una mente sana por completo. ¡Si tan solo nosotros estuviéramos tan sanos como él!»[2] Un estudiante de la Universidad de California me dijo que su profesor de psicología había dicho en la clase que «lo único que tiene que hacer es levantar la Biblia y leer porciones de las enseñanzas de Cristo a muchos de sus pacientes. Ese es todo el consejo que necesitan».

El siquiatra J. T. Fisher afirma:

> Si usted tomara la suma total de todos los artículos escritos por los sicólogos y siquiatras más calificados sobre el tema de la higiene mental, si los combinara y refinara y eliminara todo el palabrerío excesivo, si se quedara con toda la carne y nada del perejil, y si tuviera estos pedacitos sin adulterar de conocimiento científico puro expresados de una forma concisa por los poetas vivos más capaces, tendría una versión rara e incompleta del Sermón del Monte. Y sufriría sin medida al hacer la comparación. Durante casi dos mil años el mundo cristiano

ha tenido en sus manos la respuesta a sus deseos incansables e infructuosos. Aquí ... descansa el mapa para una vida humana exitosa llena de optimismo, salud mental y felicidad.³

C. S. Lewis escribió:

La dificultad histórica de darle a la vida, enseñanzas e influencia de Jesús cualquier explicación que sea menos difícil que la explicación cristiana es muy grande. La discrepancia entre la profundidad y la sanidad ... de sus enseñanzas morales y la desenfrenada megalomanía que debe yacer detrás de sus enseñanzas teológicas a menos que él en realidad sea Dios, nunca han sido explicadas de forma satisfactoria. Por lo tanto, las hipótesis no cristianas surgen una tras otra con la incansable fertilidad del desconcierto.⁴

Philip Schaff razona: «¿Está tal intelecto —claro como el cielo, confortante como el aire de la montaña, filoso y penetrante como una espada, saludable y vigoroso en su totalidad, siempre listo y siempre en control propio— sujeto al más radical y serio engaño con relación a su propio carácter y misión? ¡Imaginación ridícula!⁵

¿Es Señor?

Personalmente, no puedo llegar a la conclusión de que Jesús era un mentiroso ni un loco. Y la única otra alternativa es que era el Cristo, el Hijo de Dios, justo como mencionaba.

Cuando discuto esto con mucha gente judía, es interesante la forma en que responden. Me suelen decir que Jesús era un líder moral, justo, religioso, un hombre bueno o algún tipo de profeta. Entonces les comparto lo que Jesús declaró sobre sí mismo y luego el material de este capítulo sobre el triple dilema (mentiroso, lunático o Señor). Cuando les pregunto si creen que Jesús era un mentiroso, responden con un enérgico «¡No!» Luego les pregunto: «¿Cree usted que él era un loco?» La respuesta es: «Por supuesto que no». «¿Cree usted que él es Dios?» Antes de que pueda decir una palabra más, se escucha un resonante «Absolutamente no». Sin embargo, uno solo tiene esas opciones.

El problema con estas tres opciones no es cuál es posible, porque es obvio que cualquiera de las tres lo es. En cambio, la pregunta es: ¿Cuál es la más probable? Elegir quién es Jesús no debe ser un ejercicio simple. Usted no lo puede poner sobre una repisa como a un gran maestro de la moral. Esa no es una opción válida. Él es un mentiroso, un lunático, o Señor y Dios. Debe tomar una decisión. Sin embargo, como escribió el apóstol Juan, estas cosas «se han escrito para que ustedes crean que Jesús es el Cristo, el Hijo de Dios, y para que al creer en su nombre tengan vida» (Juan 20:31).

La evidencia está claramente a favor de que Jesús es el Señor. No obstante, algunas personas niegan esta clara evidencia debido a las implicaciones morales que involucraría. No quieren hacerle frente a las responsabilidades o implicaciones que vienen con el hecho de llamarle Señor.

13

Cuando no tiene las respuestas

Adaptado de: Cómo responder a un escéptico

Lewis Drummond

En una clase universitaria de filosofía, surgió un debate no equitativo entre un profesor y un estudiante de primer año. El profesor había estado hablando sobre varias religiones del mundo por varios días. Y en este discurso en particular el tema era el cristianismo. Él dejó en claro que no era un creyente cristiano a medida que llenaba su discurso de chistes irrespetuosos y comentarios sarcásticos sobre la posición del cristianismo.

La mayoría de los estudiantes se reían de los comentarios inteligentes y cáusticos sobre lo que él llamaba «el mito de la fe». Aunque yo era un cristiano y algo entrenado para debatir, no presenté ninguna defensa. Solo estaba sentado y escuchaba paralizado, tal vez un poquito disgustado por la oratoria sofisticada y punzante del profesor. De repente, una chica de primer año nos sorprendió a todos. Aunque, no había dicho nada en lo absoluto durante las discusiones de las seis semanas anteriores, este día rompió el silencio de manera dramática y empezó una confrontación con el profesor al hacerle una pregunta simple pero llena de sentido: «¿Por qué está tan en contra de la religión cristiana?»

El profesor, sorprendido de manera notable por su pregunta fuerte y directa, hizo una pausa por un momento. Luego respondió de manera cordial pero un poco condescendiente: «Bueno, hasta donde yo puedo decir, el cristianismo y todas las religiones son nada más que filosofías mitológicas e ilógicas que están muy lejos de ser creíbles».

Tal vez pensó que eso terminaría la conversación, pero la chica continuó sin temor. Con una voz tranquila pero llena de pasión dijo: «Lo que creo, tal vez le parezca tonto, pero para mí es más verdadero que cualquiera de las cosas que escuché o leí en esta clase».

«Esta bien», respondió el profesor, «hablemos de su fe». El asunto resultó en un tiempo de preguntas y respuestas de una intensidad inusual por parte de los contendientes y un interés insólito de parte de la clase. El profesor se sentó en su escritorio e hizo la pregunta: «¿Cree en realidad en alguien que no puede ver? De ser así, seguro se da cuenta de que no está siendo científica sino solo supersticiosa».

La estudiante respondió de inmediato: «¿Puede negar que el viento es real? ¿Y puede usted ver el viento? Usted cree que es real porque siente sus efectos. Tal vez no de la misma forma, pero yo siento los efectos de Dios en mi vida. Puedo ver las huellas que ha dejado en el mundo: la belleza de la naturaleza, las canciones y melodías. No hay otra forma de que el universo existiera sin un Dios que lo haya creado todo. Usted habla de ciencia, pero no hay una explicación puramente científica de la experiencia cristiana, la belleza, la música, la inteligencia, el amor, y la primera causa del universo mismo. Sin embargo, estas cosas son reales, y la Biblia explica lo que la ciencia no puede».

¡Qué reprimenda!, pensé. *Y muy verdadera. ¿Qué dirá el profesor ahora?*

No hubo contraataque a la larga respuesta de la estudiante; en cambio, se le hizo una segunda pregunta: «¿Supongo que cree en obedecer la moralidad victoriana arcaica como parte de sus creencias cristianas?»

La estudiante de primer año titubeó antes de decir: «Sí, si se refiere a leyes morales como los Diez Mandamientos, sí creo en ellos. Pero no estoy segura de que sean lo mismo que la moralidad victoriana. Creo que debemos tratar de obedecer las leyes de Dios lo mejor que podemos al igual que las leyes científicas. Cuando uno quiebra una ley científica, se lastima, y cuando quiebra una ley moral, se lastima también. Más de cinco mil años de historia demuestran que cuando las sociedades cumplen los Diez Mandamientos, suelen prosperar, y cuando no, suelen declinar y fragmentarse. Este punto es la explicación parcial de por qué nuestra universidad está plagada de problemas como la deshonestidad, las drogas, el alcohol y las enfermedades venéreas. Si se obedecieran los Diez Mandamientos, ¿tendríamos estos problemas?»

El profesor le hizo frente al análisis histórico de la estudiante. También trató de ganarse unos puntos al atraparla en una esquina con una referencia al pastor cristiano alemán Dietrich Bonhoeffer, que estuvo involucrado en un plan para asesinar a Adolfo Hitler. «¿Estaba justificado al ignorar la ley que prohibía matar?», le preguntó el profesor. «De lo contrario, ¿no son los Diez Mandamientos muy inflexibles?»

Justo cuando parecía que la estudiante se quedaba sin argumento, volvió con más fuerza: «No estoy familiarizada con el asunto de Bonhoeffer, pero como cristiana creo que hay reglas básicas de moralidad tal como hay reglas básicas de gramática. Sin embargo, cuando leo la Biblia no siento que tenga que usar una camisa de fuerza. Lo que necesito es una conciencia guiada por Dios para ayudarme en las situaciones de la vida real».

Después de unos minutos de debate sobre la moralidad, el profesor cambió el tema con otra pregunta: «¿Cree en la inmortalidad? De ser así, ¿cómo puede creer que nosotros que morimos y nos descomponemos podemos vivir de nuevo?»

«Lo creo y lo puedo creer», fue su respuesta. Con un sentimiento de exasperación el profesor declaró: «¡Esto es increíble! Solo significa que nunca se ha enfrentado a la finalidad de la muerte».

Siguió un silencio largo y tenso. Después, con lágrimas brillando en sus ojos, la jovencita sorprendió a la clase: «Señor, mis padres murieron en un accidente automovilístico el año pasado. Estaba ahí cuando sus cuerpos bajaron hacia la tumba. Lloré y lloré, y luego lloré un poco más. Todavía me duele mucho cuando pienso sobre el asunto, pero sé que mi padre y mi madre eran más que unos pedazos de carne y hueso. Eran seres humanos. Morimos en lo físico, pero hay mucho más que eso en la vida. Durante este tiempo he experimentado algo que usted tal vez no entienda, pero es algo que ni usted ni nadie puede negar. Ese algo es "la paz que va más allá de cualquier entendimiento". Dios marcó una diferencia en ese momento y lo sigue haciendo».

Ese fue el fin de la discusión. Se había logrado un testimonio para Dios, aunque todas las preguntas no se hubieran respondido por completo.

Puede sonar un poco increíble. Yo también quedé maravillado por el incidente, pero esa es la forma en que ocurrió en realidad. A pesar de que era «silencioso en el debate» y tímido, nunca fui igual después de escuchar a una chica no sofisticada pero honesta ganarle a su profesor en un debate. Es cierto que había algunos «agujeros» en sus argumentos. Un filósofo sofisticado y argumentador podría haberse agarrado de ellos. Sin embargo, ella hizo el intento, y sus argumentos no eran malos. El punto es que probablemente todas las personas se fueron de la clase que una mejor opinión del cristianismo. Tal vez nadie se convirtió de forma directa por el argumento de la estudiante, pero todos escucharon a una cristiana valiente haciendo frente a los argumentos de un buen pensador escéptico. Y eso en sí mismo pudo muy bien haber hecho surgir nuevos pensamientos y nuevas inquietudes sobre las cosas de Dios. Si eso sucedió, un testimonio exitoso tuvo lugar.

Eso es lo que todos los creyentes deben aprender a hacer; aunque no sean filosóficos o muy capaces en la argumentación. Y se puede lograr. En amor, se puede ayudar a la gente a reevaluar su posición y a tener una mayor disposición hacia el evangelio de Jesucristo. Pero, ¿deberían los cristianos tratar de testificar si la gente se muestra desinteresada y escéptica?

¿Por qué ser testigo?

Aunque no nos sintamos cómodos testificando, hay una necesidad que crece con rapidez y estimula a los creyentes a tener valor y la habilidad para defender y llevar la fe cristiana a los que dudan. La razón es obvia. Estamos viviendo en una era de creciente escepticismo, humanismo, ciencias y materialismo, en la cual cada vez más gente tiene dificultad para creer en un Dios que no puede ver. No solo eso, muchos de los que dudan y los inconversos sienten que la iglesia, aunque es una comunidad que cree, no es una comunidad que piensa. Por esta razón, el pensador escéptico puede asumir que debe entregar su mente para creer en el Dios de la Biblia. Además, debemos enfrentar con honestidad lo que Langdon Gilkey señala en su libro *Naming the Whirlwind* [Nombrando el torbellino], que incluso en nuestras iglesias se hallan personas con serias dudas.[1] Todo esto demuestra la necesidad verdadera de aprender a responder las preguntas de los que están confusos. Por eso debemos aprender a testificarle de manera efectiva al escéptico.

La iglesia necesita de cristianos preocupados que tengan algo de experiencia en cuanto a presentar respuestas que ayuden a los argumentos contra su fe. Nuestra responsabilidad es ofrecer razones sensibles de por qué creemos. El apóstol Pedro lo dijo así: «Más bien, honren en su corazón a Cristo como Señor. Estén siempre preparados para responder a todo el que les pida razón de la esperanza que hay en ustedes» (1 Pedro 3:15). Si la gente decide ignorar o negar a Cristo después de haber sido confrontados por la racionabilidad del cristianismo, es su responsabilidad. Sin embargo, las personas tienen el derecho de escuchar una presentación coherente de la fe. Eso pone la carga sobre nosotros los que creemos. Nuestra responsabilidad es ayudarlas a esclarecer sus dudas honestas. Hasta que eso este hecho, somos culpables en ese sentido por su negación de Cristo. Así que debemos tratar de responder cualquier duda o escepticismo que los separe del conocimiento salvador de Jesucristo. Esto nos lleva a la segunda pregunta básica: ¿Cómo llevamos a cabo nuestra responsabilidad?

Cómo testificar

Responder a los dudosos escépticos involucra no solo saber *qué* decir sino *cómo* decirlo. En primer lugar, un cristiano debe orar por la guía, la paciencia y el entendimiento de Dios; esto no tiene ni que decirse. Cualquiera que comunique de manera efectiva a Cristo debe hacerlo con la sabiduría y el poder del Espíritu Santo... y con amor y preocupación. Los meros argumentos no convencerán o ganarán a nadie, en especial si la persona es de mente cerrada y sus dudas no son de verdad *honestas*. Nuestra argumentación rara vez tocará o moverá a tal persona. Con frecuencia este tipo de escéptico tiene alguna clase de problema moral, y en vez de enfrentarlo, se esconde en el escepticismo.

Muchos, según parece, niegan a Cristo porque prefieren mantenerse en pecado y rechazan el liderazgo de Jesús en sus vidas. Si esta situación continúa, sus dudas y su escepticismo no son muy honestos, lo cual es otro problema con el que se debe lidiar de forma directa. No obstante, si una persona tiene dudas honestas, nosotros los creyentes podemos ayudar. A través de la guía y la paciencia amorosa de Dios, podemos encontrar un camino directo al corazón, la mente y el alma de un escéptico sincero. Por lo tanto, para alcanzar a esta persona debemos aprender a identificarnos con el problema que él o ella expresa. Esto es lo que requiere el amor.

Además, la encarnación, «Dios con nosotros», no es una simple proposición teológica; es un principio práctico que debe ser entendido y aplicado. Debemos ser ejemplos de la misma actitud que mostró Cristo cuando se hizo carne para alcanzarnos y salvarnos. Para impactar a otros, una disposición a identificarnos con ellos en el espíritu de la encarnación es vital. El desafío para todos los cristianos es acudir a los peores lugares: entre los más pobres de los pobres; los más enfermos de los enfermos, los más solitarios de los solitarios y los más escépticos de los escépticos... tal como lo hizo Jesús.

A menudo nosotros los cristianos parecemos muy interesados en protegernos a nosotros mismos de todo tipo de dolor y duda. En cambio, deberíamos encontrarnos en los guetos llenos de pobreza, en los hospitales llenos de dolor y en los círculos de escépticos llenos de dudas, donde sea que ellos estén. Levantar la cruz y seguir a Cristo equivale a experimentar los gozos, las tristezas, la fe y las dudas de la gente a quien buscamos para alcanzar y tocar con el amor de Dios. No hay cruz sin identificación, y no hay identificación sin sacrificio.

Una respuesta para el escéptico

No es fácil aprender a identificarse y hablar con el escéptico. Paul Tournier dijo: «Escuchen las conversaciones del mundo. Son, en su mayoría, diálogos de sordos. Una persona habla con el propósito de aclarar sus propias ideas, para justificarse, para mejorar».[2] ¿Es esto lo que un escéptico ve en el testimonio de un cristiano insistente? ¡Esperemos que no! Debemos estar dispuestos a escuchar y simpatizar con la gente. Paul Tournier sabe que para comunicarnos de manera efectiva con las personas se requiere de sensibilidad cristiana, por medio de la cual nos identificamos con «la fuente innumerable de hombres y mujeres cargados con sus secretos, temores, sufrimientos, tristezas, decepciones y culpas».[3] Alcanzar al dudoso requiere que estemos en realidad preocupados por el escéptico de carne y hueso.

Al aprender cómo compartir con el escéptico, la pregunta fundamental con la que nos enfrentamos es por qué tanta gente razonable, capaz y pensante —para no mencionar muchos menos capaces— han sido tan dogmáticos en su proclamación de creer en Dios. Por ejemplo, Thomas Edison dijo que «la religión es toda basura».[4] La afirmación de Edison parece irrazonable al admitir lo poco que conocía del universo. Él dijo: «No conocemos ni la milésima parte del uno por ciento de nada. No sabemos lo que es el agua. No sabemos lo que es la luz. No sabemos lo que es la gravedad. No sabemos lo que es la electricidad. No sabemos lo que es el calor. Tenemos muchas hipótesis sobre estas cosas, pero eso es todo».[5] No obstante, negó de manera directa la fe cristiana. ¿Por qué? La respuesta a esa pregunta fundamental se encuentra primero al tratar de entender el corazón, la mente y el alma interior de tales personalidades escépticas. Algo los ha llevado a sus dudas. Alguna experiencia —quizás negativa— ha dado a luz a su escepticismo. Por eso, debemos tratar de entender su filosofía subjetiva, es decir, sus convicciones personales.

John Warren Steen, en su libro *Conquering Inner Space* [Conquistando el espacio interior], cita varias posibles razones por las que la gente se convierte en escéptica. Él da ejemplos como la ausencia de una relación entre padre e hijo, la rebelión contra un hogar muy estricto, la desilusión con la religión organizada, el egocentrismo excesivo, un problema genuino para reconciliar la realidad del mal con un Dios bueno, y así sucesivamente.[6] Una vez que penetramos la superficie de lo que creemos es una coraza o un escepticismo duro, veremos pronto a una persona que necesita ser entendida, amada y respetada... no negada. En una palabra, debemos amarla, pero al mismo tiempo no ser intimidados por su línea de pensamiento escéptica.

Nosotros los cristianos tenemos algunas respuestas que ayudan a las dudas, pero primero debemos aprender a amar al escéptico y aceptarlo como una personalidad creada a imagen de Dios y por la cual Cristo murió. Si mantenemos ese hecho frente a nuestros ojos espirituales, descubriremos que podemos aprender a querer hasta al anticristiano más militante, no porque se convierta en un simple trofeo para ganar en un debate religioso, sino porque lo vemos perdido y solitario sin Cristo. El principio es simple: a la gente se le alcanza primero a través del amor, no de la argumentación insensible. Aprendemos a «discutir» bien porque los amamos y buscamos ganarlos para Jesucristo.

Además, lidiar con los escépticos requiere confianza en uno mismo, pero esto no debe estar empañado por ningún tipo de santurronería u orgullo intelectual. Debemos resistir la tentación normal y dañina de predicar y discutir en contra de varias formas de escepticismo y ateísmo. «¡No me predique!», es el grito de rebelión cuando uno trata de hacer esto.

Un día en el almuerzo de un club civil, la conversación se centró en el ateísmo. Un creyente bastante santurrón recitó el Salmo 14:1. «"Dice el necio en su corazón: 'No hay Dios.'" Así dice la Palabra de Dios», afirmó de modo arrogante, queriendo decir que todos los ateos son necios. En cierto sentido es verdad, pero dudo que nuestro Señor Jesucristo hubiera citado esa Escritura cuando estaba tratando de alcanzar a un ateo. Jesús nunca predicó de una manera que condenara ni hizo que una persona se sintiera pequeña. Era firme y franco, pero lo hacía todo con humildad y amor.

Debemos tener una respuesta para el escéptico. No está bien demostrar amor pero quedarse callado. Mucho bien puede venir de una presentación positiva de nuestra fe que suene lógica en la mente del que duda. Los argumentos escépticos pueden sonar formidables, pero no tenemos razón para temer; nuestra fe tiene sus raíces en la verdad. Nuestro único problema aparece cuando nuestra ignorancia de las armas disponibles nos deja sin defensa. Y a la luz del mundo de hoy no podemos afrontar la responsabilidad de ser cristianos analfabetos y sin poder. Un creyente debe conocer los argumentos a favor y en contra de la fe.

14

Cuándo hacer nuevas preguntas

Cómo alcanzar a los difíciles de alcanzar

Alvin L. Reid

En el Nuevo Testamento el testimonio de los creyentes siempre demostraba que el hecho de compartir sobre Jesús era algo sin temor, intencional y apasionado, que resultaba en vidas cambiadas de manera radical. Nadie tenía que permanecer mucho tiempo con uno de los primeros creyentes para saber que ese había sido un encuentro transformador de vidas.[1] Es más, en Hechos uno puede leer una y otra vez acerca de los testimonios persistentes no solo de los discípulos sino de todos los demás también (véanse 6:10-12; 8:1-3; 11:19-26, por ejemplo). ¡Tanto en nuestra época como en la de ellos, la razón por la cual muchos no son salvos es que nadie les ha dicho cómo serlo!

Aun cuando compartamos sobre Cristo de forma intencional, con intrepidez y compasión, algunos se resistirán. Otros, aunque en un porcentaje más pequeño, serán hostiles. ¿Cuál debería ser el enfoque de la persona que testifica una vez que el evangelio ha sido presentado y rechazado? ¿Cuándo se les deben hacer nuevas preguntas a estas personas?

Primero, tome nota de algunas reglas generales:

1. Recuerde, cuando se trata de adultos, un setenta por ciento llega a Cristo por una crisis o un cambio de vida significativo. Esté al tanto de lo que está ocurriendo en sus vidas mientras comparte su testimonio.
2. Sea un amigo sin importar la respuesta. A Jesús se le llamaba amigo de pe-

cadores (nota: no amigo del pecado). Usted, como Cristo, puede demostrar amor e interés genuino en las vidas de las personas sin tener que poner en riesgo sus propias convicciones. ¡A la gente no le importa cuánto sabe hasta que ven cuánto se preocupa por ellos!
3. Tenga confianza en el evangelio. Pablo dice que es el poder de Dios para salvación. Muchas veces el Espíritu trabaja de maneras que no podemos ver.
4. ¡Viva la vida transformada que representa el cristianismo! Recuerde que el Nuevo Testamento no enfatiza el hecho de hacerle preguntas a los perdidos, sino estar listos para responder las preguntas que ellos tengan para nosotros cuando vean la vida transformada que vivimos (1 Pedro 3:15). La Biblia no nos dice que respondamos todas las preguntas de todas las personas. Pero debemos responder a las preocupaciones legítimas.

Saber cuándo hacer preguntas

Hay varias circunstancias cuando es apropiado hacerle preguntas a la gente que ha rechazado antes su testimonio. Estas son cuatro de ellas:

1. *En respuesta a preguntas que tienen.* La primera excusa que la gente da casi nunca es la verdadera razón por la cual niegan a Cristo. Sin embargo, cualquier pregunta legítima que tengan sobre Cristo debe ser respondida antes de avanzar al siguiente paso.
2. *Cuando la conversación gravita hacia temas espirituales.* El cristianismo no es simplemente una parte espiritual de la vida de una persona que se relaciona solo con temas religiosos. Es un estilo de vida. Casi todos los temas se pueden llevar hacia lo espiritual. Si hay un problema, el evangelio tiene una respuesta. Si hay una objeción, la verdad puede hacerle frente.
3. *Cuando se siente llevado por el Espíritu Santo a preguntar.* Hechos 8 registra el encuentro entre Felipe y el etíope. Felipe se acercó al carruaje del etíope por pedido del Señor y le hizo una pregunta. Sea sensible a la obra del Espíritu.
4. *Cuando haya una crisis o un tiempo de cambio en la vida de la otra persona.* Si la otra persona lo ha visto como alguien que vive la vida transformada de un seguidor genuino de Cristo, sería lógico que usted hiciera preguntas espirituales en esos momentos.

Cómo hacer las preguntas

Un amigo llamado Jack Smith, en su libro *Friends Forever* [Amigos para siempre], presenta algunas ideas simples y posibles para ayudar a crear ese tipo de relación donde las preguntas fluyen normalmente en el contexto evangelístico.

Vaya a algún lugar. Invite a una persona por la cual se siente preocupado a ir a algún lugar con usted. Esto le permitirá pasar un tiempo con esta persona. Las preguntas pueden surgir como algo natural durante la conversación.
Solicite ayuda. Pídale a la persona que lo ayude con algo. No haga solo preguntas de naturaleza espiritual. Solicite ayuda, demuestre que no es un creyente santurrón que desprecia a las personas perdidas. Esto es justo lo que hizo Jesús con la mujer junto al pozo. Le pidió agua para beber.
Comparta su espacio. Invite a esta persona a su casa. Cuanto mejor sea la relación, más natural será la pregunta.
Visite su casa. Visite el hogar de la otra persona.

Usted podría tratar de implementar una de estas ideas por semana durante un período de cuatro semanas. Sin embargo, ya que el estilo de vida de hoy es frenético, tal vez sea mejor que las distribuya en un período más largo. También puede repetir una o todas ellas cuando pase un tiempo. He aquí algunas sugerencias para cada paso:

Vaya a algún lugar. Invite a la persona para encontrarse en la Escuela Dominical, en un musical de la iglesia, para almorzar, ir de compras o jugar al golf.
Solicite ayuda. Pídale a la persona que lo ayude en una actividad de la iglesia. O si él o ella tiene alguna habilidad, pídale que lo ayude en su casa. Puede solicitar su ayuda para un proyecto del ministerio, como arreglar el techo de una persona anciana.
Comparta su espacio. Invite a la persona a comer, tomar un café, ver algo nuevo (como su auto o su jardín), mirar un partido, o a un estudio bíblico.
Visite su casa. Visite a la persona durante las visitaciones de la iglesia. Llévele a él o ella un regalo.

Smith también señala las etapas a través de las cuales se mueve una relación. El nivel de su relación puede afectar su efectividad al compartir sobre Cristo. Por favor, note que a *cualquier* nivel puede y debe presentar a Jesús, pero en las relaciones a largo plazo en las cuales una persona no está lo suficiente dispuesta a recibir a Cristo, puede ser de gran ayuda entender estas formas de acercamiento para hacer nuevas preguntas.

15

¡No tenga miedo!

Convirtiéndonos en testigos valientes

Scott Dawson

El tema del temor es dominante en todos los aspectos de la sociedad. Los humanos somos propensos a tenerle temor a casi todo. Cuando somos jóvenes, tenemos miedo de dar el primer paso o hacer el primer salto hacia la piscina. A media que crecemos, el temor sigue presente cuando solicitamos un trabajo o hacemos o aceptamos una propuesta de matrimonio. Es más, alguien me dijo hace poco que hay más de tres mil fobias conocidas relacionadas con el hombre. ¡Las fobias se extienden desde el miedo a la oscuridad hasta el temor a las sandías! ¡Es algo seguro asumir que vivimos con temor del temor!

Hace poco estuve en un avión junto a un vendedor muy exitoso. Durante nuestra conversación, le hice una pregunta muy específica sobre ventas. «¿Alguna vez tiene temor durante su presentación?» Su respuesta llegó con completa honestidad. «Cuando recién empecé en la compañía, mi enfoque se centraba mucho en mí durante mis presentaciones. Ahora me enfoco en la necesidad de la compañía para la cual estoy trabajando y la calidad del producto que está siendo ofrecido».

¿Puede ver el punto? Cuando este vendedor aprendió que el valor real de su presentación no se encuentra en él sino en la necesidad de otros y la calidad de su producto, fue salvo del temor.

Voy a decir lo obvio: No creo que podamos eliminar el temor al evangelismo, pero podemos controlarlo. Déjeme explicarle. Un mariscal de campo de un equipo de fútbol americano suele ser más pequeño que todos los jugadores defensivos en el campo que lo quieren agarrar. El mariscal de campo debería sentir temor, pero él logra un verdadero éxito si puede controlar su temor y utilizarlo para tener un resultado positivo. Cuando comparto mi fe en un mundo con más dolor, preguntas e ira de las que me puedo imaginar, debería sentir temor. Sin embargo, como ese vendedor, cuando dejo de enfocarme en mí y empiezo a enfocarme en la necesidad del individuo y la calidad de mi producto, el temor se convierte en energía positiva.

El rol del Espíritu Santo

Pablo dijo: «Todo lo considero pérdida por razón del incomparable valor de conocer a Cristo Jesús, mi Señor ... Lo he perdido todo a fin de conocer a Cristo, experimentar el poder que se manifestó en su resurrección» (Filipenses 3:8,10). Pablo era alguien que había experimentado los «productos» de su época. Era de una buena familia, tenía una gran educación, y parece ser que era muy popular antes de que recibiera a Cristo. Pero en su opinión, nada de lo que el mundo pudiera ofrecer se comparaba con la suficiencia de Cristo.

Pablo quería conocer el poder de la resurrección. ¿Por qué? Es en la resurrección que un creyente encuentra valor. Tan horrible como fue la cruz, si Jesús solo hubiera muerto aún tendríamos un problema. Es la resurrección la que le da valor a nuestra fe, asegura nuestro futuro y perdona nuestros pecados. En 1 Corintios 15:3-4 se nos dice: «Cristo murió por nuestros pecados según las Escrituras ... fue sepultado ... resucitó al tercer día según las Escrituras».

Para entender el poder de la resurrección, debemos entender el significado de la cruz. Fue en la cruz donde sufrió Jesús. Es en la cruz donde encontramos una paradoja peculiar. Dios, que es infinito y eterno, de alguna forma está entre dos ladrones. Dios, que no puede morir, de alguna manera es crucificado por nuestros pecados. Ya que Dios no puede morir y no puede pecar, debemos mirar hacia la resurrección para encontrar el lamento convertido en gozo. La resurrección nos informa que no estamos solos en este mundo. Por medio de la resurrección entendemos que Dios no está muerto, enfermo ni preocupado, sino que está vivo. Además, Juan 14 nos dice que él no nos dejará sino que enviará a su Espíritu a vivir en nuestros corazones (vv. 23,26).

Jesús nos promete que su Espíritu nos dará poder, nos capacitará y alentará en nuestras vidas diarias. Ser sobrecogidos por el temor con relación al evangelismo significa quitar el enfoque de Cristo y ponerlo en nosotros mismos. El Espíritu Santo va delante de nosotros preparando los corazones que se abrirán al evangelio. Hay dos razones por las cuales no creo que esto signifique que debemos compartir el evangelio solo con gente que *parezca* estar dispuesta a recibirlo. Primero, no podemos percatarnos de a quién le está hablando Dios en un momento dado. Estaba compartiéndoles acerca de Cristo en un McDonalds a algunos estudiantes que deberían haber estado escuchando. Cuando hice el llamado, recibí respuestas negativas y sarcasmo de parte del grupo de chicos. Sintiéndome rechazado, estaba por irme cuando una mujer anciana se me acercó. Ella dijo que me había escuchado hablar y que estaba muy interesada en Jesús. Me había estado concentrando en un grupo de jóvenes, pero Dios había estado preparando el corazón de una abuela que parecía una maestra de la Escuela Dominical.

La segunda razón por la que compartimos acerca de Cristo con gente que no *parece* dispuesta es que, antes de poder cosechar, debemos plantar la semilla. ¿Qué tal si los granjeros nunca prepararan la tierra, plantaran semillas ni regaran los campos, sino solo esperaran la cosecha? ¡El granjero estaría decepcionado… y hambriento! Si testificamos enfocados solo en la salvación, nos sentiremos decepcionados de manera constante. La salvación de los otros es nuestro deseo pero no nuestra responsabilidad. Hasta Pablo dijo: «Yo sembré, Apolos regó, pero Dios ha dado el crecimiento» (1 Corintios 3:6). Muchas veces tenemos miedo cuando nuestro enfoque está en el éxito o el fracaso en vez de en nuestra lealtad. ¿Qué nos asusta más, que alguien nos haga hacer el ridículo o sentir que le hemos sido infieles a Cristo? Esto no tiene la intención de ser una frase teológica sino una aplicación práctica. Puede ser que yo sea la persona que conduzca a alguien a *pensar en Jesús* no a la salvación. El Espíritu Santo nos empuja a ser testigos en el momento correcto. Nunca he conocido un *momento incorrecto* para testificar, solo una *manera incorrecta* de hacerlo.

Stephen Olford comparte un punto de vista increíble acerca del rol del Espíritu Santo a la hora de dar testimonio. Se hace vulnerable al decir: «Tengo miedo de testificar, me siento culpable si no testifico … pienso que soy un fracaso». Pero luego, para nuestro alivio, añade: «Buenas noticias, somos un fracaso. Solo Dios a través de su Espíritu Santo puede cambiar una vida».[1] En esencia, como un seguidor de Cristo, no debo *tratar de ser un testigo*; debo confiar en que *seré un testigo*. No se trata de vivir para Jesús, sino de que Jesús viva a través de mí.

Una interpretación a prueba de fallos

¿Qué puede suceder cuando compartimos nuestra fe? Solo puede haber tres resultados: podríamos ver a alguien venir a Cristo; podríamos plantar una semilla; o podríamos ser rechazados. A medida que he estudiado la naturaleza humana, me he dado cuenta de que el miedo al rechazo sobrepasa las aspiraciones de éxito de la mayoría de la gente. Como resultado, solo intentamos ser testigos y racionalizamos la condición espiritual de la mayoría de las personas. Permítame tratar de invertir las cosas en los siguientes párrafos.

¿Qué tal si hubiese una forma de conquistar su temor a testificar? Para que esto ocurra, se debe preguntar a sí mismo: *¿De qué tengo miedo?* Una vez más, la respuesta suele ser el rechazo. Sin embargo, ¿qué tal si ser rechazado por las razones correctas es algo que quisiéramos alcanzar? ¿Nos ayudaría esto a hacer el asunto un poco más fácil de manejar?

En 1 Pedro 4:14 se nos dice: «Dichosos ustedes si los insultan por causa del nombre de Cristo, porque el glorioso Espíritu de Dios reposa sobre ustedes». ¡Vaya! Aquí las Escrituras nos dicen que nuestro temor está mal ubicado. No es cuando nos rechazan que debemos temer, sino cuando nos quedamos en silencio. La próxima vez que le cierren la puerta en la cara, o le griten malas palabras, o reciba un rechazo resonante a su presentación del evangelio, no se desespere o baje su cabeza. Regocíjese porque está bendecido por su fidelidad a Cristo.

Sobre todas las cosas, el cambio en su vida representa la gran fortaleza que posee. ¿Se ha dado cuenta de cuán valientes son algunas personas en sus testimonios? ¿Es esto causado por su tipo de personalidad o por mucha cafeína? Hubo un tiempo en el que pensaba que solo los cristianos «superiores» podían ser tan valientes testigos. Luego regresé al pensamiento de que solo aquellos que tenían un testimonio «real» podían ser testigos. Pensaba esto porque había recibido a Cristo muy joven y nunca experimenté ningún tipo de situaciones o adicciones que pensara que eran mal vistas en la sociedad. Sin embargo, ahora que he estudiado evangelismo por casi dos décadas, déjeme compartir con usted mi principal conocimiento acerca de testificar con valentía. Aquel que entiende el *precio* que se pagó por nuestra salvación vive una vida de gratitud. Para ser un testigo valiente debe descubrir el «por qué», no solo los hechos de la cruz. Con su culpa, no tenía esperanza, pero de acuerdo a Romanos 5:8, Dios demostró su propio amor hacia *usted* en que aun siendo un pecador, ¡Cristo murió por *usted*!

He visto a algunos vendedores de drogas venir a Cristo y convertirse en creyentes valientes, pero también he visto a dulces abuelas contar su historia de salvación con valentía a gente extraña, así como también a amigos cercanos. ¿Cuál es la similitud? Es el reconocimiento de lo que Cristo ha hecho por ellos. La mayoría de la gente no cree que ha hecho cosas malas, pero cuando se encuentran cara a cara con su maldad —no solo la que nace con ellos sino la maldad de sus pensamientos y las acciones que llevan a cabo todos los días y que causó la muerte de Jesús en la cruz— se dan cuenta de lo mucho que le deben. Una vez que esta realización penetra nuestras mentes y corazones, nuestra actitud es de gratitud hacia Cristo, que ha cambiado nuestra vida. No importa cuán malos hemos sido. Lo que importa es que estábamos perdidos y él nos encontró.

Respondiendo a sus necesidades

A una estrella de cine le pidieron en una entrevista que nombrara una cosa que quería y no tenía. Su respuesta fue: *paz*. Piense sobre esa declaración. ¿Acaso la misma no refleja el corazón del Señor cuando dice: «La paz les dejo; mi paz les doy» (Juan 14:27)? Debemos darnos cuenta de que nuestra generación está buscando la paz. La mayor necesidad de la gente hoy no es económica, política, educacional o hasta emocional, sino es tener una relación personal con el Dios que los ama.

El vendedor que mencioné antes se dio cuenta de que tenía que centrarse en la necesidad de los otros para vender su producto. Al testificar, debemos hacer lo mismo. Las necesidades tal vez no sean tan obvias como después de que ocurre un accidente o se diagnostica una enfermedad, pero la necesidad básica de la vida de todos debe ser resuelta por medio del evangelismo.

La necesidad más básica en la vida humana es ser amado. Como la mayoría de nosotros sabemos, la gente hace cosas raras para demostrar amor y ser amada. Sin embargo, la mayoría del amor que experimentamos es temporal y está condicionado.

El amor de Dios hacia nosotros es incondicional. No podemos hacer nada para que Dios nos ame más o menos. Por lo tanto, para ser un creyente valiente debemos encontrar la seguridad en el descubrimiento teológico más grande de la historia. ¡Dios nos ama!

Una segunda necesidad humana es el perdón. Con el tiempo, la culpa puede destruir un alma. Los hombres que se encuentran atrapados en la culpa y buscando alivio pueden llegar a ser como bestias que buscan comida. Pero para este problema, usted y yo tenemos el mejor mensaje que el mundo pueda escuchar. ¡No solo hay perdón disponible para todos sino también reconciliación! En Hebreos 10:17 la Biblia dice: «Y nunca más me acordaré de sus pecados y maldades». El perdón puede ser encontrado en aquel que nos ama sin condición.

Otra necesidad vital para los humanos es la seguridad. Entendemos la necesidad de seguridad financiera, social y física, pero nuestra necesidad mayor es la seguridad espiritual. Mi hijo es un deportista ávido. Le gusta hacer deportes todo el tiempo. En uno de sus muchos equipos había un chico de una familia que se encontraba en un caos total. Parecía que el desorden estaba involucrado en todas las áreas de sus vidas. Después de muchas conversaciones, entendí el problema. El padre era inseguro. Había probado con el dinero, las drogas, la pornografía, el juego y otras cosas para saciar su necesidad de seguridad. Durante un momento vulnerable confesó: «Me siento muy solo». En un mundo lleno de dolor, la gente está buscando un lugar donde se sienta segura. Los cristianos tienen el mensaje, las herramientas y la oportunidad para ofrecer un testimonio valiente a favor de Cristo.

¿Se siente como si estuviera listo, sin temor? Tal vez no. Un capítulo de un libro no eliminará toda la inseguridad a la hora de compartir su fe. No obstante, permítame terminar con un pensamiento final práctico. Usted le ha pedido a Dios que viva a través de su vida hoy. Ahora, pídale a un amigo que sea un compañero al que le rinde cuentas. Eclesiastés 4:12 dice: «¡La cuerda de tres hilos no se rompe fácilmente!» Pídale a un amigo espiritualmente maduro que ore por usted y que le acompañe durante alguno de sus encuentros. Tal vez quiera empezar a llevar un diario con todas las oportunidades que tiene para compartir sobre Cristo. Será maravilloso ver cómo el Señor le mostrará cuánto ha crecido en un período corto de tiempo. Será algo parecido a las marcas de crecimiento en el vestíbulo de nuestra casa. Todos los meses vemos si nuestros niños han crecido dos o tres centímetros. Con su diario, usted puede revisar sus «marcas de crecimiento» y ver si ha crecido en el proceso de testificar.

Según las palabras de mi maestro de inglés de la secundaria: «¡La práctica hace la perfección!» No espere ser Billy Graham o la Madre Teresa la primera vez que dé su testimonio. Usted no era Fred Astaire en el momento que dio su primer paso de baile, Payton Manning en su primer pase de fútbol americano o Tiger Woods cuando hizo su primer tiro de golf. Esta gente practicó para convertirse en lo mejor. Usted puede convertirse en un testigo valiente si da el primer paso.

16

Guerra espiritual

Alcance a la gente enfrentando al enemigo

Chuck Lawless

Me parecía que Greg estaba cerrado por completo a las Buenas Nuevas de Jesús. No importaba cuánto le compartiera el evangelio, no tenía ningún interés en seguir a Cristo. La Biblia significaba poco para él. Los argumentos sobre Cristo no tenían ningún peso en su vida. Él estaba, como dijo un miembro de la iglesia, «solo viviendo en la oscuridad».

¿Alguna vez le pareció que el evangelismo personal fuera así de difícil? ¿Alguna vez siente que está luchando contra fuerzas que son más fuertes que usted? Tal vez esté enfrentando la realidad de la guerra espiritual en sus intentos de ser un evangelista personal efectivo.

La guerra espiritual se ha convertido en un tema caliente en los últimos años, pero muchas de las enseñanzas recientes no tienen una base bíblica. Nuestra meta en este capítulo es examinar lo que dice la Biblia con respecto a la guerra que nos enfrenta al tratar de alcanzar a los no creyentes.

Ciegos al evangelio

El apóstol Pablo les dijo a los corintios que los incrédulos están ciegos por el «dios de este mundo» (2 Corintios 4:3-4). El dios de este mundo es Satanás, a quien también se le llama el «príncipe de este mundo» (Juan 16:11) y «el que gobierna las tinieblas» (Efesios 2:2). Él trabaja en el «dominio de la oscuridad» (Colosenses 1:13; véase también Hechos 26:18).

Las personas que buscamos alcanzar —como Greg— están sumidas en la esclavitud espiritual, y nuestro trabajo es el de proclamar un mensaje de liberación y libertad. El enemigo contraataca, buscando mantener a sus cautivos encadenados. Aunque Dios ya ha vencido a Satanás y asegurado la salvación para los suyos a través de la cruz (Colosenses 2:15), la batalla sigue siendo verdadera. Esta es la conclusión de Samuel Wilson: «Estamos forzados, dada la naturaleza del evangelismo y el conflicto espiritual que se le asocia, a la metáfora espiritual ... Este es el lenguaje de las Escrituras, porque es la realidad de nuestro compromiso con los verdaderos enemigos espirituales».[1]

Las estrategias de Satanás para mantener a los no creyentes a ciegas son muchas. El enemigo provee las mentiras a las cuales se aferran los incrédulos, tales como «soy lo suficientemente bueno» y «siempre puedo esperar hasta mañana para seguir a Dios». Él hace que el pecado parezca atractivo y llamativo, convenciendo a los no creyentes de que seguir a Dios significará la pérdida del placer. Él maligno arranca la Palabra de Dios antes de que eche raíces en los corazones de los no creyentes (véanse Mateo 13:3-9,18-23). Aun más específico, Satanás ciega a los no creyentes al evangelio promoviendo puntos de vista distorsionados del mismo evangelio.

¿Qué significa esta realidad a medida que tratamos de alcanzar a la gente perdida? Dicho de forma simple, *no tenemos el poder en nosotros mismos para alcanzar a la gente que está cegada por el enemigo*. Nada que podamos hacer con nuestra fuerza es suficiente para las mentes que están ciegas por completo. Por esta razón, el evangelismo debe estar acompañado por la *oración*. Evangelizar es la tarea, pero la oración es el poder detrás de la tarea. ¿Si solo Dios puede transformar las mentes ciegas, no suena lógico buscar su guía e intervención cuando evangelizamos a la gente perdida?

A medida que entrene a los miembros de la iglesia para evangelizar, asegúrese de que también los entrena para orar. Aumente el número de intercesores y póngalos a trabajar. Cuando mande a sus miembros a evangelizar, asegúreles un equipo de oración para apoyarlos. Si no hace eso, tal vez esté mandando a sus evangelistas a la batalla espiritual sin armas. El resultado es muy comúnmente un miembro de la iglesia derrotado que pierde la pasión por evangelizar.

Blancos para el enemigo

Las Escrituras nos afirman que Satanás continúa atacando a la gente que se convierte. Jesús le advirtió a Pedro que Satanás había pedido permiso para «zarandearlos ... como si fueran trigo» (Lucas 22:31). Pedro mismo luego les advirtió a los creyentes: «Practiquen el dominio propio y manténganse alerta. Su enemigo el diablo ronda como león rugiente, buscando a quién devorar» (1 Pedro 5:8). Asimismo, el apóstol Pablo exhortó a los creyentes de la siguiente manera: «Pónganse toda la armadura de Dios para que puedan hacer frente a las artimañas del diablo» (Efesios 6:11). Santiago también llamó a los creyentes a resistir al diablo, suponiendo de antemano que atacaría (Santiago 4:7.) Si Satanás no atacara a los creyentes, tales advertencias recurrentes parecerían irrelevantes e innecesarias.

Tal vez su historia es como la mía. Me convertí siendo adolescente, pero nadie me enseñó a ser un discípulo de Cristo. Mi iglesia me dijo lo que necesitaba hacer (leer la Biblia, orar y testificar), pero no me mostró cómo hacerlo. Nadie me dijo cómo caminar en la verdad, la rectitud y la fe (véase Efesios 6:11-17). La «armadura de Dios» significaba poco para mí. Como resultado, viví una vida cristiana derrotada por demasiados años.

Tal como lo ilustra mi historia —y tal vez la suya— el enemigo apunta sus flechas en especial a los creyentes jóvenes que no han sido discipulados. Los golpea con la duda y el desánimo. A veces les pega con la soledad a medida que se alejan de sus amigos no cristianos y tratan de ubicarse en una iglesia que no conocen. Otras veces los tienta con las mismas tentaciones que enfrentaban cuando eran no creyentes. Cualquiera sea su estrategia, él quiere golpear a los nuevos creyentes antes de que se afirmen de manera sólida en una iglesia.

Nuestra respuesta a la estrategia de Satanás es simple: *Debemos enseñarles a los nuevos creyentes a ponerse la armadura de Dios de manera intencional*. La esencia de «ponerse la armadura» (Efesios 6:11-17) no tiene que ver con una oración mágica que coloca un armamento en la vida de los creyentes; en cambio, se relaciona con el discipulado y el crecimiento espiritual que afectarán toda la vida de uno. Usar la armadura significa dar una caminata diaria en la verdad, la rectitud, la fe y la esperanza, y al mismo tiempo estar siempre listos para proclamar el evangelio de la paz que se encuentra en el mundo.

Sin embargo, ¿entenderá un creyente nuevo cómo vivir como un cristiano si no se le enseña? Para liderar a su iglesia en la batalla de ganarle al enemigo, reclute a un grupo de miembros leales y entrénelos para que sean maestros del discipulado. Asígnele un mentor entrenado a cada creyente nuevo. Desarrolle una estrategia intencional para llevar a un creyente nuevo a la madurez en Cristo, y use los mentores para guiar a los convertidos a través del proceso. Esté dispuesto a empezar a pequeña escala, pero no se dé por vencido; el enemigo se regocija cuando entra la decepción.

Una estrategia evangelística efectiva debe incluir un compromiso sin condiciones con el discipulado de ambos: el evangelista y el nuevo creyente. En las batallas espirituales que enfrentamos, el discipulado significa la diferencia entre la victoria y la derrota.

Proclamando la Palabra

En mi trabajo como decano principal asociado de la Escuela Billy Graham de Misiones, Evangelismo y Crecimiento de la Iglesia he trabajado con equipos de investigación que han estudiado a miles de iglesias en crecimiento en el aspecto evangelístico. Cada uno de estos estudios ha demostrado que proclamar la Palabra ha sido el factor principal en la efectividad del evangelismo y su aceptación.

Estos descubrimientos no deberían sorprendernos. La Palabra está viva y es poderosa (Hebreos 4:12), convirtiendo el alma (Salmo 19:7) y protegiéndonos del pecado (Salmo 119:11). La Palabra es la «espada del Espíritu» (Efesios 6:17). Es el arma que usaba Jesús cuando se enfrentaba a la tentación (Mateo 4:1-11). Tres veces el diablo tentó a Jesús en el desierto, y tres veces el Hijo de Dios respondió citando la Palabra de Dios. Al final, la simple frase «escrito está» fue suficiente para que Satanás se retirara de la batalla. El enemigo no puede hacerle frente a la Palabra. Si quiere que su iglesia crezca y resulte vencedora del enemigo, *tome la espada del Espíritu y proclame la Palabra.*

Para ilustrar esta verdad en cuanto al evangelismo, está claro que el enemigo busca la forma de injuriar la verdad bíblica de que la fe personal en Jesucristo es el único camino a Dios. La creencia de que la salvación solo se encuentra en Cristo es muy rechazada.[2] Un creciente número de estadounidenses adultos creen que «todas las personas buenas» irán al cielo sin importar si conocen a Jesucristo como Salvador.[3] Mientras que la iglesia compra las mentiras del pluralismo y el inclusivismo, Satanás se disfraza como un ángel de luz (2 Corintios 11:14) y lleva a los no creyentes a un falso sentido de seguridad espiritual.

Nos preparamos y contrarrestamos su estrategia al proclamar con pasión la verdad bíblica de que una fe personal y explícita en Jesús es necesaria para la salvación (Juan 14:6; Romanos 10:9-10). Considere hacer una encuesta teológica en su iglesia y descubrir lo que en *verdad* creen sus miembros sobre este tema importante, luego proclame el mensaje una y otra vez hasta que esté inculcado en sus mentes. Después de todo, es la verdad la que libera a la gente como Greg (Juan 8:31-32).

El evangelismo es más que una estrategia, técnica o programa. En cambio, significa llevar el evangelio de la luz al reino de la oscuridad. Prepárese para esta batalla realizando los siguientes pasos:

- Asegúrese de que esté usando la armadura. Sea un discípulo totalmente devoto de Jesús.
- Asígneles un mentor a los nuevos creyentes.

- Lleve a su iglesia a desarrollar un programa completo de evangelismo y discipulado.
- Reclute guerreros de oración para apoyar los esfuerzos de evangelización de su iglesia.
- ¡Proclame la verdad!

17

Familia

Propague su fe a los miembros de su familia

Tarra Dawson

La familia fue la primera institución ordenada por Dios en el jardín del Edén y es la unidad más básica con la que se edifica nuestra sociedad. Sin embargo, hoy la integridad familiar está siendo atacada, y hay mucha competencia por los intereses y el tiempo de nuestros niños. Por lo tanto, ¿qué hacemos? ¿Cómo ganamos a nuestras familias para Cristo? Seguro ha escuchado la frase: «Es mejor demostrar que enseñar». En nuestros esfuerzos para llevar a los miembros de la familia a Jesús, la fe es demostrada y enseñada.

La fe es demostrada

Liderar con el ejemplo no es un concepto nuevo. Sin embargo, a la hora de ganar a nuestros familiares para Jesús este principio es importante, en especial para esos que viven bajo nuestro mismo techo. Nuestras familias ven nuestro carácter verdadero, ya sea bueno o malo, revelado en las situaciones de la vida cotidiana. Cuando el aire acondicionado del auto familiar se rompe y le debe mil quinientos dólares al mecánico por el arreglo, ¿le da gracias a Dios por todo (1 Tesalonicenses 5:18)? Cuando el jefe lo llama a su oficina para informarle que están reduciendo gastos y su trabajo ya no existe, ¿afirma usted que Dios dispone todas las cosas para el bien de quienes lo aman, los que han sido llamados de acuerdo con su propósito (Romanos 8:28)? Cuando las notas de los niños son buenas y usted se ha podido comprar ese vehículo nuevo que siempre soñó tener, ¿reconoce que todas las cosas buenas y los regalos perfectos vienen del cielo (Santiago 1:17)?

Mi punto es el siguiente: ¿Ven los miembros de su familia una fe auténtica en su vida? ¿Lo ven acudir al Señor en oración por todo y buscar en la Palabra dirección? ¿Ven la fuerza interior divina que lo sustenta? ¿Lo observan compartir su fe en Jesús con otros porque está convencido de que su vida es mejor gracias a Cristo y las vidas de otros también lo serían?

Si sus respuestas son que sí, continúe por ese camino. Jesús dice que si él es exaltado, atraerá a los hombres a sí mismo (Juan 12:32).

Si sus respuestas son que no, ¿está dispuesto a examinarse con honestidad frente al Señor y a cambiar por medio de su poder, trasmitiéndole a su familia de esta forma un legado de fe auténtica en Jesucristo como Salvador y Señor?

La fe es enseñada

Un ejemplo piadoso no es suficiente para asegurar que nuestros familiares lleguen a conocer a Jesús como Salvador y Señor. También debemos enseñarles de Jesús y de la necesidad que tienen de él. Veamos algunas formas de hacer esto.

Amor incondicional

Estaba camino a Wal-Mart una mañana cuando escuché la conversación entre un hombre y una mujer que caminaban detrás de mí por el estacionamiento. La mujer dijo que no conocía a nadie que tuviera hijos y fuera feliz. El hombre estaba de acuerdo y explicó que todos los que él conocía querían que sus hijos crecieran y se fueran de la casa. ¡Qué tragedia!

Como creyentes que tratamos de llevar a nuestros hijos a Jesús, no debemos caer en esta trampa del egoísmo. En cambio, debemos recordar que nuestros hijos son tesoros del Señor y que nos han sido confiados como una de sus creaciones más preciadas (Salmo 139). Y así como Dios nos ha amado sin condición (Romanos 5:8), debemos amar a nuestros hijos por lo que son: una obra maestra de Dios. Nada de lo que hagan hará que los amemos más, y nada de lo que hagan debería provocar que los amemos menos. Su valor no está basado en los logros o la falta de ellos. Al amar a nuestra familia de esta manera, los ayudamos a entender cuán valiosos son para nuestro Padre celestial; en realidad tan valiosos, que permitió que su único Hijo Jesús muriera por ellos.

Amor relacional

El diccionario define a la palabra *relacionarse* como «llevarse bien juntos o entenderse el uno al otro». Sin embargo, justo debajo del término *relacionarse* aparece la palabra *relación*, que significa «formar parte de la misma familia». ¿Ve usted la diferencia total en la definición?

Para guiar a nuestras familias a Jesús, nuestra relación debe ser mucho más que compartir un apellido o ser parte de una misma unidad en una determinada casa. Debemos establecer una forma de «llevarse bien juntos o entenderse el uno al otro». Nuestro mensaje tiene muy poco peso si no existe ninguna relación detrás de las palabras.

¿Cómo desarrollamos unas relaciones saludables? Por supuesto, debemos proveer las necesidades básicas para vivir, como comida, ropa y refugio, pero también debemos involucrarnos en la vida de nuestros hijos. En realidad, me arriesgo a decir que la mayoría de los niños deletrean *amor* como t-i-e-m-p-o. Ayúdeles con sus tareas; invite a sus amigos adolescentes a comer pizza; llévelos cuando hace compras para que puedan hablar de uno a uno y simplemente hacerles saber que le gusta tenerlos cerca; esté presente en el partido por el campeonato; planee un tiempo de diversión familiar, ya sean unas grandes vacaciones o un simple juego de cartas después de cenar; mándele notas y correos electrónicos con frecuencia a su estudiante universitaria para darle aliento.

Cualquiera sea la etapa en que se encuentren sus hijos, descubra maneras de mantenerse en contacto. Entonces su relación le permitirá tener una gran influencia a la hora de compartir el evangelio y discipular, solo porque saben que le importan. El mejor ejemplo de esto es Jesús. Él se relacionaba con los individuos y luego satisfacía sus necesidades espirituales.

Amor tenaz

Otra forma de crear la base para guiar a su familia hacia Cristo es ejercitar el amor tenaz. Esto no significa que demuestre un carácter tenaz o terco. En verdad, el amor tenaz se demuestra cuando como padre hace, con suavidad y dominio propio, lo que es mejor para su hijo y no lo que es más fácil para usted. Permítame explicarle.

Cuando nuestro hijo tenía tres años, estuvimos en el almacén una mañana y le compré un globo inflado con helio. Se estaba divirtiendo mucho jugando con el globo. No obstante, trataba de morderlo. Intenté explicarle que no debía hacer eso porque podía ser peligroso si el globo explotaba y alguno de los pedazos se le introducía en la boca. Añadí que si trataba de morderlo otra vez, se lo tendría que quitar y reventarlo.

Bueno, usted sabe exactamente lo que hizo. Puso el globo cerca de su boca. En ese momento me di cuenta de que iba a tener que llevar a cabo justo lo que había dicho. ¡No lo quería hacer! Lo más fácil habría sido solo decírselo otra vez y dejar que siguiera jugando. Así hubiera podido organizar todas mis compras en su lugar. Pero debido a que lo amo y quiero lo mejor para él, también sabía que era importante enseñarle a través de esta experiencia.

¿Enseñarle qué? Primero, que debe escuchar la voz de su mamá y obedecer. Segundo, que sus decisiones tienen consecuencias. Tercero, que mamá no hace promesas vanas. Por lo tanto, hice lo difícil. Le quité el globo y lo reventé. Luego, a medida que fluían las lágrimas (las de él y las mías), lo alcé y le aseguré mi amor por él. ¡Y las compras todavía no habían sido guardadas!

Miremos las implicaciones espirituales de esta ilustración. Primero, mientras cumplimos nuestra palabra, ya sea llevarles un regalo a nuestros hijos o realizar una acción disciplinaria como reventar un globo, les enseñamos que Dios es fiel a su Palabra. Estamos estableciendo el fundamento de cómo nuestros hijos verán a Dios. Así que tenemos una gran responsabilidad para ayudarlos a entender que siempre pueden confiar en su Padre celestial. Y si cometemos errores (y lo haremos porque no somos Dios), debemos admitirlo de frente y pedirles perdón a nuestros hijos, recordándoles al mismo tiempo que Dios nunca comete errores. ¡Él es perfecto!

Segundo, al insistir con gentileza pero de modo firme en la obediencia, les enseñamos a nuestros hijos a obedecer. Es muy probable que la manera en que los entrenemos para que nos respondan a nosotros como padres sea la misma en la que le responderán a Dios. Juan 10:3-4 dice que las ovejas del Pastor oyen su voz y obedecen. ¿Queremos que Dios levante su voz o haga algo drástico para tener la atención de nuestros hijos? ¿O puede él hablar a su corazón y ellos obedecerán?

Y tercero, al hacerlos responsables por su desobediencia, los ayudamos a ver su naturaleza pecaminosa. Romanos 3:20 nos dice que el propósito total de la ley era que el hombre estuviera consciente del pecado. Los pecadores necesitan un Salvador. Los miembros de nuestra familia recibirán a Jesús solo cuando se den cuenta de que lo necesitan.

Amor práctico

Si en verdad estamos buscando la manera de guiar a nuestras familias a Jesús, es lógico que hablemos con ellos sobre él, leamos la Palabra de Dios con ellos, participemos de manera activa de un cuerpo local de creyentes y oremos. En otras palabras, debemos involucrar a nuestras familias en las disciplinas espirituales básicas de nuestra vida. No podemos depender de la iglesia para que forme a nuestros hijos en lo espiritual. Debemos depender de la iglesia para reforzar lo que ya se les está enseñando en casa.

En Isaías 55:11, Dios dice esto sobre su Palabra: «No volverá a mí vacía, sino que hará lo que yo deseo y cumplirá con mis propósitos». ¿Estamos leyendo la Palabra de Dios de modo fiel con nuestras familias para que pueda cumplir sus propósitos con ellas? ¿Estamos ayudando a los miembros de nuestra familia a memorizar la Palabra de Dios, atesorándola en sus corazones para no pecar contra él (Salmo 119:11)? ¿Le estamos pidiendo al Espíritu Santo de manera fervorosa que aparezca y que haga lo que solo él puede hacer en nuestras vidas? Recuerdo una cita de la Escuela Dominical atribuida a *Common Sense Christian Living* [Vida cristiana con sentido común] de Edith Scaeffer: «La oración marca la diferencia en la historia, interceder por otra gente marca la diferencia en la historia de las vidas de esas personas». ¿Por qué? ¿Cómo? Efesios 3:20 deja eso muy en claro. Dios «puede hacer muchísimo más que todo lo que podamos imaginarnos o pedir».

Aprovechar los momentos de los que se pueda obtener una enseñanza es otra manera práctica de llevar a su familia a Jesús. Por ejemplo, si su hijo quiere ver un programa de televisión que usted sabe contiene lenguaje y actitudes cuestionables, no solo diga que no, sino explíquele con amor por qué su respuesta es negativa basándose en los principios de la Palabra de Dios. O si su hijo desobedeció de manera deliberada sus instrucciones, explíquele con amor que esa desobediencia es un pecado.

Por último, debemos recordar que cada persona tiene voluntad propia para decidir elegir o no a Jesús. Seamos fieles para hacer todo lo posible para conducir a nuestra familia a Jesús, y luego hagamos lo que dijo Corrie Ten Boom: «Así como un camello se arrodilla frente a su amo para que le quite la carga, de la misma manera arrodíllese y deje que el Amo tome su carga».

Otras relaciones familiares

Tal vez vea a otros familiares —primos, tías, tíos, abuelos— con frecuencia, o tal vez los vea solo durante la Navidad. ¿Cómo puede tener una influencia a favor de Cristo en sus vidas?

Muchos de los mismos principios ya discutidos en este capítulo pueden ser aplicados a familiares más distantes también, como ser un ejemplo de rectitud y orar por ellos. Un versículo que debemos notar de manera particular en estas relaciones es 1 de Pedro 3:15: «Honren en su corazón a Cristo como Señor. Estén siempre preparados para responder a todo el que les pida razón de la esperanza que hay en ustedes». ¡Manténgase listo! ¡Use esas fiestas y reuniones familiares y haga que cuenten para la eternidad!

18

Amigos

No permita que sus amigos vayan al infierno

Greg Stier

¿Por qué es tan difícil compartir acerca de Jesús con los más cercanos a nosotros? Tal vez tenemos miedo de perderlos. Quiero decir, ¿qué tal si compartimos el evangelio con ellos y nos abandonan porque piensan que nos hemos convertido en fanáticos religiosos?

O tal vez tenemos el temor escondido de que si empezamos a «predicarles» a nuestros amigos ellos señalarán un área de nuestra vida que no es consistente con nuestra fe. Después de todo, son los que nos conocen mejor. Conocen nuestros trapos sucios, y si empezamos a tratar de presionarlos para que se acerquen a Jesús, podrían comenzar a hacer preguntas incómodas, preguntas sobre nuestra propia habilidad para practicar lo que predicamos.

Compartir sobre Jesús con nuestros amigos puede ser difícil. No hay dudas al respecto. Pero debemos reunir valor fortalecidos por el Espíritu Santo para sobrellevar estos temores y que nuestros amigos conozcan a Jesús de la manera en que nosotros lo conocemos. Si lo piensa, si sus amigos confían en Cristo, su amistad hasta podría ser más cercana. Los cristianos se pueden relacionar unos con otros a un nivel espiritual muy profundo. Así que si sus amigos se convierten en creyentes, alcanzarán una nueva dimensión en su amistad.

La pregunta es cómo. ¿Cómo sacamos a relucir este tema tan difícil de una forma que no les parezca inadecuada? ¿Cómo los alcanzamos sin asustarlos? Aquí hay algunas acciones prácticas para ayudarlo en este viaje excitante y temeroso.

Percátese de la urgencia

Mi mamá se fue con el Señor hace exactamente un año. La vi como moría de una forma lenta y dolorosa debido al cáncer. Esta enfermedad devastadora carcomió su cuerpo durante dieciocho meses antes de que por último sucumbiera y fuera llevada a la presencia del Señor Jesús.

Si hace unos años a través de algún experimento extraño hubiese descubierto la cura para el cáncer, no me habría detenido hasta que a mi mamá se le fuera suministrada. Si se resistía, hubiera insistido. Cualquier protesta que hiciera se habría encontrado con una respuesta. Hubiese usado todos mis poderes de persuasión para que se diera por vencida ante mi pedido. Mi oración se levantaría en la noche, y mi cura sería ofrecida en el día. Amo demasiado a mi mamá para darme por vencido.

Entonces, ¿por qué esperamos para compartir la cura con nuestros amigos? ¡Nuestros amigos que no conocen a Jesús tienen algo muchísimo peor que el cáncer y se están acercando a un lugar muchísimo peor que la muerte! ¿Y qué tipo de amigos somos nosotros si los dejamos pasar al infierno eterno sin tratar de hacer todo lo posible para que tomen el antídoto?

No compre las mentiras

Satanás hará lo imposible para cerrar su boca en cuanto a Jesús, en especial con sus amigos. Él susurrará mentiras en sus oídos, como:

«Ahora no es el momento. Solo edifica la relación un poco más».
«Déjalos ver a Jesús en tu vida antes de hablar sobre él».
«¡Si compartes el evangelio los rechazarán a ambos, a ti y a Jesús!»
«De todas formas tu vida no es consistente con tu mensaje. ¡No te creerían!»

La lista de mentiras nunca acaba. Y la forma en que miente Satanás es tomando una verdad parcial y mezclándola con un poco de arsénico. Por ejemplo, debemos vivir para Jesús, y nuestros amigos deberían ver evidencia de él en nuestra vida, pero el hecho de que puedan o no verlo obrando en nosotros no debería quitarnos las ganas de compartir la cura. Y, sí, nos equivocamos como cristianos. Elimine de su mente la idea de que tiene que ser perfecto para compartir su fe. Todos hemos dicho o hecho algo inapropiado enfrente de nuestros amigos que deseamos poder borrar. Sin embargo, no podemos. Somos pecadores también. Por eso es que mi definición preferida del evangelismo es «un pordiosero mostrándole a otro dónde encontrar el pan».

No deje que Satanás lo calle. Rechace sus mentiras. Diga junto a Jesús: «¡Apártate de mí, Satanás!» (Mateo 4:10).

Busque oportunidades

Esto debería ser fácil. Vivimos en una cultura espiritual (no necesariamente una cristiana en lo espiritual pero espiritual al fin) donde debería ser fácil hablar sobre las creencias espirituales, en especial con los amigos.

Ya sea por medio de una película como *El Señor de los anillos* o un libro como *El Código DaVinci*, esta cultura nos da muchas oportunidades para hablar sobre la vida y el más allá. Entre a una librería y haga un repaso de cuántos libros tratan acerca de temas espirituales. La espiritualidad está en todos lados.

¿Cómo puede hacer surgir el tema con sus amigos? Solo haga una pregunta como: «¿Qué crees acerca de (inserte un tema espiritual aquí)?» Por ejemplo, digamos que acaba de ver una película donde alguien muere. Podría preguntar a su amigo: «¿Qué crees que le pasa a la gente después de morir?»

O digamos que su amigo leyó el *Código DaVinci*. Podría preguntarle: «Entonces, ¿crees que Jesús era Dios o un hombre?»

No obstante, si usted saca a relucir el tema siempre debe añadir una pregunta como: «¿Te molestaría si te comparto lo que creo en cuanto a esto?»

Si piensa al respecto, hay muchísimas oportunidades para hacer surgir el tema de la espiritualidad con nuestros amigos. Ese no es el problema. El problema es que dejamos pasar las oportunidades todos los días porque nos olvidamos de lo que está en juego y escuchamos las mentiras del malvado.

Solo hágalo

Si lo piensa, el mensaje del evangelio es una historia simple. La historia es algo así:

- Dios creó a la humanidad.
- La humanidad se rebeló contra Dios.
- Dios sacrificó a su Hijo para reconciliarse con la humanidad.
- Aquellos que creen en él van al cielo.
- Aquellos que lo rechazan van al infierno.

No se trata de que los cristianos tengamos un sistema de creencias complicado e intrincado, que es difícil de entender o articular. Jesús lo resumió cuando le dijo a Nicodemo: «Porque tanto amó Dios al mundo, que dio a su Hijo unigénito, para que todo el que cree en él no se pierda, sino que tenga vida eterna» (Juan 3:16).

¡Eso es todo! La salvación del pecado es algo tan fácil como poner su fe y confianza en Jesús, basado en el hecho de que murió en su lugar por sus pecados. ¡Eso es todo! No es un asunto de ser bueno o hacer el bien. Es un asunto de simple fe.

Así que, ¿por qué no podemos explicarles el mensaje a nuestros amigos? El mensaje es simple, sin embargo tenemos miedo de compartirlo.

Vuélvase creativo

Hay muchas maneras creativas de compartir el evangelio con sus amigos. Estas son algunas:

- *Escriba una carta o envíe un correo electrónico.* ¿Por qué no sentarse y derramar su corazón ante sus amigos en cuanto al evangelio? Lo bueno de escribir cosas es que puede crear su carta y hacer que suene justo de la forma correcta. Puede orar por ella mientras piensa qué decir. También puede dejar que otro la lea antes de mandarla para asegurarse de que sea clara y llamativa.
- *Invítelos a la iglesia, a una actividad de su grupo de estudio, a un concierto cristiano o a alguna reunión.* Si invita a un amigo a algún tipo de reunión cristiana con usted, ya están en su territorio. Hay algo en el cuerpo de Cristo reunido en el poder del Espíritu para escuchar la Palabra de Dios y hacer su obra que es poderoso y convincente. Después vaya a almorzar, cenar o tomar un café con ellos, y hábleles de lo que acaban de experimentar. Responda cualquier pregunta que puedan tener y comparta su travesía espiritual con ellos.
- *Déles un libro para leer o un CD para escuchar que comparta el evangelio.* Ya sea *El caso de la fe* de Lee Strobel o *Más que un carpintero* de Josh McDowell, o algún otro libro o CD de un predicador que comparta el mensaje del evangelio de una manera poderosa, ¡déselo a sus amigos! Luego pregúnteles qué pensaron sobre el mismo.

Ame a sus amigos

Los amigos no dejan que sus amigos vayan al infierno.

Consideraba a Pat como una amiga. Hablaba con ella casi todos los días.

Ella trabajaba en el restaurante que solía frecuentar, en el cual leía, escribía y estudiaba para mis sermones. Pat sabía que yo era predicador, y hablábamos del evangelio pero nunca de manera directa, porque no quería presionarla. *Voy a hacer que crezca la relación y cuando el tiempo sea correcto, le compartiré el evangelio,* pensaba, seguro de que tenía tiempo de sobra. Entonces un día entré al restaurante y ella no estaba ahí para saludarme. Nunca más estaría allí. La noche anterior se había quitado la vida. Poco sabía yo que detrás de esa máscara sonriente que me saludaba todos los días había una olla hirviendo de sentimientos de poca valía que atacaban su alma y mente.

Supongo que después de todo no fui su amigo. Si lo hubiera sido, le habría compartido de Jesús.

¿Qué tipo de amigo es usted?

19

Compañeros de trabajo

Edificando puentes para compartir a Cristo

Daniel Owens

¿Por qué es tan difícil compartir nuestra fe? ¿Qué es lo que hace al hecho de darle a alguien nuestro testimonio o citar algunos versículos bíblicos algo tan complejo? Lo que asusta a mucha gente es la idea de que tienen que ir a una esquina, confrontar a alguien con la presentación del evangelio, y seguir intentando hasta que haga la oración del pecador.

El evangelismo de confrontación funciona para algunos, pero la mayoría de nosotros somos relacionales. Por eso me gusta llevar a cabo lo que llamo un *evangelismo conversacional;* es decir, establecer amistades, desarrollar relaciones con los demás, construir puentes hacia las vidas de las personas. ¿Y qué mejor lugar para empezar que su trabajo, con la gente que ve cinco o hasta seis veces a la semana?

En ocasiones estamos tan preocupados por nuestra propia vida, nuestro propio mundo cristiano, que ignoramos a la gente que vemos todos los días y que están sin esperanza. Tal vez enseñamos en la iglesia a los niños, lideramos el coro juvenil, o somos anfitriones de un estudio bíblico, ¿pero qué estamos haciendo para llegar a aquellos que necesitan escuchar el mensaje de la salvación? No podemos enredarnos tanto en las cosas buenas que ignoremos la Gran Comisión. Así que la única pregunta es: ¿Cómo empezamos?

Empiece con un plan

Mientras crecía en el área de la Bahía de San Francisco, mi tío trabajaba para una compañía de acero que construía puentes. Solía escuchar las historias increíbles de mi tío sobre la construcción de aquellos puentes... el tipo de relatos que le gusta escuchar a los niños pequeños. Él me recordaba: «Dan, cuando se construye un puente, siempre hay un plan. No se puede salir un día y decir: "Bueno, creo que voy a construir un puente justo aquí". Tienes que estudiar la geología del área, el patrón del tránsito, las corrientes de agua, todo. La construcción de un puente requiere un análisis detallado que conduzca a un plan».

Da vergüenza admitir que muchas veces cuando empezamos a construir un puente hacia la vida de alguien lo hacemos sin un plan. Cuando hago eso, siempre me postro sobre mi rostro. No paro de decir: «Dios, necesito un plan para alcanzar a esta persona. ¿Cuál debería ser mi plan?»

Permítame darle aliento para que empiece a construir sus puentes hacia los no creyentes con oración. Pregúntese con honestidad: *¿Oro en verdad por aquellos que no conocen al Señor? ¿Puedo hacer una promesa para orar por mis compañeros de trabajo, hasta por aquellos con los que no me llevo bien?* Los puentes que comienzan con oración no se deshacen de una manera tan fácil como aquellos que no lo hacen.

Una vez tuve el honor de ver el diario de oración de un hombre de negocios cristiano. En este cuaderno compacto, tiene los nombres de la gente por la que está orando, una lista de las oportunidades en que compartió el evangelio con estas personas, y notas de cómo Dios está respondiendo a sus oraciones a medida que construye puentes hacia sus vidas. Hasta anotó el momento en que tuvo la oportunidad de guiar a algunos de ese grupo hacia Cristo.

Al principio, la diligencia de este hombre me dio un poco de temor, pero me alentó el hecho de que tenía sus prioridades en el lugar correcto con relación a la oración. Su ejemplo me motivó a orar: «Señor, ayúdame a ser más disciplinado en cuanto a la oración a medida que trato de alcanzar a otros».

E. M. Bounds dijo: «Es algo maravilloso hablarle de Dios a los hombres. Es aun más maravilloso hablar de los hombres con Dios».[1]

Desarrolle una relación

Sonja es la vicepresidente de una compañía radicada en Seattle y ha llevado a cientos de personas al Señor usando lo que ella llama un «evangelismo de estilo de vida». Ella lee mucho y se mantiene al tanto de lo que sucede, y cuando sus compañeros de trabajo sacan a relucir temas morales o sus problemas personales, ella se hacer escuchar en el momento justo: «Saben, nuestro pastor habló acerca de eso este domingo, y dijo...»

Sonja ha tratado de crearse en el trabajo la reputación de ser alguien que escucha los problemas de los demás. Su bondad es muy bien conocida por toda la compañía, y cuando el personal acude a ella con sus problemas, las conversaciones se convierten en discusiones sobre la fe.

Otro hombre de negocios cristiano compartió esta sugerencia: «Cuando veo a alguien leyendo algo sobre la economía, le digo: "Las cosas de ese estilo nos hacen preguntarnos qué nos deparará el futuro, ¿no es cierto?" He encontrado muchas oportunidades de usar esa pregunta para empezar una discusión sobre las cosas espirituales».

Una mujer me contó que había conocido a Cristo porque alguien le dejó un folleto en su escritorio en el trabajo. Una colega de esta mujer había estado preocupada por ella y quería hablarle sobre el Señor, pero era muy tímida. Así que compró el folleto acerca del evangelio y lo puso en el escritorio de su compañera una mañana, durante un momento particularmente difícil en la vida de esta mujer. La mujer empezó a leer el folleto y se interesó porque tocaba problemas que ella estaba confrontando en ese momento, por lo que le abrió su corazón a Cristo.

Suelen ser necesarios de siete a nueve contactos con el evangelio antes de que una persona tome una decisión por Cristo. Las relaciones toman tiempo para crecer, para alcanzar profundidad y confianza. No hay atajos o rutas alternativas. Planee invertir su tiempo si está planeando construir una relación.

Comparta su historia

Una vez que estableció una amistad, esté listo para compartir su testimonio, no tiene que memorizar cincuenta versículos bíblicos, ni tampoco tiene que tener miedo de mezclar los puntos de su presentación del evangelio. Su historia personal no es intimidante para la persona que lo está escuchando.

Además, se trata de algo conversacional. Cuando su compañero de trabajo escucha su testimonio, no es como estar sentado en la iglesia escuchando un sermón. Tal vez están descansando en la sala de estar o almorzando juntos. Él o ella pueden interrumpirle y hacerle preguntas. No necesita una tribuna, un micrófono o un púlpito. Es solo usted y la otra persona en la conversación.

Otra cosa buena de su testimonio es que nadie lo puede discutir. ¿Cómo alguien va a poder decir que lo que está diciendo sobre sí mismo no sucedió en realidad? Si usted tiene gozo, paz y amor en su vida como resultado de conocer a Cristo, será evidente y la gente se dará cuenta.

Por último, su testimonio es interesante. Cuando las personas son amigas, es natural que quieran saber más el uno del otro. Estos son algunos principios para compartir su testimonio:

- Manténgalo simple. A pesar de que la historia acerca de cómo llegó a Cristo puede ser todavía muy excitante para usted, incluso si ocurrió hace muchos años, domine su tentación de extenderse y contar un relato detallado minuto a minuto de su vida desde su nacimiento hasta que se convirtió. La mayoría de la gente puede concentrarse en lo que dice otro durante diez minutos a la vez.
- Señale a Jesucristo. Es su historia, pero tiene sentido solo por Jesús. El apóstol Pablo, después de describir su vida, dijo: «Sin embargo, todo aquello que para mí era ganancia, ahora lo considero pérdida por causa de Cristo. Es más, todo lo considero pérdida por razón del incomparable valor de conocer a Cristo Jesús, mi Señor. Por él lo he perdido todo, y lo tengo por estiércol, a fin de ganar a Cristo» (Filipenses 3:7-8).
- Identifique por qué necesitaba a Cristo. Puede ser debido a su necesidad de amor, de perdón, o de la seguridad de que irá al cielo cuando muera. Si su compañero de trabajo está sintiendo la misma necesidad, usted está mostrando la manera de suplirla.
- Explique con claridad el mensaje del evangelio. Si va a señalar el camino a Jesucristo, tome medidas para mantener el evangelio simple y que pueda explicarlo con claridad. Al presentar su testimonio, es fácil enredarse debido a la emoción de revivir la historia que cambió su vida… ¡y es común estar nervioso! De cualquier forma, sugiero una presentación del evangelio que haya practicado para no hablar mucho y que le ayude a cubrir todos los hechos vitales. Cuidado con la fraseología «cristiana». Los términos como vuelto a nacer, arrepentimiento y vida eterna pueden ser confusos para un no creyente. También puede compartir algunos versículos claves, en especial si tiene un «versículo de vida». Si en realidad quiere estar preparado, considere memorizar ciertos versículos claves sobre algunos temas que son necesidades comunes, como la culpa, el perdón, el amor y el temor.

Del lugar de trabajo a la iglesia

Una vez que haya construido una buena relación y su compañero de trabajo lo respete y le tenga confianza, busque las oportunidades para llevar la relación fuera del lugar de trabajo. Las siguientes ideas pueden ser muy efectivas a la hora de exponerle a su compañero de trabajo el mensaje del evangelio de una forma no desafiante.

- Invítelo a las actividades de alcance de la iglesia: conciertos, comidas u obras de teatro.

- Invite a su compañero de trabajo a cenar y a una cruzada.
- Invite a los hijos de su compañero de trabajo a los programas para niños de su iglesia.
- Déle a su compañero de trabajo materiales cristianos apropiados, como libros, revistas o folletos.

Muchas veces solo nos damos una oportunidad para compartir el evangelio con alguien, y si no funciona, decimos: «Bueno, hice lo mejor que pude». Esta relación que estamos construyendo con tanto cuidado vale mucho más que una sola oportunidad.

20

Parejas

Creando una unión terrenal con poder celestial

De una entrevista con Les y Leslie Parrott

Durante la última década y media, Leslie y su esposo, Les, han estado involucrados de manera activa en ayudar a las parejas a encontrar un camino hacia una relación saludable. Ambos llegaron a la fe demostrada por sus padres y han marcado su camino para ayudar a otras parejas a descubrir la intimidad espiritual en su matrimonio. Han escrito veinte libros, han estado involucrados en cientos de seminarios, han hablado a miles de estudiantes, y han tenido una infinidad de conversaciones nocturnas al respecto. Ellos confían en que Dios tiene un plan para los esposos.

Aunque evangelizar no es la esencia directa del ministerio de los Parrott, es el propósito. Tratan de trascender las cuatro paredes de la iglesia para comunicarse con el mundo. En sus libros, seminarios y discusiones, son intencionales en cuanto a usar palabras que todos puedan entender.

Cuando los creyentes son luz en un lugar oscuro, lo que ofrecen puede ser muy atractivo para otros. Como resultado del nuevo programa de televisión de los Parrott, la gente les ha preguntado acerca de su fe y sus creencias, no por sus palabras sino por sus acciones y la forma en que tratan a sus invitados.

Los Parrott han visto y experimentado personalmente los beneficios de un matrimonio que posee una intimidad espiritual. Cuando Cristo es el centro de la relación, la misma es una imagen hermosa del amor de Dios. Con mucha frecuencia en los escritos de Pablo se compara la salvación con el matrimonio, porque ambas son construidas sobre una relación. Una relación centrada en Cristo le enseña a la pareja el significado de un pacto. La expresión de fidelidad que es de suma importancia en un matrimonio exitoso es vista en la vida de Cristo.

En un matrimonio centrado en Cristo hay una verdadera comprensión del perdón. Cuando una persona vive la experiencia del amor de Dios y el perdón que él ofrece, es, o debería ser, más indulgente con los otros.

Un beneficio muy importante de un matrimonio centrado en Cristo es la intimidad espiritual. Una de las preguntas en una clase que ofrece el ministerio de los Parrott es: «En una escala del uno al diez, ¿cuán importante es la intimidad espiritual?» Las respuestas suelen ser «tres» o «cuatro». Algo sorprendente es que las respuestas «tres» y «cuatro» son dadas por matrimonios tanto cristianos como no cristianos.

Si la intimidad espiritual es un beneficio de un matrimonio centrado en Cristo, ¿por qué no la experimentan la mayoría de los matrimonios? Una respuesta posible a esta pregunta es que muchas parejas aprenden cada uno por su cuenta, y no transfieren lo que saben a su relación matrimonial. La Biblia nos enseña que el marido y la mujer son «una sola carne», y ver a nuestro cónyuge desarrollarse hasta llegar a ser la persona que Dios desea que sea será de bendición para ambos en la pareja y bendecirá el matrimonio como un todo.

Comparta a Cristo con su pareja

Después de haber leído algunos de los beneficios de un matrimonio centrado en Cristo, tal vez esté pensando en cómo compartir de Jesús con su pareja. ¿Qué debería decir y cómo debería actuar un creyente frente a su pareja que no es creyente?

Primero, debemos entender que tener una pareja que no esté dispuesta a participar en los aspectos más sagrados e importantes de la vida significa permanecer en un lugar muy solitario y frágil. Puede ser algo muy desilusionador y es posible convertir con facilidad esos sentimientos en amargura y enojo hacia nuestro cónyuge. ¡Pero, por supuesto, esa no es la respuesta! La oración intercesora es crítica en esta situación. Es una parte activa del evangelismo. Como creyente, usted debe darse cuenta de que no puede cambiar a su esposo o esposa. Solo Dios puede hacer eso.

También tenga cuidado de no distanciarse de su cónyuge. Ore que Dios los una (o mantenga unidos). Su oración debe tener dos partes, pedirle a Dios que ayude a su pareja a ser sensible a él y que le ayude a usted para demostrar los frutos del Espíritu. La Biblia describe esto muy bien: «En cambio, el fruto del Espíritu es amor, alegría, paz, paciencia, amabilidad, bondad, fidelidad, humildad y dominio propio. No hay ley que condene estas cosas» (Gálatas 5:22-23). Cuando somos activos en nuestra vida de oración, descubriremos que nuestro testimonio tal vez tenga que ver menos con lo que decimos y más con lo que hacemos.

También es importante aprender cómo alcanzar mejor a nuestra pareja en cuanto a temas espirituales. Gary Thomas ofrece un estudio excelente sobre este tema que se define como «caminos sagrados». Básicamente, así como en la escuela aprendemos de distintas maneras, también aprendemos sobre la espiritualidad de formas diferentes. Es importante descubrir qué atraería a nuestro cónyuge a Cristo. ¿Es nuestro cónyuge más receptivo a un naturalista, tradicionalista o entusiasta? (Aprenda más sobre esto en www.garythomas.com.) La mayoría de las personas tratarán de alcanzar a sus cónyuges según su manera preferida, no la de su esposo o esposa. Como consecuencia, lo que trae el mayor gozo en la vida de uno de los cónyuges tal vez solo traiga vacío y confusión a la vida del otro.

Por último, más que todo, debemos amar a nuestra pareja. Debemos evitar tratar de cambiar a nuestra pareja y centrarnos en cambio en las cosas positivas de él o ella. Como seguidores de Cristo, hemos experimentado un amor incondicional. Dios nos amó antes de que nuestra relación empezara. Debemos amar a nuestro cónyuge de la misma forma. Esto significa respetar sus gustos, disgustos, intereses y decisiones. Significa estar dispuesto a estar involucrado y apoyar su compromiso y sueños, a no ser que estos vayan en contra de las enseñanzas bíblicas. Una vez más, es por la forma en que vivimos nuestra vida —por nuestras palabras, acciones o actitudes— que influenciaremos a nuestra pareja.

Corrigiéndolo

En muchas ocasiones Leslie y Les han hablado con parejas que viven juntas pero no están casadas. Ellos manejan estas situaciones con mucho cuidado y gentileza. Cuando un integrante de la pareja establece una relación con Cristo, esto trae presión a la relación. Hay muchos beneficios en el hecho de vivir nuestras vidas de la manera que Dios instruye, en especial en la relación matrimonial. Es la convicción de la mayoría de los cristianos que convivir antes del matrimonio no es bíblico, y por eso no es el plan de Dios.

Además del deseo de seguir el plan de Dios con relación al matrimonio, hay beneficios sociales por no convivir antes de estar casados. El beneficio más importante es en el área del divorcio. Aunque el pensamiento común es que la convivencia ayudará a una pareja a saber si son lo suficiente compatibles para establecer una relación matrimonial, de forma irónica, el promedio de divorcios en las parejas que han vivido juntas antes de casarse es altísimo.

Si usted es un creyente que se ha encontrado en esta situación de convivencia antes de matrimonio, he aquí algunos pensamientos. Primero, piense en el camino por delante. Usted y su cónyuge quieren que su relación sea la mejor posible. Para lograr eso, deben tener una intimidad espiritual. Sin convertirse en parejas del alma, pueden tenerlo todo (autos, casa, hijos y demás) pero de igual forma sentirse dolidos por dentro hasta que caminen juntos con Dios. Para ser cónyuges del alma debe existir unidad en su relación. Será difícil que esto suceda mientras conviven. Debe decirle a su pareja de su compromiso con Cristo y sus expectativas para el futuro. Usted quiere experimentar todo lo que Dios desea, y eso significa aprender sus caminos y sus principios de vida. Separarse de su pareja tal vez parezca como un paso hacia atrás en su relación, pero puede dar veinte pasos adelante siguiendo el plan de Dios.

¿Cómo debe acercarse a su pareja con relación a este tema? No hay una fórmula que le diga cómo. Sobre todas las cosas, ore. Ore por sabiduría, gentileza y discernimiento para hablar la verdad con gracia.

Una relación centrada en Cristo

Una gran mayoría de parejas se casan en una iglesia. Aun aquellos que no están involucrados en una iglesia determinada, buscan una en donde puedan decir sus votos. Por este hecho, los Parrott han empezado su clase «Salve a su matrimonio antes de que comience». La clase está diseñada para parejas que todavía no han realizado una ceremonia matrimonial. Durante el seminario se ofrece una plétora de temas. Después, se conectan las parejas con otras parejas de mentores en la comunidad. Las parejas de mentores son modelos de lo que se puede experimentar en un matrimonio centrado en Cristo.

Un matrimonio centrado en Cristo no es perfecto ni se construye en una noche. Así como estamos creciendo en Cristo, estamos creciendo juntos. Durante el conflicto o la tensión puede haber momentos donde fallamos. Todos cometemos errores en nuestro caminar con Cristo, por eso es importante que respondamos a nuestra pareja de la manera en que Dios nos responde a nosotros: con amor incondicional, perdón infinito y una preocupación por lo que es mejor para nosotros.

Cuando compartimos una relación espiritual con nuestra pareja, esto le da una energía increíble a nuestro caminar con Cristo. Tal cosa no puede suceder cuando estamos unidos con un no creyente (véase 1 Corintios 6). Si es una persona soltera, desarrolle una relación con un individuo que esté caminando con

Cristo y dense aliento el uno al otro en el crecimiento espiritual. Si está casado con un no creyente, siga comprometido con él o ella. Siga las pautas que se han ofrecido, aprenda más sobre el Dios a quien sigue, y aprenda más sobre su pareja. No se quede estancado en su travesía espiritual, pero tampoco deje atrás a la persona a la que le dijo: «Sí, te acepto».

21

Vecinos

Llevando el evangelio a la puerta de al lado

Josh Malone y Mark Cahill

Se ha dicho que es más difícil ofrecerles testimonio a las personas que uno conoce mejor. Le podemos decir que esto es cierto por experiencia. Muchas veces nuestro temor surge no del hecho de que conocemos a la otra persona... ¡sino del hecho de que la otra persona nos conoce demasiado bien! En cuanto a compartir de Cristo con nuestros vecinos, dos cosas son necesarias.

Primero, debemos conocerlos. Es muy fácil en nuestra época de vidas tan ocupadas no conocer a las personas que viven en el departamento, condominio o casa de al lado. Segundo, debemos tener un estilo de vida que los haga sentir curiosidad sobre nuestra fe, no entornar los ojos con incredulidad con relación a ella.

Viva el mensaje

Un pastor contó de una vez que le predicó a su vecino. Acababa de ocupar un nuevo puesto como pastor y se mudó a la casa que le proveía la iglesia. Empezó a desarrollar una relación con sus vecinos. Un día este pastor habló con sus vecinos sobre su fe y descubrió que estaban yendo a una asamblea de testigos de Jehová. Los invitó a que visitaran su iglesia. Al hacer esto, descubrió cuán grande fue el impacto que el pastor anterior y su esposa —quienes habían vivido en la misma casa junto a la misma gente por unos cuantos años— habían dejado sobre esta familia. Una cosa que habían notado acerca del pastor anterior fue la profundidad que escucharon de su esposa en el campo de béisbol local para las Ligas Pequeñas. Eso tuvo un gran impacto sobre esta familia.

Si vamos a alcanzar a nuestros vecinos para Cristo, tendremos que vivir de tal manera que cause interés por nuestra fe. No les podemos ofrecer la esperanza que se encuentra en Cristo cuando vivimos como si no tuviéramos esperanza. Nuestro estilo de vida no debe contradecir nuestro mensaje; debe apoyarlo. Vance Havner dijo una vez: «La mejor propaganda para el cristianismo es un cristiano». ¡Qué cierto es eso cuando vivimos lo que Cristo ha hecho en nuestras vidas, pero qué peligroso puede ser cuando decimos que lo conocemos pero tenemos una fe indetectable y muerta! Tenemos una oportunidad increíble de ver a nuestra fe diaria en Cristo impactar en la fe de otro si solo viviéramos lo que creemos. Si hacemos esto, seguro tendremos la oportunidad de compartir la razón de nuestra esperanza.

Cuente el mensaje

Muchos de nosotros somos culpables de esperar que aquellos más cercanos a nosotros se «contagien» de nuestro cristianismo. Parece que creemos que si vivimos nuestra fe, hemos cumplido con nuestra «responsabilidad». Mientras que vivir una vida cristiana es algo necesario y recomendable, no es el fin de nuestra responsabilidad con un mundo perdido. Una vez un evangelista compartió una ilustración que en realidad deja el punto en claro. Le dijo a la audiencia que se imaginara que todos en la habitación tenían cáncer, una enfermedad terrible por la cual todos hemos sido afectados de alguna forma. Nos hizo imaginar que alguien le había dado la cura sin que lo supiéramos. Él había sido sanado y estaba caminando alrededor de la habitación, obviamente saludable. Todos nos dimos cuenta de su fortaleza y estábamos sorprendidos de la diferencia de su salud comparada con la nuestra. Aquí se encontraba un hombre que había estado enfermo y ahora estaba sano.

Es evidente que estaríamos entusiasmados por saber cómo sucedió esto. Nos encantaría saber cómo se había mejorado. El hecho es que no importa cuánto nos quisiéramos mejorar, no lo haríamos hasta que él compartiera la cura con nosotros. Lo mismo es verdad de nuestra fe. Debemos vivirla, pero la gente no se convertirá en seguidores de Cristo solo con ver nuestras vidas cristianas obedientes; también deben escuchar las Buenas Nuevas. Por lo tanto, ¿cómo llegamos al punto de compartir el mensaje de Cristo con nuestros vecinos?

Construya el puente

Vivimos en un tiempo en el que la gente dice: «No solo me diga, muéstreme». La mejor forma de mostrar nuestro cristianismo es desarrollando una relación conversacional con ellos. Debemos aprender los intereses de nuestros vecinos y saber el nombre de sus esposos o esposas e hijos. Si queremos que nuestro vecino esté interesado en lo que tenemos para decirle, debemos estar interesados en nuestros vecinos.

La gente anhela las relaciones. Les gustan las amistades. La mayoría de nosotros quiere llegar a conocer a nuestros vecinos y crear una amistad con ellos, pero en la parte que tenemos problemas es en la de compartir el mensaje de Cristo. Solo recuerde, al crear una relación con sus vecinos, si nos mostramos interesados en ellos de forma genuina, tendremos un interés común… ¡porque le puedo prometer que nuestros vecinos están interesados en ellos mismos! Debemos hacer que nuestra conversación sea menos sobre nosotros y más sobre ellos. Esto ayudará a que les caigamos bien, y eso es esencial si nos van a escuchar.

Cruce el puente

En algún momento de nuestra relación con cualquiera, ya sea un vecino o no, llega el momento en que necesitamos hacer las preguntas importantes. ¿Por qué gastar nuestro tiempo construyendo un puente de amistad con nuestro vecino si no lo vamos a cruzar para compartir nuestra fe? En *One Thing You Can't Do In Heaven* [Una cosa que no puede hacer en el cielo], Mark Cahill ofrece algunas muy buenas preguntas que nos pueden ayudar a cruzar el puente.

- *¿En qué punto de su travesía espiritual se encuentra? ¿Qué está pasando en su vida en el área espiritual?* Todos se encuentran en una travesía espiritual de algún tipo, pero la pregunta es: ¿Cuál será el destino final de esa travesía? Carl Sagan, un ateo conocido, se mantuvo en una travesía espiritual durante su vida. Ahora que está muerto, está cien por ciento seguro de lo que hay allá afuera… pero ya es muy tarde para que haga algo al respecto. Queremos estar seguros de que la gente sepa lo que le espera antes de que dejen el planeta.
- *¿Si muere hoy, está cien por ciento seguro de que iría al cielo?* ¿Es posible que la gente con la que habla pueda morir hoy? La respuesta es sí. Y la única pregunta es: ¿Dónde estarán si mueren hoy?
- *Si muriera esta noche y se encontrara frente a Dios y le preguntara: «¿Por qué debería dejarte entrar en el cielo?», ¿qué le diría?* Esta es una buena pregunta para

acompañar a la cuestión del punto anterior. Ya que no tiene una respuesta de sí o no, le permitirá obtener más información de la persona y así podrá saber hacia dónde llevar la conversación.

- *¿Cuando muere, qué cree que hay del otro lado? ¿Qué cree que habrá allá afuera cuando se vaya de aquí?* Cuando haga esta pregunta escuchará todo tipo de respuestas: cielo e infierno, cielo y no infierno, nada, reencarnación, no estoy seguro, así como fuentes de energía como una luz blanca, entre otras.
- *¿Quiere ir al cielo?* Esta es una buena pregunta porque todos responden «Sí» o «Si hay uno». Luego puede continuar preguntando: «¿Sabe cómo llegar ahí?» o «¿Puedo mostrarle cómo llegar ahí?» Con algunas otras preguntas puede estar compartiéndole el evangelio a alguien.
- *¿Qué es lo más importante en el mundo para usted? El día en que muera, ¿cuál cree que va a ser la cosa más importante para usted?* La respuesta le dejará saber de inmediato lo que la persona valora en la vida. A la primera pregunta, la gente suele dar respuestas como dinero, familia o salud. Muchas veces las personas le darán a la segunda pregunta la misma respuesta que le dieron a la primera.

Una vez que haya enfrentado a su vecino con las preguntas difíciles de la vida, tendrá la puerta bien abierta para darle a él o ella las respuestas que solo Jesucristo puede proveer.

Hágale frente a sus necesidades

Si ya estamos con nuestro vecino en un punto en el que existe un interés por las cosas espirituales, ¿cómo lo convenceremos de que Cristo es su mayor necesidad y él tiene las respuestas para las preguntas más difíciles de la vida? La ley es una herramienta buena para revelar la necesidad de Cristo que tiene la gente.

Gálatas 3:24 explica: «Así que la ley vino a ser nuestro guía encargado de conducirnos a Cristo, para que fuéramos justificados por la fe». Ese es el propósito: la Ley nos lleva frente a Jesús. La gente trata de ser justificada por sus buenas obras, pero la Ley nos lleva a Jesús para que podamos ser justificados por nuestra fe y no por nuestras obras.

El griego es un idioma muy descriptivo. La palabra griega para «guía» en Gálatas 3:24 también se traduce como «maestro» o «tutor». Describe a alguien que caminaba o llevaba al niño a la escuela para asegurarse de que llegara. ¿Ahora ve cómo funciona la Ley? Literalmente lleva a alguien hasta la cruz, que es a donde queremos ir en cualquier conversación por medio de la cual damos testimonio.

Un pastor que solía trabajar en publicidad hizo un comentario interesante. En las propagandas, según explicó, los publicistas nunca dicen que su producto es mejor que el de la competencia. En cambio, crean un deseo por el producto para que la gente lo quiera comprar. ¿Por qué en los comerciales aparece una mujer atractiva a lado de un auto? Porque están tratando de crear un deseo en usted para que quiera comprar su producto. Eso es exactamente lo que la ley de Dios, los Diez Mandamientos, hace para un pecador. Ayudar a los pecadores a ver su culpa personal frente a un Dios santo y justo ayudará a crear en ellos un deseo por cualquier cosa que les permita deshacerse de su pecado. Sentirán un deseo por Jesús y su sangre que nos limpia.

Una vez que su vecino se sienta interesado por su estilo de vida, sus pensamientos hayan sido estimulados por sus preguntas, y su consciencia tocada por la ley de Dios, comparta con él o ella la única solución: Jesucristo.

22

Compañeros de clase

Siete ideas para alcanzar a los estudiantes

José Zayas

Los números están a su favor. De acuerdo a la encuesta de octubre del 2004 realizada por el investigador cristiano George Barna, el sesenta y cuatro por ciento de la gente que hizo el compromiso de seguir a Jesucristo lo hizo antes de cumplir los dieciocho. ¡Esto significa que seis de cada diez personas que confían en Jesucristo lo harán antes de recibir su diploma de secundaria!

Por lo tanto, ¿qué será necesario para ver a sus compañeros de clase alcanzados? Se necesitará un cambio de perspectiva. Usted y yo vamos a tener que ver a nuestras universidades como algo más que un lugar para leer un libro u obtener un diploma. Serán su campo misionero.

Si está listo para ser usado por Dios, considere las siguientes siete pautas para alcanzar a los estudiantes a su alrededor.

Llame a Dios

«¿Por dónde empiezo?»

Ore. Hay una batalla real. Dios quiere rescatar a sus compañeros de clase. Satanás los quiere mantener en la oscuridad. Y usted está en el medio de la batalla por las almas.

Ore. No trate de dar testimonio basado en su propia fortaleza. Esto es para alentarlo: Usted no es lo suficiente poderoso, inteligente o ingenioso para convencer a cualquier otro estudiante de que Jesús es el único camino a Dios (ni yo tampoco).

Ore. Dios quiere que su amigo sea rescatado más que usted, así que llámelo ahora, a menudo, siempre.

Empiece a orar por sus amigos todavía no cristianos *por nombre*, pidiéndole a Dios que abra la puerta para que reciban su oferta de salvación. ¿No es del tipo creativo? No se preocupe, la Biblia nos dice exactamente por qué orar:

- más trabajadores (Mateo 9:38).
- más oportunidades (Colosenses 4:3-5).
- más valor (Hechos 4:29).

¡Eso es lo que necesitamos! Piense en la promesa de Jesús para usted: «Pidan, y se les dará … porque todo el que pide, recibe» (Mateo 7:7-8). Como nos recuerda Santiago 5:16: «La oración del justo es poderosa y eficaz». Llame a Dios. Él está escuchando.

Tenga en cuenta el costo

«Pero, ¿qué tal si mi amigo no me escucha? O peor, ¿qué tal si no quiere andar conmigo una vez que descubra que soy cristiano?»

Buenas preguntas. Debo admitirlo, hay un riesgo, un costo en seguir a Jesús. Mire lo que Jesús les dijo a sus seguidores: «Ningún siervo es más que su amo. Si a mí me han perseguido, también a ustedes los perseguirán. Si han obedecido mis enseñanzas, también obedecerán las de ustedes» (Juan 15:20). La mayoría de la gente con la que habló Jesús lo rechazó. Solo unos pocos lo siguieron. No importa lo que nos pase a nosotros, a Jesús le pasó primero.

Usted y yo no somos llamados a ganar una competencia de popularidad. Somos llamados a hacer cumplir los propósitos de Dios en la tierra. Y para hacer eso, se nos han dado promesas preciosas:

- Jesús está con nosotros cada vez que compartimos su nombre (Mateo 28:18-20).
- Tenemos el poder del Espíritu Santo para ser testigos (Hechos 1:8).
- La Palabra de Dios siempre cumple los objetivos de Dios (Isaías 55:11).

Así que cuente el costo. Elija ser usado por Dios, sin importar cuán difícil sea el desafío.

Conquiste sus temores

«¿Cómo puedo conquistar el temor que tengo a la hora de dar testimonio?»

¿Alguna vez tomó un examen sin estudiar? Recuerdo mi corazón latiendo al entrar al aula, sin estar preparado por completo para el examen, pensando si sabría las preguntas.

Lo mismo se puede decir de nuestro testimonio a los estudiantes. En 1 Pedro 3:15 se nos recuerda: «Estén siempre preparados para responder a todo el que les pida razón de la esperanza que hay en ustedes». Es su trabajo estar listo. Es el trabajo de Dios darnos el poder cuando lo necesitemos.

La fórmula garantizada para dar un testimonio lleno de temor es no hacer nada. ¿Quiere eliminar esos temores? Aprenda sobre lo que cree. Estudie los capítulos en este libro acerca de otras religiones. Lea. Pídales a otros cristianos que lo ayuden. Pregunte a sus amigos aun no cristianos qué preguntas u objeciones tienen con relación a seguir a Jesús. Luego lleve a cabo un poco de investigación y vuelva con sus respuestas.

Siempre estoy nervioso cuando comparto mi fe. Nunca es fácil. Pero no debe dejar que el temor le impida dar el primer paso.

Conecte los puntos

«Estoy teniendo dificultad para comenzar una conversación espiritual. ¿Cómo puedo hacer surgir el tema?»

Sus amigos lo escucharán cuando sepan que en realidad le interesan. Primero, debe hacer una conexión con sus compañeros de clase. ¿Qué le gusta hacer? ¿En qué es bueno? Sin importar lo que sea —el patinaje o el ciclismo, por ejemplo— tiene credibilidad instantánea con los otros estudiantes a los que les gusta hacer lo mismo. Nuestro trabajo es conectarnos con otros amigos, construya amistades sinceras y establezca un nivel de confianza.

¿Qué tal si se dan cuenta de que no soy un cristiano perfecto?

¡No hay cristianos perfectos! Lo que quiere que vean sus amigos es su personalidad «auténtica». Como seguidor de Jesús, tiene subidas y bajadas, victorias y derrotas. Seguir a Jesús no significa que todo es perfecto en su vida; solo significa que está siguiendo al que es Perfecto, a aquel que promete ofrecerle perdón y estar con usted en las tormentas de la vida.

Luego, nuestra meta es ayudar a establecer una conexión entre nuestros amigos y las Buenas Nuevas de Jesucristo. Es algo similar a los dibujos en los que se conectaban los puntos que solíamos hacer de niños. Seguro que usted los hizo también. Recuerde, tenía un montón de puntos con números debajo y con una lapicera dibujaba una línea del uno al dos. Luego del punto dos al tres. Al final, cuando conectaba todos los puntos mediante líneas, podía ver el dibujo con claridad.

¿Cuál es el nivel de inteligencia espiritual de su compañero de clase? ¿Qué sabe sobre Dios, la Biblia o Jesús? Descúbralo y haga ese «punto número uno». No asuma que cree que la Biblia es la Palabra de Dios o que Dios creó los cielos y la tierra.

La mejor manera de descubrir el nivel de inteligencia espiritual de nuestro compañero es haciendo preguntas sinceras como: «¿Quién cree que es Jesús?» o «¿Cuáles son sus creencias espirituales?» Esta es una manera no desafiante de comenzar una conversación espiritual.

Pregunte qué es lo que cree, y lo más probable es que le devuelvan la pregunta. ¡Ahora tiene una puerta abierta! La meta es que su compañero entienda quién es Jesús, lo que hizo para salvarnos, y lo que le ofrece a aquellos que confían en él. Aprenda a «conectar los puntos».

Combine sus dones

«¿Puedo en realidad estar involucrado en el evangelismo?»

¡El evangelismo es un deporte de equipo! No acepte la mentira de que usted es el único que compartirá con la persona por la que está orando. Lo más seguro es que haya otros estudiantes que amen al Señor y quieran alcanzar a sus compañeros de universidad. ¡Encuéntrelos!

Tal vez tenga el don de evangelizar y compartir su fe sea algo que hace con facilidad. ¡Maravilloso! ¡Hágalo! Si no, empiece a buscar puertas abiertas para unirse con otros cristianos y hacerlo en equipo. Quizás quiera invitar a la persona por la que está orando a un club cristiano de su universidad. Busque la actividad correcta de su grupo de jóvenes para conectar a esta persona. Lleve a un amigo a un concierto cristiano o relaciónelo con su banda cristiana preferida. Vea una película, como *El señor de los anillos,* y hable sobre el simbolismo espiritual. ¡Las opciones no tienen fin!

Si no se siente cómodo hablando todavía, busque a otro cristiano para que hable. La próxima vez, pídale a Dios el valor para compartir su mensaje usted mismo. No vaya solo. Combine sus dones.

Deje en claro el mensaje

Pero, ¿qué tal si me preguntan acerca de lo que creo? ¿Qué digo?

Las Buenas Nuevas son tan ricas e intensas que nunca las entenderemos por completo. Sin embargo, al mismo tiempo son tan simples que un niño de siete años las puede entender y creer (¡esa es mi historia!). Vuelva a leer la primera parte de este libro, «Defina su fe» (Parte I, Sección A), para tener un mejor entendimiento de lo que es el mensaje del evangelio. Déjeme hacer un resumen con dos versículos importantes:

- Juan 3:16 — «Porque tanto amó Dios al mundo, que dio a su Hijo unigénito, para que todo el que cree en él no se pierda, sino que tenga vida eterna».

- 1 Corintios 15:3-4 — «Porque ante todo les transmití a ustedes lo que yo mismo recibí: que Cristo murió por nuestros pecados según las Escrituras, que fue sepultado, que resucitó al tercer día según las Escrituras».

Jesús murió y resucitó para salvar a los pecadores. Ese es nuestro mensaje.

Ahora, he aquí algunas pautas prácticas para clarificar el mensaje con sus compañeros de clase:

- *Empiece con Génesis.* Dios lo hizo todo. Hasta que sepan que Dios los creó para que lo conocieran, lo que hizo Jesús tal vez no les parezca racional.
- *Use las lecciones de clase como «puntos de partida».* Mucho de lo que se enseña en las escuelas contradice el punto de vista bíblico acerca de la vida. Use al máximo lo que se enseña para hacer contraste con lo que instruye la Biblia.
- *Comparta lo que Dios está haciendo en su vida.* Mantenga su testimonio al día. Enfóquese en cómo Dios lo rescató y en lo que está haciendo en su vida ahora. Tal vez no crean en la Biblia todavía, pero la obra de Dios en su vida no se puede negar… la Palabra de Dios en y a través de usted.
- *Las Buenas Nuevas llevan a una decisión.* No es suficiente con *saber de* Jesucristo. Estamos llamados a rendirnos y seguirlo de manera personal. No se avergüence de preguntarles a otros estudiantes si están listos para recibir el regalo de Dios del perdón. ¡El Espíritu Santo es el que convence, pero nosotros hacemos la pregunta!

Continúe compartiendo

«¿Qué hago cuando estoy listo para darme por vencido?»

¡No se dé por vencido! Sus compañeros tal vez no estén listos para responder en el momento exacto en que usted está tratando de compartir con ellos, pero nunca puede saber cuán dispuestos estarán la semana, el mes o el año que viene. En mi caso, traté con frecuencia de compartir con otros estudiantes en la secundaria sin resultados visibles. Durante mi último año, un estudiante muy popular se suicidó. Las puertas quedaron abiertas por completo y pude compartir con muchos alumnos sobre mi relación personal con Jesús. Tengo un compañero de clases al que aún estoy compartiéndole de Cristo diez años después. No es un seguidor todavía, pero está mucho más cerca que antes.

Su amistad no debe terminar cuando la gente rechaza el mensaje. Espere. Siga orando. Vuelva a probar. Recuerde que Dios quiere alcanzar a sus compañeros de clase más que usted.

23

Extraños

Aprovechando al máximo cada oportunidad

Phil Callaway

¿Cómo se le testifica a la gente extraña cuando a veces solo tenemos tiempo suficiente para una conversación?

Sea usted mismo

He descubierto que cuando soy yo mismo, la gente me habla. En un vuelo en particular, me senté al lado de un psicólogo que se presentó y luego me preguntó: «¿Qué hace usted?»

«Soy orador y escribo libros», le dije. También le comenté sobre qué escribo y hablo. En treinta segundos, me catalogó como cristiano y señaló: «He tenido malas experiencias con los cristianos».

Le extendí la mano y le respondí: «¿En serio? ¡Yo también!» Se rió y yo reí, y tuvimos una conversación de cuatro horas sobre Jesús en ese avión.

Una de las mayores ansiedades de mi vida ha surgido siempre por algo que los cristianos llaman «testificar». Solía sentarme en un avión sabiendo que si se estrellaba y la persona a mi lado se iba al infierno, sería mi propia culpa. Cuando les contaba a otros sobre mi fe, era tan tosco como un carpintero con diez pulgares. Tomé un curso sobre evangelismo personal para tratar de superar mi temor, luego traté de predicar en la calle. Una niña pequeña me tiro piedras. Decidí lanzar los folletos *Four Spiritual Laws* [Las cuatro leyes espirituales] desde un automóvil en movimiento, pero no me animé a hacerlo. Sabía que tal vez me llevarían a la cárcel por tirar basura. Durante esos días, actuaba motivado por la culpa no por el amor. Al final, me di cuenta de que en boca cerrada no entran moscas, así que dejé la mía cerrada.

Hace unos años hice un descubrimiento sorprendente. Cuando les cuento a otros sobre lo que he visto y lo que Dios ha hecho, me escuchan. Cuando incorporo algo de humor, sus caras se iluminan, y a veces sus corazones también.

Solía contar las conversiones, pero ahora cuento las conversaciones. A veces deseo ser un Billy Graham o tener la sabiduría de Charles Colson, pero Dios nos ha dado a cada uno distintos dones y distintas maneras de involucrarnos en la vida de las personas.

Yo amo la conversación, aunque no fuerzo una conversación con una persona desconocida. «Recuerda que todos en la tierra estamos un poco solos», me decía mi madre cuando era un niño pequeño. Debemos recordar eso como creyentes. Una sonrisa puede llegar muy lejos con la gente, lo mismo ocurre al darle su asiento a otra persona en el autobús. Preguntarle a alguien: «¿Cómo está?» y luego escuchar con interés lo que responde es importante.

La gente es sociable o retraída. Los cristianos debemos ser personas afables, con palabras bondadosas para la azafata o el conductor del autobús. Existe ese gozo que solo Dios puede dar. Si la gente no puede ver en cinco minutos que somos personas llenas de gozo, hay algo que está mal.

Ore por la persona que está a su lado

Ya sea que esté viajando en un avión o yendo a trabajar en el tren, dedique un momento para llevar ante Dios a la persona que está a su lado al orar por él o ella. He descubierto que esto puede ser muy efectivo para lograr que surja una oportunidad en la que podamos hablar de Dios.

Algunos cristianos, como mi esposa, son tímidos. Empezar una conversación con alguien requiere valor. Y este no siempre se encuentra. Dios nos hizo a todos de maneras distintas. Ore y confíe en él y las oportunidades aparecerán.

No creo que haya algo que asuste más a los creyentes o los no creyentes que testificar. En verdad, si me ve a mí, pensaría que no tengo temor, pero es todo lo contrario. Lo que he aprendido y me es de mucha ayuda es simplemente esto: soy un testigo. No estoy aquí para golpear a las personas en la cabeza con el evangelio. Estoy aquí para decirles lo que me ha pasado. Eso es lo que hace un testigo en una corte. Miro mi vida y sé sin una sombra de duda dónde estaría si no fuera por mi fe en Cristo. Por eso oro y le pido a Dios oportunidades para contarles a otros sobre lo que él hizo por mí.

Empiece una conversación

Un libro o una noticia en la primera página del diario pueden ser buenos temas para comenzar una conversación. Mientras subía a un taxi un día, decidí sentarme adelante al lado del conductor. Justo estaba leyendo *Mere Christianity* [Cristianismo y nada más] de C. S. Lewis, y él me preguntó: «¿Qué es eso?»

«Permítame leerle un poco», le dije, y empecé a explicarle que este autor había sido un ateo que se convirtió en cristiano. Luego le hice la pregunta: «¿Qué piensa sobre esto?»

El conductor estaba muy interesado. No le conté mi historia. Le hablé de C. S. Lewis. Si la gente que tengo al lado mira lo que estoy leyendo y hacemos contacto visual, a veces me preguntan: «¿Qué está leyendo?»

Cuando llega la tragedia, hombres y mujeres empiezan a hacer preguntas: «¿Por qué un Dios de amor deja que tenga lugar tanto sufrimiento?» He descubierto que mi propia historia puede responder a sus interrogantes. «Usted sabe, yo tampoco entiendo eso. Le quiero preguntar a Dios algún día». Luego les cuento de alguna dificultad por la que pasé, pues todos hemos pasado por tiempos de dificultad en nuestras vidas. Esto nos da un punto de interés común. No tengo todas las respuestas correctas, pero conozco y me preocupo por las preguntas.

Encuentre un punto de conexión

El golf u otro pasatiempo puede ser un punto de conexión. Si hablo de mis hijos, y la persona a la que le estoy predicando tiene hijos, de repente tenemos mucho en común. He descubierto que un interés común es una forma mucho mejor de conectarse que solo dar el folleto *Las cuatro leyes espirituales*. Jesús surge en la conversación sobre mi vida porque es la parte más grande en ella. Él es el punto central de todo lo que hago.

Hay un columnista liberal de los medios que vive como a una hora de mí. Me gustó un artículo que escribió sobre una estrella de rock, así que lo llamé para decirle cuánto había apreciado su trabajo. Durante nuestra conversación se percató bastante rápido de que yo era un creyente y me dijo: «Solía ser un cristiano».

Le dije que visitaría su ciudad una semana más tarde y le pregunté si lo podía invitar a almorzar. Tuvimos un almuerzo de dos horas. Me pidió que orara antes de comer nuestra pizza. Nos mantuvimos en contacto con frecuencia. Luego Frank vino a nuestra casa a desayunar.

Más tarde me encontré en un concierto de los Eagles con él y diecisiete mil más. Joe Walsh, el guitarrista principal, tocó un solo de guitarra hermoso de

«Amazing Grace» [Gracia asombrosa]. La gente empezó a cantar y Frank se sabía toda la letra. Después fui a un concierto de Petra con él, y su canción sobre el credo de los apóstoles lo ofendió. Hablamos por más de una hora acerca de lo que creo. Frank dijo: «No lo entiendo todo, pero no me lo puedo quitar de la mente». Estaba hablando en específico de mi esposa y de mí, que hemos estado casados por veintidós años, y de las dificultades que hemos atravesado durante años debido a los ataques que ella sufre.

«Daría cualquier cosa por el amor que tienes», dijo Frank. Yo le dije: «Frank, puedes tener ese amor. Es Cristo». Unos cuantos meses después, recibí un correo electrónico suyo que decía: «Lo hice. Lo hice. Acepté a Cristo».

Aproveche al máximo las oportunidades inesperadas

Hasta una inconveniencia puede proveer una oportunidad. Durante un retraso de dos horas en un vuelo, me senté en la terminal del aeropuerto y entablé una conversación con un viajero. Le pude haber dado quejas sobre nuestra situación. En cambio, le di la vuelta al asunto y usé nuestro tiempo juntos para decir: «Estoy agradecido de que estoy vivo y nuestro avión llegó a salvo».

Cuando Jesús caminó por la tierra, se encontraba con personas extrañas de manera constante. Siempre tenía tiempo para ellos, hasta cuando estaba cansado. Jesús siempre tenía tiempo para dos cosas que importan mucho, las dos cosas que duran para siempre: la Palabra de Dios y la gente.

SECCIÓN F

*Gente común
debido al grupo
de edad*

24

Adultos de la tercera edad

¡No es demasiado tarde!

Jimmy Dusek y Jim Henry

La investigación de George Barna coloca a los ancianos en dos grupos: constructores, nacidos entre 1927 y 1945, y ancianos, nacidos antes de 1927. Ambos grupos tienen una perspectiva de la vida que los hace enfrentar la realidad de la muerte y la eternidad con más honestidad. Han tenido sueños, han logrado mucho en sus carreras elegidas, criado una familia, han tenido éxito o fallado en las búsquedas de la familia y la vida, trabajado con mucho esfuerzo, peleado en guerras, fueron a la iglesia, han contribuido a sus comunidades, y luego llegaron a la jubilación y se enfocaron en el voluntarismo.

En temas de la fe, la mayoría tiene algún trasfondo, ya sea en su infancia o cuando alguno de sus hijos venía a visitarlos y los llevaba a la iglesia en alguna ocasión. De acuerdo a la investigación de Barna (2004), el número de constructores y ancianos que declaran ser cristianos es del cuarenta y cuatro por ciento, sin embargo, cuando se les pregunta si la fe es importante en sus vidas, el ochenta por ciento dice que sí, con el setenta y cinco por ciento creyendo que Dios es el omnipotente y omnisapiente Creador perfecto que gobierna el mundo hoy. No obstante, algunos no tienen la seguridad de la salvación y no confían en tener una relación personal con Cristo como Salvador y Señor. Por eso, su estrategia es ayudarlos a saber con seguridad que Jesús es su Salvador personal.

El proceso es similar a otros procesos usados con otros grupos pero poniendo el énfasis en la seguridad de la salvación.

Ore por la persona

Antes de dar un paso para dar testimonio y dialogar con un anciano, tenga un tiempo de oración. Salmos 126:5-6 dice: «El que con lágrimas siembra, con regocijo cosecha. El que llorando esparce la semilla, cantando recoge sus gavillas». Tenemos un mensaje precioso —«la buena semilla»— pero la persona necesita ser «buena tierra», lista para recibirla. La oración es vital para el trabajo de Dios en *nuestros* corazones así como también para la persona con la que estamos compartiendo de Cristo.

Construya relaciones

Colme este proceso de oración a medida que comienza a compartir con el individuo; luego pídale a la persona que comparta la historia de su travesía espiritual. Escuche con cuidado y construya una relación de confianza y cariño. A medida que escuche, esté alerta a puntos claves que le ayudarán a hacer preguntas más significativas. Algunos comentarios claves de ancianos pueden ser: «Fui a la iglesia porque mis padres me obligaron». «Soy obediente a la regla de oro». «Vivo acorde a los Diez Mandamientos». «Llevé a mis hijos a la iglesia». «Fui bautizado cuando era un infante». «Trabajé mucho para proveerle a mi familia». «Serví en las fuerzas militares». Todas estas respuestas se centran en lo que ellos han *hecho*. Y lo que quieren decir es que sus buenas obras o su asistencia nominal a la iglesia tendrían que ser suficiente para el cielo.

Otra clave al escuchar es descubrir las necesidades de salud. Esta gente, que con frecuencia está preocupada por su salud y la posibilidad de enfermedades que pongan en riesgo su vida, parece ser más receptiva a los temas espirituales y estar más preocupada por su salvación eterna que la gente más joven.

Haga preguntas que clarifiquen

A veces las respuestas que dan los adultos de la tercera edad a las preguntas sobre si tienen o no una relación espiritual personal con Cristo son: «Eso espero». «Estoy tratando lo mejor que puedo». O «Yo oro todos los días». Por esto se dará cuenta de que hacen falta preguntas que clarifiquen para que ellos puedan enfocarse en sus necesidades espirituales y tener la certeza de que Jesús es su Salvador personal.

Explosión evangelística, del D. James Kennedy, presenta dos preguntas útiles para dar un diagnóstico que ayudan a una persona a clarificar dónde está en relación con Cristo. La primera es: «Si muriera esta noche, ¿dónde pasaría la eternidad?» La segunda dice: «Si fuera a morir esta noche y estuviera frente a Dios y él le preguntara por qué debería dejarle entrar al cielo, ¿qué le diría?»[1] Las respuestas a estas preguntas se centrarán en las «obras» que ha hecho la persona o en una actitud de «eso espero», o declarará su fe y confianza en Cristo solamente y su gracia salvadora como única esperanza para el cielo. Para aquellos que no parecen estar seguros de su relación con Cristo, Juan 14:6; Hechos 4:12; y Efesios 2:8-9 son buenos versículos para compartir.

Con paciencia hágales ver que las obras no nos ponen a bien con Dios. Necesitan ver la salvación como una experiencia de un nuevo nacimiento. Las Escrituras dicen que «no hay un solo justo, ni siquiera uno» (Romanos 3:10) y que «todos han pecado y están privados de la gloria de Dios» (v. 23). Necesitamos a un Salvador. Jesús, y una relación con él, es nuestra única esperanza de vida eterna (Juan 3:16).

Guíe por medio de una oración de compromiso

Una vez que el anciano ve su necesidad, se puede ofrecer para guiarlo en la oración del pecador que permite la confesión y el compromiso con Jesús como Salvador y Señor. Si la persona está de acuerdo en orar con usted, pídale que ore en voz alta repitiendo sus palabras. Deje en claro que esto es una confesión, una acción voluntaria de confiar en Jesús y solo en él para la salvación. Esto le dará la garantía de que conoce a Jesús como su Salvador y Señor personal.

Una oración simple sería:

Querido Jesús:

Gracias por morir en la cruz por mis pecados. Pido perdón por mis pecados y me arrepiento de ellos así como también te confieso como mi Salvador. Perdona mis pecados y entra en mi corazón y sálvame para siempre. Lléname de tu Espíritu Santo y, cuando me muera algún día, llévame al cielo contigo. Gracias Jesús, por entrar en mi corazón.

Te amo y te serviré.
Amén.

Afirme la confesión

Los versículos de las Escrituras pueden sumarse al entendimiento de la transacción de salvación eterna. Le puede asegurar a la persona que Dios y usted han escuchado su confesión de la necesidad de salvación a través de Cristo. Una seguridad de que Dios ha escuchado y respondido puede dar paz y bendición a la vida de la persona durante la cantidad de años que le queden en este mundo. Lea 1 Juan 5:13: «Les escribo estas cosas ... para que sepan que tienen vida eterna». Lea Juan 14:1-6, donde Jesús promete que recibirá a los creyentes él mismo. En Juan 10:28 dice refiriéndose a sus ovejas: «Nunca perecerán, ni nadie podrá arrebatármelas de la mano». Hechos 2:21 nos indica: «Todo el que invoque el nombre del Señor será salvo».

Anime al nuevo creyente a leer la Palabra de Dios de manera diaria y a alabar al Señor personalmente y también como parte de la congregación de una iglesia. Ayúdelo a ver la importancia de contarle a otros sobre cómo pueden conocer a Jesús personalmente como su propio Salvador y Señor.

Tres respuestas

Al dar testimonio a los ancianos, yo (Jim Henry) suelo recibir una de estas tres respuestas comunes.

La primera es el rechazo absoluto y ningún interés en las cosas espirituales. Un caballero que visité estaba en un hospital y cerca de la muerte. Después de algunos minutos de conversación, entramos en una discusión espiritual. Me detuvo diciendo: «No estoy interesado ni en Dios ni en las cosas espirituales. No creo en nada más allá de la muerte. En cuanto a mi concierna, un humano es como un perro. Mueres y ese es el fin. Nada».

Otra respuesta es la de dejar pasar el tiempo. Uno podría pensar que, a medida que alguien se acerca a la meta final, habría un sentido de urgencia, pero esto no es siempre verdad. Recuerdo a Buford, que vivía relativamente cerca de nuestra iglesia. Su esposa era una alabadora fiel. Un sábado, mientras hacía unas visitas, pasé frente a su casa y tuve la fuerte impresión de que debía regresar allá y hacerles una visita. Su esposa me dijo que él no se estaba sintiendo bien, que estaba en la habitación, y me pidió que lo fuera a ver. Se sentó en el borde de la cama y tuvimos una conversación amistosa.

Lo involucré en una conversación sobre su relación con Cristo y le compartí el camino a nuestro hogar con Jesús. Me escuchó con atención, y cuando terminé, le pregunté a Buford si aceptaría a Jesús. Me dijo que no. Le rogué otra vez. No.

Oré por él y estaba por irme, cuando me dijo: «Pero estaré en la iglesia el domingo que viene».

Cuando volví a la iglesia el fin de semana siguiente (estaba haciendo trabajo en el seminario), me di cuenta de que había una nueva tumba en el cementerio al lado de nuestra iglesia, cubierta con flores. Me fui manejando hacia el pueblo y al ver a uno de nuestros miembros le pregunté sobre la tumba nueva que acababa de ver. Me dijo: «¿No has oído? Buford se enfermó el lunes pasado. Lo llevaron de urgencia al hospital, pero no pudieron ayudarlo. Lo enterramos en el cementerio de la iglesia el jueves pasado».

Nunca olvidaré la caminata hacia la tumba recién tapada, con las flores que cubrían la tierra marrón, mientras decía: «Buford esperó mucho, el domingo nunca vino».

La tercera respuesta es: «Necesito ser perdonado, pero he estado muy confundido, en especial cuando era más joven. Estoy muy corrompido para ser perdonado, y no parece estar bien pedirle a Jesucristo que me salve ahora, cuando he gastado mi vida y tengo tan poco para dar». ¡Qué gozo recordarle a la gente que dice esto del ladrón en la cruz, de su arrepentimiento y confianza en Jesús! A través de los años hemos visto a decenas y decenas de ancianos venir a la fe en Cristo y convertirse en testigos llenos de energía y fieles al Señor y a la iglesia por el resto de sus vidas. Recuerdo haber bautizado a un hombre en sus noventa. Estuve hablando con él sobre el proceso del bautismo, asegurándome de que estuviera tranquilo al entrar en el agua. Me dijo: «Hijo, nadé en un río cuando tenía noventa; ¡estoy seguro de que puedo hacerle frente a esta piscina!» La respuesta universal al recibir la salvación es siempre: «¡Cuánto deseo haber hecho esto hace años!»

Estuve de acuerdo con un querido hermano en Cristo que dijo: «Estoy convencido de que muy poca gente quiere morir sin Cristo. Hasta aquellos que no están del todo seguros de que hay un Cristo, tienen en su mente la importancia de no morir sin él. El problema con la mayoría de nosotros es que morir se mantiene como un acontecimiento futuro, todos queremos ser salvos, pero no todavía, mejor esperamos hasta que probemos los postres del mundo antes de empezar el festival de Dios».[2]

Nuestra tarea es ser fieles al ser testigos, firmes en la oración, compasivos en espíritu, creyendo que aquel que no está dispuesto a que ninguno muera, no se dará por vencido con ninguno, sin importar la edad, a no ser que hayan endurecido sus corazones de manera total al lamento de su Espíritu Santo.

25

La generación posterior a la Segunda Guerra Mundial

Alcanzando a hombres y mujeres con el evangelio

Scott Dawson

Las estadísticas son sorprendentes en cuanto a los adultos viniendo a Cristo. Está estimado que después de que una persona cumple dieciocho, la probabilidad de que esa persona reciba a Cristo es menor del quince por ciento. Mi intención en este capítulo es ofrecer sugerencias prácticas para involucrarnos en romper estas estadísticas con nuestros amigos adultos. ¿Será fácil? Lo más probable es que no. ¿Se puede hacer? ¡Con certeza!

Después de hablar con una muchedumbre en un estadio, mis ojos estaban centrados en un hombre con una misión. Durante la invitación luego de mi mensaje, sugerí: «Pregúntele a la persona que tiene al lado si él o ella está dispuesto a seguir a Cristo. Si la persona dice que sí, ofrézcale venir al frente con él o ella». Vi a este político distinguido hacerle a otra figura pública la pregunta, y luego ambos vinieron hacia el frente… otra ilustración de cómo una persona trae a otra a Cristo.

Este ejemplo es tan viejo como las Escrituras. Cuando Andrés conoció a Cristo, fue de inmediato a su hermano Simón Pedro y lo trajo a Jesús (Juan 1: 41-42). Como creyentes en Cristo, nuestra única motivación debe ser traer a otras personas a Jesús.

La dificultad

¿Por qué es tan difícil alcanzar a los adultos? Primero, los adultos suelen ser más cínicos por naturaleza que los niños o los adolescentes. La mayoría de los adultos ha escuchado ofertas, reparaciones rápidas y trucos por tanto tiempo, que una barrera natural los guarda en contra de creer en todo o en algo. En comparación, un niño pequeño creerá en cada palabra de su padre. Y un adolescente evoluciona a cuestionar toda sugerencia que ofrezca su padre. Esto solo empeora a medida que una persona envejece. Es difícil vencer esta barrera con el evangelio, en especial si se considera que estamos hablando de un Dios que no se puede ver.

Segundo, la mayoría de los adultos tiene un bagaje de años acumulado que suele ser una inconveniencia para el evangelio. El término *bagaje* se refiere a experiencias emocionales, físicas, relacionales, mentales y religiosas que han formado un tipo de esclavitud. «¿Hay algo que me pueda liberar?», fue la pregunta que me hizo un hombre adulto una noche después del servicio de la iglesia. El individuo explicó que su vida había estado llena de relaciones rotas que habían comenzado con su padre y ahora involucraban a su tercera esposa en quince años. Después de una larga charla, este hombre llegó a entender que debía deshacerse de su bagaje para experimentar libertad verdadera. A pesar de que el pasado no se puede olvidar, se debe aceptar la situación presente, sabiendo que solo Dios puede curar el dolor.

Tercero, los adultos han entrado en una etapa de existencia propia. Han pasado de las citas al matrimonio, de los trabajos de medio tiempo a las carreras, y de los autos deportivos a los vehículos cuatro por cuatro. Durante esta transición, hay una presión tremenda por producir solo para sobrevivir. Los adultos han dejado de soñar con su futuro para soportar su presente. Cuando ocurre esto, muchos adultos pierden su «necesidad» de Cristo. Con una mente secular, un adulto debe preguntarse: «¿Qué puede hacer Cristo por mí?»

Cuarto, y tal vez más lastimoso, es el hecho de que la mayoría de los adultos ha visto tanta hipocresía en la iglesia que Cristo simplemente ha sido rechazado. En la edad de los escándalos de la iglesia y la caída de las celebridades cristianas, la sociedad ha visto a la iglesia con un sentido de frustración y, peor aun, de disgusto. En Florida, hablé con una pareja sobre su condición espiritual. Traté de sacar el tema con la siguiente pregunta: «Cuando usted y sus amigos conversan sobre Cristo o religión, ¿de qué hablan de manera habitual?» ¡La respuesta fue que nunca hablaban de ese tema! En la comunidad cristiana debemos preguntarnos: ¿Qué es peor, ser criticados por la sociedad o directamente ignorados? Debemos hacer el esfuerzo de discutir sobre temas espirituales con aquellos que nos rodean.

Aunque hay muchas similitudes en alcanzar a hombres y mujeres para Cristo, debemos también notar que hay algunas diferencias. A pesar de que todos los adultos tienen el mismo vacío y un hambre por Dios en sus vidas, los puntos de acción pueden ser distintos. En general, una mujer desea seguridad en su vida, mientras que un hombre está buscando significado. Mientras que una mujer desea el contacto, un hombre busca la emoción. Una mujer desea conversación; un hombre desea control. Mientras una mujer se quiere enfocar en el problema, el hombre quiere arreglar el inconveniente.

En cuanto a compartir sobre Cristo, tal vez conozca a una persona que encaje en cualquiera de esto estereotipos. La forma en que alcanzamos a una persona está guiada por el estado emocional de tal individuo, pero en general los sexos se pueden alcanzar de manera efectiva al considerar sus diferencias.

Aquí hay unas sugerencias prácticas: *Una buena regla es nunca esté solo con un miembro del sexo opuesto cuando esté compartiendo de Cristo.* Confíe en mi palabra y no lo haga. Es simplemente una mala idea. Además, evite cualquier tendencia hacia la manipulación emocional. Provea respuestas bíblicas a las situaciones y deje fuera sus asuntos personales. Siempre diga la verdad. Es imposible presentar a un Jesús que dice: «Soy el camino y la verdad y la vida» (Juan 14:6), si estamos diciendo cosas que no son verdad. Si no es capaz de responder a las preguntas, diga que no tiene el conocimiento. ¡No es un pecado no saber la respuesta, pero sí lo es mentir!

Alcanzar a un hombre

Desde el tiempo del Jardín del Edén, el hombre ha estado tratando de encontrar la paz en su alma. Un hombre tiene muchas presiones en su vida, y la más fuerte es tener paz con Dios. En nuestra cultura, los hombres han sido entrenados para ser los cazadores, los que ganan el pan para el hogar. Por esta razón, los hombres están en busca de significado. Lo primero que atrae a un hombre en una amistad es el liderazgo o el éxito. Todos queremos ser como el jugador estrella o conocer a la celebridad local. ¿Por qué? Por el significado. Entonces, ¿cómo podemos demostrarle el significado de Cristo a una cultura masculina?

Primero, sea real en su relación. ¿Alguna vez ha visto una de esas películas que ha sido doblada a otro idioma? Usted puede ver la boca moverse, pero el audio no pega. En esencia, el audio no se corresponde con el video. De la misma manera, como seguidores de Cristo, nuestro audio (lo que hablemos de Cristo) debe corresponderse con nuestro video (nuestro caminar en Cristo). Sin eso, sus amigos no le darán importancia a una relación con Jesús.

Segundo, sea claro. No hay nada peor que tratar de manejar con las ventanillas empañadas. Es imposible ver en qué parte de la calle está. De manera similar, cuando comparte de Cristo, debe ser claro en su enfoque o no sabrá a dónde va. Empiece con una pregunta como: «¿Le puedo compartir algo que cambió mi vida?» Por favor, hasta que se sienta cómodo con su propio estilo, use un folleto o una herramienta de evangelización de su iglesia. Léalo de antemano y asegúrese de entenderlo antes de leérselo a otra persona.

Tercero, sea persistente. Los hombres son conocidos negociadores. Para ellos, todo puede ser más barato o hacerse mejor. Con honestidad, es muy raro que comparta por primera vez de Cristo con un hombre y lo vea entrar en una relación con el Señor. Lo más común es que discuta el tema otra vez (tal vez cuatro o cinco veces) antes de que haga un compromiso. No se desanime si lo rechazan o hasta lo ridiculizan durante su presentación. Espere que lo ridiculicen. Cuando esto pase (si es que ocurre), usted puede sonreír y decir que lo discutirá otra vez la semana que viene. Se sorprenderá de lo tranquilo que se siente cuando está preparado con anterioridad para esta situación.

Por ultimo, esté dispuesto. Sin su disposición a compartir de Cristo, no será conocido. ¿De qué otra forma sabrá este mundo de Jesús a no ser que lo compartamos? Dios en su soberanía nos ha dado esta tarea. Él es quien salva, pero nos usa a nosotros para hacer su trabajo. Si tiene miedo, únase al club, todos lo tenemos. Si ha cometido errores en el pasado frente a sus amigos, aquí hay una noticia para usted: ¡Todos hemos cometido errores! Sin embargo, si usted no está dispuesto a compartir las mejores noticias que sus amigos puedan escuchar, que Dios nos ayude a todos.

Alcanzando a una mujer

Como dije antes, las mujeres suelen estar buscando seguridad: la seguridad de una relación. ¡Qué mejor relación se puede tener que con el Creador del universo! Piénselo. Una mujer en relación con el Dios soberano experimentará una seguridad que es ajena a la mayoría de la gente hoy. Conocer al mismo Dios que da vida y desea una verdadera relación con ella llenará su vida de seguridad. Se ha comprobado que los siguientes principios funcionan cuando se comparte de Cristo con una mujer adulta.

Primero, siga los principios ya mencionados que se usan con un hombre: sea real, persistente y esté dispuesta a compartir.

Segundo, haga referencia a las mujeres llenas de fe en las Escrituras. ¿Se puede imaginar un mundo sin la valentía de Ester, la fe de Sara o el compromiso de

María? Mire hacia las mujeres de fe en las Escrituras para obtener ilustraciones y puentes para evangelizar.

Por último, decida ser una «intrusa» en cuanto a Jesús. Vivimos en un mundo donde se le da mucho valor a la tolerancia y donde el evangelismo está siendo atacado. Tener la hermosura de Cristo floreciendo en su vida y no compartirla es en verdad una vergüenza. Una amistad es solo un ratito; sin embargo, la eternidad es para siempre. Le animo a hacer preguntas de sondeo sobre el evangelio en sus relaciones. La mejor forma de empezar un plan es haciéndolo. ¡Sé que verá a mucha gente venir a Cristo!

26

Juventud

Esperanza para la juventud de hoy

Alvin L. Reid

En la década del 1700, Dios tocó a las colonias estadounidenses con un avivamiento poderoso llamado el Primer Gran Avivamiento. Muchos han oído de este avivamiento, pero muy pocos saben que tocó muy poderosamente a los jóvenes. Jonathan Edwards, un pastor durante este avivamiento, observó el rol de la juventud durante el mismo: «El trabajo ha sido mayormente entre la juventud; y en comparación muy pocos otros han formado parte de esto. Y es seguro que esto ha sido así de forma habitual, cuando Dios ha comenzado cualquier trabajo grande para el avivamiento de su iglesia; ha elegido a la juventud y ha desechado a la generación vieja y endurecida».[1]

Juventud en la Biblia

Se suele relacionar a la juventud con los peores problemas de la sociedad. Es interesante que esta no sea la ilustración de la juventud que da la Biblia. Mientras que hay algunos ejemplos negativos de la juventud en las Escrituras, la gran mayoría son positivos. Por ejemplo:

- Isaac, como un hombre joven, simplemente obedeció a su padre hasta el punto de ser sacrificado.
- José, a los diecisiete años, fue vendido como esclavo por sus hermanos, pero vivió para Dios.

- Samuel escuchó de niño la voz de Dios y se convirtió en un gran líder.
- David, de joven, se enfrentó a Goliat y lideró una nación.
- Jeremías fue llamado a ser un profeta en su juventud.
- Josías decidió seguir a Dios como joven y lideró un avivamiento mientras que era un rey joven.
- Ester, siendo jovencita, permaneció firme para Dios.
- Daniel y sus amigos, posiblemente niños de escuela media, se mantuvieron fieles a Dios frente al poderoso rey de Babilonia.
- María era probablemente una adolescente cuando dio a luz a Jesús.
- A Timoteo se le dijo que no dejara que lo pasaran por alto debido a su juventud, sino que fuera un ejemplo.
- Y las primeras palabras escritas de Jesús, a la edad de doce años, fueron: «¿No sabían que tengo que estar en la casa de mi Padre?» (Lucas 2:49).

La juventud de hoy

Cuando se les trate como adultos jóvenes preparándose para servir a Dios durante toda la vida en vez de cómo niños saliendo del caparazón de la infancia, la juventud se levantará al nivel que nosotros le ponemos como líderes espirituales. La generación venidera de gente joven, nacida después de 1982 y llamada los Gen-Net, Generación Y, «mosaicos» o «mileniales», demuestra algunas de las características más esperanzadoras en los tiempos recientes.

No son pesimistas, son optimistas. Esto es un contraste con la Generación X que la precede y es más pesimista. En encuestas recientes, nueve de diez «mileniales» se describen como felices, positivos o seguros.

No son egocéntricos; son colaboradores que juegan en equipo. A esta generación se le ha criado mirando a Barney y los Power Rangers, los cuales se centraban en actividades de equipo. Esta es la generación que ha hecho posible el éxito fenomenal del Básquetbol Upward en las iglesias a través de todo el país. También han demostrado un compromiso notable con el evangelismo personal cuando se les manda en equipos.

No son desconfiados; ellos aceptan la autoridad. En un estudio de niños de doce a catorce años, los jóvenes dijeron que buscan a sus padres para la mayoría de las respuestas. George Barna dice: «La familia es importante para los adolescentes, sin importar cómo actúen o lo que digan. Es raro encontrar a un adolescente que cree que puede llevar a cabo una vida sin la aceptación y el apoyo de su familia».[2]

No son quebrantadores de reglas; son seguidores de reglas. Durante la pasada década, las estadísticas de crímenes violentos entre los jóvenes han disminuido.

No son estúpidos; son muy inteligentes. Esta generación entiende la tecnología mejor que sus padres.

No se han dado por vencidos en cuanto al progreso; ellos creen en el futuro. En este grupo se evidencia el idealismo de la generación posterior a la Segunda Guerra Mundial de los años sesenta, sin ese rasgo en contra de la autoridad.

No les falta motivación; simplemente quieren ser desafiados. Podemos culpar todo lo que queramos a los bajos estándares académicos de nuestras escuelas públicas, pero el nivel de expectativa en cuanto al discipulado en nuestras iglesias es sorprendentemente similar.

Alcanzando a la juventud

- *Sea verdadero.* Esta es la generación de la televisión real. Es una generación con un alto nivel de interés espiritual pero con baja tolerancia para los hipócritas. Háblele sin reservas a la juventud, ofreciéndole la verdad pura del evangelio. Enfatice cómo Jesús cambia las vidas.
- *Equipe a la juventud cristiana.* Uno de los aspectos más sorprendentes de esta generación de jóvenes cristianos es su pasión por ser testigos cuando se les enseña cómo hacerlo. La mejor persona para alcanzar a un joven es otro joven. Equipe a sus muchachos para que alcancen a sus amigos, enséñeles cómo hacerlo, y suéltelos.
- *Use a los adultos.* Como ya se mencionó, a esta generación en realidad les agradan sus padres. Pero recuerde las sabias palabras que un estudiante dijo recientemente: «Sabemos cómo ser adolescentes; muéstrennos cómo ser adultos». No actúe como un adolescente; actúe como un padre que los ama. Muchos jóvenes hoy, con tantas familias rotas o disfuncionales, anhelan conocer a un verdadero padre. Alguien ha creado el término UPAS: Una Persona Adulta Significativa. Muchos jóvenes no creyentes pueden ser alcanzados cuando un adulto dedica el tiempo para ser esa persona significativa, alguien a quién les importan sus vidas.
- *Use las artes.* Esta generación ama las artes, la música, el drama, los medios y demás. Esta generación tiene muchas más tendencias del hemisferio derecho del cerebro que la anterior. Alcáncelos en su territorio con el evangelio que no cambia, presentado de una manera creativa. La música en especial es un medio poderoso con esta generación.
- *Fije un nivel alto.* Hábleles y relaciónese con ellos como adultos jóvenes, no como inadaptados que se encuentran en algún lugar entre la infancia y la adultez.

☞ *Asegúrese de que su iglesia no sea solo una institución a la que se asiste los domingos sino una parte de un movimiento.* Muéstrele a la juventud no creyente que asiste a sus servicios una alabanza auténtica. Demuéstrele la presencia manifiesta de Dios.

27

Niños

Guiando a un niño hacia Jesús

Patricia Palau

Los niños no tienen que esperar hasta que se conviertan en adultos para tomar la decisión más importante de sus vidas: confiar en Jesucristo como Salvador. El Señor anhela darles la bienvenida a su familia a los niños. «Dejen que los niños vengan a mí», dijo Jesús, «y no se lo impidan, porque el reino de los cielos es de quienes son como ellos» (Mateo 19:14).

Pero, ¿cómo se le presenta el evangelio a un niño? ¿Cuánto necesita saber un niño o una niña para tomar una decisión inteligente y válida?

Estos son cinco pasos para ayudar a un niño a entender y aceptar las verdades básicas del evangelio.

Conversaciones espontáneas

Las conversaciones con los niños sobre temas espirituales suelen ocurrir de manera espontánea. Aproveche al máximo los momentos en que un niño quiere hablar con usted.

La curiosidad natural de un niño lo lleva a hacer millones de preguntas. Por ejemplo, nuestro hijo más chico, Stephen, estaba fascinado con el cielo. «¿Dónde está?» «¿Quién está ahí?» «¿Quién nos estará esperando?» «¿Cómo vamos a llegar ahí?» Estas son oportunidades para que la maestra que vive dentro de usted salga y empiece a pensar: *¿Bueno, cuál sería una buena ilustración de eso?* Use ejemplos de la vida de un niño, de la naturaleza, y de cosas con las que tienen que lidiar a diario.

Si dice algo y luego se da cuenta de que un niño entendió mal lo que quiso decir, no se dé por vencido y deje de hablar en ese momento con el niño sobre el evangelio. Luego vuelva al asunto y diga: «¿Te acuerdas de lo que estábamos hablando ayer?», y trate el tema de nuevo de una manera que el niño entienda. Este es un proceso de probar y cometer errores. Si usa una expresión que el niño entiende de manera incorrecta, no entre en pánico. Nuestros errores y faltas no van a poner en peligro los propósitos de Dios.

Los niños jóvenes tienen una inclinación natural a confiar y creer en Dios. Aunque a veces suelen asimilar conceptos equivocados sobre lo que significa «pedirle a Jesús que entre en el corazón», no hay nada malo con el concepto inadecuado de un niño sobre Dios o el cristianismo. Aquel que nos creó entiende de manera exacta cómo piensa un niño, y no espera que entendamos el evangelio por completo antes de comprometer nuestras vidas a Jesucristo.

La tentación de algunos adultos es la de apurar o forzar la decisión si un niño no concreta la profesión de fe en Cristo. Si algo le pasara a un niño, queremos saber que él o ella se irán al cielo. Es esencial ser sensible al trabajo del Espíritu en la vida del niño.

Cuente la historia del evangelio

Por varias razones, a algunas personas no les gusta hablar con los niños sobre la cruz y la crucifixión de Jesús. Sin embargo, la historia de la pasión de Cristo es muy conmovedora para los niños. No se aleje de ella. Presente el evangelio, déjelos hacer preguntas, y luego tómelas como base.

Casi siempre el mejor proceso a la hora de enseñar sobre el Señor Jesús es comenzar desde el principio y seguir de manera cronológica. En primer lugar, Dios nos ama y entró en la raza humana, nacido de la virgen María. Fue llamado Jesús, el Salvador. Como hombre, Jesús viajó para sanar a los enfermos y darles de comer a los hambrientos. Les demostró a las multitudes quién es Dios. Todos se maravillaron por el poder de sus enseñanzas y la santidad de su vida. Sin embargo, Jesús fue traicionado, crucificado y enterrado. Tres días después, se levantó de entre los muertos, y unas semanas después volvió al cielo.

Confesar que han pecado no lastima la autoestima de los niños. Los niños saben que no son perfectos, pero lo que es excitante es contarles sobre el Salvador. Pronto estarán preguntando: «¿Por qué se encuentra en la cruz?» Lo más probable es que no entiendan todo el significado, pero pueden entender que murió en la cruz y seguirán haciendo preguntas.

Cubra lo básico

Nuestro énfasis al presentar el evangelio a nuestros niños debería ser que Dios es nuestro Padre celestial. Eso es esencial. En vez de centrarnos en el inicio en el pecado —«Lastimamos al Señor cuando hacemos cosas malas»— debemos enfatizar el hecho de que nuestro Padre celestial, que es perfecto, nos ama con amor eterno. No obstante, el tema del pecado necesita ser tocado.

Muchos han discutido acerca de cuándo un niño desarrolla un sentido de culpa y responsabilidad personal. Nadie sabe, pero puede ser mucho antes de que ellos lo demuestren. Muchos niños pequeños son sensibles. Esa sensibilidad puede ser una semilla plantada por Dios en sus corazones.

Para experimentar el amor de Dios, nuestros niños deben asumir la responsabilidad por las cosas en sus vidas que lastimen a Dios: el egoísmo, el orgullo, la traición y todo lo demás. Necesitan ver que «la paga del pecado es muerte» (Romanos 6:23). Necesitan aprender que «todos han pecado y están privados de la gloria de Dios» (3:23). Esto incluye a todos, jóvenes y ancianos por igual.

El propósito, por supuesto, es demostrarles a los niños que Jesús cargó con nuestros pecados. La Biblia dice: «Porque Cristo murió por los pecados una vez por todas, el justo por los injustos, a fin de llevarlos a ustedes a Dios» (1 Pedro 3:18). Cuando el Señor murió en la cruz, conquistó a la muerte para que cada uno de nosotros pudiera ser perdonado. Merecíamos ser castigados por todo el mal que cometimos ante los ojos de Dios, pero Dios mandó a su hijo a recibir nuestro castigo sobre su cuerpo en la cruz (véase 2:24). Lo que Dios hizo es similar a que un juez nombre a un prisionero culpable, tomando luego el lugar del prisionero y aceptando la sentencia él mismo. ¡Qué amor tan maravilloso!

Un niño puede no entender por completo cómo Dios transfiere la penalidad por su pecado a su Hijo. No importa. ¿Acaso no nos pide Dios que le respondamos basados en lo que sabemos? Cuando alguien se convierte al cristianismo, puede que no lo entienda todo al principio, pero a medida que la persona lee la Biblia y es sensible a las enseñanzas de Dios, su entendimiento crecerá.

Guíe en una oración de compromiso

Si un niño pregunta: «Bueno, ¿cómo me convierto en cristiano?», vaya a las Escrituras para la respuesta. Me gusta usar Romanos 10:9-10 con los niños, poniendo sus nombres en el espacio en blanco. «Si confiesas con tu boca que Jesús es el Señor, y crees en tu corazón que Dios lo levantó de entre los muertos, _____, será salvo. Porque con el corazón se cree para ser justificado pero con la boca se confiesa para ser salvo».

La mejor forma que conozco para hacer que Jesús sea el Señor de su vida es agachar la cabeza en oración, confesar sus pecados a Dios, abrir por fe su corazón a Cristo, creer en él y recibirlo. Si esa es la decisión de su niño, pídale a él o ella que se lo cuente a Dios. He aquí una sugerencia de oración:

> Padre Celestial, quiero ser un cristiano. Me doy cuenta de que mis pecados me han apartado de ti. Por favor, perdóname. Creo en lo que Cristo hizo en la cruz por mí. No lo entiendo por completo, pero lo acepto por fe. Quiero ser uno de tus hijos. Por favor, entra en mi vida, Señor Jesús, y hazme tu hijo ahora mismo. Te seguiré y obedeceré por siempre. Amén.

Cuando guíe a un niño en oración, explíquele que usted dirá una frase de la oración a la vez. Luego el niño puede repetir esa frase en voz alta después de usted. Asegúrese de decirle que la oración es a Dios y no a usted.

Después de terminar la oración juntos, haga varias preguntas para ayudar al niño a clarificar la decisión que ha tomado. ¡Luego festeje la decisión! Déle la oportunidad de compartir el gozo de su decisión con los miembros de la familia y los amigos cristianos.

Para ayudar a un niño a recordar su decisión, anímelo a que la escriba en la Biblia o el Nuevo Testamento. Sugerimos que los niños escriban la fecha, una frase como: «Hoy acepté al Señor Jesucristo como mi Salvador» y su nombre. ¡Será un gran día para recordar!

Ofrezca seguridad

Los niños necesitan tener la seguridad de su salvación. Espere a tener un buen momento para enseñar y luego diga: «Cuando vienes a Jesús, eres de él para siempre. Nada nos puede separar del amor de Dios». Puede colocarse al lado de un niño y decir: «Sabes, ¿no estás contento de que Jesús nunca te soltará de sus manos? Nunca te dejará ir. Eres parte de su familia para siempre».

También es de ayuda memorizar con un niño algunas promesas bíblicas sobre la seguridad del cielo, como Juan 10:28. Cuando vengan las dudas, tenemos que ser capaces de acudir a las promesas de las Escrituras. Puede decirle a su niño: «¿Recuerdas lo que memorizamos la semana pasada?»

Es trágico que alguna gente se resista a la idea de evangelizar a los niños. Durante las campañas evangelísticas, hemos visto a hombres y mujeres que no permiten que sus niños se acerquen al frente a confesar al Señor Jesús como Salvador. Otros cristianos no hablan del tema de la salvación con los niños, como si fuese solo un tema teológico para que los adultos discutan en la iglesia. El mensaje que muchos niños están obteniendo de esto es: «Espera hasta ser adulto para tomar una decisión». Pero en verdad es al revés. A no ser que nos convirtamos en niños pequeños, no entraremos en el reino de los cielos. «El reino de los cielos es de quienes son como ellos», dijo Jesús (Mateo 19:14). Animemos a los niños a venir a él de manera activa y en oración.

Sección G

Gente común debido a la vocación

28

Artes

El rol de la creatividad en la expresión de la verdad

Colin Harbinson

A medida que se revela la historia bíblica, lo hace por medio de anécdotas y poesías. En realidad, alrededor del setenta y cinco por ciento de las Escrituras consiste de narrativa, un quince por ciento es expresado en forma poética, y solo el diez por ciento es de naturaleza proposicional y manifiestamente instructiva. Al recontar la historia del evangelio, hemos invertido este patrón bíblico. Hoy se estima que un diez por ciento de nuestras comunicaciones son diseñadas para captar la imaginación, mientras que un noventa por ciento es puramente instructivo.

En momentos particulares de la historia, las artes han protagonizado un rol estratégico en la misión de la iglesia. En otros momentos se las abandonaba, cuando se percibía que estaban en bancarrota de manera moral y espiritual. Sin embargo, lo más probable es que nunca haya habido un tiempo en el que se necesite tanto de un entendimiento bíblico por parte de la iglesia sobre las artes como en el de nuestra corriente cultura postmoderna, con su orientación visual y experimental.

Una perspectiva bíblica

La Biblia comienza con la proclamación majestuosa: «Dios, en el principio, creó ...» (Génesis 1:1). Sorprendente por su simplicidad aunque con implicaciones profundas, esta frase nos presenta a Dios como el Creador, el artista original. Él es la imaginación creativa y la personalidad detrás de todas las cosas. La creatividad es una parte esencial de su naturaleza divina.

Dios quería que la creación fuera tanto funcional como hermosa (2:9). Él colocó en este mundo al hombre y la mujer creados a su imagen. Tenían la capacidad de pensar, sentir y crear. El mandato cultural afirma que Dios tenía la intención de que los seres humanos desarrollaran y fueran mayordomos de este mundo. Se nos dio el deber de ser formadores de culturas (1:28,2:15).

El llamado específico de Dios a Bezalel para que hiciera «trabajos artísticos» (Éxodo 31:1-6) abre la posibilidad a la expresión artística como un llamado espiritual. La creatividad es un don de Dios. Y la mejor forma de agradecerle es desarrollando y usando nuestros dones. Por desdicha, muchos nunca se han dado permiso para empezar a desarrollar su creatividad porque la iglesia no los ha animado ni validado. Otros abandonan sus dones o abandonan la iglesia cuando se les dice que sus motivaciones artísticas y su fe son incompatibles.

Dios le dijo a Moisés que hiciera una escultura de una serpiente porque la quería usar como una representación visual, como una forma de traer perdón, sanidad y restauración a su gente (Números 21:4-9). Existen otros ejemplos del Antiguo Testamento demostrando cómo Dios dio la tarea de usar el arte en la alabanza, para hacerles recordar a la gente de su historia o revelar sus propósitos. Los profetas solían usar algunos recursos visuales sorprendentes con un lenguaje vivo y milagros para demostrar el sentir de Dios. En el Nuevo Testamento, Jesús, el maestro del arte de contar historias, encendía la imaginación de los que lo escuchaban a través de narrativas, parábolas y metáforas que señalaban una realidad espiritual.

El rol y la naturaleza de las artes

Las creencias y los valores de una comunidad son reforzados y traspasados a través de los cuentos, la poesía, la danza, el teatro, la música y las artes visuales. Las expresiones artísticas tienen la habilidad de influenciar a los individuos y las culturas de formas poderosas, porque:

- Las artes brindan una experiencia que impacta a la persona entera. Cuando nos *conmueve* una historia queremos adentrarnos en su acción y significado.
- Las artes nos dejan experimentar sucesos y situaciones que no encontraríamos de otra forma a través del *poder de la imaginación*. Nos ofrece ventanas por donde observar algunos aspectos de la vida o la experiencia humana.

🙰 En el apuro de la rutina, miramos muchas cosas pero vemos muy poco. Las artes pueden hacer que lo familiar parezca desconocido, de esta manera somos invitados a *ver las cosas con ojos nuevos y recibir nueva visión*.

🙰 El buen arte no tiene una naturaleza pasiva. Pide algo de aquellos que se involucran en él. La expresión artística crea un lugar donde el artista y la audiencia se juntan. *Se estimula la reflexión y el pensamiento*. Se evitan las respuestas fáciles.

Cuando Dios terminó su trabajo creativo, lo declaró como *muy bueno*. Nuestros dones deben desarrollarse para alcanzar su máximo potencial, con la excelencia como el símbolo de nuestro arte y nuestro carácter. La humildad, la pureza, la responsabilidad divina y un corazón de alabador ayudarán a un artista a vencer la distorsión de la idolatría, el orgullo y la impureza sexual que prevalece en el mundo de las artes.

Algunos se preguntarán si la intención de Dios para el arte ha sido distorsionada. ¿No sería más fácil evitarla del todo? ¡Por supuesto que no! Las artes son los buenos regalos de Dios para nosotros, aunque distorsionadas por el pecado y la idolatría (véanse, por ejemplo, Éxodo 32, 2 Reyes 18:4), pueden ser restauradas. Cuando fallamos en entender que el reino de Dios —sus leyes y gobierno— se extiende a cada esfera de nuestras vidas, los cristianos estaremos frustrados con la participación «mundana» en las artes.

Las artes como testigos

¿Deberían los artistas testificar a través de su arte? ¿Qué hace que una obra de arte sea un testimonio auténtico? La narrativa bíblica es auténtica. Es un verdadero testigo de la naturaleza humana en lo mejor y lo peor, sin embargo, nunca glorifica al pecado y la rebelión que expone. En cambio, muestra el corazón roto de Dios por su creación y señala la posibilidad de una restauración por medio de Cristo. Para que el arte sea un testimonio verdadero, debe ser profundamente auténtico en su representación de cómo experimentamos la vida, afirmando al mismo tiempo una perspectiva del mundo bíblica.

Dado el anterior entendimiento de las artes y cómo estas funcionan, los siguientes ejemplos y observaciones personales, aunque que no son exhaustos, ayudarán a identificar distintas formas en que las artes pueden expresar las verdades del reino de Dios.

🙰 *Cree parábolas modernas*. La obra *Creador de muñecos e Hijo* es un trabajo alegórico del evangelio, basado en un mundo de juguetes. Utilizando una fusión no verbal de teatro, danza, mimos y música, esta producción teatral ha sido capaz de cruzar límites nacionales y culturales alrededor del mundo. Las verdades expresadas de maneras creativas en parábolas contemporáneas y significativas serán la clave para abrir los corazones y las mentes en nuestras comunidades.

- *¡Deje que la iglesia celebre!* La iglesia debe ser una comunidad llena de celebración que refleje al artista original a quien alabamos y servimos. Todas las artes deberían ser integradas a la vida completa de la iglesia. No deberían ser solo una cosa más para el servicio de alabanza.
- *Actuemos nuestras historias.* El arte es un camino poderoso para poner a la iglesia en acción. *Dayuma* es una representación teatral del clásico misionero moderno contado en el libro *Through Gates of Splendor* [A través de las puertas de esplendor]. Siendo un espectáculo poderoso por derecho propio, cuando se representó en asociación con una organización de traducción de la Biblia, esto resultó en el cumplimiento de veinte proyectos de traducción.
- *Intercambie dones creativos.* El concepto de intercambio cultural en las artes puede facilitar las relaciones significativas y la transformación de todos los involucrados. El Festival Internacional de las Artes ha usado el idioma internacional del arte para tener festivales a gran escala a través de las culturas. Más de setecientos cristianos involucrados en las artes han participado en este intercambio cultural de alto perfil con artistas rusos, búlgaros y chinos, el cual sirvió para edificar las relaciones, el respeto, la confianza, el diálogo y la expresión de una perspectiva mundial bíblica.
- *Promuevan la creatividad en la academia cristiana.* Belhaven College, localizado en Jackson, Mississippi, envió a sus estudiantes de danza a China a vivir e intercambiar formas de danzas con las minorías nacionales chinas. Este intercambio cultural fue devuelto cuando los chinos mandaron a sus mejores estudiantes a Belhaven, donde fueron expuestos al punto de vista mundial bíblico a través de su disciplina.
- *Sean formadores de culturas, no desertores de ellas.* Los creyentes involucrados en las artes deberían buscar establecer y liderar instituciones, organizaciones y entidades culturales creíbles, que puedan influenciar y contribuir al paisaje cultural con una expresión artística que refleje el punto de vista mundial bíblico en toda la vida. Una localidad que contiene un café para artistas, un estudio y una galería de artes, establecida por artistas creyentes chinos, es considerada hoy *el* lugar donde los artistas chinos de la ciudad se juntan a pintar y dialogar sobre el arte, la vida y la realidad espiritual.
- *Sean sal y luz.* Los artistas seculares están «disciplinando a las naciones», ya

que la iglesia ha abandonado el mercado hasta cierto punto. Los cristianos deberían ser animados a seguir sus llamados artísticos dentro de la cultura secular... para ser sal y luz en el escenario, la galería de arte o la industria del cine.

Alcanzando a aquellos en las artes

¿Cómo se puede alcanzar con el evangelio a la gente que ya está involucrada en las artes? Primero, ore por estos artistas. En vez de degradar a cualquiera que no tenga sus valores morales, ore para que Dios se mueva en la vida de él o ella. Segundo, viva su fe frente al individuo. En algunos casos, Cristo puede hablar más fuerte a través de lo que no dice que por medio de las palabras que diga. Tercero, hágale preguntas francas a la persona. Déjala que exprese pensamientos que lo alertarán ante oportunidades únicas para evangelizar, en especial al recordarle al artista que Dios creo las artes. Él es el artista maestro. Hable con la seguridad de que el evangelio es el «poder de Dios para la salvación de todos los que creen» (Romanos 1:16).

Antes de que las artes puedan tomar el lugar que Dios les ordenó dentro de la iglesia y en la cultura en general, debe haber una recuperación de la comprensión bíblica de las artes para la gloria de Dios que encienda la imaginación. Cuando esto ocurra, el llamado del artista será afirmado, reconocido y apoyado.

La definición del evangelismo y las misiones deben ensancharse de sus límites estrechos para abarcar la anchura completa de los propósitos redentores de Dios. Él está buscando restaurar todas las cosas —cada área de la realidad humana— a su intención creativa original.

En conclusión, el arte en su mejor aspecto es una experiencia compartida; no hay espacio en él para predicar o moralizar, sino un lugar poderoso para una revelación potencial a medida que la verdad es descubierta y mostrada. La iglesia debe celebrar su propia historia y mostrarla en forma creativa a un mundo cansado de palabras y analfabeto desde el punto de vista bíblico.

29

Atletas

El poder de Dios en los deportes

Pat Williams

No hay mayor honor que ser el instrumento en las manos de Dios para guiar a una persona fuera del reino de Satanás y hacia la gloriosa luz del cielo.
D. L. Moody

Si le dijera a cualquier atleta que haya tenido el privilegio de jugar en un partido por el campeonato que nombrara su objetivo principal para el día, su respuesta sería: «Impactar el resultado del partido». Todo atleta quiere ganar. Por definición, un *equipo* es un grupo de individuos que tienen el mismo deseo o se mueven hacia un mismo resultado. Para que el equipo gane, todos sus miembros deben hacer su trabajo de la mejor manera posible. La administración, los entrenadores, los directores técnicos, los jugadores y todos los demás deben estar comprometidos con el plan de ganar de manera intencional.

El apóstol Pablo se refiere a esto en sus escrituras sobre el evangelismo y nuestra participación en él. Si uno planta una semilla, y otro riega, ¿quién es el que trae la semilla a la cosecha? La respuesta es el Señor. Mi posición como vicepresidente principal tal vez no me coloque en la cancha haciendo tiros de tres puntos, pero mi trabajo es hacer las mejores decisiones que pueda para que Orlando Magic sea exitoso. Si esto se repite a través de la organización, seremos un equipo ganador.

En 1967 era el presidente de un equipo de béisbol de las ligas menores en Spartanburg, Carolina del Sur, y estaba sobre el carril rápido al éxito en los deportes. A pesar de que tendría que haber sido una época de gozo y satisfacción, mi vida parecía ser la de alguien insatisfecho y solitario. Los días transcurrían en medio de un trabajo pesado, mientras que las noches estaban llenas de partidos de béisbol. Como presidente, uno de mis roles era supervisar las promociones de cada partido. Mientras que mi vacío aumentaba, los partidos transcurrían con mayor asistencia y nuevas promociones. Recuerdo que una noche había programado a Paul Anderson, el hombre más fuerte del mundo, para que rompiera tablas y para realizar otras hazañas de fuerza. La muchedumbre se quedó sorprendida por completo por el poder de este hombre tan potente.

A medida que avanzaba su actuación, sin ningún aviso o precedente, Paul Anderson compartió algo que sacó a la superficie mi búsqueda personal de significado. Él dijo: «Yo, Paul Anderson, el hombre más fuerte que haya caminado sobre la faz de la tierra, no puede pasar un minuto del día sin Jesucristo». Luego continuó: «Si yo no puedo lograrlo sin Cristo, ¿cómo puede hacerlo el resto de ustedes?»[1] Recuerdo haber pensado que a pesar de ser una persona que asistía a la iglesia, nunca podía discutir el tema de religión abiertamente como Paul. Lo que él había encontrado era la meta de mi búsqueda constante.

Vine a encontrar a Cristo en lo personal a través de una jovencita que me dio el folleto de *Las cuatro leyes espirituales*. Después de leer el folleto, todo comenzó a tener significado, y sabía que necesitaba a Cristo. El último paso se llevó a cabo en una conversación con un pastor, mi mentor y mi mejor amigo. Al fin, sin reserva ni dudas, le pedí a Dios que me perdonara y me convirtiera en alguien nuevo. Un equipo estuvo involucrado en mi travesía de fe. Dios usó a Paul Anderson, la jovencita, mi pastor, mi mentor y mi mejor amigo para guiarme hasta Cristo.

El poder de un testimonio

El rol de un atleta no se elimina cuando no pisa más el estadio. Nuestros atletas profesionales se paran en una plataforma que la sociedad ha creado para ellos, y esto puede ser una herramienta poderosa para compartir el evangelio. Ha sido un privilegio conocer a creyentes firmes que también son atletas profesionales. Pensé en esto cuando murió Reggie White, el jugador defensivo del Salón de la Fama que jugó primeramente para los Eagles y Packers en la liga nacional de fútbol americano. Más allá de sus logros profesionales, Reggie siempre será recordado como un hombre que amaba a Dios con todo su corazón. Se dice que cuando Reggie tiraba al mariscal de campo (lo que ocurría numerosas veces en el partido), le decía: «Jesús te ama, y yo volveré a tirarte al piso en unos minutos».

Reggie y otros que aman a Cristo y han invertido sus vidas en hacer avanzar el reino de Dios son herramientas poderosas que Dios usa en nuestra sociedad.

La atracción

¿Por qué hay tantos atletas que parecen atraídos por la personalidad y el llamado de Cristo? Yo creo que es por el hecho de que los atletas hablan el idioma de la victoria. Un atleta entiende términos como *disciplina, compromiso y sacrificio*. Cuando compartimos de la vida de Cristo con tales individuos, la conexión es natural.

Vemos esto cuando Jesús proclama el llamado al discipulado. Él dijo: «Tienen que negarse a sí mismos, tomar su cruz y seguirme» (véase Mateo 16:24). Mire estas tres cualidades desde la perspectiva de la vida de un atleta: un atleta decide negarse a sí mismo a diario. La batalla por ser más rápido, más fuerte, y llegar más alto se gana a través de la negación a uno mismo.

Cuando Cristo dijo: «Tomen su cruz», se refería a una entrega total. Ese es nuestro llamado a llevar el nombre de Cristo, sin importar el costo. Debemos estar preparados para la travesía, sabiendo que cualquier batalla que enfrentemos no es más nuestra batalla sino la de él. El apóstol Pablo constantemente hacía comparaciones entre la vida cristiana y la de un atleta, usando frases como «peleé la buena pelea», «fui tras el premio», «he terminado la carrera». Todos estos se relacionan con el estilo de vida de un atleta. Los atletas de hoy dicen: «Sin dolor no hay resultados», y como creyentes miramos hacia la vida de Cristo y podemos ver que es cierto.

El último aspecto del llamado se relaciona con el «seguimiento». Jesús nos dice que lo sigamos, un llamado directo a obedecer, servir, confiar y comprometerse con los reclamos y mandamientos de Cristo. El atleta profesional debe estar dispuesto a poner sus metas en las manos de su entrenador. Tom Landry, el legendario entrenador de los Dallas Cowboys, dijo que el papel del entrenador es «lograr que los hombres hagan lo que odian, para convertirse en el atleta que querían ser».

Todas estas características no hacen de un atleta un seguidor de Cristo; solo el Espíritu Santo puede lograr eso. Ni tampoco evitan que los atletas cristianos enfrenten las tentaciones de este mundo. Sin embargo, cuando las demandas de Cristo son compartidas y explicadas, los atletas suelen acercarse a él. El cristianismo verdadero y auténtico es atractivo para aquellos que no lo poseen… sé que lo fue para mí.

La disposición mental de un atleta

Ahora, al buscar hacer impacto con el evangelio en la cultura atlética, es importante entender la disposición mental de un atleta. Primero, un atleta es movido por los resultados. Para tener respeto por algo o alguien, debe ser capaz de ver resultados. Es importante recordar esto cuando estamos desarrollando una relación con un atleta para cumplir el propósito del evangelio. Nuestra vida y reputación le darán al atleta las primeras pistas de nuestra caminata auténtica con Cristo.

Segundo, para un atleta el tiempo es crítico, y el uso del tiempo suele ser intenso. Un atleta entiende que solo le quedan algunas temporadas para sacarle partido a su cuerpo. Así como el atleta de secundaria sueña con ser estrella, el profesional está viviendo la realidad de ese sueño. Cada atleta sabe que algún día será el fin de su carrera.

Tercero, cuanto más alto sea el nivel que alcance un atleta, más impersonal se hace la vida. A medida que un atleta tiene más éxito, hay mayor presión para satisfacer a un mayor número de personas, comprometerse a más cosas y alcanzar mayores logros al costo de las relaciones verdaderas y transparentes. Como consecuencia, los atletas tienen en sus mentes que son tan buenos como su última ejecución.

Bobby Richardson es un gran atleta que ha sido un cristiano modelo. Siendo ahora un buen amigo, Bobby me ha inspirado y desafiado a ser todo lo que Cristo quiere que yo sea en el reino del deporte profesional. Un día le preguntaron a Bobby si ser cristiano lo hacía mejor atleta. Con su acostumbrada manera encantadora, Bobby respondió: «Ser cristiano me hace un mejor esposo, un mejor padre, hasta un mejor ciudadano de este país. Debo pensar que también me hace un mejor atleta».

Compartiendo el evangelio

Estas son algunas ideas prácticas que lo ayudarán a compartir el evangelio con un atleta: Primero, tenga una vida de oración activa. A medida que ora con relación a testificarle a un atleta, deje que el Espíritu Santo incline su corazón hacia la persona y no el personaje.

Segundo, use las Escrituras como su cimiento, no como su tribuna. Permita que la Palabra de Dios fluya con naturaleza hacia la conversación, no solo para lograr un punto o para condenar un estilo de vida.

Tercero, aprenda el plan de salvación. He visto a individuos que han tratado de compartir a Cristo, pero no tenían ningún pensamiento organizado. Debo volver a 1968 cuando la jovencita me entregó *Las cuatro leyes espirituales*, lo cual hizo que todo tuviera sentido. Dedique un tiempo para aprender las cosas básicas en una presentación del evangelio. Esto mejorará su seguridad y el nivel de comprensión de la persona que lo escucha.

Por último, preocúpese por la persona. Mi buen amigo Rich DeVos, que es multimillonario, es muy eficiente en esto. Siempre le dice a la persona con quien está hablando: «Cuénteme de usted». ¿Se puede imaginar a un multimillonario diciéndole a un mendigo que le comparta sobre sí mismo? Rich continúa guiando al individuo a que se sincere al preguntar: «¿A cuál iglesia va?» o «¿Qué es lo que cree de Dios?» La gente piadosa, sin importar lo que diga su cuenta financiera, quiere ayudar a cualquiera y a todos a conocer a Cristo.

Russ Polhemus, un antiguo entrenador de fuerza en varias universidades, usa una forma de evangelizar interesante. Russ comparte su fe a través de una explicación de las leyes. Explica que hay leyes físicas y leyes espirituales. En esta vida ambas deben ser entendidas y son irrevocables. Estarán a favor o en contra de usted. Él dice: «Más del noventa por ciento de los problemas que enfrentamos en el entrenamiento radican en la forma del atleta y no en su funcionamiento». Si trabajamos en contra de las leyes físicas, nunca llegaremos a donde queremos ir en la vida. Lo mismo es cierto con las leyes espirituales. En su tiempo adicional, Russ presenta el evangelio a través de una presentación de *Las cuatro leyes espirituales*. Él termina: «Yo veo a cada estudiante como el próximo Billy Graham y no como el próximo gran atleta. Si pueden ser ambas cosas, entonces mi trabajo ha sido exitoso por completo».

Confiando en él

A través de mis muchos años como jugador, supervisor y vicepresidente de equipos profesionales, he presenciado a muchos llegar a conocer al Señor. Es imposible para mí o para usted salvar a alguien; solo Dios puede hacer ese milagro. Sin embargo, siempre ha elegido usar gente como nosotros para ser los instrumentos del milagro. Una vez que entramos en una relación con Cristo, descubrimos que Dios quiere hacer avanzar el reino a través de nosotros.

Para terminar, cierro con el pensamiento de que *podemos tenerle confianza*. La salvación le costó la vida en la cruz a Jesús, y él nos llama a confiarle todo lo que poseemos. En los más de cuarenta libros y numerosos artículos que he escrito, el tema más poderoso que he compartido es sobre la integridad de Jesús (vea mi libro *Ser como Jesús*). La salvación tiene que ver con la confianza. Si alguna vez la integridad de Jesús cayera en dudas, la oferta de salvación sería nula y vacía. Después del ayuno de cuarenta días de Jesús, Satanás lo tentó tres veces para lograr llegar a un acuerdo (Lucas 4:1-13). Todas las veces Jesús respondió con las Escrituras. Se paró firme y derrotó las tentaciones de Satanás para que encontrara un atajo hacia algún lado. ¡Si su integridad se hubiese quebrantado en ese momento, no estaríamos preocupados por un libro sobre evangelismo! ¡*Usted* puede confiar en Jesús y compartir de él con alguien hoy!

30

Negocios

Llevando su fe al trabajo

Regi Campbell

Abraham era un ranchero. Pedro tenía un negocio de pesca. Pablo hacía carpas. Mateo era un recolector de impuestos. Daniel era un administrador del gobierno. Nehemías era un constructor, y José era un comerciante de granos. Por último, pero muy lejos de ser menos, Jesús era un carpintero.

A través de toda la Biblia, las personas más importantes de nuestra fe estaban involucradas en el trabajo, el mercadeo y los negocios. Nuestros ancestros no eran monjes, padres, predicadores o profesores. Era gente trabajadora, gente de comercio, miembros de organizaciones, gente común.

Entonces, ¿cómo llegamos a la percepción moderna de que la gente de negocios no puede estar «en el ministerio» y que el evangelismo es el trabajo de los clérigos pagados y no de la persona encargada de la nómina? Bueno, les aseguro que no lo sacamos de las Escrituras.

En cada uno de los cuatro Evangelios y en Hechos, la última instrucción de Jesús para nosotros fue: «Vayan y hagan discípulos». No hay áreas grises. Ni lugares para esconderse. Él no dijo: «Bueno, voy a llamar a algunos de ustedes para que sean ministros, y esos que llamo deben ir a hacer discípulos». No indicó: «Todos ustedes los evangélicos, vayan y hagan discípulos. Ustedes la gente "regular", prendan velas, oren el rosario y repitan la liturgia». Él señaló: «Vayan y hagan discípulos de todas las naciones» (Mateo 28:19). Nos lo dijo a todos. Y nos ha mandado a «todas las naciones», a todo el mundo, lo cual incluye el mundo de los negocios. He aquí cuatro claves para poner su fe a trabajar como un evangelista en los negocios.

Desarrolle relaciones

El mundo de los negocios es un mundo de relaciones, y ya que la gente y la Palabra de Dios son las únicas cosas que continúan desde esta vida hasta la próxima, el desarrollo de las relaciones es la cosa más importante para la que nos ha llamado Dios. ¿Se acuerda de todas las instrucciones de Jesús? «Ama a tu prójimo» (Mateo 19:19). «Amen a sus enemigos» (Lucas 6:27). «Consideren a los demás como superiores a ustedes mismos» (Filipenses 2:3). «Nadie tiene amor más grande que el dar la vida por sus amigos» (Juan 15:13). Jesús fue enfático en que las relaciones eran el centro de lo que nos llamó a hacer. Y hoy muchas de nuestras relaciones derivan de los negocios y el trabajo. Cuando vamos y construimos relaciones, en verdad estamos yendo y empezando a hacer discípulos.

La organización de George Barna ha hecho una investigación extensiva sobre la psiquis de los Estados Unidos. Uno de las cosas que más dice de lo que Barna descubrió es cómo un adulto se convierte en cristiano. ¿Es a través de la iglesia, el televangelismo, los folletos sobre el evangelio, los libros cristianos y la música? No, a pesar de que estos muchas veces cumplen una función, el punto clave —más del ochenta por ciento de las veces— es la influencia de un amigo de «confianza». ¿Y dónde desarrollamos muchas de esas amistades? En la oficina, en el hospital, en la planta, en el negocio, en la escuela… en el trabajo. Por lo tanto, el evangelismo en el mundo de los negocios empieza creando amistades de confianza, y estas comienzan al aceptar a la gente.

Acepte a otros

Nuestra tendencia natural es estar con personas que son como nosotros. Este es el antiguo concepto de «pájaros de un mismo plumaje». El problema es que esto no es bíblico y no es lo que Jesús enseñó o modeló. Él era «amigo de pecadores», sin mencionar a los recolectores de impuestos, los leprosos y otros proscritos. Entabló relaciones con esa gente para influenciarlos y cumplir el propósito de su Padre. Amo la historia de Zaqueo, de cómo Jesús eligió a este hombre odiado por la gente y fue a comer a su casa. La aceptación de Jesús motivó a Zaqueo no solo a arrepentirse, sino a restituir de manera voluntaria a la gente que había engañado.

Cuando aceptamos a la gente del trabajo que no es como nosotros, y tal vez a personas que no nos caen bien en particular, estamos obedeciendo las instrucciones de nuestro Padre celestial. Él está presente cuando hacemos eso, y muchas veces se abre una puerta en los corazones de la gente de la cual nos hemos hecho amigos. Recuerde que con el mismo aliento que nos dijo que hiciéramos discípulos, señaló: «Estaré con ustedes siempre» (Mateo 28:20). Demuestre su amor y aceptación por la gente con la que trabaja, y Dios le mostrará qué hacer y decir cuando empiecen a hacer preguntas.

Piense en los «pasos»

Muy a menudo desarrollamos una relación con la gente del trabajo para después destruirla al tratar de llevarlos a Cristo. ¡Sé que eso suena como una herejía, pero esperen a que me explique!

Supongamos que el auto de su amigo se empieza a caer a pedazos. Llega un recibo tras otro de los arreglos... grúas, talleres, tratar de conseguir que otro lo lleve al trabajo. ¡Vaya! Con el tiempo su mecánico dice: «Sabes, esta vez te va a costar más arreglarlo que el valor que tiene». Ahora él está en la búsqueda de otro acto.

Imagine ahora que otra amiga se acaba de comprar un auto nuevo. Tiene problemas con el auto. Ella lleva el auto de vuelta al concesionario para que lo arreglen. Problema solucionado. ¿Esta ella en la búsqueda de un auto nuevo? Seguro que no, acaba de comprar uno.

Como usted ve, estas dos personas están en lugares completamente distintos en cuanto a lo que tiene que ver con los automóviles. Su primer amigo seguro está escuchando las propagandas de autos nuevos en la televisión. Su otro amigo tal vez las apague. Los dos tuvieron problema con el auto, pero están en distintas lugares en cuanto a los automóviles.

Bueno, yo creo que es crítico que reconozcamos que la gente está en distintos lugares cuando se trata del cristianismo. Algunos son apáticos por completo, no conocen y no les interesan los temas espirituales en general y el tema del cristianismo en particular. Otros están buscando. Reconocen que hay un «Dios», pero no han logrado entender nada más. No obstante, están curiosos; leen y hablan. Incluso hay otros que lo han logrado «comprender», al menos hasta el punto de que no están buscando de forma activa. Ellos pueden decir: «Ah, yo creo», y llamarse a sí mismos cristianos. Y por supuesto, hay un gran número de gente que dice haberlo «encontrado» en otro lugar... en el mormonismo, el Islam, el misticismo oriental, y todo tipo de teologías de la Nueva Era.

Pensar en los «pasos» significa que debemos construir relaciones lo suficiente fuertes con nuestros colegas para que ellos nos compartan lo que creen. Luego tratamos de ayudarlos a dar un paso hacia Cristo... un paso y solo uno. Si son apáticos por completo a las cosas espirituales, solo queremos inspirarlos a que empiecen a buscar. Si están buscando, queremos inspirarlos a que consideren el cristianismo. Si dicen ser cristianos, queremos inspirarlos a que den el siguiente paso: convertirse en cristianos activos y en crecimiento que estén floreciendo en su relación con nuestro Padre celestial. ¿Hay algún momento para compartir el evangelio, realizar la presentación de *Las cuatro leyes espirituales*, hacer la pregunta de «si mueres hoy...»? Por supuesto. ¡Pero es cuando Dios dice que es el momento, no cuando reunimos el valor para hacerlo!

Sea intencional

En los negocios tenemos miles de relaciones. ¿Qué pasaría si los cristianos alrededor del mundo (unos dos mil millones de ellos) empezaran a tener un segundo propósito en cada relación de negocios? Imagine que cada vendedor decidiera tener dos propósitos con cada cliente o futura relación. Sí, el vendedor quiere lograr una venta y mantener al cliente contento, pero también quiere saber lo que el cliente cree en cuanto a Jesús. Quiere ayudar a que esa persona avance un paso hacia Cristo, sin importar dónde esté hoy. Supongamos que una abogada sirve bien a su cliente de manera *intencional* (porque la abogada está haciendo su trabajo de corazón como para el Señor) y de manera intencional construye una relación con su cliente para poder tener influencia sobre él para Cristo. La intencionalidad nos lleva a tener un propósito en nuestras interacciones con la gente. Una intencionalidad por Cristo empieza con una oración constante por la gente en nuestra «esfera» de negocios.

Nunca olvide que Dios es el que salva a la gente; nosotros no. Jesús quitó el peso de nuestras espaldas cuando nos aseguró que «nadie puede venir a mí si no lo atrae el Padre que me envió» (Juan 6:44). Es nuestro trabajo amar, aceptar y servir a la gente, pero es su trabajo redimirlos cuando él lo decida.

El evangelismo en el contexto de los negocios conlleva paciencia. La gente llega a una necesidad por Dios según su propio tiempo y no el nuestro. ¿Y cuánta gente conoce que aceptó a Cristo en la adultez cuando todo en su mundo estaba de lo mejor? No conozco a ninguno. No necesitamos a Dios cuando estamos de lo mejor; es cuando tenemos un problema mayor que empezamos a buscar respuestas fuera de nosotros. Un problema de este tipo podría ser un susto médico, una pérdida de trabajo, un hijo que toca fondo, un problema financiero que termina poniendo nuestro mundo patas arriba, un accidente o un divorcio.

Cuando tenemos dificultades buscamos a nuestros amigos de confianza. Y si nosotros los cristianos que estamos en los negocios creamos relaciones fuertes a través del amor intencional, la aceptación y el servicio a nuestros compañeros de trabajo no creyentes, seremos el amigo de confianza a quien buscan cuando surge un problema. Seremos la gente que logra la oportunidad de señalarles al Salvador, Jesucristo. Obtendremos la bendición de ser usados por Dios para sumar un alma a su reino.

31

Educación

El campo de batalla de la visión mundial

Roger Parrott

La educación estadounidense reclama su compromiso a ser el más grande baluarte de la diversidad en el mundo, y lo es... excepto por la diversidad de ideas. Aunque parezca que la diversidad de ideas es bienvenida y promovida en la educación estadounidense —sin importar cuán infundado pueda ser un concepto o cuán lejos esté del pensamiento racional o las normas sociales— esta aceptación no se extiende al dogma de la fe cristiana. Los mismos líderes que abogan por la diversidad bloquean con agresión cualquier discusión de la fe cristiana, considerando estas ideas como estrechas de miras, malas, prejuiciosas y anticuadas.

Las verdades de Dios siempre permanecerán firmes frente a las brillantes luces del escrutinio, pero en el mundo de la educación estadounidense no se les deja ver la luz del día a las verdades de Dios. Es increíble que vivamos en una época donde en Rusia usan la Biblia para enseñar ética, en la India la usan para enseñar a leer, y en los Estados Unidos no se le permite en un aula.

El cartel de «no es bienvenido» es colgado con orgullo por la academia cuando las ideas cristianas llegan al frente de la puerta de la escuela. Y a través de los años, estos mismos «campeones de la diversidad» han usado el púlpito para convencer o intimidar a nuestros creadores de las leyes para que estén de acuerdo en que un silencio privado es la única aplicación de fe apropiada en la educación pública.

Así que como educadores, en una profesión donde tanto las leyes como la cultura están funcionando agresivamente en contra de las ideas cristianas, ¿qué podemos hacer para evangelizar dentro de nuestra profesión?

La gran división

¿Por qué sucede que un maestro de ciencias bien entrenado e inteligente, que ha visto de cerca las complejidades y dificultades de la biología, la astronomía y la física, se aferra tan fuerte a la teoría de la creación por medio de la gran explosión y ni duda sobre la teoría de la evolución, aunque no exista ninguna evidencia científica de la evolución de las especies?

La educación siempre termina en los puntos de vista mundiales... desarrollándolos, enseñándolos y promoviéndolos. Por razones de las circunstancias y las experiencias del maestro de ciencias, él se aferra a un cierto punto de vista, un punto específico por el cual ve la vida. Desde ese punto de vista mira al mundo a través de lentes que colorean la forma en que recibe las ideas. Y mientras que su punto de vista del mundo y el mundo mismo forman su pensamiento, su visión mundial va ganando una base a medida que desarrolla hipótesis sobre lo que debe ser su punto de vista. Entonces, cuando una idea que no entra en sus hipótesis aparece en perspectiva, encuentra maneras de desecharla, razonarla o empequeñecerla.

Asimismo, si un Dios creador, que es el origen del orden, la responsabilidad y los absolutos, no entra en las hipótesis de la vida del maestro de ciencias, ninguna cantidad de evidencia científica lo podrá convencer de lo contrario. Cualquier cosa que no se corresponda con sus suposiciones es desechada como «mala ciencia», en vez tratar de reorganizar el punto de vista de su mundo secular.

Cuando las hipótesis del punto de vista mundial son construidas sobre cualquier cosa menos la verdad absoluta, se convierten en prejuicios, los cuales son reforzados por el grupo de gente en la vida de ese maestro de ciencias... aquellos con los que él elige asociarse porque ellos también comparten sus forma de ver las cosas y miran a través del mismo vidrio coloreado. Y a medida que esa gente le confirma que él está en lo correcto en cuanto a su forma de ver el mundo, sus suposiciones se convierten en su verdad.

Esto es lo que se llama un falso consenso, y es la razón por la cual los puntos de vista mundiales se han afirmado en los años recientes, porque ahora tenemos la flexibilidad de conectarnos con solo aquellos que piensan, actúan y creen como nosotros, siendo posible evitar los puntos de vista de otros que contradigan el nuestro.

En el último cuarto de siglo los educadores estadounidenses han creado un punto de vista secular que atrae con deliberación a la gente que está de acuerdo y pone al margen a aquellos que no. Este es un medio ambiente de falso consenso. Y es la razón de por qué la educación se ha convertido en el campo de batalla frontal para los puntos de vista del mundo y el evangelismo.

Cambie el corazón de la educación

Para combatir a esta fuerza prejuiciosa de la educación estadounidense contra las ideas cristianas, debemos trabajar para cambiar el núcleo del problema y no solo tratar los síntomas. Traer la oración de vuelta a las aulas tal vez haga que los cristianos se sientan más cómodos, pero esos treinta segundos en la mañana no van a contrarrestar el impacto de los libros, los maestros, los planes de estudio o el panel escolar que enseñan en contra. Y en este momento no necesitamos una regla de la Corte Suprema para pedirle a Dios que transforme la manera de pensar de aquellos que guían nuestras escuelas y aulas.

Tratar con los síntomas es la forma fácil de lidiar con esto. En cambio, debemos mantenernos desarrollando a nuestros maestros, administradores y miembros del plantel escolar para que tengan una visión mundial cristiana sólida y la capacidad de articular su pensamiento en el mercado de ideas como colegas educacionales, no como contrincantes. Las universidades cristianas pueden ser uno de los componentes más importantes de nuestro futuro, porque están produciendo los maestros y administradores que han sido equipados de manera apropiada para hacer justo eso. Los directores cristianos me dicen que vienen a mi universidad a reclutar personal, porque saben exactamente qué tipo de maestro van a obtener, y quieren maestros que se basen en una visión mundial cristiana.

Como educadores, debemos estar trabajando con agresividad para promover que los cristianos sean empleados por los distritos escolares y las universidades. Esto no va a ocurrir por volver a escribir el perfil de selección de la posición, sino porque alguien de adentro esté buscando a propósito solicitantes cristianos y esté trabajando a favor de ellos para que se les dé completa consideración en el proceso de búsqueda. Los departamentos de Recursos Humanos no pueden hacer la «pregunta ilegal» sobre la fe, la familia y la visión mundial, pero como un «amigo» usted ya sabrá esas respuestas sobre el potencial solicitante que ha considerado para la posición. He visto distritos escolares públicos donde casi todos los maestros son cristianos, solo porque alguien ha realizado una búsqueda agresiva para encontrar este tipo de educador y ha animado a tales personas para que soliciten la posición.

Cuando se emplean a suficientes cristianos en una escuela o universidad, el consenso erróneo de la visión mundial que es agresivamente anticristiana empezará a perder su fuerza.

Evangelice desde el escritorio del maestro

Si usted como maestro está esperando que cambien las leyes o cultura para sentirse libre de expresar su fe en el aula, está poniendo excusas por no compartir su fe con sus estudiantes. En realidad, hay muchas opciones para evangelizar, hasta dentro del medio ambiente legal restringido que se ha creado a nuestro alrededor.

Parte de la razón por la cual los cristianos están tan aislados en la educación es por que hemos desperdiciado dos décadas golpeando la puerta del frente de la escuela demandando el cambio en vez de entrar a la escuela para compartir el amor compasivo de Cristo.

Señalar los juicios anticristianos no es el camino para la mayoría de nosotros, aunque aquellos que se ven víctimas de una discriminación obvia ayudan a producir diferencias en la visión pública cuando acuden a los tribunales. Y con seguridad, levantar un caso con asuntos triviales e íconos culturales no ofrece nada a los cristianos más que el ridículo.

Entonces, ¿qué puede hacer?

El modelo de Misión América, una coalición que incluye a la mayor parte de las denominaciones evangélicas estadounidenses, ha desarrollado una guía maravillosa y simple para que los cristianos usen en su evangelización. Y en un trasfondo educacional, este plan anula la restricción de las leyes de separación de la iglesia y el estado.

Los educadores necesitan vivir basados en tres principios: la oración, el cuidado y el compartir.

1. Comience a orar por aquellos bajo su cuidado como educador. Tenga una lista en su escritorio de los estudiantes en su aula; o si es un administrador, tenga una lista de los maestros por los que orará con regularidad. Ore por aquellos que estén enfrentando desafíos especiales, y deje que Dios vaya adonde aún no ha sido invitado a ministrar. Ore por aquellos estudiantes o compañeros con los que es más difícil llevarse bien, y así demostrará mejor la paciencia divina al tener que lidiar con ellos. Ore para que todos los estudiantes y maestros descubran sus dones, y pídale a Dios que le ayude a desenvolver y desarrollar los dones de los que están bajo su cuidado.
2. Después de varias semanas de oración concentrada en un estudiante o maes-

tro, empiece a buscar formas genuinas de demostrar su interés por ellos. Si es un maestro, busque formas de conocer a los padres de sus estudiantes; si es un administrador, descubra más sobre la gente que supervisa. A medida que ora por ellos, Dios abrirá puertas para que pueda demostrar de una manera tangible su interés por ellos. Pronto tendrá más oportunidades de ministrar que el tiempo necesario para hacerlo. Y nunca olvide que, como maestro, el cuidado más grande que puede darle a una familia es su mejor esfuerzo como educador de su precioso hijo.

3. Solo *después* de haber orado y brindado cuidado, puede buscar las oportunidades para compartir su fe. Vendrán momentos en los que podrá compartir su fe con libertad, y no los tendrá que forzar. Podrá compartir sin tener que presionar los límites de cualquier ley gubernamental o la guía de la asociación de maestros, o provocar la ira de aquellos que lo supervisan. Dios proveerá las oportunidades fuera y dentro del edificio de la escuela para que le cuente a otros por qué usted es una persona que se caracteriza por el amor, el gozo, la paz, la paciencia, la amabilidad, la bondad, la fidelidad, la humildad y el dominio propio.

El punto final de esta lista de frutos del Espíritu que se da en Gálatas 5:22-23 es: «No hay ley que condene estas cosas». Y hasta en el laberinto de leyes del plantel escolar, las legislaturas estatales y el departamento de educación federal, no hay ley que no le permita vivir su fe mientras demuestra el fruto del Espíritu.

No necesita pancartas, predicar u orar por el altoparlante para ser un evangelista en su escuela. Solo viva una vida digna de su llamado (véase Efesios 4:1) al ser el mejor educador que pueda ser, y luego, a medida que ora y ofrece cuidado, nuestro Dios soberano nos proveerá un número de oportunidades para compartir sobre Cristo, quien ha transformado su vida.

Evangelice al educador

¿Cómo funciona el proceso de evangelismo desde el otro lado del escritorio? La mayoría de los estudiantes no tienen el lujo de un medio ambiente cristiano durante sus años de experiencia educacional; como consecuencia, el estudiante cristiano debe ser el evangelista. Algunos principios útiles son:

- *Respete la posición.* Los educadores son profesionales que han sido reconocidos por centros educacionales, sus compañeros, y a veces por instituciones seculares por el esfuerzo invertido en su campo de estudio. La posición del maestro también trae cierto respeto, no lo digo para intimidar, pero es un título que no debe ser pasado por alto. Debemos brindarle a los educadores el mismo respeto que le brindamos a cualquiera en una posición de liderazgo.

- *El aula no debe ser una plataforma.* Los estudiantes deben reconocer que el maestro (a no ser que sea su primer año) ha enseñado el mismo curso por varios años a estudiantes similares a ellos. Los debates suelen ser los mismos, las discusiones son las mismas, el café en la sala de maestros es el mismo para los educadores. Ha estudiado el tema con lo mejor de su capacidad y no estará dispuesto a discutir su experiencia frente a estudiantes sobre los cuales tiene autoridad. Tenga cuidado de no poner al educador en una posición en la que se siente obligado a usar el aula como audiencia para expresar sus preferencias religiosas personales o patrocinar controversias religiosas. Poner a un maestro a la defensiva en el aula puede causar que se pierda para siempre una verdadera oportunidad de dar testimonio. Continúe leyendo.

- *Comparta los hechos sobre Cristo.* Los chistes, la vergüenza y la condenación gracias a la iglesia organizada suelen ser injustos y sin razón, pero de igual modo son una realidad. Debemos tener cuidado de no concentrar nuestra discusión en actividades o situaciones religiosas. Los estudiantes deben discutir estas ideologías sociales/religiosas con los maestros y, sí, hasta en la clase, pero nuestra defensa debe girar en torno a lo que sabemos sobre la persona de Cristo y no a nuestras convicciones personales. Estos comentarios serán percibidos más como mostrando una atracción hacia Jesús que cambiando el diálogo en debate.

- *Desarrolle una amistad.* Lo normal es que el educador quiera conocer a los estudiantes a quienes enseña. Dedíquese a la tarea de hablar con el maestro después de clases, extienda una invitación para que él o ella se reúna con usted y sus amigos cristianos para tomar un café o comer algo, mientras usted y sus amigos pueden discutir algunos temas con ella o él. Por motivo de todas las nuevas pautas y las preocupaciones sobre la conducta apropiada de un educador (y las pautas bíblicas para un creyente como usted), límites cuidadosos y estrictos deberían estar presentes siempre entre un educador y un estudiante, en especial si se están juntando fuera del aula. Siempre haga una discusión en grupo.

- *Conozca el evangelio y comparta sobre Jesús.* Por último, esté preparado para compartir el evangelio si se le da la oportunidad de hacerlo. No tenga miedo de compartir el mejor descubrimiento para cualquier persona: el mensaje transformador de vida de Cristo. Conozca los hechos del evangelio. Un educador es una persona que ha entregado su vida a la búsqueda de datos, y normalmente querrá conocer la verdad. ¡Qué mejor verdad puede compartir con un educador que la verdad de Jesús! (Juan 14:6).

32

Entretenimiento

Alguien dijo: «Hollywood, ¿puedo tener un testigo?»

Karen Covell

Estoy escribiendo como una misionera en una tierra lejana, viviendo con una tribu extraña y envuelta en la cultura extranjera de Hollywood. En verdad, mi esposo y yo hacemos carpas. Como compositor y productora de cine y televisión, respectivamente, Jim y yo vivimos de la industria secular del entretenimiento y ministramos dentro de la misma comunidad al mismo tiempo, obteniendo nuestro sueldo y ministrando a la Tribu Hollywood de forma simultánea.

El campo misionero

Nuestra filosofía de ministerio es vivir entre la gente de la tribu a la que estamos ministrando, como lo hizo Jesús, porque los amamos y estamos ansiosos por contarles la noticia más maravillosa: ¡Jesús! Nosotros creemos en verdad que cada cristiano es un misionero en su trabajo, barrio, escuela, y hasta en el medio ambiente familiar donde nos ha puesto el Señor. Porque todos hemos de ser sus testigos yendo a *todas* las naciones... no solo a África, China, Jerusalén o Judea, sino hasta a Hollywood. Es más, nos encantaría que cada iglesia pusiera un cartel en cada salida que le recordara a cada persona que este saliendo de la iglesia: *Usted está entrando al campo misionero.*

Me considero una misionera extranjera en la comunidad del entretenimiento: *extranjera* porque nuestra cultura de Hollywood es como una tierra extraña para la mayoría de las iglesias de los Estados Unidos; *misionera* porque a pesar de que soy un profesional en el campo del entretenimiento, también estoy aquí con la esperanza de que Dios me use para contarle a mis compañeros y asociados sobre el amor de Jesús.

La gente de los medios es temida, no entendida, y hasta odiada por buena parte de la comunidad cristiana. ¡En realidad, la mayoría de los padres cristianos estarían mucho más cómodos mandando a sus hijos a ministrar en lo profundo de la India antes que a Hollywood! Pero los cristianos en Hollywood creen que todos los grupos de gente que no conocen acerca de Jesús necesitan escuchar el mensaje de esperanza y paz, hasta la gente de la industria del entretenimiento.

El mensaje

Así que, ¿cómo comunica la creciente comunidad de cristianos en Hollywood la verdad sobre Jesús a los profesionales de los medios? Seguimos las maneras de Jesús: edificando relaciones y respeto, una persona a la vez. Creemos que contarle a otro sobre Jesús es algo natural, y debe considerarse un privilegio que es alcanzado. Creemos que hablar de nuestra fe debería ser relevante desde el punto de vista cultural y debería llevarse acabo por medio de palabras que la persona con la que hablamos entienda. Y estamos comprometidos al llamado porque creemos que Hollywood es el campo misionero más influyente del mundo. Washington D.C. es el asiento global del poder; Hollywood es el asiento global de la influencia.

Por eso es que Jim y yo hemos estado enseñando la clase «Cómo hablar de Jesús sin volverse loco» durante los últimos diez años en nuestra casa a profesionales cristianos de la industria del entretenimiento. Cada campo misionero tiene sus propias características específicas y únicas a las que cualquier misionero debe ser sensible y debe entender. Y la industria del entretenimiento tiene en verdad sus cualidades definitivas. Por ejemplo, tenemos nuestros propios lugares de conversación, nuestro propio lenguaje, vestimenta, accesorios, moralidad, ética y tradiciones. Tenemos nuestros propios dioses a quienes adoramos, como el dios del estacionamiento personalizado, el dios del Grammy, y por supuesto, el dios del Oscar.

También somos muy nómadas. Trabajamos en un proyecto por unos meses; luego termina, y nos vamos hacia otra cosa, con un nuevo grupo de gente. Nuestros ejecutivos son de las dos costas, y nuestros productores van y vuelven entre Estados Unidos y Canadá. Nuestros compositores hacen filmes en lugares como Seattle o Budapest, y la mayoría de los vicepresidentes de los estudios han trabajado para unos cuantos otros estudios o compañías de producción. Irónicamente, como un nervio central, estamos cerrados a la influencia de afuera; menos del dos por ciento de nuestra comunidad asiste a la iglesia o sinagoga, y muchos profesionales aquí nunca han visto una Biblia.

Las personas de nuestra tribu son más sofisticadas que la mayoría pero son más ignorantes de lo que uno creería acerca de las maneras y las creencias del resto del país. Ellos apoyan los estilos de vida alternativos, las familias disfuncionales y el lenguaje primitivo, porque eso es todo lo que conoce la mayoría desde su infancia. Quedarse virgen no tiene sentido, se espera que vivan con su novia o novio, y hasta mentir es una parte aceptada de nuestra cultura; porque todos lo hacen.

La historia de ellos

Se puede preguntar: «¿Cómo hablamos de Jesús con gente como esta?» Hay cuatro maneras principales: Antes que nada, los amamos. Son un grupo muy creativo de gente inteligente y apasionada. Les importa el estado del mundo, y quieren ser amados y aceptados por quienes son... tal como usted y yo. El amor es la clave. Y la única forma de amar en verdad a alguien es conociéndolo. Por lo tanto, les decimos a los miembros de nuestra clase que les hagan preguntas a sus amigos, compañeros, asociados y jefes. Y luego que escuchen *su historia*. Todos tienen una historia, y una vez que usted la escuchó, ya no puede odiar a esa persona. A medida que escuchamos las historias, nuestra compasión crece, la confianza de la gente en nosotros aumenta, y una amistad se suele desarrollar.

Oración

Después de escuchar su historia, oramos por ellos. Le pedimos a Dios que nos muestre cómo podemos tener un impacto positivo y eterno en nuestros amigos o asociados. Oramos para que Dios ablande sus corazones, traiga a otros cristianos sólidos a sus vidas, y no los suelte hasta que lo lleguen a conocer. Es más, desafiamos a todos en nuestra clase a que elijan a un precristiano en su trabajo para orar por él todos los días de las diez semanas de la clase. Durante ese tiempo de oración disciplinada, Dios siempre se mueve con poder, y a veces de una manera que nunca esperábamos.

¿Por qué no elige a un precristiano de los medios en este momento a quien conoce o le gusta mirar o escuchar y se compromete a orar por esa persona cada día durante un mes? Elija a alguien de su mismo sexo y que en realidad le importe.

Luego vea cómo Dios puede hacer un milagro en su vida y en la vida de usted en el proceso. ¡Espere milagros! Recién se ha comprometido a hacer una diferencia eterna en el corazón y la vida de un profesional de la industria del entretenimiento a través de un simple acto de oración. ¡Gracias!

Nuestra historia

Nosotros les contamos nuestra historia espiritual a los profesionales de la industria. Después de construir una relación con una persona, esta suele crecer hasta que tienen lugar conversaciones donde ambas partes llegan a compartir su historia. Debe estar preparado para expresar cómo decidió tener una relación personal con Jesús y cómo ha cambiado su vida desde que tomó esa decisión. Eso se llama *su historia*.

Ayudamos a los miembros de nuestra clase a escribir y luego contar una versión de tres minutos de su historia y que así estén preparados para contar la versión más corta posible. Siempre es fácil pasar una hora hablando sobre uno mismo, pero si podemos resumir nuestra fe en Dios y cómo él nos cambió en tres minutos, estaremos preparados para cualquier cosa. Además, cuando contamos de nuestro amor por Jesús, este es un testimonio poderoso que no puede ser refutado, debatido o negado. Es una historia en primera persona de un encuentro personal con el Dios viviente, y todo lo que tenemos que hacer es contar los hechos. Si alguien nos cree o no, no es nuestro trabajo. Eso queda entre la persona y el Espíritu Santo.

La historia de él

Por último, tendremos en algún momento la oportunidad de contarle a nuestro amigo o asociado la historia de él. Esto significa la historia de Dios, incluyendo su plan para nosotros y su deseo de una relación con todos. La misma es acerca de Jesús y por qué Dios lo mandó a este mundo a comunicarse con nosotros. Es sobre cómo convertirse en cristiano. Ese es el centro del evangelio, lo importante de la salvación, ¡y la cosa más difícil del mundo para discutir de manera tranquila con alguien que no cree! Contar la historia de él es difícil porque es verdad. Es una verdad absoluta. Y experimentaremos una batalla espiritual de alguna manera cada vez que la contemos. Pero lo debemos hacer. La buena noticia es que lo único que tenemos que hacer es ser honestos sobre lo que sabemos. No es nuestro trabajo convertir a alguien. Nuestra tarea es solo contarle a la gente lo que sabemos personalmente, y el resto depende de Dios.

Eso es todo lo que conlleva. Eso es lo que hizo Jesús. Nosotros los cristianos debemos estudiar a Jesús, leer sobre él, hablarle y actuar como él, luego tratar a los demás como él lo hizo. Esa es la manera más efectiva de compartir su fe con cualquiera. Y si funciona en Hollywood, funcionará en cualquier lado.

En la industria del entretenimiento, los cristianos y los precristianos son todos muy similares a Jesús. Somos todos narradores de cuentos, siendo Jesús el primero y el mejor de todos. Nos encanta contar historias. En realidad, eso es lo único que hacemos: las escribimos, las producimos, las dirigimos, las actuamos y las distribuimos alrededor del mundo. Como una misionera cristiana en Hollywood, sé que puedo hablarles a mis compañeros sobre Jesús de la misma manera que ellos me hablan sobre su trabajo. Yo les cuento historias. En verdad, por eso me enfoco en las tres historias ya mencionadas: *la historia de ellos, nuestra historia* y *la historia de él*.

Debido a que amo a la gente con la que vivo y trabajo en el entretenimiento, quiero conocer *sus* historias. No tengo derecho a decirles que necesitan a Dios si no sé nada de ellos. Empiezo cada relación haciendo preguntas y luego escuchando las respuestas. Pregunto sobre el trasfondo familiar de la persona y el trasfondo eclesiástico, si existe. Pregunto qué les apasiona, cuáles son sus metas y qué ha sido difícil para ellos. No son necesarias muchas preguntas para lograr que una persona se sienta cómoda y empiece a hablar de sí misma. Todos tienen una historia y es nuestro trabajo descubrir cuál es. Mucha gente en Hollywood gasta cientos de dólares por hora para que alguien los escuche hablar de ellos mismos. Nosotros deberíamos escuchar de manera gratuita.

Luego, cuando me haya ganado el derecho de contarles *mi* historia, lo haré de una forma que le dé la gloria Dios. Lo más común es que sea a retazos, a medida que crece la relación. Pero a veces esto ocurre de una vez. Puede ser por medio de una conversación, o puede ser en acciones. Podemos contar sobre nosotros mismos de muchas formas creativas y que demuestren amor. A veces es simplemente en nuestro trabajo, pero siempre es de Jesús y siempre es con honestidad.

Jim estaba en Londres, conduciendo la Sinfónica de Londres para la música de un film, y decidió leerle a la orquesta entre tomas pedacitos del libro *La vida espiritual de los grandes compositores*. Al final de la sesión sorprendió a los sesenta y seis músicos con una copia del libro como regalo. Ellos quedaron sorprendidos por completo por la información fascinante acerca de los compositores famosos durante la sesión y por el libro gratis que ellos esperaron obtener pacientemente en fila después de la reunión. Mientras que el autobús esperaba para llevarlo a una sesión con Paul McCartney al otro lado de la ciudad, un músico se detuvo para hablar con Jim. Le dio las gracias y luego dijo: «¡No sabía que los compositores tenían vidas espirituales!»

Poder transformador de vida

Les he estado contando mi historia a algunos de mis amigos en la industria por años, y aparentemente muchos de ellos no han estado interesados en hacer el mismo compromiso espiritual que yo he hecho. Dos productores en particular sienten un gran respeto por mí, conocen mi historia, me han contado por completo la de ellos, pero no han logrado librarse de sus propios temores y abrazar al Dios del cual les he contado tanto. Al fin, después de años, invité a ambos a dos acontecimientos distintos para que escucharan la historia de otra persona. En ambas situaciones, justo cuando estaba a punto de darme por vencida por el desánimo, de repente sus corazones estuvieron listos. Estos dos viejos amigos se convirtieron en cristianos con dos meses de diferencia el uno del otro, después de escuchar el mismo mensaje contado una vez más. El poder de nuestras historias personales cambia vidas.

A veces nuestras historias se pueden contar sin ni siquiera usar palabras, y serán igual de poderosas. Como San Francisco una vez dijo: «En todo momento predica el evangelio, y de ser necesario usa palabras».

Acababan de tomar a Jim como compositor para una nueva serie de televisión cuando de inmediato fue sacado de su zona de confort en el segundo episodio. Los productores querían que él escribiera una música que reflejara los sentimientos de las vidas desesperadas de los miembros de una pandilla de Nueva Orleáns. El programa terminaba con un último mensaje que decía: «No sabemos cuál es la respuesta a las matanzas pandilleras, y ni siquiera sabemos si hay una respuesta». Era un final depresivo que estaría dando un mensaje de desesperación a millones de televidentes alrededor del mundo.

Jim sabía que debía encontrar un mensaje de esperanza, así que ideó una manera de cambiar el significado a través de la elección de la música. No sabía si los productores judíos lo aceptarían, pero decidió correr el riesgo.

Pronto el mensaje de desesperación fue seguido por el sonido de un cantante de música gospel, entonando el himno «Softly and Tenderly». A medida que aparecía la imagen de un niño asesinado, el televidente escuchaba: «Jesús nos está llamando a ti y a mí a casa». Y cuando la última imagen de un adolescente asesinado aparecía en la pantalla, el intérprete cantaba: «Llamando, oh pecador, ven a casa».

Pensamos que esto era poderoso. Daba esperanza y realzaba el nombre de Jesús. Estaba ansiosa, luego me puse muy nerviosa. ¿Qué iba a decir Steven, el productor ejecutivo judío? Jim entregó el programa tarde el jueves, y a las nueve de la mañana del viernes, antes de la salida al aire el lunes, recibió un llamado de Steven. Él dijo: «¿Jim?»

Tragué saliva, pensando que este sería el segundo y último episodio en la serie. Steven agregó: «¡Acabó de ver tu show y es *#@&%* increíble! ¡Y no sé de qué se trata, pero es el mejor programa que hemos hecho! Buen trabajo. ¡Nos vemos el lunes!»

Jim le dio las gracias y colgó sonriendo, sabiendo exactamente de lo que se trataba. Era la verdad; era su historia dicha con valentía y verdad, y tocó al productor profundamente. Era el poder de la historia en acción.

El trabajo de oración

¿Cuál es la mejor manera para que alguien fuera de Hollywood «alcance» o «cambie» a la gente en nuestro campo misionero? Es por medio de la oración. Oswald Chambers dijo que «la oración no es la preparación para el gran trabajo, la oración es el gran trabajo». Veremos montañas moverse, corazones cambiar, y a los Estados Unidos entrar en un avivamiento a gran escala... si oramos por Hollywood. Ore por los cristianos que están aquí en el frente de batalla, tratando de ganarse la vida y de ser embajadores del Señor. Ore por los precristianos que están resentidos, amargados, infelices y tienen el corazón duro. Ore por favor, para que se derritan los corazones, para que el Señor tenga una presencia más fuerte aquí. ¡Ore por un avivamiento! Reemplace cualquier enojo, temor o frustración hacia los medios con oración. Hasta hay algunos esfuerzos de oración ya establecidos de los cuales puede formar parte: MasterMedia Internacional tiene un «Calendario de oración por los líderes de los medios» que enlista a dos personas influyentes de los medios por las cuales orar cada día del año (www.mastermediaintl.org).

Mi ministerio, Hollywood Prayer Network [Cadena de oración de Hollywood], unifica a los cristianos alrededor del mundo para orar por Hollywood y su gente, enviando mensajes de correo electrónico mensuales con información, personas y programas por los cuales orar. Por el momento abarca a casi diez mil guerreros fieles de oración, que permanecen todos unidos creyendo que Hollywood solo necesita la misericordia de Dios. Sabemos que él escucha las oraciones de los justos y puede traer un avivamiento a este lugar, y a través de la oración por Hollywood vendrá el avivamiento cultural. Lo animo a sumarse a los misioneros de la industria del entretenimiento al orar por la gente de aquí. De esta forma será parte de un esfuerzo global de evangelismo y oración. Solo vaya a www.hollywoodprayernetwork.org y reciba el folleto mensual sobre cómo orar por Hollywood, un DVD gratis de quince minutos llamado *The Hollywood Crisis* [La crisis de Hollywood], que explica cómo orar por Hollywood, y hasta calcomanías que se pegan en el frente del control remoto de la televisión, las cuales le recuerdan orar por la gente detrás del programa que está mirando cada vez que cambia el canal.

Filemón dice en el versículo 6: «Pido a Dios que el compañerismo que brota de tu fe sea eficaz para la causa de Cristo mediante el reconocimiento de todo lo bueno que compartimos». ¿Cómo nos damos cuenta de todas las cosas buenas que tiene Jesús para nuestra vida? ¡Comparta su fe! ¿Y cómo hace eso en Hollywood? Cuente historias… historias verdaderas, poderosas y que cambian el corazón.

Vayan y sean Poderosas Ovejas Guerreras de Ataque para el Señor. ¡Recuerden que somos misioneros, y pídale al Señor que le use hoy para impactar a Hollywood!

33

Gobierno

Alcanzando a los líderes de la comunidad

Tim Robnett

Desde los días más tempranos de la iglesia, Dios les ha dado atención a los oficiales del gobierno. Jesús habló con Pilato, el gobernador romano; Pedro conversó en muchas ocasiones con los líderes nacionales de Israel; y Pablo dialogó con un número de líderes romanos y judíos. En Mateo 8:10, Jesús elogió al oficial romano por su fe. Dios llamó a Pedro a dialogar con Cornelio, el oficial militar romano, al que a pesar de ser temeroso de Dios le faltaba el conocimiento de las Buenas Nuevas de Jesucristo. Cuando Cornelio aprendió sobre Jesús y el perdón de los pecados por medio de él, fue lleno del Espíritu Santo, y él y su casa vinieron a la fe en Jesucristo.

Los oficiales del gobierno tienen una autoridad importante en muchas áreas de la comunidad. Ya sea que tengan posiciones locales, regionales o nacionales, los oficiales del gobierno impactan las vidas de miles de personas. Debido a la influencia única de los hombres y las mujeres del gobierno, los cristianos debemos conectarnos con ellos y ministrarles de manera intencional.

Durante algunos períodos de la historia, los oficiales del gobierno y el liderazgo eclesiástico se mezclaron. Estos períodos muchas veces probaron ser improductivos para el crecimiento de la iglesia. Sin embargo, las Buenas Nuevas son para toda la gente, incluyendo a los políticos y los oficiales del gobierno. Un cristiano debe mantener un equilibrio sabio, conectándose con los líderes y al mismo tiempo manteniéndose independiente del poder de la política. Sin embargo, esto no debería nublar el llamado a alcanzar a nuestros líderes con el mensaje de Jesucristo.

Las Escrituras declaran que Dios estableció a los reyes, los líderes y todos los que están en autoridad (Romanos 13:1-4). Por lo tanto, ya sean temerosos de Dios, ateos o seguidores de Cristo Jesús, los oficiales del gobierno tienen un rol y una responsabilidad ordenados por Dios. Por esta razón, necesitan a Cristo, y la causa de Cristo necesita líderes rectos en el gobierno.

La responsabilidad

¿Por qué deberían los cristianos hacer un esfuerzo para alcanzar a los oficiales de gobierno con las Buenas Nuevas de Jesucristo? Aquí hay algunas razones importantes:

- Dios puso a los oficiales del gobierno en posiciones de autoridad, poder e influencia. Por razón de su rol único en las vidas de la comunidad entera, necesitan escuchar las Buenas Nuevas.
- Su influencia sobre miles de personas a través de la creación de reglas, el establecimiento de estándares comunitarios y la resolución de problemas de la sociedad dicta que la iglesia debe alcanzar a esta gente.
- La necesidad de la sabiduría divina en el desarrollo de estrategias multiétnicas, multigeneracionales y económicas en la sociedad es de suma importancia. Jesucristo ofrece paz, gozo y sabiduría. Los líderes están desesperados por esta sabiduría en sus tratos con los asuntos de la comunidad.
- Los oficiales del gobierno son humanos. Aunque mucha gente espera que ellos sean superhumanos en muchas formas, la realidad es que estos oficiales tienen sus propios problemas y desafíos personales, como cualquier otra persona. Anhelan tener respeto, un sentido de propósito y utilidad, paz personal y amor. En Jesucristo experimentamos todas estas cosas. En Cristo nuestra vergüenza desaparece y nuestras vidas se llenan de esperanza.
- Los líderes gubernamentales pueden estar llenos de orgullo y arrogancia, y en algunos casos tienen el poder de ejercer presión y perseguir a la gente (véanse Daniel 4; Hechos 8:1-3).
- La Palabra de Dios dice que debemos orar por los líderes gubernamentales porque pueden ser instrumentos para mantener la paz en la sociedad (1 Timoteo 2:1-4). Una sociedad pacífica es más propicia a compartir el evangelio. La propagación del evangelio alivia la culpa, lleva a la gente a una vida de servicio a otros, e incrementa la estabilidad en la sociedad.

Las barreras

¿Cuáles son algunas de las barreras a la hora de alcanzar a los oficiales del gobierno?

- La ignorancia en la iglesia es una barrera. Debemos darnos cuenta de que los oficiales gubernamentales son importantes para Dios, cuando se les alcanza con el evangelio, pueden convertirse en aliados de la iglesia.
- Algunos oficiales del gobierno temen que los cristianos tengan una agenda religiosa que podría comprometer sus posiciones políticas.
- Los cristianos pueden sentir temor a ser rechazados y avergonzados por los oficiales del gobierno.
- El desconocimiento de cómo acercarse a los líderes del gobierno hace que los cristianos no traten de alcanzarlos.
- Compartir el evangelio con los oficiales del gobierno no es una prioridad del ministerio cristiano.

Algunos métodos sugeridos

¿Cómo podemos acercarnos a nuestros oficiales del gobierno? He aquí algunas sugerencias:

- Establezca una comunicación personal con ellos vía correspondencia, correo electrónico y teléfono. Este toque personal, de cristianos a líderes de la ciudad, suele dar oportunidades adicionales para servir a los líderes gubernamentales y a otros en la comunidad. Escriba una nota personal felicitando al oficial por su elección o una carta compartiendo palabras positivas de aprecio por el servicio y el sacrificio del líder. Utilizar en la carta términos de preocupación personal facilita la respuesta positiva del oficial del gobierno a preguntas sobre su fe personal.
- En 1 Timoteo 2:1-4 se le manda a los creyentes a que oren por todos los oficiales del gobierno. El propósito de estas oraciones está centrado en el deseo y la habilidad de los oficiales para mantener la paz y el orden en el mundo. Esta condición de paz y orden promueve la capacidad de la iglesia de llevar el evangelio alrededor del mundo.
- Necesitamos orar no solo *por* nuestros líderes sino también *con* ellos. Un cristiano que concierta una cita con un oficial de gobierno para orar con él o ella se suele encontrar con una persona franca y afirmativa. Cuando el oficial es

testigo de la conexión del creyente con Dios, esto es un ejemplo poderoso de una fe viva.

- El contacto personal a través de una visita a la oficina del oficial gubernamental tendrá un gran impacto. Demostrar interés personal por el bienestar de los líderes suele llevar a una mejor relación con ellos. Crear ocasiones especiales para honrar y pedir la bendición de los oficiales es una herramienta efectiva para dar testimonio. Cuando visite a los oficiales del gobierno, recuerde llevar un regalo apropiado, usar la vestimenta adecuada y dirigirse a ellos con el título correcto. Use términos como señor, magistrado, jefe y otros títulos apropiados al conocer inicialmente a estos dignatarios.
- Invitar a un oficial del gobierno para hablar en su iglesia o grupo cívico puede ser una ocasión efectiva para dar testimonio. No solo lo estará honrando como un invitado, sino que esto lo coloca en una posición de compartir las Buenas Nuevas de Jesús con el líder.

Un mensaje único

¿Qué mensaje único tiene Dios para que los cristianos les den a los líderes gubernamentales?

- Dios los ha elegido para llevar a cabo una responsabilidad especial en su comunidad. Cuando los oficiales del gobierno nos escuchan decir: «Dios lo ha puesto en esta posición con un propósito especial», suelen pensar que los respetamos. Esta actitud de honor facilita sus deseos de escuchar nuestro mensaje. No solo han sido elegidos, sino también están en posiciones de importante influencia y autoridad. Al aceptar este hecho, estamos reconociendo su lugar especial en la sociedad. Nuestro compromiso de orar, animarlos y unirnos a ellos suele motivarlos a escuchar lo que Dios tiene para decirles. Debemos dejarle saber que Dios los valora altamente y que los ha puesto en tal posición para beneficiar a otros. Él quiere lo mejor para ellos, para que así ellos puedan trabajar para el bienestar de la comunidad.
- Jesucristo vino a la tierra para darles vida, paz y gozo. Las preguntas que debemos hacer son: «¿Está del lado de Dios?» «¿Ha recibido a Cristo?» «¿Está dejando que Dios supla todas sus necesidades?» Muchos oficiales tal vez no han entendido las Buenas Nuevas de esta manera. A medida que compartimos el mensaje del otorgamiento de poder a través del evangelio de Jesucristo, la gente con autoridad puede acudir a aquel que tiene suma autoridad y recibir vida eterna. Muchos oficiales han experimentado vidas cambiadas y un liderazgo

más efectivo por medio del evangelio. Comparta los testimonios (historias) de los oficiales del gobierno que son seguidores de Jesucristo. La vida cambiada de Chuck Colson es un buen ejemplo de lo que puede hacer Dios.

Los beneficios

¿Cuáles son algunos de los beneficios de compartir las Buenas Nuevas con los líderes gubernamentales?

- Cuando la iglesia se acerca a los oficiales del gobierno, puede crear un clima de respeto y honor en la comunidad. Aunque la gente esté en desacuerdo sobre algunos temas, una cultura de respeto empieza a crecer entre la iglesia y el gobierno.
- Demostramos el amor de Dios de una forma personal. Escuchar el mensaje de la salvación capacita a los oficiales gubernamentales para entender que Dios se preocupa por ellos como gente, no solo por su posición de liderazgo.
- Informamos a los líderes sobre los recursos de Dios: la salvación por medio de Jesucristo, las oraciones de la iglesia, y la gente que forma parte de la congregación. La mayoría de los líderes estarán contentos de saber que tienen a su disposición un sistema de apoyo único.
- Cuando los cristianos se acercan a los oficiales del gobierno, comienzan una relación de interés y compasión entre los líderes y la iglesia. Cuando la iglesia demuestra su preocupación por los oficiales de gobierno, es más factible que llamen a la iglesia para asistir al gobierno cuando los asuntos lo requieran. Este posicionamiento único le permitirá a la iglesia responder a las necesidades crónicas de la comunidad y la nación.

Entonces, ya sea que queramos alcanzar a un miembro del consejo de la ciudad o al presidente de los Estados Unidos, la obediencia al llamado de Dios de alcanzar a toda la gente con el mensaje de las Buenas Nuevas de Jesucristo sigue siendo nuestro mandamiento. Sobrellevar el temor con fe por medio de la oración y tener una estrategia clara nos capacitará para ser exitosos a la hora de cumplir los deseos de Dios para la iglesia en este ministerio. Recuerde, no importa cuál sea la posición de uno en la sociedad, somos todos personas creadas a la imagen de Dios, separados por causa del pecado, y vacíos por dentro hasta que regresemos a nuestro Creador. Usted puede ser la persona que Dios use para alcanza a aquellos que a menudo parecen inalcanzables.

34

Medios de comunicación

¿Amigos o enemigos?

David Sanford

Trate de preguntarle a ochenta negocios cristianos o líderes de ministerios si los medios «seculares» son amigos o enemigos. Cada vez que hago esta encuesta en una conferencia o seminario, suele haber una o dos manos levantadas para «amigos». El resto las levanta para «enemigos». ¿Cómo votaría usted?

Muchos cristianos creen que los medios son los peores enemigos de la religión. Por desdicha, se están centrando en los reportes liberales y los prejuicios seculares de algunos reporteros e ignoran la influencia positiva que los medios pueden tener sobre el cristianismo.

Al trabajar unidos con los medios, y al crear relaciones con las personas claves de esta industria, los cristianos pueden iluminar el mundo con la luz de Jesucristo.

Ayudando a cambiar los medios

Durante los últimos quince años, un manojo de líderes cristianos ha ayudado a cambiar la cara de la mayor parte de los medios estadounidenses para *bien*. Un hombre de negocios de Michigan, W. James Russell, creó los Premios Amy, los cuales ofrecen premios en dinero de hasta diez mil dólares por artículo. ¿El único requisito de Russell? Que los reporteros citen por lo menos un versículo de las

Escrituras por cada artículo publicado en un diario o revista importante.

El primer año Russell recibió ciento cincuenta y cuatro suscripciones. Sin embargo, durante la siguiente década recibió más de diez mil participaciones publicadas en cientos de periódicos incluyendo al *Atlantic*, el *Boston Globe*, *Quill*, *Reader's Digest*, *Time*, *U.S. News and World Report*, *USA Today*, el *Wall Street Journal* y el *Washington Post*.

Después que el presidente de Prison Fellowship, Charles Colson, ganara el premio Templeton por Progreso en Religión, fue invitado a hablar ante los miembros del Club Nacional de Prensa de Washington, D.C. Colson reconoció que muchos cristianos «tienen temor y repugnancia hacia le elite de los medios» y que algunos «muestran más celo que pensamiento». No obstante, él ofreció una rama de oliva diciendo: «Ambas partes se necesitan mutuamente para el bienestar de la sociedad».

Colson dijo: «Los cristianos traen algo importante a nuestra cultura, algo que no se puede reemplazar con facilidad. Quiero argumentar que ellos se merecen un lugar honorable en la mesa, que en una sociedad libre y pluralista, podemos discutir en la plaza pública las verdades que tanto queremos sin tener que "imponerlas" a nadie».

Señaló además: «Nosotros que representamos la fe cristiana compartimos un interés común con ustedes, los medios, en la preservación de la primera libertad de los Estados Unidos. Ambos vivimos o morimos por la misma primera enmienda a la constitución».[1]

Tapando la brecha

Hace varios años, el escritor de religión del *Los Angeles Times*, John Bart, y un antiguo presidente de la Convención Bautista Sureña, Jimmy Allen, publicaron un reporte titulado «Tapando la brecha: la religión y los medios de noticias». El reporte resumía los descubrimientos del reportero investigador Robert Wyatt, quien entrevistó a más de ochocientos editores, reporteros y líderes cristianos a través de toda la nación para examinar el alto grado de desconfianza entre cristianos y reporteros.

Wyatt documentó algunos descubrimientos importantes: un setenta y dos por ciento de los editores y un noventa y dos por ciento de los escritores de religión dijeron que la religión es muy o algo importante en sus vidas. Más del ochenta por ciento dijo que no creía tener prejuicios en cuanto al cristianismo. Sin embargo, el temor más grande era «cometer errores que provoquen la ira religiosa».

Unos meses después, el evangelista mundialmente reconocido Billy Graham habló ante la Sociedad Estadounidense de Editores de Periódicos en Washington D.C. acerca del tema «La cobertura periodística sobre la religión y cómo esta se puede mejorar». Graham les pidió a los editores reconocer que «la religión continúa siendo una parte importante de la vida estadounidense», reportar más noticias sobre el impacto positivo de la religión, alcanzar a los líderes religiosos locales y destinar a reporteros con buenas calificaciones para trabajar en la sección religiosa.

Después, muchos de los diarios importantes contrataron a reporteros de religión a tiempo completo. Y en muchos mercados, la cobertura periodística sobre la religión incrementó mucho más allá del calendario tradicional de los acontecimientos de las iglesias.

Compartiendo a Jesucristo

Durante el curso de su prolífica carrera, Cal Thomas ha sido uno de los comentaristas más famoso en la televisión, la radio y la imprenta. Mientras que los medios suelen tener ciertos prejuicios, Thomas cree que el prejuicio «no es siempre a propósito». Muchas veces el prejuicio de un reportero nace de una mala experiencia con la iglesia o una tragedia personal que produjo sentimientos profundos de desilusión con Dios.

En uno de sus cientos de artículos, Thomas señala: «A diferencia de muchos cristianos que conozco, he decidido no estar satisfecho con maldecir la oscuridad espiritual de los medios, sino crear una estrategia para hacer algo».[2] Esa estrategia incluye conocer a otros en los medios, desarrollar amistades genuinas, y luego compartir el amor de Jesucristo.

«En verdad no estoy apoyando nada nuevo. Jesús es el patrón. Él pasó la mayor parte de su tiempo con gente que no lo conocía», dice Thomas. «Este patrón funciona con cualquiera, sin importar la profesión o la posición». Después de todo, «no hace falta ser un reportero para alcanzar a un reportero».[3]

Otro líder cristiano que ha tratado de alcanzar a algunos periodistas conocidos es el antiguo ejecutivo de banco y evangelista Luis Palau, quien ha guiado a un creciente número de directores de televisión, reporteros de noticias, camarógrafos, editores, reporteros y fotógrafos a Jesucristo.

Palau dice: «En verdad, me da pena decir que muchos cristianos caracterizan a los medios como el "enemigo". Sí, los reporteros en su mayoría dicen ser liberales. Muchos no están de acuerdo con nosotros en muchos temas. Muchos ni han pasado su sombra por la puerta de una iglesia desde su casamiento. Pero si les damos media oportunidad, harán más bien por la causa de Cristo en un día que lo que podríamos hacer nosotros en medio año».[4]

Es triste que la mayoría de los cristianos no conozcan a nadie en los medios, y algunos se rehúsan a darles a los profesionales de los medios una oportunidad. Los resultados de esto pueden ser desastrosos.

Por pedido de Billy Graham, por ejemplo, el diario de Portland el *Oregonian* contrató a un escritor de religión a tiempo completo llamado Mark O'Keefe, dándole bastante libertad para hacer la cobertura religiosa de las historias y poniendo a menudo sus artículos en la primera página.

¿El trabajo soñado de cualquier reportero de religión? Difícilmente.

O'Keefe empezó a recibir montones de mensajes telefónicos cargados de odio y cartas llenas de antipatía por correo, fax y correo electrónico de personas que proclamaban ser cristianos. Muchos de estos fanáticos no entendieron el punto de un gran número de sus detallados artículos. Y la mayoría no tenía la menor idea de que O'Keefe mismo es un cristiano comprometido.

Después que O'Keefe se mudó a Washington D.C. para trabajar como un corresponsal nacional para el Servicio de Noticias de Newhouse, el *Oregonian* contrató a otra reportera de religión que no es cristiana… aún. Lamentablemente, ella ha recibido el mismo tipo de mensajes de odio que una vez eran dirigidos hacia O'Keefe. Por suerte, un manojo de cristianos se han hecho amigos con ella y han dejado en claro que la minoría odiosa no habla por Jesucristo o su iglesia.

Pasos hacia una relación de amistad con los medios

«Es imperativo que los cristianos construyan una relación positiva con los individuos reales de los medios locales», dice Palau. ¿Cómo puede hacer eso?

- Reconozca sus propios prejuicios. Pídale a Dios que cambie su corazón y que le dé amor por las personas que trabajan en los medios.
- No olvide que otros cristianos seguramente trabajan en casi todas las organizaciones más importantes de los medios en su ciudad. Busque quienes son… y apóyelos.
- Pregúntele a sus colegas si conocen a alguien en los medios de comunicación. De ser así, pídales la información para conectarse con el reportero. Luego tome la iniciativa para contactarlo, preséntese, y acuerden una oportunidad para reunirse. Si el reportero no conoce al Señor todavía, eso es fantástico. Convengan en reunirse una segunda vez. Háganse amigos. Ore por él. Espere que Dios tome a esa persona para él mismo.
- Si un reportero lo llama para una entrevista, dedique un minuto a saber

quién es el reportero y luego pídale la información para contactarlo. Si necesita un tiempo para organizar sus pensamientos, ofrézcase a volver a llamar al reportero en una hora. Después de la entrevista, mande de inmediato una nota rápida de gratitud al reportero por correo electrónico. *No* pida ver la historia antes de ser publicada.

35

Campo médico

Compartiendo el mensaje sanador de Cristo

Herbert Walker

Durante más de veinte años he visto mi vocación de doctor como una oportunidad para compartir mi fe cuantas veces el Señor lo ha permitido con mis pacientes y vendedores, así como también con otros doctores con quienes he estado en contacto. Siempre ha sido un gozo ver a alguien venir a Cristo por medio de un testimonio fiel. En este capítulo trataré sobre cómo un doctor puede compartir su fe y también acerca de cómo usted puede compartir con una persona en el campo médico.

Primeros comienzos

Temprano en mi práctica me encontré con mi jefe de oficina, quien tenía la carga de compartir el evangelio. Me preguntó si estaría bien dar folletos cristianos en la oficina. Como un doctor que trataba de crear una consulta médica, estaba un poco preocupado de asustar a la gente con un testimonio tan audaz, pero mi corazón resonaba con la misma carga. Di la antigua respuesta de la iglesia: «¡Oremos sobre el tema!», dándome así tiempo para pensar.

Consulté a un cristiano comprometido que es cirujano oral. Su respuesta fue clara y fuerte. El Dr. Buck dijo: «Siendo un cirujano oral, me llegan pacientes de otros dentistas alrededor de la ciudad. Al compartir mi fe, puedo estar ofendiendo no solo al paciente sino también al dentista que me lo refirió». Luego añadió:

«Solo hay una razón por la que comparto de Cristo».

«¿Cuál es la razón?», le pregunté.

El Dr. Buck dijo: «Dios lo manda».

De inmediato, la consagración de nuestra oficina al ministerio asumió una forma práctica. Es un pecado no compartir el evangelio cuando Dios lo manda. «Entonces ve y haz discípulos» (Mateo 28:19).

Comunicar el mensaje

Hubo un gran alivio en saber que como el nombre de Dios sería proclamado de una manera abierta en la oficina, él cuidaría de lo que es suyo. Sabíamos que, primero, deberíamos ser profesionales en todo lo que hiciéramos. No debería haber ninguna privación en el tratamiento médico que una persona recibiera de parte de una oficina que compartía el evangelio. Como dijo Pablo: «Hagan lo que hagan, trabajen de buena gana, como para el Señor y no como para nadie en este mundo» (Colosenses 3:23). Sirviendo al Señor como un doctor cristiano, tengo el mandato de proveer el mejor cuidado humanamente posible.

Segundo, este es un esfuerzo de equipo. Es un gran confort saber que nuestro personal está unido en su pasión por compartir de Cristo. Mi enfermera les ha dado un folleto del evangelio con un corto desafío a casi todos los pacientes nuevos durante los últimos veinte años. El evangelio está entretejido en cada parte de nuestra oficina. La música que ponemos en nuestra sala de espera consiste de himnos tradicionales muy bien orquestados, los libros y revistas disponibles no son comprometedores, y hasta el arte en las paredes refleja el carácter de Cristo. La vestimenta de los empleados es modesta. Ellos llegan temprano a la oficina de manera voluntaria y oran que Dios les dé sabiduría en las decisiones médicas durante la jornada, que toque de forma directa a cada paciente que nos visita ese día y que nos proteja.

Tercero, como médico, trato de comunicarme todos los días en un lenguaje que la gente entienda. Es vital traducir los términos médicos complicados para el paciente. Lo mismo es cierto cuando comparto del Señor Jesucristo, una comunicación clara es crítica. La Biblia dice: «La fe viene como resultado de oír el mensaje, y el mensaje que se oye es la palabra de Cristo» (Romanos 10:17). Así como un doctor estudia las últimas novedades en el campo de medicina, los creyentes deberíamos estudiar la Palabra de Dios para saber cómo tratar la condición espiritual del hombre.

En un consultorio que ha existido durante un período de años, podría ser estresante para un doctor comenzar a compartir su fe con los pacientes. Los doctores deben estar seguros de lo que le comunican a la gente. Están supuestos a conocer las respuestas. Yo desarrollé una seguridad a la hora de compartir acerca de Cristo usando *Las cuatro leyes espirituales*. Esto ocurrió por medio del entrenamiento, cuando se me desafió a ir puerta a puerta para hablar con la gente que no me conocía como el Dr. Walker sino como un joven tartamudo con un folleto. Pero Dios, que siempre es fiel, llevaba su Palabra a aquellos que él elegía. Si no se siente cómodo con lo que debe decir, no compartirá el evangelio. Puede hablar *sobre* Dios pero no mostrar cómo *conocerlo de manera personal*. Hay una diferencia entre ser un *testigo* y un *ganador de almas*. Por definición todos estamos siendo testigos de algo, pero Dios les da una corona especial a los ganadores de almas (1 Tesalonicenses 2:19-20).

Mi peor temor es que detenga la conversación antes de llegar a la cruz. La gente habla mucho *sobre* Cristo, pero casi nadie te dice cómo recibirlo. El evangelio llega a la culminación con un llamado a responder. Cuando Pedro predicó en Pentecostés en Hechos 2, la muchedumbre preguntó: «¿Qué debemos hacer?» Pedro respondió: «Arrepiéntase y bautícese cada uno de ustedes en el nombre de Jesucristo para perdón de sus pecados» (vv. 37-38). ¡Si se presenta el evangelio sin un llamado a responder, esto es lo mismo que diagnosticar una enfermedad sin dar la medicina que provee la cura!

Pasos hacia el evangelismo

Ofrezco cuatro sugerencias para cualquiera que tenga un pesar por alcanzar a la gente por medio del campo de la medicina.

1. Debe humillarse. La Biblia dice: «Dios se opone a los orgullosos, pero da gracia a los humildes» (Santiago 4:6). Compartir a Cristo y recibirlo requiere la gracia de Dios. El Dr. Stephen Olford dice: «Nada menos que vivir lo atractivo y amigable del Señor Jesús que tenemos dentro funcionará en el evangelismo personal». En otras palabras, cuando nos humillamos, el Espíritu Santo es libre para atraer a la gente.
2. Siéntase cómodo con el método de presentación. Yo uso *Las cuatro leyes espirituales* de Campus Crusade. Leo el folleto con la gente de tapa a contratapa.
3. Si no permanezco en la Palabra de Dios de manera diaria, no hay un fluir de su Palabra hacia mi conversación. Hablo solo de medicina. La Palabra de Dios no está en mi boca. Así como un trabajador no saldría sin las herramientas de su trabajo, un creyente no debería separarse de la Palabra de Dios. Al vivir acorde a la Palabra y usarla para enseñar, reprender, corregir y

entrenar en justicia, también estaremos equipados para todo trabajo bueno (2 Timoteo 3:16-19).
4. Debe rendirse a hacerlo. Para una persona profesional médica, el pensamiento de tratar la hipertensión es básico, pero hablar de la necesidad de un alma es como sudar sangre. Pienso en las muchas veces que no compartí de Cristo con alguien y se me quiebra el corazón. La realidad de que el jueves puedo estar escuchando a un corazón que puede parar de latir el viernes me mueve a compartir del amor de Dios.

Usted se enfrentará al rechazo por causa de Cristo. Recuerdo muy bien a una mujer que se enojó tanto que salió del consultorio, tiró el folleto al piso, golpeó la puerta de salida y se fue sin pagar, causando bastante revuelo. Seis meses después volvió a la oficina. Nos dijo que cuando se fue de la oficina con tal enojo, empezó a preguntarse por qué estaba tan enojada: *¿Por qué actué de esa manera con relación a Dios? El doctor no fue malo, ¿por qué lo fui yo?* El Espíritu Santo la guió a un pastor que le presentó a Cristo, y volvió a contarnos las buenas noticias.

Las reacciones negativas no siempre terminan de esa manera. Sin embargo, 1 Pedro 2:23 nos informa cómo Cristo respondió a la crítica: «Cuando proferían insultos contra él, no replicaba con insultos; cuando padecía, no amenazaba, sino que se entregaba a aquel que juzga con justicia». Esta es la única manera en que un creyente debería responder al rechazo.

Alcanzando a aquellos en el campo de medicina

Tal vez sienta una carga por su doctor o alguien en el campo de la medicina. En mi propio pueblo el ministerio de la señora Joyce Yancey nos ha bendecido. Durante la primera semana de diciembre organiza cada año un banquete llamado Celebración, el cual tiene la meta de alcanzar a la gente para Cristo. Partiendo de sus pequeños comienzos, ahora este es un tiempo en el que cientos de personas se juntan para el acontecimiento de dos días. La primera noche es para hombres de negocios, y la segunda noche es para cualquiera en la comunidad por quien se haya orado en cuanto a la salvación. Un orador comparte el evangelio en forma clara y el llamado se ofrece por medio de una oración para alcanzar la salvación. Si una persona toma la decisión de seguir a Cristo, la persona que la invitó a la Celebración hace un seguimiento. Yo invito a muchos doctores en medicina, representantes farmacéuticos y pacientes a este acontecimiento.

Tal vez su ciudad no tenga este tipo de evento (¡quizás usted deba comenzarlos!), pero puede hablar con su propio doctor sobre Cristo. Primero, debe entender que un doctor está acostumbrado a las discusiones directas. Se siente cómodo hablando de cualquier cosa y de todo. ¿Quién mejor que un doctor para entender que todos somos terminales? La vida es corta, y el doctor seguro está al tanto de ese factor.

No tenga miedo de hacerle preguntas de prueba del tipo: «¿Cómo hablaría de la muerte con una persona que tiene una enfermedad terminal?» o «¿Qué esperanza le puede ofrecer a sus pacientes?» ¿Se quedaría en silencio el doctor? ¿Mandaría a buscar a un pastor? El doctor debe ser capaz de tratar al cuerpo, el alma y el espíritu, y debe haber consuelo para el alma. Una vez más, el doctor sabe que el tiempo es importante.

Y en cuanto al propio doctor, ¿qué ha hecho con el problema del pecado en su propia vida? Sencillamente, las preguntas directas que le permitan usar las Escrituras son la mejor forma de empezar a compartir con una persona en el campo de la medicina. Contar de forma breve y concisa su propio testimonio de salvación puede conducir con facilidad a usar un folleto sobre el evangelio.

Siempre trato de brindarle mucha atención a alguien por quien estoy orando para que acepte el evangelio. Muchas veces ha sido a un estudiante que observa nuestra práctica. No puedo elegir a un estudiante; el estudiante siempre nos elige a nosotros para un mes de entrenamiento y observación. Durante ese mes enfoco mi atención en alcanzar a esta persona para Cristo o en enseñarle al estudiante a ser un ganador de almas. Les doy la advertencia de que debe ser sensible al Espíritu y buscar que la gente con quien comparte el evangelio esté dispuesta a conocer a Cristo. No podemos obligar a nadie a que venga al reino, y nuestro estilo de vida debe decir las primeras palabras de nuestra fe. Por cada lengua en la boca, hay dos en los zapatos.

Por último, esté dispuesto a hacer cualquier cosa que Dios le pida para alcanzar a alguien para Cristo. Esto es verdad para cualquier creyente en cualquier carrera y en cualquier momento. Fundamentalmente, la preocupación de Dios es salvar a los perdidos y al mismo tiempo transformarnos a la imagen de su Hijo. Nuestro valor no se encuentra en lo que hacemos, sino en a quién pertenecemos.

Mi jornada comenzó dos meses después de recibir a Cristo. Asistí a una conferencia donde se nos desafió a ir y contarle a alguien sobre Cristo con unos folletos que estaban disponibles. ¡Estaba muy nervioso! Recuerdo haberme dicho a mí mismo que no lo haría. El retraso no era causado por la apatía sino por el gran temor que tenía. El temor a ser rechazado y pasar vergüenza me mantenía esclavizado.

Más tarde le pasé por el lado a un hombre con una barba larga que leía un libro de filosofía cuando sentí que el Espíritu Santo me llamaba. Estaba que iba y venía hasta que al fin el hombre me miró y me preguntó: «¿Tienes algo que decirme?» Por causa del temor no lo quería hacer, pero me senté y tartamudeé hasta terminar el folleto y luego miré hacia arriba, listo para ser ridiculizado. Me sorprendí al ver que el hombre estaba mirándome con lágrimas en los ojos. Él me dijo que siempre había querido saber, pero que nadie había apartado un tiempo para decírselo. Ese hombre no solo fue salvo, sino que me di cuenta de que Dios estaba haciendo esto por mí. Necesitaba ser alentado, y Dios había planeado ese encuentro.

Sin yo saberlo, en la acera del frente estaba la señora Joyce Yancey y sus dos hijas ese día. Se había dado cuenta de la situación y se detuvo para orar por mí y mi valor (¡o la falta de él!). Ella y sus dos hijas oraron para que Dios me diera aliento y fortaleza. Aunque tendrían que pasar años, al final tuve todos los detalles únicos de esa historia revelados para mí. ¡Yo me casé con una de las hijas que se detuvo a orar por mí ese día! Ella es la madre de mis hijos y un testigo increíble del Señor. ¡Estoy muy agradecido por la guía del Espíritu Santo y porque ese día fui obediente! ¿Será usted sensible al Espíritu hoy?

36

Militares

*Oportunidades sugeridas para evangelizar
dentro de la comunidad militar*

Sherman R. Reed

El capellán ha escuchando y respondido al llamado: «¿Quién ministrará al personal militar que se entrena para defender a su país y puede llegar a ser movilizado para portar armas contra la agresión?» Las oportunidades para evangelizar dentro de la comunidad militar son tan numerosas como la cadena de mando y tan creativas como se permita.

Nuestra nación no ve a los miembros militares como herramientas sin almas del estado. En cambio, son respetados como creados a la imagen de Dios y dignos del mejor entrenamiento para la defensa y la supervivencia que se les pueda dar. La salud espiritual es vital para esa preparación. El capellán fue puesto de manera única dentro de la comunidad militar para proveer a los miembros del servicio militar la libertad de alabanza y la práctica de sus creencias religiosas respectivas mientras no interfieran con la misión de la unidad militar donde los miembros fueron asignados. El capellán militar es un oficial del personal con la responsabilidad de asegurar que haya libertad para practicar cualquier religión. Como parte integral de los militares, la misma presencia de tal capellán hará surgir la «pregunta de Dios».

Ministerios

Se provee un número de ministerios que estimulan el crecimiento espiritual del personal militar.

Servicios de alabanza en la capilla

Se hacen servicios en la capilla de manera regular en las instalaciones militares. El capellán puede diseñar el servicio para crecimiento espiritual o para tomar decisiones para Cristo. La educación o el discipulado cristiano también son parte de casi todos los programas de vida en la capilla. Tales ministerios, en toda la profundidad y anchura del evangelismo, pueden reflejar aquellos de la comunidad cívica, dependiendo del liderazgo de la capilla.

Estudios bíblicos

Los estudios bíblicos se llevan a cabo en formas y lugares variados. El capellán puede ser invitado a un grupo de estudio en la casa de alguna familia, en un área separada de la capilla, o en la barraca (dormitorio militar) de un miembro en particular del servicio. Los estudios bíblicos también se pueden llevar a cabo en una carpa, en un hangar de aviones o en un barco, durante un ejercicio de entrenamiento, o en un tiempo que sea apropiado y designado en las varias etapas del combate y el entrenamiento combativo.

Las herramientas del estudio bíblico pueden variar, en dependencia de la situación y el lugar. La meta del grupo o la disponibilidad del personal determinarán si solo se estudia la Biblia o si se usan materiales de aprendizaje más elaborados. Hay ocasiones en las que solo las Escrituras y tal vez una lectura devocional son prácticas. Los ingredientes importantes son las personas interesadas y un líder recto para guiar al grupo en la formación espiritual.

Retiros de vida espiritual

Los capellanes trabajan en conjunto con los programas de calidad de vida y de preparación y apoyo para las familias. Los retiros son tiempos muy especiales y pueden variar en intensidad espiritual. Algunos son diseñados para los matrimonios, y el énfasis puede variar desde los numerosos temas para enriquecer el matrimonio militar hasta la inspiración espiritual y la recuperación física. El retiro puede tener lugar en un campo de retiros alquilado en un lugar remoto, en un centro de conferencias urbano, o en un complejo hotelero. Otros retiros pueden ser especializados para la persona en servicio soltera, ya sea masculina o femenina.

Durante épocas de paz los retiros pueden llevarse a cabo en cualquier momento. Durante el combate un retiro puede ser programado ya sea después de haber recibido la notificación de despliegue o al volver del combate como parte de los esfuerzos para que el soldado se sienta bienvenido. El largo del retiro se basa en el tiempo disponible y el dinero comisionado. La mayoría de los servicios militares tienen disponible un cierto tipo de permiso (Permissive TDY) durante las épocas de paz. Este es un tiempo en el que el militar puede estar ausente sin contarle como parte del tiempo de licencia acumulado o los días de vacaciones, y puede usarse para retiros espirituales a expensas del propio soldado. Los que planean conocen el propósito de ese retiro en particular, y eso determina a los oradores y músicos que invitarán a venir.

Otras oportunidades de ministerio

Apoyo y preparación familiar

La preparación familiar es otro momento en el que hay una oportunidad de evangelismo para los planificadores y voluntarios cristianos. Además del capellán hay muchos trabajadores voluntarios que prestan su experiencia para apoyar a las familias de los militares. La meta es tener a la familia en tal nivel de preparación que cuando el miembro del servicio militar es movilizado al combate, la familia esté sostenida de manera apropiada en su ausencia. El deseo es minimizar la preocupación tanto de la familia como del soldado. Sentirse apoyado es difícil cuando un miembro familiar se va a la guerra, y esto muchas veces trae grandes responsabilidades al cónyuge y otros miembros de la familia.

Una porción vital del entrenamiento de apoyo familiar es la preparación espiritual. La mayoría de los servicios tienen un Capellán de Vida Familiar o un capellán designado para ese rol. El evangelismo en este sentido se lleva a cabo como consejería espiritual, estudios bíblicos con los miembros de la familia, servicios de alabanza, o la evangelización personal, a medida que se presente la necesidad y la oportunidad.

Unidades básicas de entrenamiento

En la época moderna el capellán y el asistente del capellán son un Equipo de Unidad Ministerial (EUM). Un lugar donde se comprobó la asignación del EUM es la Unidad Básica de Entrenamiento. Una Unidad Básica de Entrenamiento es donde una persona recién reclutada recibe entrenamiento e instrucción sobre la vida militar. Hay por naturaleza mucho estrés, aprendizajes, cambios, habituación, reorientación de metas, objetivos y deseos teniendo lugar en estas unidades tan necesarias y fundamentales. El capellán tendrá numerosas sesiones de consejería, instrucción y oportunidades de guía espiritual. Las semanas que esta persona se encuentra en este medio ambiente constituyen un tiempo propicio para la oración, el arrepentimiento y el descubrimiento de dirección espiritual.

Órdenes de batalla

Cuando la guerra es inminente, se incrementa la intensidad de la espiritualidad, al mismo tiempo que otros preparativos son necesarios. El EUM tendrá muchas formas de llevar a cabo el evangelismo personal y alentar las decisiones espirituales, a medida que los soldados se dan cuenta de la realidad del conflicto y la posible muerte. En esos momentos los servicios de alabanza, comunión y decisión suelen ser muy concurridos, y los miembros del servicio suelen ser muy receptivos. Se hace evidente la necesidad de las decisiones espirituales y los compromisos. Los bautismos se han realizado en las junglas, los lagos, el mar, los ríos y los desiertos. Se han inventado bautisterios en botes de supervivencia, en agujeros en la arena cubiertos por un poncho, vertiendo el agua de una cantimplora y muchos otros. Además de los servicios de alabanza públicos, el capellán tendrá oportunidades de orar y evangelizar a los soldados preocupados en una carpa o durante caminatas en el área de preparación del combate. El capellán observador y accesible será muy solicitado en numerosos momentos y lugares durante esta etapa especial de guerra.

Servicios especiales

El capellán puede organizar servicios que sean distintos a los servicios regulares de capilla o alabanza en el campo de guerra. El propósito puede ser variado, pero siempre para evangelismo, entrenamiento en el discipulado o inspiración espiritual.

Servicios de música y testimonios

En los servicios de música y testimonio, la meta es proclamar el mensaje del evangelio. Puede haber involucrados cantantes, evangelistas que prediquen, celebridades con testimonios especiales, o individuos con varios dones y talentos. Esto depende del propósito del servicio y la creatividad y localidad de la unidad militar en particular. La planificación, la coordinación y la disponibilidad de las finanzas y el apoyo de la gente también determinarán el tipo de servicio que se puede proveer.

Servicios funerales y conmemorativos

La misma naturaleza y el propósito de los militares —pelear y ganar las guerras de los Estados Unidos— involucran peligro y muerte. No todas las muertes son resultados de actos de guerra. Ya sea en tiempos de guerra o entrenando para la batalla, ocurrirán accidentes fatales. Los militares reconocen dos servicios significativos conectados con la pérdida de los miembros del servicio: el servicio funeral y el servicio conmemorativo.

Los servicios funerales son momentos transcendentales y en los que hay un gran dolor en el corazón. Los honores militares le agregan una dimensión especial a este servicio de honor y reconocimiento espiritual. El capellán militar se convierte en el experto y la persona primordial en la vida de la familia militar en esta intersección de la vida y la muerte, la tristeza y la devoción. Los tiempos antes y después del servicio de funeral deben ser ocasiones para que el capellán provea consejo espiritual y guía.

Los servicios conmemorativos son distintos a los funerales. Estos son servicios especiales para los compañeros caídos. Suelen ser en la localidad donde esté la unidad y pueden llevarse a cabo en formación o en una atmósfera más relajada. Otras veces se realizan en la misma área donde ocurrió la batalla. En este caso, se deben tener en cuenta la seguridad y la prioridad de la misión. En cualquier situación el capellán ministra el servicio.

Los servicios conmemorativos son para honrar y reconocer a los miembros de la unidad que han caído y su contribución a la misión, el servicio y el país. En algunas situaciones, tal vez participen miembros de la unidad. La brevedad y el honor apropiados son las dos consideraciones de un servicio conmemorativo. El capellán debe estar disponible para aconsejar a los amigos y otros integrantes de la unidad que han sido afectados por la muerte de un miembro de la misma. Estos momentos serán oportunidades para la guía espiritual y el evangelismo.

Hace poco recibí un correo electrónico de una madre que estaba desesperadamente preocupada por su hijo. Ella decía: «Mi hijo se unió al ejército para poder pagar sus estudios universitarios; no tenía idea de que lo mandarían a la guerra. Yo sé que la causa es digna, pero estoy preocupada por su salvación. ¿Cómo puedo compartir de Cristo con mi hijo que está en el otro lado del planeta?»

Esto es muy real para las familias a través de nuestra nación hoy. Tal vez se haya encontrado en la misma situación. Permítame compartir con usted algunos principios que compartí con esta madre.

Ore

Nada es más importante que su vida de oración. Dios conoce el corazón de ese soldado y su condición en este mismo momento. Ore por protección. Ore por paz. La muerte es muy real para un soldado peleando en una guerra. Ore por la paz que sobrepasa cualquier entendimiento (Filipenses 4:7).

Comuníquese

Si es posible, comuníquese con su soldado. Algunas formas de comunicación tal vez no estén disponibles debido a las áreas de alta seguridad, pero con frecuencia el soldado puede llamar a casa de forma regular. Recuérdele al soldado su amor y también el amor de Dios por él. Explíquele el plan de Dios para su vida, su deseo de establecer una relación de amor con sus hijos. Si no puede comunicarse por teléfono, el correo electrónico y las cartas postales son el siguiente método. El personal militar está viendo el mal en la peor forma humana, por eso necesitan escuchar o ver la oportunidad de encontrar la bondad de Dios durante la guerra.

Envíe paquetes de cuidado

Deje que la gente en su iglesia ayude con este proyecto de cuidado. Envíele artículos que no solo serán de ayuda sino que también le hagan recordar al soldado los momentos espirituales en su vida. Folletos como «Pasos a la paz con Dios» o «Las cuatro leyes espirituales» ocuparán poco espacio y proveerán una presentación clara del evangelio.

Contacte al capellán

Ore por el capellán asignado a esa unidad. Pídale al capellán que sea sensible a la disposición que muestra su soldado hacia las cosas espirituales en el campo de batalla.

No pierda la esperanza

Pueden pasar días o hasta semanas sin que usted sepa nada de su soldado. No pierda el coraje. Gálatas 6:9 dice: «A su debido tiempo cosecharemos si no nos damos por vencidos». No deje que el silencio interrumpa sus oraciones. Ponga su confianza en Dios, que es fiel para completar el trabajo que empezó. Por último, recuerde que hay otro que se preocupa por su soldado más que usted, y es en él que pone su confianza.

Scott Dawson

Sección H

Gente común debido a la religión

37

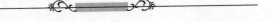

Agnosticismo

Siete preguntas que hacen los escépticos

Rusty Wright

¿Cómo lidia con las preguntas y las objeciones a la fe que sus amigos agnósticos le hacen? Primero, ore por sabiduría, por el amor de Dios hacia los que buscan (Jeremías 29:13), y por los corazones de los que indagan. Si es apropiado, primero comparta el evangelio de manera breve. El Espíritu Santo tal vez acerque a su amigo a Jesucristo. Pero no lo presione. Quizá sea mejor responder a sus preguntas primero.

Recuerde que algunas preguntas pueden ser filtros intelectuales. Una vez un profesor de filosofía de Georgia Tech me acribilló a preguntas, las cuales respondí de la mejor manera posible. Luego le pregunté: «Si pude responder todas sus preguntas de manera satisfactoria, ¿no pondría su vida en las manos de Jesús?» Su respuesta fue: «¡No!», seguida de un improperio.

Nadie puede responder por completo a todas las preocupaciones con las que se encuentra, pero aquí tiene respuestas cortas a siete de las preguntas más comunes.

El mal y el sufrimiento

El escéptico pregunta: «¿Por qué hay mal y sufrimiento?»

Sigmund Freud dijo que la religión era una ilusión que inventan los humanos para satisfacer sus necesidades de seguridad. Para él, un Dios bueno y todo poderoso parecía incongruente con los desastres naturales y el mal humano.

Dios, a pesar de que es soberano, le dio libertad a la gente para seguirle o desobedecerle. Esta respuesta no es la solución a todas las preocupaciones (porque a veces él interviene para detener el mal) pero sugiere que el problema del mal no es tanto un obstáculo intelectual para creer como algunos imaginan.

Sin embargo, la barrera emocional del dolor sigue siendo formidable para creer. Jesús entiende el sufrimiento. Él fue maldito, golpeado y ejecutado con crueldad, llevando la culpa de nuestra rebelión contra Dios (Isaías 53:10-11).

Cuando vea a Dios, algunos temas en mi larga lista de preguntas para él incluirán un divorcio doloroso y no deseado, la traición de algunos compañeros de trabajo de confianza, y todo tipo de comportamientos humanos desilusionadores y desastres naturales. No obstante, en la vida, muerte y resurrección de Jesús he visto suficiente para tenerle confianza cuando dice: «Sabemos que Dios dispone todas las cosas para el bien de quienes lo aman, los que han sido llamados de acuerdo con su propósito» (Romanos 8:28).

Contradicciones

El escéptico pregunta: «¿Y qué de todas las contradicciones en la Biblia?»
Pídale a su inquisidor que le dé ejemplos específicos. Muchas veces la gente no tiene ninguno, pero preguntan por lo que han escuchado. Si tienen un ejemplo específico, considere la siguiente guía al responder:

- La omisión no crea necesariamente una contradicción. Lucas, por ejemplo, escribe de dos ángeles en la tumba de Jesús después de la resurrección (24:1-4). Mateo menciona «un ángel» (28:1-8). ¿Es esto una contradicción? Si Mateo hubiese dicho que solo había un ángel presente, la historia estaría en desacuerdo. Como se presenta el asunto, pueden ser llevado a la armonía.
- Distintos relatos no son por obligación contradictorios. Mateo y Lucas, por ejemplo, son distintos en sus versiones del nacimiento de Jesús. Lucas escribe cómo José y María empiezan en Nazaret, viajando a Belén (donde nació Jesús) y volviendo a Nazaret (Lucas 1:26—2:40). Mateo empieza con el nacimiento de Jesús en Belén, cuenta la historia de la travesía familiar a Egipto para escapar de la ira del rey Herodes, y relata el viaje a Nazaret una vez que murió Herodes (Mateo 1:18—2:23). Los Evangelios nunca afirman ser archivos exhaustos. Los biógrafos deben ser selectivos. Las versiones parecen ser complementarias y no contradictorias.

Una y otra vez, los supuestos problemas bíblicos se desvanecen en la luz de la lógica, la historia y la arqueología. Bajo el escrutinio, el relato bíblico defiende solo su integridad.

Aquellos que nunca escuchan

El escéptico pregunta: «¿Y qué de esos que nunca escuchan sobre Jesús?»

El amor perfecto y la justicia perfecta de Dios son mucho más grandes que la nuestra. Cualquier cosa que decida será con amor y justicia.

Un amigo me dijo una vez que muchos que hacen esta pregunta están buscando una escapatoria, una especie de salida, y así no tendrán que creer en Cristo. En *Cristianismo y nada más*, C. S. Lewis escribe: «Si está preocupado por la gente de afuera [del cristianismo], la cosa más irrazonable que puede hacer es quedarse fuera usted mismo».[1]

Si el cristianismo es verdad, el comportamiento lógico de alguien preocupado por aquellos sin el mensaje de Jesucristo sería que él o ella confiara en Cristo y fuera a contarles sobre él.

El único camino

El escéptico pregunta: «¿Cómo puede Jesús ser el único camino a Dios?»

Cuando estaba en la secundaria, nos visitó un alumno reciente, diciendo que él había encontrado a Jesús en Harvard. Yo respeté su tacto y carácter y escuché con atención, pero no logré asimilar el comentario de Jesús: «Yo soy el camino, la verdad y la vida. Nadie llega al padre sino por mí» (Juan 14:6).

Dos años después mi travesía espiritual e intelectual cambió mi punto de vista. La lógica que me llevó (con renuencia) a su posición involucra tres preguntas:

1. *Si Dios existe, ¿podría haber solo un camino para alcanzarlo?* Para tener una mente abierta, tenía que aceptar esto como una posibilidad.
2. *¿Por qué debo considerar a Jesús como ese posible camino?* Él lo afirmaba. Su plan para rescatar al ser humano —«por gracia ... mediante la fe ... no por obras» (Efesios 2:8-9)— era distinto al de aquellos que requerían obras, como en las otras religiones. Este tipo de sistema se excluía el uno al otro. Ambos podían ser falsos o cualquiera podía ser verdad, pero ambos no podían ser ciertos.
3. *¿Era verdad el plan de Jesús?* La evidencia histórica de su resurrección, la profecía cumplida y su deidad, así como la fiabilidad del Nuevo Testamento, me convencieron de que podía confiar en sus palabras.

Una muleta

El escéptico pregunta: «¿No es el cristianismo solo una muleta sicológica?»

El autor y orador Bob Prall, mi mentor, ha dicho muy seguido: «Si el cristianismo es una muleta sicológica, entonces Jesucristo vino porque había una epidemia de piernas rotas».

El cristianismo dice completar necesidades humanas reales, tales como el perdón, el amor, la identidad y la autoaceptación. Podemos describir a Jesús no como una muleta sino como un pulmón de hierro, esencial para la vida misma. La fe cristiana y sus beneficios pueden ser descritos en términos sicológicos, pero eso no niega su validez. La evidencia apoya la verdad del cristianismo, por eso esperamos que funcione en las vidas individuales, como millones dicen.

Un salto de fe

Un escéptico pregunta: «¿No es un salto ciego de fe creer en Cristo?»

Ejercitamos la fe todos los días. Muy pocos de nosotros entiende todo sobre la electricidad o la aerodinámica, pero tenemos evidencia de su validez. Cada vez que usamos las luces eléctricas o los aviones, ejercitamos la fe… no la fe ciega sino la fe basada en la evidencia. Los cristianos actúan de manera similar. La evidencia sobre Jesús es llamativa, y podemos confiar en él sobre la base de esta evidencia.

El ser sincero

El escéptico pregunta: «¿Importa en realidad lo que uno cree con tal de que sea sincero?»

Después de haber discutido esto, un sicólogo respetado me dijo: «Supongo que una persona puede ser sincera en lo que cree pero estar sinceramente equivocada». En la década de 1960, muchas mujeres tomaron la droga thalidomide, creyendo con sinceridad que facilitaría sus embarazos… sin sospechar nunca que podía causar severos defectos de nacimiento. La creencia de ellas estaba errada.

Básicamente, la fe es tan válida como su objeto. Jesús demostró por medio de su vida, muerte y resurrección que es un objeto digno de fe.

Sus inquisidores pueden estar desinteresados porque muchos cristianos no han actuado como Jesús. Tal vez estén enojados con Dios por una enfermedad personal, una relación rota, la muerte de un ser querido o un dolor propio.

Pídale a Dios que le dé paciencia y amor mientras sigue la advertencia de

Pedro: «Más bien, honren en su corazón a Cristo como Señor. Estén siempre preparados para responder a todo el que les pida razón de la esperanza que hay en ustedes» (1 Pedro 3:15).

38

Ateísmo

Dios ama a los ateos también

Michael Landry

Tres hormigas hambrientas en busca de comida se acercaron a una torta de chocolate envuelta en papel celofán. Ninguna de las hormigas había visto tal objeto, por eso cada una respondió de forma distinta. Una de las hormigas miró la torta y llegó a la conclusión de que era otro obstáculo inconveniente y no identificado que atravesar en su búsqueda del sustento (como el agnóstico). La segunda hormiga tenía mucha hambre y se preguntaba si este objeto grande se podría comer. Rompió un pedazo del papel celofán y probó la torta, y llegó a la conclusión de que había encontrado lo que estaba buscando (como el creyente).

La tercera hormiga vio a la primera hormiga luchando para pasar por encima de la torta y concluyó: «¡Qué tonto querer pasar por encima de tal obstáculo cuando se puede pasar por el lado! ¡Qué perdida de tiempo!» Luego, viendo a la segunda hormiga celebrando con júbilo, dijo: «Algunas hormigas están tan hambrientas que alucinan sobre la comida que necesitan. ¿No sabe que la comida real no puede verse así, y mucho menos ser conseguida tan fácilmente?» La tercera hormiga continuó en su búsqueda por algo que reconociera y fuera predecible, y al final terminaría quedándose con cualquier cosa que pudiera entender y explicar en términos científicos, aunque significara permanecer con hambre (como un ateo).

Por desdicha, un ateo, como la tercera hormiga, seguro pasará por alto lo que más necesita y lo que fue creado para alcanzar porque en primer lugar no lo puede entender por completo. La pregunta que es necesario responder es: ¿Cómo puedo comunicarme de manera efectiva con alguien que ya ha decidido que Dios no existe y convencerlo de que sería razonable y beneficioso reconsiderar la evidencia?

Cuatro mitos sobre los ateos

Existen algunas ideas preconcebidas que la gente posee acerca de los ateos. Muchas de estas nos han hecho titubear al tratar de alcanzarlos.

1. *Los ateos son más inteligentes.* No hay necesidad de sentirse atemorizado por un ateo. La habilidad de un ateo, en articular su forma de pensar, es evidencia de inteligencia pero no significa que sepa todas las cosas. Debemos estar preparados y ser capaces de articular nuestra fe y la evidencia que nos llevó a creer.
2. *Los ateos no se preocupan por los demás.* Los ateos muchas veces son generosos y se preocupan por los demás. He conocido a algunos que han donado fondos para una misión médica de la iglesia por su compromiso hacia las causas humanitarias. Por favor, no asuma que a los ateos no les importa la gente. Los insultaremos, y lo más probable es que levantemos otra barrera para alcanzarlos si asumimos esto.
3. *Los ateos están en contra de Dios de una manera ferviente.* Los ateos no son todos iguales. Algunos tienen una misión, pero la mayoría de los ateos que he conocido son de habla suave y viven una vida humilde. No se encuentran todos unidos, formando un equipo con el ACLU, y tratando de sacar a los Diez Mandamientos del edificio de gobierno o a la oración de nuestras escuelas públicas. Un ateo es simplemente una persona que no cree en Dios y no quiere que la gente esté *forzando* a otros a creer en él.
4. *Los ateos están más allá de toda ayuda.* Si una persona muere sin recibir a Jesucristo como su Salvador personal, no tendrá una segunda oportunidad para pensarlo. Pero mientras esté vivo en la tierra, todavía hay una posibilidad de que llegue a ver la verdad, se arrepienta de sus pecados e incredulidad, y reciba el regalo de la vida eterna de parte de Dios. Nunca se dé por vencido.

El antiguo ateo C. S. Lewis causó sorpresa, incluso a sí mismo, cuando al final y de forma repentina dio un paso hacia la fe. Él dijo: «Estaba yendo hacia Headington Hill arriba de un autobús ... me di cuenta de que estaba manteniendo algo alejado, o me estaba encerrando ... podía abrir la puerta o mantenerla cerrada ... La decisión parecía ser de importancia pero de modo extraño tuvo lugar sin emoción. Decidí abrirla ... sentí que era como un hombre de nieve al fin empezando a derretirse».[1]

Una estrategia que funciona

Para alcanzar a los ateos debemos dejar de pensar que otra persona los puede alcanzar de una manera más efectiva que nosotros. Ese tipo de pensamiento puede darle un alivio inmediato, pero resultará en separar al ateo de aquella persona que Dios preparó para alcanzarla: *usted*.

Tenemos el mandamiento de alcanzar a la gente (Mateo 28:19; 1 Corintios 9:22), pero sus respuestas tal vez no sean lo que esperábamos o anhelábamos. Es importante no olvidar nunca que no somos responsables por la respuesta de otros, pero sí por la iniciativa que tomamos y nuestra obediencia al mandato. Esa es la razón por la cual nuestra estrategia debe comenzar con oración.

Ore acerca del tema

Empiece orando por una sentida preocupación por los ateos y para que su estilo de vida sea un recordatorio visual constante del amor incondicional hacia ellos de parte de Dios. Su amistad auténtica, su preocupación y su pasión por Cristo deben ser obvias y visibles.

Luego ore específicamente por un ateo que conozca. La Biblia dice que los ojos de los incrédulos son cegados (2 Corintios 4:3-4) y sus corazones son endurecidos (Romanos 1:28). Ore en específico para que sus ojos sean abiertos y sus corazones ablandados.

Luego, movilice compañeros de oración. Pídales a otros que se le unan para orar por los ateos y por una oportunidad de poder compartir a Cristo con ellos. Me ha sido de ayuda pedirle a la gente que ore durante períodos más cortos (una semana o menos) e involucrar a más personas.

Reúna a la gente correcta para ayudar

Las relaciones son uno de los componentes claves a la hora de alcanzar a los ateos. Puede que no crean en Dios, pero sí creen en usted y en algunas otras personas. Es de suma importancia que usted viva una vida cristiana de manera consistente y sin disculpas. La mayoría de los ateos creen que los cristianos son irrelevantes, sin educación, ingenuos o hipócritas inconsistentes. Busque ser transparente y seguro en su estilo de vida de fe (1 Pedro 3:15-17), y relacione a los ateos con otros que también lo sean. Una vez que se establezca esa credibilidad, estarán intrigados y curiosos por saber por qué tal persona cree en Dios.

Exponga al ateo a la Palabra de Dios

La Palabra de Dios está viva (Hebreos 4:12). Estar expuesto a ella siempre produce una diferencia. En realidad, la Biblia lo dice de esta manera: «Así es también la palabra que sale de mi boca: No volverá a mí vacía, sino que hará lo que yo deseo y cumplirá con mis propósitos» (Isaías 55:11). Trate de desafiar a un ateo para que lea el Nuevo Testamento y le dé un repaso y una evaluación honesta. El ateo tal vez rechace la verdad al principio, pero esta continuará obrando en su mente y su corazón después.

Como un ex ateo, todavía recuerdo pedirle prestada la Biblia a mi hermana y leerla para poder discutir su contenido con más efectividad con otros cristianos. Al leer los Evangelios, fui forzado a considerar los hechos de Jesús. La lectura de las Escrituras me indicó que la vida cristiana se trata de una relación personal con Dios hecha posible por medio de Jesucristo. Empecé a reconsiderar el tema. Al final fui conducido al borde de una decisión personal, y con cierto temor di el paso de fe. Nunca he sido el mismo desde ese entonces.

Use otros recursos

Hay muchos recursos que pueden ser útiles a la hora de alcanzar a un ateo. Si es un lector, recomiende libros que lidien con sus preguntas. Algunos de mis preferidos son los libros de C. S. Lewis (*Cristianismo y nada más*), Lee Strobel (*El caso de Cristo*), Josh McDowell (*Evidence That Demands a Verdict* y *Más que un Carpintero*) y Henry Schaefer (*Ciencia y cristianismo: Conflicto o coherencia*).

Una palabra personal de un antiguo ateo

Yo era un ateo profeso en la secundaria y fui a la universidad con un aire de ateo. Poco sabía que más de doscientos estudiantes de secundaria habían estado orando por mí por nombre durante más de tres años. Uno de esos estudiantes en numerosas ocasiones estuvo horas debatiendo conmigo temas relacionados con la existencia de Dios. También tenía mi respeto porque su estilo de vida concordaba con sus creencias sobre Dios.

Fue en la universidad cuando le pedí prestada la Biblia a mi hermana, para poder debatir su contenido de manera efectiva con aquellos que eran rápidos para usarla en sus conversaciones. Al leer los cuatro Evangelios, Dios usó su Palabra para abrir mis ojos a los malentendidos que tenía sobre la vida cristiana. Creía erróneamente que el cristianismo era solo un conjunto de reglas. Consideraba que algunas de esas reglas eran beneficiosas para la humanidad, pero no pensaba que era necesario creer en Dios para vivir con esas reglas. Todavía no estaba seguro de la existencia de Dios, pero sí busqué la oportunidad en privado y oré algo como esto: «Dios, no estoy seguro de que estés ahí para escucharme, pero lo que acabo de leer en la Biblia tiene sentido. Por cierto, soy uno de esos pecadores imperfectos por los cuales murió Jesús. Si en realidad existes, quiero aceptar tu oferta y tener una relación contigo. Así que aquí estoy según tus términos. Ahora depende de ti demostrarme lo real que eres. Este es Mike Landry, cambio y fuera. P.D. Si en realidad no estás ahí, entonces hagamos como que esta conversación nunca ocurrió. Pero si estás, te estaré esperando».

Esa oración de fe cambió mi vida, y nunca he sido el mismo desde ese entonces. Las oraciones de los cristianos, la lectura de las Escrituras, y la relación con un cristiano que se preocupaba y era consistente, contribuyeron a conducirme al punto de decisión.

¡Ahora es su turno! ¡Vaya ahora mientras haya tiempo!

39

Budismo

Asegurándonos de que el evangelio sea «buenas nuevas» para el budista

Daniel Heimbach y Vic Carpenter

Los budistas consideran a los Estados Unidos como un campo misionero importante, y el número de budistas profesos está creciendo de manera rápida por causa de un incremento en la inmigración asiática; el apoyo de esta religión por parte de celebridades como Tina Turner, Richard Gere y Harrison Ford; y la exposición positiva a películas importantes como *El pequeño Buda, Siete años en el Tibet, Kundun* y *El último samurai*. El budismo está muy cercano al movimiento de la Nueva Era, y tal vez lo esté guiando hasta cierto punto. Por cierto, la influencia de la Nueva Era en el pensamiento estadounidense ha llevado a muchos a ver al budismo como una alternativa atractiva.

Trasfondo histórico

El budismo se fundó en una fecha no muy lejana a nuestros días en Nepal, como una forma de ateísmo que rechazaba las creencias antiguas en un Dios permanente, personal y creador (Ishvara), que controla el destino de las almas humanas. Siddhartha Gautama rechazaba las creencias teístas más antiguas por la dificultad que tenía para reconciliar la realidad del sufrimiento, el juicio y el mal con la existencia de un Dio bueno y santo. El budismo es una religión impersonal de perfección propia, cuyo fin es la muerte (extinción), no la vida. Los elementos esenciales del sistema de creencias budista pueden ser resumidos en las *Cuatro Verdades Nobles*, el *Noble Camino de Ocho Partes* y unas cuantas doctrinas claves adicionales.

Las *Cuatro Verdades Nobles* afirman que (1) la vida está llena de sufrimiento (dukkha); (2) el sufrimiento es causado por los deseos (samudaya); (3) el sufrimiento cesará solo cuando los deseos cesen (nirodha); y (4) esto se puede lograr siguiendo el *Noble Camino de Ocho Partes*. Este sagrado *Camino de Ocho Partes* consiste de las visiones correctas, las aspiraciones correctas, el hablar correcto, la conducta correcta, la manera de vivir correcta, los esfuerzos correctos, la mentalidad correcta y la contemplación correcta.

Otras doctrinas incluyen la creencia de que nada en la vida es permanente (anicca), que los seres individuales no existen en realidad (anata), que todo es determinado por una ley impersonal de causa moral (karma), que la reencarnación es un ciclo sin fin de sufrimiento continuo, y que la meta en la vida es romper este ciclo al extinguir por fin la llama de la vida y entrar a un estado permanente de no existencia (nirvana).

Puentes para evangelizar a los budistas

Debemos ser cuidadosos para asegurarnos de que el evangelio bíblico de Jesucristo sea visto como «buenas nuevas» por alguien que vive dentro de una perspectiva del mundo budista. Esto se puede lograr si el evangelista se concentra en las áreas de necesidad personal donde las creencias budistas son débiles. Algunas de estas áreas incluyen lo siguiente:

- *El sufrimiento.* Los budistas están muy preocupados por eliminar el sufrimiento, pero deben negar que el sufrimiento es real. Cristo enfrentó la verdad del sufrimiento y lo venció al resolver el problema del pecado, que es el origen real del sufrimiento. Ahora esos que confían en Cristo pueden ir más allá del sufrimiento en esta vida porque tienen la esperanza de una vida futura libre de pesares. «Así que no nos fijamos en lo visible [el sufrimiento] sino en lo invisible [la vida eterna libre de sufrimiento], ya que lo que se ve [el sufrimiento] es pasajero, mientras que lo que no se ve [la futura buena vida en Cristo] es eterno» (2 Corintios 4:18).
- *La significación.* Los budistas deben trabajar para convencerse de que no tienen una significación personal, a pesar de que los hombres y mujeres budistas tienen las mismas necesidades y deseos que todos tenemos. Ellos deben vivir y

actuar como si los individuos no fuesen importantes, a pesar de que todos anhelan amar y ser amados, y todos desean ser exitosos en sus propios esfuerzos personales. Jesús enseñó que cada persona tiene importancia genuina. Cada persona fue creada en la imagen de Dios con un alma inmortal y un destino eterno. Jesús demostró el valor de la gente al amarnos tanto que sacrificó su vida para ofrecerle una vida eterna abundante a cualquiera que confiara en él. «Pero Dios demuestra su amor por nosotros en esto: en que cuando todavía éramos pecadores, Cristo murió por nosotros» (Romanos 5:8).

☞ *La esperanza futura.* La esperanza del nirvana no es esperanza ninguna... solo muerte y extinción. La esperanza de aquellos que ponen su confianza en Cristo es una vida eterna abundante en «un cielo nuevo y una tierra nueva» (Apocalipsis 21:1), en donde Dios «enjugará toda lágrima de los ojos. Ya no habrá muerte, ni llanto, ni lamento ni dolor, porque las primeras cosas [el sufrimiento] han dejado [dejarán] de existir» (v. 4).

☞ *La ley moral.* Por causa del karma, la ley moral budista de causa y efecto, que es completamente rígida e impersonal, la vida para un budista es muy opresiva. Bajo el karma no puede haber apelación, misericordia ni escapatoria excepto por medio de los esfuerzos interminables para alcanzar la propia perfección. Los cristianos entienden que la fuerza moral que gobierna el universo es un Dios personal que escucha a aquellos que oran, tiene misericordia de aquellos que se arrepienten, y quien, con amor, controla personalmente las vidas de aquellos que siguen a Cristo para bien. «Dios dispone todas las cosas para el bien de quienes lo aman» (Romanos 8:28).

☞ *El mérito.* Las budistas están enfrascados en una lucha constante para ganar méritos por hacer buenas obras, esperando poder reunir los suficientes para lograr salir de la vida de sufrimiento. También creen que los santos pueden transferir méritos extras a los desmerecedores. Jesús enseñó que nadie puede juntar suficientes méritos por su propia cuenta para llegar a una libertad eterna del sufrimiento. En cambio, Jesucristo, que tiene méritos sin límites (rectitud) por virtud de su vida sin pecado, su muerte meritoria y su resurrección, ahora ofrece sus ilimitados méritos a cualquiera que se convierta en su discípulo. «Porque por gracia ustedes han sido salvados mediante la fe; esto no procede de ustedes, sino que es el regalo de Dios, no por obras, para que nadie se jacte» (Efesios 2:8-9).

☞ *El deseo.* Los budistas viven una contradicción: ellos buscan terminar con el sufrimiento arrancando todo deseo, pero al mismo tiempo cultivando el deseo por el autocontrol, una vida meritoria y el nirvana. Los cristianos somos consistentes: buscamos rechazar los malos deseos y cultivar los buenos, acorde a los estándares de Cristo. «Huye de las malas pasiones de la juventud, y esmérate en seguir la justicia, la fe, el amor y la paz, junto con los que invocan al Señor con un corazón limpio» (2 Timoteo 2:22).

Jesús y el Camino de Ocho Partes

Debido a que el budista piensa que una buena vida consiste en seguir el Camino de Ocho Partes, los pasos del camino se pueden usar para presentarle a Cristo de la siguiente manera:

Visiones correctas. Jesús es el camino, la verdad, y la vida (Juan 14:6), y en ningún otro hay salvación (Hechos 4:12).

Aspiraciones correctas. Las guerras y los conflictos vienen de las pasiones egoístas y las malas intenciones (Santiago 4:1-3); las intenciones y motivos buenos honran a Dios (1 Corintios 10:31).

El habla correcta. El día del juicio todos tendrán que dar cuenta de toda palabra ociosa que hayan pronunciado (Mateo 12:36).

Conducta correcta. El que ama a Jesús le obedecerá (Juan 14:23), y aquellos que viven según la sabiduría de Dios producirán buenas obras y frutos (Santiago 3:17).

Manera de vivir correcta. Dios cuidará de aquellos que lo ponen a él en primer lugar (Mateo 6:31,33), y todos los trabajos se deben hacer buscando la aprobación de Dios (2 Timoteo 2:15).

Esfuerzos correctos. Como corredores en una carrera, los seguidores de Cristo deben esquivar cualquier obstáculo, dándole a Cristo sus mejores esfuerzos (Hebreos 12:1-2).

Mentalidad correcta. La mentalidad pecaminosa es enemiga de Dios (Romanos 8:7), y los discípulos de Cristo deben orientar sus mentes como él lo hizo (Filipenses 2:5).

Contemplación correcta. El secreto del verdadero éxito, la paz interna, el autocontrol y la salvación duradera es la sumisión a Jesucristo como Salvador y Señor, poniendo nuestros corazones y mentes en las cosas de arriba, donde él ahora se sienta en gloria esperando para traerle fin al orden presente de pecado y sufrimiento (Colosenses 3:1-4).

Testificándole a un budista

Cuando esté testificando a un budista, evite los términos *nacer otra vez*, *renacimiento*, *regeneración* o *vuelto a nacer*, los cuales se pueden confundir fácilmente con los conceptos de reencarnación. Use frases alternativas como «libertad sin fin del sufrimiento, la culpa y el pecado», «un nuevo poder para vivir una vida santa», «la promesa de una vida eterna abundante sin sufrimiento» o «el regalo de méritos sin límites».

Busque hacer énfasis en cuán único es Cristo. Concéntrese en el mensaje del evangelio y no se distraiga con los detalles de la doctrina budista. Use conceptos puentes para conectar con áreas de necesidad o interés especial (vea «Puentes para evangelizar a los budistas» en este capítulo) y tenga cuidado de no reducir las verdades cristianas a una forma de budismo. El budismo tiene un historial de adaptar a las otras religiones, así que no diga: «El budismo es bueno, pero el cristianismo es más fácil». Trate de compartir su propio testimonio, en especial su liberación de la culpa, la seguridad del cielo (libertad de dolor), y su relación personal con Cristo.

Por último, siempre debe prepararse para testificar con un tiempo de oración. ¡En raras ocasiones, si es que le ocurre alguna vez, tendrá éxito al testificarle a un budista apoyándose solo en sus habilidades naturales!

40

Confucianismo

De Una defensa lista

Josh McDowell

El confucianismo, una religión de un humanismo optimista, ha tenido un impacto monumental en la vida y la estructura social y política en China. La fundación de esta religión tiene origen en un hombre, conocido como Confucio, que nació medio milenio antes de Cristo.

La vida de Confucio

Aunque Confucio ocupa un lugar santo en la tradición China, pocos aspectos de su vida pueden verificarse. El mejor recurso disponible es *Las Analectas*, una colección de sus dichos hecha por sus seguidores. Mucho después de su muerte, una gran cantidad de detalles biográficos salió a la superficie, pero una buena parte de este material es de un valor histórico cuestionable. Sin embargo, hay algunos hechos básicos que se pueden aceptar razonablemente para dar un resumen de su vida.

Confucio nació como Chiu King, el más joven de once hermanos, alrededor del 550 a.C. en el principado de Lu, que está localizado en lo que hoy es Shantung. Era contemporáneo de Buda (aunque lo más probable es que no se hayan conocido) y vivió justo antes de Sócrates y Platón. No se sabe nada con seguridad de sus ancestros, excepto el hecho de que su entorno era humilde. Como él mismo dijo: «Cuando era joven me encontraba sin rango y en circunstancias humildes».

Su padre murió al poco tiempo de su nacimiento, dejando su crianza en manos de la madre. Durante su juventud, Confucio participó en una variedad de actividades, incluyendo la caza y la pesca; pero «cuando tenía quince años, puse mi corazón en el aprendizaje».

Mantuvo una posición menor en el gobierno como recolector de impuestos antes de llegar a la edad de veinte años. Fue en ese momento que Confucio se casó. Sin embargo, este matrimonio fue corto, terminando en un divorcio después de haber dado como fruto un hijo y una hija. Confucio se convirtió en maestro a principios de su veintes, y esto terminó siendo su llamado en la vida. Su habilidad como maestro se hizo notar y su fama se esparció con rapidez, lo que atrajo a un grupo fuerte de discípulos que habían sido conquistados por su sabiduría. Él creía que la sociedad no cambiaría a no ser que ocupara una oficina pública donde podría poner sus ideas en práctica.

Confucio ocupó una posición menor hasta la edad de cincuenta años, cuando se convirtió en un oficial mayor de Lu. Sus reformas morales tuvieron un éxito inmediato, pero pronto tuvo una pelea con su superior y como consecuencia abandonó esa posición. Confucio se paso los siguientes trece años yendo de estado en estado, tratando de implementar sus reformas políticas y sociales. Dedicó los últimos cinco años de su vida a escribir y editar lo que se han convertido en los clásicos de Confucio.

Murió en Chufou, Shantung, en 479 a.C., habiéndose establecido como el maestro más importante en la cultura china. Sus discípulos lo llamaban King Fu-Tzu o Kung el maestro, lo cual se ha latinizado como Confucio.

Los recursos del confucianismo

Los cinco clásicos, en la manera en que los conocemos hoy, han pasado por mucha edición y alteración de parte de los discípulos de Confucio, sin embargo, hay mucho en ellos que se puede considerar el trabajo de Confucio. Los cinco clásicos son:

El libro de cambios (I Ching)
El libro de anales (Shu K'ing)
El libro de poesía (Shih Ching)
El libro de ceremonias (Li Chi)
Los anales de primavera y otoño (Ch'un Ch'iu)

Ninguno de estos libros contiene las enseñanzas únicas de Confucio, sino que son más una antología de trabajos que él coleccionaba y a partir de los cuales enseñaba. Las propias enseñanzas de Confucio han llegado a nosotros por medio de cuatro libros escritos por sus discípulos. Ellos incluyen:

Comentarios filosóficos
Gran ciencia
La doctrina del medio
Libro de Mencio

El confucianismo no es una religión en el sentido del hombre relacionándose con el Todopoderoso, sino que es en cambio un sistema ético, enseñándole al hombre cómo llevarse bien con su prójimo, e incluyendo la conducta moral y el orden de la sociedad. Sin embargo, Confucio hizo algunos comentarios acerca de lo sobrenatural, lo cual ofrece una perspectiva de cómo veía la vida, la muerte, el cielo y demás. Una vez dijo: «La absorción en el estudio de lo sobrenatural es dañina».

Cuando se le inquirió sobre el tema de la muerte, tuvo esto para decir: «A Chi-lo se le preguntó cómo se debe servir a los espíritus de los muertos y los dioses. El maestro dijo: "No son capaces de servir al hombre. ¿Cómo pueden servir a los espíritus?"

"¿Le puedo preguntar sobre la muerte?"

"Ni siquiera entienden la vida. ¿Cómo pueden entender la muerte?"»

A pesar de que el confucianismo trata solo con la vida aquí en la tierra en vez de en el más allá, toma en consideración las preocupaciones más importantes de la humanidad. Los cielos y sus actividades se consideran reales en vez de imaginarios. Ya que el confucianismo asume gradualmente el control sobre la vida entera de uno, decidiéndose toda acción a partir de la presuposición, ha infiltrado el pensamiento, las creencias y las prácticas religiosas chinas.

Confucianismo y cristianismo

El sistema ético que enseñó Confucio tiene mucho para elogiar, por virtud es algo que debe desearse. Sin embargo, la filosofía ética que Confucio propugnó fue una de esfuerzo propio, no dejando lugar o necesidad para Dios.

Confucio enseñó que el hombre puede conseguir todo por su cuenta si solo sigue los caminos de los antiguos, mientras que el cristianismo enseña que el hombre no posee la capacidad para salvarse a sí mismo y tiene una necesidad desesperada de un Salvador.

Confucio también alegó que la naturaleza humana era en esencia buena. Luego los maestros confucionistas desarrollaron este pensamiento y se convirtió en una de las creencias cardinales del confucianismo. En cambio, la Biblia enseña que el hombre es en esencia pecador, y cuando se le deja solo, es por completo incapaz de hacer el bien. Las enseñanzas de la Biblia sobre la naturaleza humana y nuestra necesidad de un Salvador establecen un gran contraste con las enseñanzas de Confucio.

Nada hay tan engañoso como el corazón. No tiene remedio, ¿quién puede comprenderlo?

Jeremías 17:9

Pues todos han pecado y están privados de la gloria de Dios.

Romanos 3:23

Porque por gracia ustedes han sido salvados mediante la fe; esto no procede de ustedes, sino que es el regalo de Dios, no por obras, para que nadie se jacte.

Efesios 2:8-9

Él nos salvó, no por nuestras propias obras de justicia sino por su misericordia. Nos salvó mediante el lavamiento de la regeneración y de la renovación por el Espíritu Santo.

Tito 3:5

Ya que al confucianismo le falta un énfasis en lo sobrenatural, debe ser rechazado como un sistema religioso. Confucio enseñó una filosofía ética que luego se convirtió en una religión popular, aunque él no tenía idea de que esto pasaría y sus enseñanzas se convertirían en la religión del estado de China. De cualquier forma, el confucianismo como un sistema religioso está en contra de las enseñanzas del cristianismo y debe ser concisamente rechazado por los cristianos.

Alcanzando a los confucionistas

Cuando esté tratando de alcanzar a un confucionista para Cristo, debemos tener en cuenta el fundamento que se ha establecido en sus pensamientos. Esta persona va a creer en general que no tiene un «problema con el pecado» y que estará bien mientras tanto haga lo que es correcto. Los confucionistas pueden ser seres humanos nobles, pero no tienen la cura para sus pecados y fallan en reconocer que ellos, al igual que el resto de la humanidad, necesitan de un Salvador. Lo que sigue son algunas sugerencias de ayuda para tener en mente cuando esté compartiendo su fe con un confucionista:

- *Use la ley de Dios (Diez Mandamientos).* La Biblia enseña que la ley es nuestro tutor, el cual Dios usa para guiarnos hacia Cristo. Si no fuese por la ley, no nos daríamos cuenta de que tenemos un problema con el pecado. La ley les muestra a las personas que son pecadores que necesitan de Cristo.
- *Enfatice la santidad de Dios.* Entender que somos pecadores es mucho más intenso cuando nos vemos frente a un Dios santo. Si Dios no puede tolerar el pecado, y somos pecadores, tenemos un problema.
- *Concéntrese en Cristo.* Cuando el tiempo sea el correcto, y usted le haya mostrado a esa persona el estándar perfecto y nuestra falla en alcanzarlo en la Palabra de Dios, entonces revélele a Cristo. Su muerte, sepultura y resurrección tendrán más sentido para alguien que se da cuenta de la necesidad de un sustituto para su pecado.
- *Sea paciente.* No se desanime si la persona no viene a Cristo de inmediato. Cuando alguien ha sido criado y enseñado a creer de cierta manera, le puede llevar un tiempo abandonar sus viejas creencias.

41

Hinduismo

Factores para ofrecer un testimonio efectivo a los hindúes

Natun Bhattacharya

El hinduismo hoy en día es una religión global más allá de los límites de la India. Mientras que la mayoría de los hindúes viven en la India y Nepal, hay comunidades inmigrantes de hindúes desparramadas por todo el mundo occidental, otros países de Asia y partes de África. De acuerdo a algunos estimados, hay seis o siete millones de hindúes viviendo afuera de la India.[1] Solo en los Estados Unidos hay más de un millón de gente de origen hindú. El hinduismo ha influenciado la cultura popular estadounidense por medio de la práctica del yoga, la meditación y otros aspectos de nuevas espiritualidades que tienen su raíz en las religiones hindúes.

El hinduismo es diverso y complejo en sus doctrinas y prácticas.[2] El origen del hinduismo se remonta hasta cerca del año 1500 a.C.[3] Los períodos exitosos en la historia del hinduismo pasaron por muchos desarrollos, muchas veces añadiendo nuevas escuelas de creencias. Hoy en día el hinduismo es más que una religión. Es un estilo de vida mezclado con los valores culturales, las tradiciones, y la identidad nacional.

Conozca los conceptos de la religión hindú

A pesar de su complejidad, el hinduismo abarca los siguientes conceptos religiosos comunes:

- *Brahmán*: el espíritu supremo que es la realidad absoluta que está en todo o la fuerza impersonal.
- *Dharma*: religión o responsabilidad (grosamente traducido).
- *Atman*: el ser de uno mismo, una parte del propio ser universal.
- *Reencarnación*: el *atman*, o el propio ser, vuelto a nacer hacia muchas vidas.
- *Karma*: la ley de que las acciones siempre tienen un efecto.
- *Moksha*: la salvación que termina todo los ciclos de nacimiento, añadiendo su ser al ser universal supremo.

Estos conceptos religiosos antiguos se trasladan a la vida diaria para los hindúes. El hinduismo popular ha interpretado las enseñanzas claves y las ha aplicado a la vida diaria. Desde el nacimiento hasta la muerte, todas las etapas de la vida son controladas por las demandas religiosas que envuelven todo lo que es la vida.[4] No hay distinción entre lo religioso y lo secular. En cualquier comunidad hindú se mantiene la alabanza de las deidades, los rituales de peregrinación, y el mantenimiento de las responsabilidades en varias etapas de la vida. Las demandas de la tradición no son cuestionadas y se mantienen de manera fiel. Además de los sacerdotes o los pocos educados, las masas no pueden explicar los volúmenes de contextos de escrituras que moldean la visión mundial de los hindúes.

Sea un ejemplo de encarnación en sus relaciones

Cuando un cristiano quiere alcanzar a un hindú para Cristo, la mejor avenida para ganarse la entrada a su corazón es tomándose el tiempo para llevar un estilo de vida encarnacional, siguiendo los pasos de Cristo. Al empezar este tipo de relación, no hace falta que sepa mucho sobre la religión de su amigo, colega o vecino hindú. Solo abra las puertas de su casa y demuestre que le interesa en verdad. Al progresar a una amistad sincera, su amor incondicional y el interés en su amigo hindú demostrarán el amor de Cristo más allá de las palabras. Usted debe estar ahí como un amigo, disponible en los tiempos difíciles y en los buenos. Muéstrese accesible cuando su amigo hindú venga a hablar, buscar consejo o compartir lo que tiene en el corazón. Es tal relación la que allanará el camino para un diálogo sincero.

Considerando el ritmo acelerado de la vida hoy, requiere sacrificio y decisión tener amistades genuinas. Sin embargo, el centro de tal amistad está bien entretejido en la orientación única de las relaciones de la cultura india. Por esta razón, es este tipo de amistad la que le llama la atención a su amigo hindú y le hace sentir como en casa. La aceptación auténtica de su amigo demuestra a Cristo en usted, abriendo así la puerta para que el hindú se interese en su fe.

Aprenda a dialogar y escuchar

El hinduismo es un sistema de creencias complejo que muchas veces parece contradictorio para la manera de pensar lineal y sistemática occidental. Hay inconsistencias aparentes, como la creencia en la realidad única o la fuerza impersonal Brahmán, además de la creencia en la existencia de dioses y diosas. Los hindúes explican esta contradicción aparente diciendo que las deidades son manifestaciones de un dios único: Brahmán. Uno no puede describir con precisión lo que cree un hindú, dado la diversidad regional, la familia, el trasfondo de castas y el rango de edad. El hinduismo es muy inclusivo. Puede encontrar un hindú religioso, un hindú agnóstico, y hasta un hindú ateo. Cualquiera nacido en una familia hindú es considerado como tal. Ser hindú es parte de la identidad cultural de esta persona.

Hacer preguntas (dentro del contexto de la amistad) sobre el entendimiento que tiene su amiga de su religión le revelará dónde se encuentra con relación a su fe. A veces un hindú tiene muy poco conocimiento de la religión formal y filosófica. Puede haber crecido practicando los rituales tradicionales —la adoración de deidades y la celebración de los festivales del hinduismo— y al mismo tiempo ser incapaz de articular las enseñanzas del hinduismo mismo. En realidad, ha sido mi experiencia con algunos hindúes que, al encontrarse con preguntas sobre el hinduismo por parte de amigos estadounidenses conocedores, empiezan a estudiar seriamente las enseñanzas clásicas de la religión hindú.

Una vez que tenga un entendimiento básico de dónde está parado un hindú en cuanto a su religión, entonces puede individualizar su testimonio para que encaje en la situación de esa persona. Por ejemplo, a un hindú que no está educado en el credo del hinduismo le puede parecer difícil entender su presentación basada en un conocimiento académico del hinduismo. Por otro lado, a un hindú completamente conocedor del hinduismo de escuela tal vez no le interese un dialogo con usted si nota que tiene un entendimiento muy simple del hinduismo.

Más que nada, dialogar con su amigo hindú sobre los temas de la vida abrirá una puerta a través de la cual podrá hacer contacto con su amigo en el punto relacionado con sus necesidades más sentidas. Muchos hindúes inmigrantes han cruzado una barrera cultural enorme para tener éxito en los Estados Unidos, y muy a menudo continúan con la batalla de moldearse a un estilo de vida estadounidense muy individualista e impulsado por trabajo. Tal vez vivan una doble vida: una en el trabajo donde deben moldearse a las normas occidentales y la otra dentro del capullo de la familia y su comunidad. El costo del éxito ha sido para muchos el alto precio del conflicto matrimonial, los problemas con los hijos nacidos en los Estados Unidos, y el gran peso del estrés y el aislamiento.

Entienda la visión mundial hindú

La visión mundial hindú es muy diferente a la cristiana y la occidental. Los hindúes creen que este mundo es una ilusión mental. También creen en el karma y la reencarnación, y que somos parte de Brahmán o lo divino. Para ellos la salvación, o Moksha, es unirse a la suma realidad, o Brahmán, y ser libres del ciclo de renacimiento y sufrimiento.

Es obvio que tienen una perspectiva de la vida que es única para ellos. Los hindúes que viven en los Estados Unidos o en otro lugar fuera de la India tal vez hayan sido expuestos a otras visiones mundiales. Sin embargo, su propia visión mundial está profundamente enraizada. Cuando les presentamos el evangelio a los hindúes desde nuestro punto de vista, no debemos asumir que entenderán nuestro marco de referencia. Nuestro mensaje de salvación será mucho más efectivo si entramos a su mundo y hablamos en términos que puedan entender.

Para ilustrar esto mejor, cuando compartimos la visión bíblica de quién es Dios o qué es la salvación, debemos tener algún entendimiento de lo que los términos *dios* y *salvación* significan para un hindú. Si estamos al tanto de su entendimiento de estos conceptos teológicos, podremos distinguir concientemente las enseñanzas bíblicas de las enseñanzas hindúes. Además, nuestra visión mundial moldea nuestros valores culturales. Los hindúes sostienen valores tales como la lealtad y la conformidad a la familia y la comunidad, así como la importancia de la tradición. Con frecuencia un hindú no está muy convencido de convertirse en cristiano debido a estos valores tan arraigados. Debemos reconocer esta preocupación en nuestro testimonio.

Marque la singularidad de Cristo

La objeción más común de un hindú sobre la fe cristiana es que Cristo no puede ser el único camino a Dios. Por lo tanto su reclamo: «Yo soy el camino, la verdad y la vida. Nadie viene al Padre sino por mí» (Juan 14:6), es un desafío para un hindú que a menudo es tan inclusivo. El hinduismo acepta muchos caminos para la salvación. Una persona puede alcanzar la liberación, o *Moksha*, por medio de la devoción a su deidad personal, las buenas obras, el ritual, el conocimiento y la disciplina espiritual.

En este punto es necesario para nosotros entender que la mentalidad hindú no se preocupa por nuestro tipo de consistencia lógica o racionalismo occidental. Ninguna cantidad de discusión en la historia del cristianismo y la validez de la Biblia abrirá el corazón del hindú. Dicho esto, nuestra estrategia al compartir a

Cristo con nuestros amigos hindúes debe centrarse en contar la historia de la vida, muerte y resurrección de Cristo, en vez de en textos elegidos. La religión hindú florece al contar cuentos. Alcanza el conocimiento espiritual de manera holística. Anime a su amigo a leer los Evangelios para descubrir la singularidad de Cristo por su cuenta.

En sus diálogos siguientes, refuerce la historia de Cristo. El hecho de que está siguiendo el ejemplo de Cristo en su relación con sus amigos hindúes, escuchándolos y compartiendo la vida de Cristo de manera verbal, es una inversión eterna que los guiará a conocer a Cristo hoy o en el transcurso del tiempo.

42

Judaísmo

Cinco pasos simples para no convertir a un judío

Karen Covell

¿Cómo se le habla a la gente que piensa que no necesita a Jesús? Esa es la historia de mi vida. Como productora en la industria del entretenimiento de Hollywood, trabajo con gente judía todos los días. Debido a que los cristianos huyeron de la industria del cine y la televisión hace décadas, algunos judíos inteligentes en los negocios, con el apoyo de sus madres judías, se apropiaron de los medios en Hollywood y aún siguen siendo los líderes en la toma de decisiones hoy en día. Yo amo a esta gente. Son apasionados, creativos, gente astuta de negocios, refrescantes y directos en una industria de vaga creatividad y prácticas de negocios no ortodoxas. Lo que ve es lo que tiene. Por supuesto, esta actitud también, lamentablemente, incluye un desinterés en las cosas espirituales.

Respuestas a preguntas que no se están haciendo

Esta es una verdad que muchos cristianos no captan: los judíos son el pueblo elegido de Dios, su propia tribu. El problema es que ellos no creen que necesiten a Jesús. Aún están esperando por su Mesías, y están convencidos de que Jesús no lo es. Dios ama a su gente y quiere que vayan a él, sin embargo, muchos de nuestros amigos judíos y sus familiares no creen en Dios, y menos en Jesús. Muchos de los pocos elegidos por Dios son humanistas, ateos, miembros de cultos, de la

Nueva Era, o solo vacíos en lo espiritual, no tan distintos de un gran número de sus ancestros.

Como cristianos sabemos que la gente judía está en un peligro terrible sin Cristo, pero no lo saben y no parecen estar muy interesados en descubrirlo. Muchos tienen buenas vidas, bastante dinero, negocios exitosos, hijos bien educados y familias sólidas. Parece que no hay golpes en su armadura, ninguna pieza perdida en sus rompecabezas. ¿Qué les podemos ofrecer? Paz sobrenatural, por un lado, vida eterna con Dios, y respuestas a las preguntas más importantes. Pero es difícil responder a preguntas que nadie está haciendo. ¿Cómo los alcanzamos?

Quiénes son en realidad los judíos

Primero y principalmente, debemos entender quiénes son los judíos en verdad. El diez por ciento de la población estadounidense es judía. La mayoría se siente orgullosa de ser judía, pero está dividida como pueblo, no estando de acuerdo entre ellos sobre quién es en realidad un judío. El fundador de Ministerios Ariel, Dr. Arnold Fruchtenbaum, dice: «La ley judía es muy clara en cuanto a quién no es judío. Pero es por completo confusa con relación a quién lo es».

Algunos son judíos religiosos, cumpliendo las Escrituras hasta el último acento y viviendo vidas muy conservadoras, santas y ortodoxas. Otros son judíos culturales, de manera habitual son liberales, en principio comprometidos los unos con los otros y con la comunidad judía en general, muy modernos e involucrados en temas políticos y sociales. Pero no tienen casi nada de creencias espirituales. El pueblo judío está muy consciente de la herencia y el sufrimiento de su gente a través de la historia, pero no saben quién realmente es su Dios, y la mayoría, por supuesto, no sabe nada de las profecías detalladas en sus Escrituras que señalan a Jesús. Los judíos culturales que yo conozco nunca han leído la Biblia y saben muy poco, si es que saben algo, sobre sus raíces en el Antiguo Testamento.

Debemos entender también que muchos judíos han sido muy lastimados por los gentiles, todo en el nombre de Jesús. Mi amiga judía y antigua compañera productora me dijo una vez que sus padres la mandaron a una escuela en una parroquia para darle la mejor educación. Sin embargo, algunos de los niños en su escuela primaria la llamaban «la asesina de Cristo» o «la asesina de Jesús» solo porque era judía. Debido a esa influencia negativa, ella no estaba dispuesta a escuchar de mi amor por Jesús. Yo entendí su titubeo para aceptar mi fe a medida que revelaba la relación complicada y delicada entre los cristianos y los judíos. En verdad, hay muchas áreas de malentendidos y un gran dolor tanto de parte de los gentiles como de los judíos. Sin embargo, también hay formas de quebrar esos obstáculos, y puede empezar por un entendimiento cristiano de los judíos como un grupo especial de gente a la que Dios ama mucho.

Los judíos no necesitan ser convertidos

Debemos cambiar nuestra creencia de que los judíos se deben «convertir» al cristianismo. Los judíos siempre serán judíos. Jesús era judío. Nosotros los gentiles somos los que debemos convertirnos cuando nos hacemos cristianos o seguidores del Jesús judío. Nuestro privilegio consiste en volver a presentarles a su Dios a los judíos y hacerles saber que Yeshua es en verdad el Mesías que tanto han esperado. Luego les podemos decir que los cristianos son los que han sido añadidos a la familia de Dios. De hecho, Pablo, un judío, dijo: «A la verdad, no me avergüenzo del evangelio, pues es poder de Dios para la salvación de todos los que creen: de los judíos primeramente, pero también de los gentiles» (Romanos 1:16). Nosotros debemos ser los que de manera humilde aceptemos a Jesús como nuestro Mesías, dándonos cuenta de que vino primero para los judíos y luego para nosotros. ¡Qué diferencia haría ese cambio de paradigma al hablar con nuestros amigos judíos y sus miembros familiares!

Las personas judías que aceptan a Jesús como su Salvador (llamándose ellos mismos judíos completos, judíos mesiánicos o creyentes judíos) en verdad tienen lo mejor de los dos mundos. Forman parte de la gente originalmente elegida por Dios… ¡y viven con Jesús! Sin embargo, muy a menudo pagan un alto precio por ese don. Aceptar a Jesús viene acompañado de un enorme sacrificio personal para los judíos, porque lo más probable es que sean vistos por sus familias como traidores por negar la genealogía y la herencia familiar. También muchos creyentes judíos que conozco sienten como que han caído en una grieta, al no considerar que están firmes en ningún grupo de personas y no ser entendidos por completo por nadie.

Sus raíces judías

Necesitamos conocer nuestras propias raíces judías leyendo el Antiguo y Nuevo Testamentos y conociendo la ley, las tradiciones, las profecías, y hasta los días santos judíos, como Yom Kippur, Hanukkah y Rosh Hashanah. Dios quiere que lo entendamos a él y todo lo que ha hecho con y por medio de su pueblo. «Pues por falta de conocimiento mi pueblo ha sido destruido» (Oseas 4:6).

También podemos decirles a nuestros amigos judíos que nos cuenten todo lo que saben sobre su historia familiar judía y lo que significa para ellos. *Betrayed* [Traicionado], de Stan Telchin, es un libro poderoso sobre la herencia personal judía de una familia y su travesía hacia Jesús.[1] Ayuda a que el lector entienda la historia de los judíos al dar un vistazo dentro del corazón de un hombre judío. En esta historia real conmovedora, Telchin cuenta su trauma al escuchar que su hija, una estudiante universitaria, se convirtió en una judía completa al creer en Jesús. Empezó con la idea de mostrarle lo errada que estaba y poco a poco se fue transformando a medida que estudiaba las verdades del judaísmo y la vida de su Mesías. Mi esposo y yo le hemos obsequiado el libro *Betrayed* como regalo a muchos cristianos y a amigos judíos buscando ayudarlos en su propio viaje espiritual.

Haga preguntas

Debemos hacerles preguntas a nuestros amigos judíos que los hagan pensar y llegar a sus propias conclusiones. Tradicionalmente, a los judíos les gusta discutir, preguntar, y hasta debatir temas de la vida, la política e incluso la fe. Así que empiece por encontrar temas en común. Luego sea positivo y vaya a las preguntas desafiantes y que harán que se queden pensando. Por ejemplo, empiece con: ¿Qué piensas de Dios? ¿Quién crees que era Jesús? ¿Has leído las Escrituras alguna vez? ¿Estarías dispuesto a hacerlo? ¿Tienes una Biblia? ¿Te gustaría tener una? (Si dicen que sí, consígueles una Biblia.) ¿Qué tipo de persona crees que será el Mesías? ¿Sabes que el Antiguo Testamento está lleno de profecías diciéndole a los judíos que su Mesías estaba en camino?

Una pregunta poderosa es preguntarles qué es lo que saben de las sesenta y seis profecías más importantes de Yeshua (vea la lista al final de este capítulo). Por supuesto, primero debe estudiar estos versículos proféticos, así siempre estarán «preparados para responder a todo el que les pida razón de la esperanza que hay en ustedes. Pero háganlo con gentileza y respeto» (1 Pedro 3:15). No es nuestra tarea discutir con alguien hasta que forme parte del reino o convencer a alguien de la verdad del evangelio. Lo único que debemos hacer es sacar a relucir el tema y orar que el Espíritu Santo revele, culpe y convenza.

Siempre me entusiasmo cuando tengo la oportunidad de discutir sobre Jesús con mis amigos y/o compañeros de trabajo judíos. En especial, me gusta decirles que Jesús era judío y que fue a Israel, a la gente judía (Mateo 15:24). Luego dio su vida por ellos… su propio pueblo. Deberíamos agradecerles a los judíos por permitirnos unirnos al viaje, obteniendo todo lo que Dios les dio a ellos primero, solo por su gracia. Cuando lo vemos de esta manera, es emocionante hablarle a la gente judía sobre su herencia bendecida y excitante y su potencial futuro glorioso.

¡Ame y ore!

Por último, si Dios le ha dado amigos, compañeros de trabajo, vecinos o familiares judíos, ámelos. No deje que haya división entre ustedes solo porque ellos son judíos y usted es cristiano. Solo entienda quiénes son en verdad, recuerde no tratar de «convertirlos», estudie acerca de sus raíces judías en la Biblia completa, y luego haga preguntas y deje que saquen sus propias conclusiones. Es un privilegio emocionante hablarles sobre Jesús a sus amigos judíos… ¡así que no se asuste! No deje que el temor lo detenga de comunicar las Buenas Nuevas de que Dios los ama tanto que ya les ha mandado a su Hijo, su Mesías. ¡Y luego ore, ore y ore! Ore por sabiduría y las palabras correctas para decir en el momento correcto. Ore para que otros cristianos se involucren en sus vidas. Ore para que sus corazones estén listos para el llamado divino, y luego esté dispuesto a que Dios lo use en su regalo milagroso de la salvación.

Para que se cumplan las Escrituras

Estas son solo dieciocho de las sesenta y seis profecías cumplidas por Jesucristo:

1. El Mesías nacería en Belén: profetizado en Miqueas 5:2; cumplido en Mateo 2:1-6 y Lucas 2:1-20.
2. El Mesías nacería de una virgen: profetizado en Isaías 7:14; cumplido en Mateo 1:18-25 y Lucas 1:26-38.
3. El Mesías sería un profeta como Moisés: profetizado en Deuteronomio 18:15,18-19; cumplido en Juan 7:40.
4. El Mesías entraría a Jerusalén triunfante: profetizado en Zacarías 9:9; cumplido en Mateo 21:1-11 y Juan 12:12-16.
5. El Mesías sería rechazado por su propio pueblo: profetizado en Isaías 53:1-3 y Salmos 118:22; cumplido en Mateo 26:3-4; Juan 12:37-43; y Hechos 4:1-12.
6. El Mesías sería traicionado por uno de sus seguidores: profetizado en Salmos 41:9; cumplido en Mateo 26:14-16, 47-50 y Lucas 22:19-23.
7. El Mesías tendría un juicio y sería condenado: profetizado en Isaías 53:8; cumplido en Lucas 23:1-25 y Mateo 27:1-2.
8. El Mesías estaría callado frente a sus acusadores: profetizado en Isaías 53:7; cumplido en Mateo 27:12-14; Marcos 15:3-5 y Lucas 23:8-10.
9. El Mesías sería golpeado y escupido por sus enemigos: profetizado en Isaías 50:6; cumplido en Mateo 26:67; 27:30 y Marcos 14:65.
10. El Mesías sería burlado e insultado: profetizado en Salmos 22:7-8; cumplido en Mateo 27:39-44 y Lucas 23:11,35.

11. El Mesías sería muerto por crucifixión: profetizado en Salmos 22:14,16-17; cumplido en Mateo 27:31 y Marcos 15:20,25.

12. El Mesías sufriría con criminales y oraría por sus enemigos: profetizado en Isaías 53:12; cumplido en Mateo 27:38; Marcos 15:27-28 y Lucas 23:32-34.

13. Al Mesías se le daría vinagre: profetizado en Salmos 69:21; cumplido en Mateo 27:34 y Juan 19:28-30.

14. Otros echaron suertes por el manto del Mesías: profetizado en Salmos 22:18; cumplido en Mateo 27:35 y Juan 19:23-24.

15. Los huesos del Mesías no serían rotos: profetizado en Éxodo 12:46 y Salmos 34:20; cumplido en Juan 19:31-36.

16. El Mesías moriría como un sacrificio por el pecado: profetizado en Isaías 53:5-12; cumplido en Juan 1:29; 11:49-52; Hechos 10:43 y 13:38-39.

17. El Mesías se levantaría de entre los muertos: profetizado en Salmos 16:10; cumplido en Hechos 2:22-32 y Mateo 28:1-10.

18. El Mesías está ahora a la diestra de Dios: profetizado en Salmos 110:1; cumplido en Marcos 16:19 y Lucas 24:50-51.

¿Sabía que en casi todas las sinagogas el capítulo 53 de Isaías —el capítulo con más profecías sobre Jesús que cualquier otro en el Antiguo Testamento— se pasa por alto y no se lee? Cuando le preguntamos a un líder judío por qué se hacía esto, él dijo que no había una razón para leerlo porque los rabinos nunca lo han leído a través de los siglos. De acuerdo a él, el contenido no es el tema. El tema es la tradición: ya que nunca se ha leído antes no hay una razón para empezar ahora. Podemos desafiar a aquellos que no lo leen a considerar por qué dejarían justo ese capítulo de todo el Antiguo Testamento, y podemos pedirles que lo lean. Luego asegúrese de hacer un seguimiento y discutir sobre lo que pensaron al respecto. Hasta puede hacer una copia de estas páginas y dárselas a un amigo judío para que las lea. El desafío puede transformar su vida.

¿Sabía que el Antiguo Testamento se escribió cientos de años antes de que Jesús naciera en Belén? Porciones de este fueron escritas miles de años antes. No obstante, todas las secciones hacen predicciones sobre el futuro Mesías.

¿Cuál es la posibilidad de que alguien pueda hacer una predicción correcta de algo sobre usted mil años antes de que nazca? ¿Qué tal si alguien hiciera sesenta y seis o más predicciones sobre usted? ¿Cuál es la posibilidad de que todas estén correctas? Un matemático calculó que la posibilidad de que alguien cumpliera solo ocho de las sesenta y seis profecías que tratan del Mesías sería de uno en 100,000,000,000,000,000.

¿Cuan grande es ese número? La posibilidad es la misma que si cubriéramos el estado entero de Texas con monedas de un dólar apiladas hasta treinta centimetros de altura, con una sola de ellas teniendo impresa la frase: «Usted ha ganado el concurso», y que alguien le pidiera que andando a caballo por encima de la pila, se agachara una vez y al levantar una moneda, esta fuera la moneda especial. Y eso es solo teniendo en cuenta ocho predicciones ¿Cuál seria la probabilidad si contamos las sesenta y seis?

43

Islam

¿Qué hace que los musulmanes vengan a Cristo?

Abraham Sarker

Para muchos estadounidenses la religión de crecimiento más rápido en el mundo, el Islam, está rodeada de preguntas, preocupaciones y malos entendidos. En este capítulo veremos algunas de las creencias de los musulmanes, los adherentes al Islam, y consideraremos cómo ganarlos para Cristo.

Los musulmanes saben que su destino eterno en el cielo o el infierno es decidido por la voluntad de Alá, por eso muchos musulmanes tratan fervientemente de hacer buenas obras para ganar su pasaje al cielo; sin embargo, el Islam no ofrece seguridad de salvación, excepto por medio de martirizarse en una jihad (guerra santa).

Argumentos musulmanes

Los creyentes del Islam creen que su religión es la última y la mejor para toda la humanidad. Los musulmanes también sienten que es su responsabilidad traer a todo el mundo dentro del Islam. Se les enseña acerca de otras religiones y están entrenados en cómo debatir la supremacía del Islam.

La Trinidad

Los musulmanes suelen atacar con el hecho de que la palabra *Trinidad* no aparece en la Biblia cristiana. Mientras que tienen razón en cuanto a que la palabra *Trinidad* no aparece en ninguna parte de las Escrituras, la doctrina de un Dios existiendo en tres personas (Padre, Hijo Jesús y Espíritu Santo) es apoyada por las Escrituras ampliamente (ver Mateo 28:18-19; Juan 14:16-17,27; 17:21).

Es interesante que el Corán mencione la palabra *Trinidad* pero describa de manera incorrecta la creencia cristiana como el Padre, la Madre María y el Hijo Jesús. Además, cuando los musulmanes escuchan el término *Hijo de Dios*, ellos piensan que es una relación biológica en vez de una comunión única espiritual. Al final, se necesitará del Espíritu Santo para que abra sus ojos para ver la verdad.

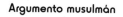

Jesús

Es crítico explicar acerca de la persona y el propósito de Jesús para compartir con éxito el evangelio con un musulmán. Como lo demuestra el diagrama siguiente, mientras que los musulmanes aceptan muchas características maravillosas de Jesús, como su vida sin pecado, el hacer milagros, y hasta su rol como Mesías, niegan la esencia de su persona y misión. El Islam niega que él fuera el Hijo de Dios y sin duda rechaza la idea de que haya sido crucificado o levantado de entre los muertos.

Debemos reconocer que los musulmanes malinterpretan los atributos de Jesús y los acontecimientos significantes de su vida. Términos como el *Mesías* y la *Palabra de Dios* tienen significados distintos por completo para los musulmanes. Los musulmanes no conocen al mismo Jesús que usted y yo conocemos.

Jesús
Punto de vista musulmán y cristiano

Punto de vista musulmán	Creencias en común	Punto de vista cristiano
Profeta santificado	Sin pecado	Hijo de Dios (él es Dios encarnado)
No es el Hijo de Dios	Nacido de una virgen	Salvador del mundo
Nunca crucificado pero fue llevado al cielo	Hizo milagros	Fue crucificado y resucitado
El Mesías para los judíos solo	Palabra de Dios	Parte de la Trinidad
	Volverá	Mesías para el mundo entero
	Mesías	

La Biblia

Los musulmanes creen que Alá les dio revelaciones a Moisés, Jesús y otros profetas, pero sostienen que la Biblia que existe hoy ha sido corrompida. Los musulmanes dicen que los cristianos han malinterpretado porciones de la Biblia (en particular esas que deberían profetizar sobre la venida de Mahoma) y han dejado afuera secciones enteras de sus Escrituras.

Aunque los musulmanes por costumbre se rehúsan a reconocer la validez de la Biblia cristiana, tratan de encontrar en las páginas de la Biblia evidencia de la validez de su profeta santificado.

Mahoma

Los musulmanes creen sin duda que Mahoma es el último y mejor profeta mandado por Alá. Como consecuencia, preguntan con frustración: «¿Por qué no pueden los cristianos aceptar a nuestro profeta, Mahoma?»

Los musulmanes piensan que los cristianos deben aceptar a Mahoma como el profeta final porque la Biblia profetiza su venida. Creen que en Juan 14:16-17, cuando Jesús dice que un Consolador vendrá después de él, indica la venida pendiente de Mahoma.

¿Por qué no pueden los cristianos aceptar el mensaje de Mahoma y su rol como profeta de Dios? A pesar de que fue un líder poderoso de Arabia en el siglo siete y su influencia como fundador del Islam ha alcanzado muchas partes del globo terráqueo, la respuesta a esta pregunta es simple: su mensaje contradice el mensaje de la Biblia.

Lo que los cristianos ofrecen a los musulmanes

Aunque no lo sabía en ese momento, como un musulmán deseaba lo que Cristo tenía para ofrecer. Con el tiempo, llegué a ver que la fe cristiana no ofrece un buen plan para un musulmán... ¡en realidad, ofrece un plan espectacular! Consideremos las siguientes cuatro áreas, claves para el evangelio de Jesucristo, que llenaron el vacío profundo que sentía en mi vida como musulmán.

Un Dios personal

Cuando era musulmán, veía a Dios como un juez distante y caprichoso que mandaba a cada individuo al cielo o al infierno. Su voluntad no se podía conocer, y no tenía ninguna conexión personal con él.

Mi relación con Alá era como la de un esclavo con su amo. Realizaba mis buenas obras con la esperanza de que Alá estuviera satisfecho, sin embargo, nunca supe si mis buenas obras serían suficientes. El Alá del Islam parecía remoto e inaccesible, pero dentro de mí había un deseo de un Dios personal.

En el cristianismo encontré que podía tener tal relación personal con Dios por medio de Jesucristo. ¡Podía llamarle Padre a Dios! (ver Romanos 8:15 y 1 Juan 3:1). Jesús vivió entre nosotros y por último dio su vida por nosotros. Él declaró que sus discípulos no se relacionarían más con él como esclavos con su amo sino como amigos (ver Juan 15:15).

Un Dios amoroso

La siguiente gran oferta que el cristianismo les hace a los musulmanes es el conocimiento y la experiencia de que Dios nos ama a cada uno de manera incondicional. En el Islam, Alá puede amar a aquellos que siguen todas las reglas, pero no ama a los pecadores.

Aprendí en la Biblia que Dios me amó incluso siendo pecador y envió a su Hijo a morir en mi lugar, y así yo podría pasar la eternidad con él. Romanos 8:38-39 me ofrece mucha tranquilidad, porque me asegura el amor constante de Dios.

Un Salvador

Como musulmán luchaba para vivir una vida recta. Cumplía todas mis responsabilidades islámicas, y sin embargo, al igual que todos los otros musulmanes, no podía saber si Alá me mandaría al cielo o al infierno cuando muriera.

Simplemente, no hay seguridad de salvación en el Islam. Como musulmán vivía con el temor de nunca completar suficientes buenas obras. Aun si hubiera realizado muchas más buenas obras que malas, tal vez Alá cambiara de opinión en el último momento y me condenara al infierno.

¡Qué buena noticia saber que Jesús murió en la cruz para pagar por nuestros pecados y que así podamos tener la seguridad de la salvación en Cristo! Una ilustración bíblica poderosa de esta gracia maravillosa es cuando uno de los ladrones colgado en la cruz al lado de Jesús le suplica y el Salvador le responde: «Te aseguro que hoy estarás conmigo en el paraíso» (vea Lucas 23:42-43). Este ladrón no tuvo tiempo de cumplir las responsabilidades musulmanas, como orar cinco veces al día, ayunar durante el mes de Ramadán, o hacer un peregrinaje a la Meca. Sin embargo, Jesús, con su maravillosa gracia, le ofreció vida eterna a este pecador arrepentido.

El Espíritu Santo

El Espíritu Santo es un tesoro y un regalo demasiado maravilloso para expresarlo con palabras. No hay un equivalente en el Islam. Cuando Jesús ascendió al cielo, envió al Espíritu Santo para que guiara y confortara a los creyentes que dejó atrás. No obstante, cuando Mahoma murió, dejó solo un libro atrás, el Corán, el cual ofrece muy poca guía o confort, en especial cuando se compara con la guía y el confort del Espíritu Santo. El Espíritu Santo nos habla por medio de la Biblia y está con nosotros y en nosotros, guiándonos y dándonos poder de manera sobrenatural en cada buena obra (ver Juan 16:13; Hechos 1:8; 2 Timoteo 1:14; 1 Juan 3:24).

Estrategias prácticas para compartir el evangelio

Yo creo que Dios me llevó, como musulmán, a la cruz de Jesucristo porque había cristianos orando por mí, mostrándome una forma de vivir santa, amándome y siendo testigos de Jesús para mí. Esto es crítico para la salvación de otros musulmanes también.

Su oración

La oración es una herramienta esencial a la hora de llevar a los musulmanes a Cristo, porque no somos nosotros los que los atraemos, sino que es el Espíritu Santo el que los atrae hacia la verdad. Sin embargo, también debemos darnos cuenta de que la oración por los musulmanes involucra la guerra espiritual (ver Efesios 6:12).

Su ejemplo

«Hagan brillar su luz delante de todos, para que ellos puedan ver las buenas obras de ustedes y alaben al Padre que está en el cielo» (Mateo 5:16). No puedo expresar cuán poderoso es el ejemplo de los cristianos comprometidos a servir a Dios para un musulmán. Solo ver la integridad y el gozo en alguien que es llamado un seguidor de Jesús dice muchísimo a los musulmanes.

Muchas veces los musulmanes tienen una percepción errada de lo que es un cristiano; suelen asociar al cristianismo con las cosas impías hechas por aquellos que dicen o asumen que son «cristianos». Debemos vivir un estilo de vida recto y compartir con nuestros amigos musulmanes de qué manera difiere nuestra cultura occidental de lo que la Biblia enseña sobre la forma en que debe vivir un cristiano.

Su amor

Jesús nos dio dos mandamientos centrales: amar a Dios y amar al prójimo como a nosotros mismos (ver Mateo 22:37-40). Debemos orar para que Dios nos dé un sentir como el suyo hacia los musulmanes, queramos desarrollar amistades con ellos, y en su momento les comuniquemos la esperanza y el gozo que se encuentra en tener una relación personal con Jesucristo. Los musulmanes deben ver que nuestro amor es genuino y que seguirá fluyendo acepten o no nuestra fe.

Su testimonio

Como dijo San Francisco de Asís: «En todo momento predique el evangelio, y si es necesario use palabras». Nuestro estilo de vida debe presentar el mensaje del evangelio antes que digamos nuestras palabras en voz alta.

No solo comparta el mensaje del evangelio y cómo encontrar la seguridad de la salvación en Cristo con su amigo musulmán, sino también lo que Dios ha hecho personalmente en su vida. Mientras que los musulmanes pueden tratar de desestimar lo que dice la Biblia, ellos no pueden refutar su propia experiencia; y toda la gente, en lo profundo de su alma, está hambrienta del tipo de esperanza, gozo, y paz que usted tiene por medio de una relación personal con Cristo.

Algunas cosas que debería y no debería hacer

Además de las cuatro sugerencias generales ya mencionadas en cuanto a cómo compartir el evangelio con un amigo musulmán, estas son algunas cosas para considerar qué debería y no debería hacer.

Lo que debería hacer

- *Desarrolle amistades.* Los musulmanes son gente hospitalaria, y ellos reaccionarán si se les ofrece la misma amistad a ellos. Después de haber desarrollado una amistad, preste atención y sea sensible a las necesidades espirituales y físicas de sus amigos musulmanes.
- *Respete a sus amigos musulmanes.* Respete a los musulmanes como personas y respete su religión. Trate de verlos como lo ve Dios, como gente que él ama pero que siguen perdidos sin la verdad de Jesucristo. Además, es importante no establecer el estereotipo de los musulmanes como terroristas. Debemos llegar a conocerlos como individuos y valorarlos como personas.
- *Comparta su testimonio personal.* Esté listo para compartir lo que Dios ha hecho en su vida (1 Pedro 3:15). Los musulmanes pueden tratar de atacar la doctrina cristiana, pero no pueden atacar una experiencia personal.
- *Sea conocedor de lo que es el Islam.* Los cristianos deben enfatizar los elementos únicos del mensaje del evangelio. Pero en orden de clamar que el cristianismo ofrece la verdad y el «mejor plan», uno debe familiarizarse con la fe de otros; si no, no se puede hacer una comparación efectiva.

Lo que no debería hacer

- *No discuta sobre Alá, la Trinidad, o Jesús como el Hijo de Dios.* No hable de Alá como un dios falso o pagano. Esto levantará de inmediato una barrera para su testimonio. En la mente de un musulmán, el término Alá no se refiere a un dios sino al Creador del cielo y la tierra. En vez de discutir sobre este término, destaque la verdad de que hay un solo Dios (ya que los musulmanes estarán de acuerdo con eso). Explíquele a su amigo musulmán la naturaleza de Dios, como usted la entiende. Comunique lo que Dios significa para usted.
- *No pierda el tiempo discutiendo sobre la Trinidad,* ya que su argumento casi nunca hará que un musulmán crea. La Trinidad es una doctrina que requiere fe para ser aceptada. En cambio, ore para que su amigo musulmán tenga la fe para creer y centre su conversación en la persona y el propósito de Jesús.
- *No diga que Jesús es el Hijo de Dios al principio.* La terminología constituye un obstáculo y trae confusión a muchos musulmanes, así que esto puede ser explicado después.
- *No ataque a Mahoma o al Islam.* No ataque la creencia de su amigo musulmán en Mahoma o el Islam. Respete sus creencias sin comprometer sus propias convicciones.
- *No piense que conoce sus creencias.* No asuma que usted conoce lo que cree su amigo musulmán. No todos los musulmanes siguen un Islam ortodoxo, y su amigo musulmán puede tener un entendimiento distinto a otros musulmanes de su religión. Hágale a su amigo preguntas que lo hagan pensar.
- *No se olvide de orar.* Si queremos ser efectivos en nuestro testimonio al mundo islámico, primero debemos amar a los musulmanes. Y para amarlos, debemos orar para que Dios plante su amor por ellos en nuestros corazones.

Al ministrar a un musulmán es crítico que nos mantengamos sensibles a la guía del Espíritu Santo. Permítale que lo guíe hacia (o que lo aleje de) cada palabra y acción. La oración es la clave a la hora de preparar su corazón y el corazón del musulmán para su testimonio.

Un desafío final

¿Pueden los musulmanes aceptar a Cristo? Mi vida es la prueba viviente de que esto es posible.

Dios nos ha llamado para alcanzar al mundo con el mensaje del evangelio, para hacerles saber a otros de la esperanza, el gozo y la paz que se puede encontrar en una relación personal con Jesucristo.

¿Cómo puede ser parte del plan de Dios para los musulmanes? Es de suma importancia que ore, sea un ejemplo de rectitud, comparta el amor cristiano y sea testigo de Cristo.

¿Y qué tiene Cristo para ofrecerles a los musulmanes? ¡Cristo tiene mucho para ofrecer! Mientras que el Alá del Islam es distante, el Dios del cristianismo es un Padre personal. Mientras que Alá demuestra un amor condicional, nuestro Dios demuestra un amor incondicional y eterno. Mientras que el Islam ofrece desesperanza, Jesús, el Salvador viviente, nos da esperanza. Mientras que el Islam tiene un libro sin guía, el cristianismo tiene un Espíritu Santo vivo que guía, conforta y da poder a cada creyente.

¿Compartirá este mensaje de esperanza?

44

Nueva Era

Compartiendo la verdad

Bob Waldrep

Cuando enseñamos acerca del movimiento de la Nueva Era, solemos preguntar cuántos en la audiencia creen que las creencias de la Nueva Era son erróneas. Sin importar que el grupo sea grande o pequeño, casi todos admiten que están en contra de las enseñanzas de la Nueva Era. Sin embargo, si preguntamos si alguien puede definir lo que es la Nueva Era, la respuesta es siempre la misma: el silencio. Por desdicha, nuestra audiencia no es un ejemplo aislado. La mayoría de los cristianos están en contra de las enseñanzas e influencias de la Nueva Era, pero muy a menudo no tienen una idea clara de lo que es.

Esta ignorancia impide un evangelismo inteligente y efectivo. También nos hace incapaces de reconocer las influencias de la Nueva Era, y por eso fallamos en responder a su ancha desenvoltura en nuestra cultura, incluyendo nuestras iglesias. Obviamente, antes de discutir cómo ser testigos a la gente de la Nueva Era, primero debemos aprender lo que este movimiento es.

En primer lugar, la Nueva Era no es nada nuevo. Es la mezcla de muchas religiones y creencias antiguas, incluyendo el hinduismo, el budismo, el taoísmo, el paganismo, el ocultismo y el agnosticismo. No obstante, estas creencias han sido mezcladas con una dosis liberal de materialismo occidental, que lleva a una espiritualidad más palpable para los estadounidenses y otros occidentales.

Debido a que el movimiento de la Nueva Era es una síntesis de diversas creencias, no hay una iglesia central u organización similar, y no toda la gente de la Nueva Era comparte la misma perspectiva. Aunque la mayoría acepta algunas, sino todas, de las siguientes ideas:

Monismo: Todo es uno.
Panteísmo: Todo es Dios y Dios es todo (algunas veces expresado como: «Todo es parte de una conciencia divina»).
Iluminación: La «salvación» verdadera se alcanza al realizar nuestra propia divinidad o nuestra unidad con lo divino.
Reencarnación: Después de morir, somos vueltos a nacer como otro ser (o en el hinduismo, como algo).
Karma: Somos premiados o castigados en nuestra vida presente por el bien y el mal que hicimos en nuestras vidas pasadas.
Maya: Todo es una ilusión.
Relativismo: No hay una verdad absoluta (esta creencia permite que los seguidores de la Nueva Era acepten todas las religiones como caminos válidos hacia la suprema realidad espiritual).

Porque todo es uno (monismo) y todo es divino (panteísmo), los seguidores de la Nueva Era llegan a la conclusión de que todos deben darse cuenta de su propia divinidad (iluminación). Ya que hay muchos caminos válidos para alcanzar este estado (relativismo), los seguidores de la Nueva Era tienen distintas creencias acerca de cómo ocurre la iluminación. Sin embargo, la mayoría de los seguidores de la Nueva Era creen que aprendemos el mejor camino a nuestra iluminación al vivir vidas múltiples (reencarnación). El karma nos puede ayudar o no en el camino, depende de si estamos pagando por el mal de una vida previa o cosechando los beneficios de las buenas obras. Los seguidores de la Nueva Era tienen creencias diferentes en cuanto a por qué consideran que es importante llegar a la iluminación, pero todos creen que cuando suficientes personas alcance este estado, esto traerá un bien superior (por ejemplo, la paz mundial).

Testificándole a un seguidor de la Nueva Era

«¿Y qué es la verdad?»
Poncio Pilato hablándole a Jesús (Juan 18:38)

Cuando Pilato le hizo esa pregunta a Jesús, pudo haber sido sincera o sarcástica, genuina o indiferente. No tenemos forma de saberlo. Lo que sabemos es que es una buena pregunta y un buen lugar por donde empezar a testificarle a un seguidor de la Nueva Era.

Comparta el versículo mencionado con un seguidor de la Nueva Era, y luego diga: «Pilato hizo una buena pregunta. ¿Cómo la hubiera respondido usted?» Su respuesta revelará su punto de vista del mundo. Debido a que los seguidores de la Nueva Era creen en el relativismo (todas las religiones son igualmente verdaderas), un seguidor de este movimiento puede decir: «Usted tiene su verdad y yo tengo la mía» o «La verdad es cualquier cosa que yo decida o quiera que sea».

Luego, cuéntele al seguidor de la Nueva Era que la pregunta de Pilato fue en respuesta a algo que dijo Jesús: «Yo para esto nací, y para esto vine al mundo: para dar testimonio de la verdad. Todo el que está de parte de la verdad, escucha mi voz» (v. 37). Entonces pregunte: «Basado en lo que conoce, ¿cómo cree que Jesús explicaría la verdad de la cual vino a ser testigo?»

Después de escuchar la respuesta, diga: «Yo creo que podemos aprender lo que quiso decir Jesús mirando sus propias palabras en los Evangelios». Es importante señalar a Jesús cuando esté tratando con un seguidor de la Nueva Era porque la mayoría lo respeta como a un gran maestro o alguien «que muestra el camino», por más que no muestre ninguna reverencia especial por la Biblia o el cristianismo. Debe señalar el hecho de que Jesús definió en última instancia la verdad como persona cuando dijo: «Yo soy el camino la verdad y la vida. Nadie viene al Padre sino por mí» (14:6). Ahora comparta pasajes de la Biblia que clarifiquen el mensaje de Jesús, en especial aquellos que declaran sus propias palabras.

Lo más probable es que los seguidores de la Nueva Era tengan objeciones. Usted no puede satisfacer todas las objeciones que le planteen, pero existen algunas muy comunes a las que puede responder. Recuerde usar la lógica y la razón, y lo más importante, apóyese en el Espíritu Santo, que es el que debe al final revelar la verdad a aquellos que están aislados de Dios.

Respondiendo a las creencias de la Nueva Era

A continuación aparecen algunas creencias comunes de la Nueva Era y las respuestas sugeridas que han sido comprobadas como efectivas.

- *No hay una verdad absoluta; usted tiene su verdad y yo tengo la mía.* Una buena respuesta a esto es: «¿Esta seguro por completo? Porque lo que afirma por sí mismo es un reclamo de verdad absoluta». La verdad es que vivimos en un mundo de absolutos; Dios lo hizo así. Hay absolutos físicos, absolutos morales y absolutos espirituales.
- *Todas las religiones llevan al mismo lugar.* Señale que es ilógico creer que todas las religiones son caminos válidos hacia la verdad, ya que presentan mensajes

contradictorios. Indique que eso contradice la ley de la lógica, la ley de las no contradicciones: «A» no puede ser lo mismo que «no A». En otras palabras, si los reclamos de la verdad en dos religiones son contradictorios, tenemos dos posibilidades: Una es correcta y la otra incorrecta, o ambas son incorrectas; no pueden ser las dos correctas (ver Juan 14:6; Hechos 4:12).

- *El mundo físico es una ilusión; solo el reino espiritual de la unidad divina es real.* Pídale a la persona que le dé ejemplos de cómo está viviendo su vida en este momento de acuerdo a este principio. Pregúntele: «Si una roca está volando hacia su cabeza, ¿se agacharía o dejaría que simplemente le golpee, ya que es solo una ilusión?» Trate de ofrecerle ilustraciones de la vida real como esta para ayudarle a ver, en la práctica, que la gente no vive su vida como si no hubiera absolutos, como si la verdad fuese relativa, y como si todo fuera una ilusión.

- *Todo es Dios.* Pídale a la persona que defina lo que es *Dios*. Para un seguidor de la Nueva Era, Dios es «algo» impersonal, una fuerza. Pregúntele cómo se relaciona una persona con esta fuerza impersonal. Señale que un Dios impersonal deja a una persona vacía, al igual que hablarle a una pared no sería una conversación significativa. ¿Cuál es el gusto de unirnos a, o reconocer que somos parte de, una fuerza impersonal?

  Luego comparta el punto de vista bíblico de que solo hay un Dios y que él es personal y relacional (Deuteronomio 6:4: Isaías 1:18; Juan 17:3); señale cuánto más significativo es esto que el dios que ofrece la Nueva Era. Tal cosa también le da la oportunidad de compartir su testimonio sobre la importancia de una relación personal con Dios.

- *La reencarnación es verdad.* Primero, la reencarnación es ilógica. Hay más humanos en la tierra que los que han vivido en siglos pasados. Otros seres vivientes también están incrementando su número total, no disminuyéndolo. Si la reencarnación involucra almas nacientes de existencias previas, ¿de dónde vinieron todas estas almas adicionales? La reencarnación no responde a la pregunta del origen de la vida... solo ensucia el agua aun más.

  La reencarnación está en contra del registro bíblico de la creación y el destino final de la humanidad, así como también del número de vidas que se le da a una persona: una. Pablo dijo que para el creyente estar ausente de su cuerpo significa estar en la presencia del Señor (2 Corintios 5:8), y el escritor de Hebreos señaló: «Está establecido que los seres humanos mueran una sola vez, y después venga el juicio» (Hebreos 9:27). Jesús enseñó que una persona tiene una vida por la cual será juzgado (Mateo 25:31-46).

Una parte importante de su testimonio a un seguidor de la Nueva Era es hablarle de nuestro problema real, que es el pecado. Señale que a pesar de que el pecado es un problema real, Dios nos ha provisto la solución real, una solución verdadera y completa... Jesús. Comparta el evangelio usando la presentación con la que se sienta más cómodo. Al hacerlo, recuerde orar para que el Espíritu Santo abra los ojos del seguidor de la Nueva Era a la verdad real: Jesucristo.

Ocultismo

Alcanzando a los paganos, las brujas y los espiritistas

Bob Waldrep

Compartir la fe de uno con alguien involucrado en el ocultismo muchas veces parece ser una tarea en verdad desalentadora. La razón principal es que la gran diversidad de creencias que sostienen los ocultistas lleva a muchos malentendidos e ideas erróneas, en especial que los ocultistas son «espectrales» y «temibles», y en general «no son como nosotros».

Los primeros pasos para ser un testigo efectivo con alguien que está involucrado en el ocultismo son reconocer las distinciones entre los distintos tipos de ocultismo y lograr superar nuestras ideas equivocadas al respecto.

Tres tipos de ocultismo

Una idea común errónea que tienen los cristianos sobre los ocultistas es que todos tienen las mismas creencias y prácticas, o que son similares. Nada está más lejos de la verdad. Dentro del ocultismo hay muchos grupos diferentes con creencias y prácticas distintas, y muchas veces opuestas a los otros grupos. Aunque hay mucha diversidad dentro del ocultismo, lo podemos dividir por lo menos en tres categorías.

Adivinación: Una búsqueda del conocimiento escondido (de manera habitual sobre el futuro) por medio de «lecturas» síquicas u otras maneras sobrenaturales, muchas veces acompañadas del uso de ciertos elementos. Tales prácticas incluyen la astrología, la lectura de la palma de las manos, la adivinación por medio de objetos (bolas de cristal y hojas de té), y las cartas del Tarot.

Paganismo (muchas veces llamado neo-paganismo): Un renacimiento de formas antiguas de alabar. Esto incluye el *animismo* (la creencia de que objetos inanimados como las plantas tienen espíritus vivos) y la adoración de deidades antiguas, en especial la Madre Diosa o Madre Tierra, que abarca todo (Gaia). Tales grupos y prácticas incluyen la *wicca* o la brujería (aunque algunos los clasifican bajo otro grupo) y el *chamanismo*.

Espiritismo: Involucra el tratar de comunicarse con una entidad espiritual o una persona muerta por medio de los «poderes» de una persona o el uso de objetos. Esta categoría incluye a un médium en trance, la canalización, las sesiones de espiritismo, las tablas Ouija, y a ocultistas muy conocidos como Edgar Cayce, John Edward y James Van Praugh.

Sobreponiéndonos a las ideas equivocadas

Si vamos a ser testigos efectivos para los ocultistas, debemos sobreponernos a nuestras ideas equivocadas acerca de ellos y sus creencias.

El ocultismo no es una secta

Podemos pensar que los términos *ocultismo* y *secta* se refieren a la misma cosa, pero no significan lo mismo. Seguro que algunas organizaciones ocultistas se pueden definir como sectas, pero los términos no se deben usar como sinónimos. Por eso, es importante entender el uso apropiado de ellos.

El término *ocultismo* viene de la palabra latina *occultus*, que significa «secreto, escondido o tapado». El ocultismo en esencia es el estudio de las cosas «secretas» o «escondidas», de modo típico en relación a lo sobrenatural. Cuando se habla del ocultismo desde una perspectiva cristiana, nos referimos a tratar de obtener cualquier conocimiento sobrenatural o poder aparte del verdadero Dios de la Biblia.

El término *secta* se usa con frecuencia para referirse a los grupos pseudocristianos; es decir, grupos que se identifican con el cristianismo pero cuyas teologías y prácticas son en verdad contrarias a las doctrinas esenciales de la fe cristiana. (Ver capítulo 47 para más información sobre las sectas.) No obstante, las organizaciones e individuos ocultistas no suelen decir que son cristianos y acostumbran distanciarse de las creencias y prácticas cristianas.

Los ocultistas no son satánicos

Los cristianos confunden con frecuencia a los ocultistas con los satánicos.

Esto es bastante ofensivo para un individuo involucrado en el ocultismo porque la mayoría ni siquiera cree que Satanás exista, y mucho menos lo adorarían. Los cristianos que dicen que los ocultistas adoran a Satanás sin variación pierden credibilidad con los ocultistas que están tratando de alcanzar. Los pertenecientes al grupo wicca se sienten particularmente insultados por esta idea errónea.

Mientras que los cristianos tienen razón al reconocer que este sistema de creencias de los varios grupos ocultistas es demoníaco en origen (1 Timoteo 4:1), los ocultistas no aceptan esa idea. Insistir en que los ocultistas son satánicos crea una barrera en sus esfuerzos evangélicos.

Su apariencia

Otro malentendido común sobre los ocultistas es que son «distintos» de otras personas. Las películas de terror y fantasía y los libros han contribuido de manera significativa a crear ciertos estereotipos con relación al ocultismo: las brujas se visten de negro y usan sombreros que terminan en punta, por ejemplo. En realidad, los ocultistas tal vez se vistan y actúen como cualquier otra persona normal. Tienen trabajos comunes, familias que aman, y visitan los mismos restaurantes y negocios que la gente normal visita.

Es su punto de vista lo que hace diferentes a los ocultistas. En otras palabras, tienen ideas completamente distintas que la mayoría de las demás personas sobre Dios, el mundo, la naturaleza del hombre, el pecado y el futuro de la creación de Dios. Así que los ocultistas no pueden ser reconocidos por solo observar su ropa o cualquier otra característica visible. Debemos mirar más profundo y descubrir sus creencias sobre los temas espirituales.

Sus puntos de vista sobre la Biblia

Un último punto importante a considerar mientras se prepara para compartir con un ocultista es que en general tienen poco respeto por la Biblia y sus aseveraciones.

La Biblia está llena de admoniciones acerca de evadir el ocultismo y las prácticas asociadas al mismo. Para darse cuenta de esto, uno solo necesita mirar la advertencia general en Deuteronomio 18:9-12. También hay varios pasajes de la Biblia que tratan sobre prácticas específicas y creencias que tienen los que practican el ocultismo hoy en día.

Astrología: Isaías 47:13-14; Jeremías 10:2; 27:9-10
Magia: Levítico 20:27; 2 Reyes 21:6; Isaías 47:12; Miqueas 5:12; Hechos 8:11-24; Gálatas 5:19-21; Apocalipsis 9:21; 21:8; 22:15
Nigromancia y espiritismo: Levítico 19:31; 1 Samuel 28; 2 Reyes 21:6; 23:24;

Isaías 8:19; 19:3; 44:25; Jeremías 14:14; 27:9-10; Ezequiel 13:3, 8;21:21-23; Miqueas 5:12

Armado con tales pasajes bíblicos, los cristianos pueden pensar que es posible disuadir a un ocultista de sus creencias solo porque la Palabra de Dios dice que están mal. Este es un error común. Los ocultistas ya saben que los cristianos no aprueban sus creencias, por eso la condenación por medio de las Escrituras significa muy poco para ellos. Después de todo, los ocultistas suelen rechazar la Biblia.

Por supuesto que esto no significa que no debemos usar la Biblia en nuestros esfuerzos a la hora de testificar o que no debemos describir lo que la Biblia dice con respecto a una creencia o práctica. Debemos usarla, porque la Palabra de Dios es poderosa y más cortante que cualquier espada de doble filo. Pero aun así, debemos estar listos para presentar nuestras creencias con argumentos razonables, no solo con una serie de versículos.

Ayudas para dar testimonio

Con estas cosas en mente, aquí se ofrecen algunas ayudas para dar testimonio que pueden serle útiles cuando comparta el evangelio con un ocultista:

- *Debemos recordar que, mientras que son pecadores como todos los demás, los ocultistas no son necesariamente individuos siniestros o criminales.* La mayoría de los ocultistas son gente común como nosotros, lidiando con los mismos problemas y haciendo las mismas preguntas. La diferencia es que están obteniendo las respuestas de fuentes distintas, una fuente que los está llevando en la dirección incorrecta. Antes de empezar a compartir el evangelio con ellos, debemos entender que, como la mayoría de nosotros, están buscando amor, aceptación y soluciones a los problemas de la vida. Es nuestra responsabilidad compartir con ellos la respuesta suprema a todas las necesidades y preguntas de la vida: una relación personal con Jesús. Debemos responderles a los ocultistas no con temor y odio, sino compartiendo a Cristo con respeto y amor (ver Colosenses 4:6).
- *Una vez que tenemos una motivación apropiada para testificarle a un ocultista, necesitamos acceder a un entendimiento básico de sus creencias.* Es importante tener un entendimiento general de los distintos tipos de grupos ocultistas, así no los apilamos a todos juntos en la misma categoría. En particular, no debemos acusarlos de ser satánicos o de tener una creencia que no tienen; eso solo disminuye nuestra credibilidad según su punto de vista.

- *Debemos ser capaces de usar la Biblia para mostrar que el ocultismo está mal, y al mismo tiempo mantener en mente que los ocultistas no tienen mucho respeto por la Biblia.* Esto significa que debemos ser capaces de usar otras cosas para demostrar las debilidades del ocultismo. El sentido común, la razón y la lógica pueden mostrar cómo algunas de sus creencias son en verdad contradictorias. Se pueden usar estudios científicos para demostrar que sus reclamos sobre la realidad física (como los de la astrología) no son razonables o verdaderos. Cuando el ocultista rechaza la verdad de la Biblia, busque algún terreno en común para continuar con su discusión.
- *Debemos apoyarnos en el Espíritu Santo.* Cada experiencia de dar testimonio es una lucha espiritual, y esto es verdad en especial cuando se comparte con un ocultista. Ore para que el Espíritu Santo le dé discernimiento al ocultista para ver y escapar de las garras del diablo.
- *Por último, y aun más importante, siempre debemos ser testigos de una manera amorosa, sin importar el método que usemos.* Una de las mejores herramientas para evangelizar que tenemos es el amor. Por desdicha, también es una de las que con frecuencia olvidamos llevar con nosotros. Nuestras ideas erróneas sobre los ocultistas con frecuencia nos llevan a percibirlos como nuestros enemigos. Pero debemos recordar que nosotros también éramos enemigos de Dios, pecadores impotentes, odiando a nuestro Creador. Así que debemos seguir el ejemplo de Cristo y alcanzar a todos los perdidos, hasta a esos que son más vehementes en su rechazo de la verdad. «Pero Dios demuestra su amor por nosotros en esto: en que cuando todavía éramos pecadores, Cristo murió por nosotros» (Romanos 5:8).

46

Sectas

Testificándole a un miembro de una secta

Floyd Schneider

¡Acabamos de descubrir que nuestro vecino es miembro de una secta! ¿Cómo podemos testificarle?

Este descubrimiento podría ocurrir en cualquier calle cualquier día de la semana en el mundo de hoy. Las sectas han crecido de manera explosiva. Han redefinido la terminología cristiana, han sumado un pedazo de conocimiento bíblico, y han sido animadas por el hecho de que muchos cristianos son confundidos fácilmente por estas herejías.

Los cristianos verdaderos deben reconocer ante sí mismos que han tratado con negligencia dos principios fundamentales en su propio evangelismo personal. Estos son la necesidad de un estudio diligente de la Biblia y la efectividad de un amor incondicional.

Estudio diligente

Primero, muchos creyentes parecen haber perdido la capacidad de defender con racionalidad e intelecto las doctrinas que afirman son verdad. Los cristianos de hoy se han hecho muy dependientes de sus clérigos para poder llevar a cabo todas las responsabilidades del cristianismo, y muchos cristianos (o aquellos que dicen serlo) van a la iglesia para buscar entretenimiento.

El tema más importante en la agenda al preparnos para ser testigos es por lo tanto *conocer primero el evangelio*. Los creyentes deben tomar mucho más en serio lo que dice 2 Timoteo 2:15: «Esfuérzate por presentarte a Dios aprobado, como obrero que no tiene de que avergonzarse y que *interpreta rectamente la palabra de verdad*».

Los creyentes no solo necesitan saber *qué* creen, sino también *por qué* lo creen. Es una vergüenza cuando un cristiano tiene que correr al teléfono para llamar a un ministro que ya está demasiado ocupado porque ese creyente es confrontado en su puerta por un par de individuos que son testigos de Jehová o mormones. Un poco de estudio consistente de la Biblia le podría dar todas las respuestas que necesita y un tremendo sentido de confianza en la Palabra y su capacidad de «refutar a los que se opongan» (Tito 1:9).

Se cuenta la historia del programa de entrenamiento del Departamento del Tesoro de los Estados Unidos para enseñarles a sus agentes cómo detectar dinero falso. Se requiere que los nuevos agentes memoricen cómo es el dinero verdadero antes de permitirles estar en contacto con el dinero falso. Después de semanas de tocar y estudiar el dinero verdadero, no tienen problema identificando el dinero falso.

El principio es el mismo a la hora de lidiar con los miembros de las sectas. Cuanto mejor conozca las Escrituras, o por lo menos el mensaje básico del evangelio, más fácil y rápido se le hará identificar y combatir lo que es falso.

Amor incondicional

El segundo principio es la efectividad de un amor incondicional. Nuestro amor debe ir en dos direcciones: hacia los otros creyentes y hacia los miembros de las sectas. Hemos visto a cristianos que supuestamente eran fuertes caer víctimas de una secta porque esta les ofreció amor y aceptación, en cambio en la congregación evangélica no tenían ningún amigo cercano. El cristianismo real es un equilibrio de verdad y amor, no lo uno o lo otro.

Los sectarios esperan que los cristianos los rechacen. Muchas de las sectas florecen por la persecución. Esto aumenta su ego porque piensan que están sufriendo por su fe. La mayoría de los sectarios creen que ellos han progresado más allá del cristianismo histórico y han encontrado la verdad suprema. Esta creencia se ve en su actitud de superioridad y resentimiento cuando alguien trata de compartir el evangelio con ellos. Muchas veces se ofenden cuando un cristiano trata de convertirlos. De forma habitual, los sectarios ven a los cristianos evangélicos como sus enemigos. Han transferido su antagonismo por el evangelio a los mensajeros del evangelio, y creen que cualquier persona que no está de acuerdo con sus creencias debe ser rechazada.

El creyente típico reacciona a este antagonismo poniéndose a la defensiva, en vez de desarmar al sectario haciéndolo sentir cómodo. Ser un amigo en momentos de tensión no es fácil, pero es necesario para quebrantar la condición sicológica del sectario.

Estableciendo un terreno en común

Habiendo llegado al punto de partida (con la enseñanza y el amor en sus lugares apropiados), el cristiano ahora necesita algunas pistas en cuanto a cómo lidiar con una situación real. El punto de partida es lo que Walter Martín llama en su libro *The Kingdom of the cults* [El reino de las sectas] un «terreno en común».[1]

Primero, cuando empiece una conversación con un sectario, debe insistir en que ambos están de acuerdo en la misma autoridad final. En el caso del cristiano, esta debe ser la Palabra inspirada de Dios, la Biblia. *Solo* permita que se use la Biblia en la discusión y no la propia literatura del sectario. Si esto no ocurre, solo terminará en un debate y posiblemente pierda la oportunidad de seguir discutiendo con su amigo. Para atraer a los cristianos desilusionados, muchas sectas incluyen algo de las Escrituras en sus enseñanzas. Por eso, puede insistir en que esas Escrituras sean la base de su discusión. Al hacer eso, las podrá usar en el contexto bíblico y explicar su verdadero significado.

Segundo, usted (y solo usted) debe iniciar la conversación con una oración, en la cual *predicará el evangelio* por dos o tres minutos, citando las Escrituras en cuanto al pecado, la necesidad del perdón, y la deidad y la obra de Jesucristo en la salvación. No se tome el tiempo como para tener una reunión de oración. Solo introduzca la Palabra de Dios en su mente por medio de la oración, porque Dios dice: «No volverá a mí vacía» (Isaías 55:11).

Tercero, saber las doctrinas de cada secta nos daría una ventaja pero esto casi no es factible. Sin embargo, es de ayuda si el creyente conoce la base de toda doctrina sectaria. Todas las sectas dependen de las buenas obras y el sacrificio propio para entrar en el cielo. Todas están basadas en una forma de autosalvación que requiere que la gente se salve a sí misma del pecado por medio de sus propios esfuerzos humanos con la ayuda de Dios.

La mejor defensa contra estas suposiciones falsas es un entendimiento claro de las enseñanzas bíblicas, de la persona y trabajo de Jesucristo y su salvación. Durante la discusión, los cristianos deben *definir* y *aplicar* el significado *histórico* de estos términos para tener una conversación entendible con un sectario. ¡De otra manera, el cristiano siempre quedará frustrado porque el sectario está usando las mismas palabras pero con un significado completamente distinto!

Un sectario bien entrenado puede tergiversar las Escrituras con facilidad al redefinir las palabras, agregar algo al texto, o interpretar un «texto de prueba» de una manera única. Pero el sectario también puede ser desarmado por medio de las Escrituras.

El peso de la prueba

Cuando su amigo sectario se aparece con una interpretación sorpresiva de un versículo, el peso de probar que está en lo correcto descansa en él. Usted no está obligado a demostrar que cualquier punto de vista está errado. Por el contrario, debe darle al sectario la responsabilidad de demostrar que su punto de vista está correcto... sobre la base de las Escrituras. Los sectarios han aprendido a intimidar a los cristianos al insistir en que su punto de vista es correcto a no ser que el cristiano pueda demostrar que no lo es.

En Mateo 24:4, Jesús dijo: «Tengan cuidado de que nadie los engañe». Casi siempre los sectarios elegirán versículos de la Biblia que no son claros para basar sus doctrinas. Solo porque no entienda un versículo que no es muy claro en la Biblia no significa que la manera del sectario de entenderlo es la correcta. Diez sectas distintas pueden tener una forma particular de entender un versículo en la Biblia... ¡y *todas* pueden ser incorrectas!

Señálele a su amigo sectario que una persona en busca de la verdad nunca debería basar sus doctrinas en versículos que no son claros, porque hay una probabilidad más alta de hacer la interpretación incorrecta (¡como evidencia la multitud de sectas!). El pasaje de 2 Pedro 3:16 puede serle útil en este punto. El peso de la prueba está en el sectario y no en el cristiano.

Este principio también se aplica a los llamados milagros. Los cristianos necesitan prestarle atención a las palabras de Jesús sobre estos últimos días: «Porque surgirán falsos Cristos y falsos profetas que harán grandes señales y milagros para engañar, de ser posible, aun a los elegidos» (Mateo 24:24).

Por lo tanto, cuando esté dándole testimonio a un sectario, recuerde:

1. Conocer bien lo básico del cristianismo.
2. Ser amigable.
3. «Predicar el evangelio» al orar e incluir las Escrituras en su oración.
4. Determinar su autoridad final mientras establece un «terreno en común».
5. Definir los términos bíblicos, e insistir para que el miembro de la secta defina los suyos.
6. Usar los términos bíblicos en la manera que usted o su amigo los han definido.
7. Repetir los pasos del 2 al 6 una y otra vez.

Cristianismo

Porque la membresía en la iglesia no equivale a la salvación

Thom S. Rainer

Su visita a mi oficina fue inesperada. Pablo tenía setenta y cinco años y era un líder de nuestra iglesia. Sin embargo, él estaba por compartir conmigo unas noticias alarmantes.

Yo estaba sirviendo como pastor interino, o sea, era el predicador en la iglesia hasta que llamaran a un nuevo pastor líder.

Esta iglesia tenía múltiples servicios, así que solía descansar un poco entre ellos en la oficina vacía del pastor. Después del primer servicio esa mañana de domingo, Pablo me preguntó si podía hablar conmigo en la oficina. Lo invité a entrar.

Ser un pastor interino es algo parecido a ser un abuelo. Le das mucho amor a la gente hasta que empiezan a portarse mal; luego se los entregas al pastor líder.

Yo amo a los miembros de esta iglesia, y a pesar de que no quería admitir favoritismo ante el resto de la congregación, Pablo era uno de mis preferidos. Tenía el espíritu dulce y la actitud humilde que te daban ganas de pasar el tiempo con él. Por eso sus palabras esa mañana fueron por completo inesperadas.

«Pablo», le dije con una sonrisa mientras nos sentábamos a la pequeña mesa, «¿en qué lo puedo ayudar?» Él estaba nervioso y su respuesta no vino enseguida. Esperé pacientemente mientras juntaba el valor para hablar.

«No soy un cristiano», me dijo con voz temblorosa.

Estaba seguro de que había escuchado mal. Pablo había sido bautizado en la iglesia hace sesenta años. Era fiel en el servicio y la asistencia. No obstante, antes de que pudiera pedirle que aclarara su declaración, lo dijo otra vez: «No soy un cristiano».

Pablo me explicó cómo él nunca había entendido por completo el concepto del evangelio hasta hace unas semanas. Me compartió cómo al fin había entendido el significado del arrepentimiento. Declaró que por las últimas seis décadas había vivido asumiendo que las buenas obras por medio del servicio en la iglesia lo dejarían entrar en el cielo. Pero ahora sabía la diferencia. Ahora entendía.

Tuve el privilegio de aclararle el evangelio a Pablo. Esta vez las palabras reflejaban un verdadero cambio en su corazón. Esta vez se convirtió en un verdadero seguidor de Cristo. Dos semanas después la iglesia celebró cuando un hombre de setenta y cinco años era bautizado como un nuevo creyente en Cristo.

El problema de los miembros no regenerados en la iglesia

Los teólogos muchas veces nombran a los miembros no salvos en la iglesia como «miembros no regenerados». El término «no regenerado» significa literalmente «no vuelto a nacer». Cuando el Grupo Rainer realizó una encuesta a personas que habían sido miembros de la iglesia antes de convertirse en cristianos, les preguntamos por qué se congregaban en una iglesia como no creyentes.

La mayoría respondió que ellos creían *ser* cristianos. Sin embargo, luego descubrirían que habían estado engañados, o se habían engañado ellos mismos.

Cuando se les pidió compartir por qué ellos pensaban que no se habían convertido en cristianos al ser miembros, hubo cuatro respuestas comunes.

1. Más de la mitad de los que fueron encuestados dijeron que nunca escucharon una presentación clara del evangelio. Pablo me dijo que él no entendió el evangelio con claridad hasta escuchar el mensaje varias veces en varios sermones.
2. Casi cuatro de cada diez que encuestamos dijeron que habían confundido otros aspectos de la iglesia con la salvación. Para algunos, la membresía en la iglesia tenía el mismo significado que ser un cristiano. Otros indicaron que ellos pensaban que ser diácono o hacer un testimonio en público de su creencia cognitiva en Cristo era una forma de salvación.
3. Algunos creían que tener un ministerio en la iglesia era suficiente para hacerlos entrar en el cielo. En otras palabras, tenían un concepto de las obras para la salvación, con las obras llevándose a cabo en el contexto de la iglesia local.
4. Casi el diez por ciento de los encuestados dijeron que se habían unido a la igle-

sia sabiendo que no eran cristianos. Estaban dispuestos a ser mentirosos para ganar el capital político o social que viene con ser miembro de una iglesia.

¿Cuántos miembros de la iglesia no son cristianos? La respuesta es muy elusiva, pero tratamos modestamente de responder la pregunta.

El número de miembros no cristianos en la iglesia

Debemos tener cuidado de no asumir la omnisciencia en cuestiones relacionadas con la eternidad. En fin, no podemos saber el estado eterno del alma de una persona. Cristo sí indicó que el fruto del espíritu puede proveer una indicación de salvación (Mateo 7:15-20), pero nuestra naturaleza pecaminosa e imperfecta no nos da un discernimiento perfecto.

Por lo tanto, cuando proveemos evidencias estadísticas de la falta de regeneración, lo hacemos con precaución. Nuestra investigación es falible y nuestro discernimiento está lejos de la perfección.

Nuestra metodología fue simple. Les hicimos dos preguntas «diagnósticas» a trescientos quince miembros de la iglesia. La primera fue: «¿Si muriera hoy, está seguro de que iría al cielo?» La segunda pregunta solo se hacía si respondían de manera afirmativa a la primera: «¿Si Dios te preguntara por qué debería dejarte entrar al cielo, qué le responderías?»

Nuestra meta era discernir si estos miembros de la iglesia tenían un entendimiento del evangelio, ver si en verdad estaban arrepentidos de sus pecados, y comprobar si ponían su fe en Cristo. Repito, les rogamos a los lectores que vean los resultados con precaución y que estén conscientes de la falibilidad de tales métodos.

Nuestros investigadores organizaron las respuestas de los miembros de la iglesia en tres categorías. En el primer grupo estaban aquellos que claramente no entendían el mensaje del evangelio. Por eso no habían hecho un verdadero compromiso con Cristo. En el tercer grupo estaban aquellos que parecían entender el evangelio bien y tenían la seguridad de que habían puesto su fe en Cristo. En medio de estos dos grupos había un número pequeño que nuestros investigadores no pudieron asignar a ninguno de los otros dos grupos. Los resultados se pueden ver de la siguiente manera:

Miembros de la iglesia que *no son* cristianos ....treinta y uno por ciento
Miembros de la iglesia que *tal vez no sean* cristianos ....catorce por ciento.
Miembros de la iglesia que *son* cristianos ....cincuenta y cinco por ciento.

Si nuestra investigación se aproxima a las realidades eternas, casi la mitad de los miembros de la iglesia puede que no sean cristianos.

La iglesia responde

Los resultados de la encuesta nos muestran que el tema de los miembros de la iglesia no regenerados es urgente y pide una respuesta inmediata de parte de aquellos que son verdaderos seguidores de Cristo. Hay por lo menos cuatro prácticas esenciales que deben formar parte de cada iglesia que quiere alcanzar a cada miembro para Cristo.

Una presentación clara del evangelio

En muchas iglesias y muchos encuentros personales evangelizadores, el evangelio ha sido diluido hasta no tener significado. En nuestros intentos confusos de no ofender al incrédulo, temas como el arrepentimiento y la convicción de pecados han sido reemplazados por un falso «evangelio» de prosperidad y autoestima.

Muchos miembros de la iglesia hoy son miembros sin salvación porque no han escuchado el mensaje claro y sin compromiso del evangelio. Este enfoque erróneo en cuanto al cristianismo debe ser reemplazado con un mensaje claro e inmutable.

Seguimiento de decisiones

¿Se acuerda de Pablo al principio del capítulo? Sesenta años atrás, durante una invitación al público, caminó por el pasillo y le dijo a su pastor que quería unirse a la iglesia. Ni el pastor ni ningún otro trataron de discernir si había puesto su fe en Cristo o si entendía el evangelio. Pablo viviría las siguientes seis décadas de su vida inseguro y confundido con respecto a su salvación, pero activo en la iglesia.

Cuando se hacen decisiones públicas para seguir a Cristo, los cristianos maduros deben estar dispuestos a invertir su vida en otros y hacer un seguimiento. Si Pablo hubiera tenido a alguien que fuera su mentor y lo discipulara, se habría dado cuenta con rapidez de que una decisión para ser miembro de la iglesia no es lo mismo que ser salvo.

Discernimiento en el evangelismo personal

Nuestra investigación demostró que solo cerca del cinco por ciento de los cristianos llevan a cabo un evangelismo personal de manera regular. Por eso nuestra primera tarea es promover una obediencia leal a la Gran Comisión. Los cristianos deben ser urgidos a compartir su fe.

También debemos exhortar a aquellos que están compartiendo el evangelio con fidelidad para que demuestren discernimiento al ser testigos. Incluso cuando una persona dice que es cristiana y miembro activo de la iglesia, la misma podría ser otro miembro no regenerado de la congregación. A medida que formamos relaciones con otros, empezaremos a ver la evidencia de su vida en Cristo, si es que en verdad son cristianos. Si no vemos tal evidencia, debemos asegurarnos de compartir acerca de Cristo con la persona.

Clases de membresía

Nuestra investigación también demostró que las iglesias que tienen como requisito participar en clases de membresía cuentan con un mayor número de asistencia y retención de sus miembros. Es en estas clases que una persona puede escuchar el evangelio de manera clara y ser confrontado con los reclamos verdaderos de Cristo. Aquellos que han tomado decisiones se convierten en discípulos de verdad.

Miembros que son cristianos

Pablo continúa creciendo en madurez como seguidor de Cristo. Él es ahora un miembro de la iglesia y, aun más importante, un cristiano. Sin embargo, todavía se cuestiona a veces. Se pregunta por qué nunca escuchó el evangelio presentado de manera clara en un sermón durante un período de seis décadas. Se pregunta por qué ningún cristiano compartió nunca con él un evangelio no ambiguo durante ese mismo tiempo. Se pregunta cuánto más podría haber hecho para el Salvador si hubiera sido un creyente de verdad durante los sesenta años.

«Thom», me dijo, «¿por qué están los predicadores y los demás cristianos reacios a compartir acerca de Cristo sin reservas? ¿Por qué tuve que esperar sesenta años antes de escuchar sobre el arrepentimiento? ¿Dónde están todos los cristianos? ¿Por qué están tan callados?»

Buena pregunta Pablo, muy buena pregunta.

Sección I

Gente común debido a la raza

48

Afroamericanos

La gracia de Dios es mayor que la raza

Dolphus Weary

Cada creyente necesita entender que nuestra meta es alcanzar a cada persona que está perdida. No podemos dejar que una cultura de división racial cause que elijamos y escojamos a la persona a quien le vamos a compartir el evangelio.

Miren el Gran Mandamiento. Jesús dijo: «Se me ha dado toda autoridad en el cielo y en la tierra. Por tanto, vayan y hagan discípulos de todas las naciones, bautizándolos en el nombre del Padre y del Hijo y del Espíritu Santo, enseñándoles a obedecer todo lo que les he mandado a ustedes. Y les aseguro que estaré con ustedes siempre, hasta el fin del mundo» (Mateo 28:18-20).

Solemos limitar el significado de *todas las naciones* a los países extranjeros fuera de los Estados Unidos. Pero los Estados Unidos es un país multinacional. Necesitamos llegar a entender que *todas las naciones* significa todos los grupos de gente.

En este país necesitamos presentar el mensaje del evangelio de una forma que alcance a todos los grupos de gente. La evangelización debe ser intencional. Es un proceso paso a paso. Jesús nos dio a cada uno de nosotros el Gran Mandamiento para llevarlo a cabo, así que deberíamos poner nuestras mentes, nuestros corazones y nuestra atención en alcanzar a cada persona con el evangelio de Cristo Jesús. Testificarle a una persona de otra raza no tiene que ser incómodo si está dispuesto a entender su cultura y construir una relación con ella.

Al principio de mi enseñanza secundaria, mi entrenador de baloncesto quería que aprendiera cómo tirar con mi mano izquierda. Con rapidez tomé la decisión consciente de que muy pocas veces *necesitaría* usar mi mano izquierda. Yo prefería tirar con la mano derecha de los dos lados. Como consecuencia, nunca aprendí a tirar con la mano izquierda. Si lo trato de hacer ahora es muy incómodo porque nunca lo practiqué.

Hace muchos años la iglesia evangélica blanca tomó la decisión de que la gente negra no era importante a la hora de llevar a cabo la Gran Comisión. Por lo tanto, los líderes de la iglesia no hacían esfuerzos para alcanzar a los negros y así ganarlos para Cristo e integrarlos a un proceso de discipulado. Hemos creado un medio ambiente donde los negros no sienten la necesidad de acercarse para evangelizar y discipular a los blancos, y los blancos no sienten la necesidad de acercarse y evangelizar a los negros.

El evangelismo parece incómodo si seguimos haciendo preguntas como: «¿Puede una persona blanca guiar a una persona negra a Jesús?» o «¿Puede una persona negra guiar a una persona blanca a Jesús?» La respuesta es: *¡Absolutamente!* No estamos hablando del color de la piel de una persona; estamos hablando del mensaje transformador de vida que es el evangelio.

Empezar una relación con alguien de otra raza

Una relación con alguien de otra raza se empieza de la misma manera que usted empezaría una relación con alguien de su misma raza. Debe dedicar un tiempo para conocer a la otra persona. Esto no va a ocurrir luego de una o dos llamadas telefónicas, o de uno o dos desayunos. Va a suceder al involucrarse en el mundo de esa persona, al entrar a su casa. El tiempo es importante al desarrollar una relación.

El lugar por donde empezar es la *vulnerabilidad*. Aprenda a abrirse. Si las personas de distintas razas se quieren comunicar en verdad los unos con los otros, tienen que ser honestos y genuinos. Muchas veces somos muy superficiales cuando le hablamos a una persona de otra raza, por temor a malentendernos o usar las palabras equivocadas. Una vez que desarrolle una relación, cuando haya una verdadera amistad, puede decir lo que quiera.

Desarrollar una relación es un vehículo importante para esparcir el evangelio.

Revelar a Jesús

Debemos tener cuidado de no revelar a Jesús como un Jesús blanco o un

Jesús estadounidense. Déjele saber a la gente que Jesús no es ni negro ni blanco, y que Jesús no es estadounidense. Su muerte en la cruz no fue para ningún grupo de gente en particular... fue para todos. Cuando dijo: «Todo se ha cumplido», quiso decir que todos pueden responder por fe en Cristo Jesús aceptándolo como Salvador y Señor.

Dígale a la gente que Jesús nos acepta justo donde estamos. No nos pide que nos limpiemos primero. A veces la gente siente como que no está a ese nivel. Jesús quiere saber que estamos dispuestos a acercarnos y amarle.

Barreras que vencer

La reconciliación significa más que lograr que blancos y negros vivan y trabajen juntos. Significa aceptarse el uno al otro como seres humanos hechos en la imagen de Dios. También involucra una preocupación activa por el bienestar del otro.

Otra forma de romper las barreras es desarrollando lugares para reunirse en común. Esto ya ha pasado en las escuelas públicas. Sin embargo, un lugar donde no ha ocurrido mucho es en la iglesia. Como resultado, muchos de nosotros no estamos lo suficiente alrededor de personas de otras razas y otros trasfondos para saber lo que es la vida para ellos.

Puede haber una barrera denominacional porque a veces le damos más importancia a la denominación que a Jesús. Otra barrera es la barrera política. Proclamamos la idea de Jesús envuelto en una plataforma demócrata o una republicana. Cuando se trata de compartir de Cristo con otros, deberíamos mantenernos lejos de la política.

Necesitamos levantar la Biblia y señalarle a la gente hacia Jesús. Nuestro gran mensaje es que Jesús es aún la respuesta. La pregunta principal es: «¿Le has dado personalmente el control de tu vida a Jesucristo?»

Similitudes

Sin importar la raza, etnia o nacionalidad, Dios nos ha creado a cada uno con el mismo corazón y capacidad de amar. Así que el principio para evangelizar es el mismo: ayudar a la gente a ver que Dios tiene un plan para sus vidas. Las personas tienen que saber que el pecado nos separa de Dios y no nos permite llegar a ser todo lo que él quiere que seamos. Necesitan saber que cuando Jesús murió en la cruz, no murió solo por la gente blanca o negra. Jesús murió para que cada individuo en cualquier lugar del mundo tuviera acceso al Rey de reyes y Señor de señores.

Hay períodos en la historia —a veces durante semanas o meses a la vez— en que los no cristianos no ven a los cristianos reunirse. De hecho, nuestros hijos van a la Escuela Dominical y la iglesia y nunca ven a adultos que proclamen cuánto aman al Señor y se junten con otros creyentes, en especial cruzando líneas raciales y denominacionales. Los jóvenes negros y blancos están buscando ver un cristianismo auténtico.

Podemos lograr la reconciliación genuina solo por medio de nuestra obediencia a las enseñanzas de nuestro Señor. La comunidad cristiana tiene el potencial de hacer cosas poderosas para Cristo, pero necesitamos trabajar unidos para que las diferencias entre nosotros no sean obstáculos en el camino de nuestras metas en común. Un mundo observador ve y escucha el mensaje de Cristo cuando la iglesia demuestra unidad.

Dios me tomó a mí, un niño negro de una familia grande de un solo progenitor del Mississippi rural, que quería huir de ese estado, y me llevó a ser líder de un ministerio de reconciliación y unidad en Mississippi. En mi trabajo con Misión Mississippi, Dios me está motivando a hacer la pregunta: *¿Es el evangelio lo suficiente fuerte para impactar el problema histórico del racismo y las diferencias culturales, en especial en el cuerpo de Cristo?* La respuesta es clara: la gracia de Dios es mayor que nuestras razas.

Dios me está pidiendo, al mismo tiempo que a otros, que sea un constructor de puentes entre las comunidades cristianas. Jesús nos ha mandado a todos a compartir el evangelio con los perdidos de todos los grupos de personas.

49

Asiáticos

Un plan básico para alcanzar a un pueblo diverso

Stanley K. Inouye

Los asiáticos en los Estados Unidos son un mosaico complicado de distintas lenguas, religiones y culturas. Incluyen a personas que tienen ancestros en países como China, India, Japón, Corea, Filipinas y Vietnam. Son ciudadanos nacidos en los Estados Unidos e inmigrantes recién llegados. Algunos están americanizados y otros son tradicionalmente asiáticos. Se están casando con personas que no son asiáticas y teniendo hijos biraciales y biculturales, dando lugar así a una generación futura de nietos multirraciales y multiculturales. Por eso es muy peligroso hacer generalizaciones que incluyen a todos los asiáticos y a los asiáticos estadounidenses. Y es aun más peligroso hacer la sugerencia de que hay una forma de acercamiento que es efectiva para alcanzarlos a todos.

Sin embargo, se pueden hacer algunas generalizaciones seguras que conforman un plan de acercamiento sólido y sensible para una evangelización personal que es efectiva para la mayoría de los asiáticos casi todas las veces. Este método no toca los temas específicos que son enfrentados cuando se trata con alguien de un trasfondo específico religioso, un grupo idiomático o una cultura asiática, pero sí provee una guía de ayuda general. Es un método relacional basado en un perfil extremadamente amplio y básico de la gente con un trasfondo cultural asiático.

Perfil cultural

A continuación encontrará observaciones que se pueden hacer sobre los asiáticos en general.

🖝 *Los asiáticos están muy centrados en las relaciones y los grupos.* Valoran la armonía y son muy sensibles a lo que los demás piensan y sienten. No son criados para ser estadounidenses individualistas, ellos creen que las necesidades del grupo, en especial la familia, son más importantes que las necesidades del individuo. Por eso no debería sorprenderles escuchar a algunos decir que prefieren estar en el infierno con toda la familia que en el cielo sin ella.

🖝 *Tienden a ver sus relaciones con la gente y los grupos como permanentes.* Una vez que son parte de algo, siempre lo serán. A diferencia de las personas que entran y salen de los grupos, ellos miden con cuidado las aparentes consecuencias permanentes de entrar a una nueva relación o dejar una antigua relación o grupo. Por eso puede llevar un largo tiempo antes de que tomen la decisión de hacerse cristianos, una decisión que cambiaría muchas relaciones, en especial las de la familia. Por esta razón un método que busca una decisión inmediata o rápida tal vez no funcione con ellos.

🖝 *Son concretos y contextuales en la manera que piensan y razonan.* No viendo la verdad como absoluta sin importar quién la diga, los asiáticos creen que la verdad está basada en la experiencia, la de ellos o las de otros que conocen y en quienes confían. Se comunican la verdad por medio de ilustraciones prácticas, ejemplos de la vida real e historias. Por lo tanto, buscar una conversación con el propósito de convencerlos de que el plan abstracto de salvación está basado en argumentos verdaderos o en la autoridad bíblica puede no tener importancia para ellos.

🖝 *No les gustan las confrontaciones.* No creen que la mejor política es la honestidad si causa ofensa, conflicto, o pone en peligro las relaciones. Suelen ser discretos e indirectos en sus comunicaciones. Evitan cualquier tema de conversación acerca del cual sospechen que los otros tienen una perspectiva diferente a la de ellos. Por lo tanto, si de la nada alguien les comparte el evangelio y les pide que lo acepten, se sienten incómodos y suelen no responder de manera cordial.

🖝 *No tienen un punto de vista del mundo judeocristiano.* Ellos ven el mundo a través de los ojos budistas, hinduistas, confucionistas, taoístas y otras religiones y filosofías asiáticas, las cuales no tienen el mismo concepto básico de Dios del occidente. La religión y cultura están tan entretejidas tanto en el este como en el oeste que la mayoría de la gente con raíces asiáticas ven el hecho de convertirse en cristiano no solo como una conversión de fe sino también como una conversión de cultura. Si se convierten, se ven a ellos mismos como menos, no más, de quienes son, aislándose de su familia, nación y cultura. Con poca exposición a la Biblia, Jesús y las creencias, valores y prácticas judeocristianas, no se puede esperar que ellos hagan un compromiso sólido con Cristo en corto tiempo.

Plan evangelista básico

Con un entendimiento básico de cómo son, ahora es posible que imaginemos una forma de acercarnos a compartir sobre Cristo con las personas de raíces asiáticas que sea sólida y sensible. Debemos empezar por pensar en cómo podemos conseguir que dos personas que conocemos quieran llegar a ser amigos y construir una relación permanente si solo tuvieran la oportunidad de conocerse.

Aplicando este mismo proceso relacional al evangelismo, lo podemos ver como una forma de presentarle a alguien (nuestro amigo asiático) a otra persona (nuestro Señor Jesucristo), en vez de como una forma de presentarle a una persona un nuevo sistema de creencia y valores. Lo podemos ver como algo que se lleva a cabo en tres etapas: *preparación* (para la presentación), *cuidado* (de la relación), y *estimulación* (incremento del compromiso). (Nota: Debido a que la gente de raíces asiáticas se orientan hacia los grupos o las familias, es de ayuda no pensar en ellos como individuos aislados sino como miembros de un sistema, el cual incluye a otros que deberían ser considerados en nuestros esfuerzos de alcance.)

Primera etapa: Preparación

Para prepararse para la presentación, usted debe:

- *Orar.* Cuéntele al Señor de su amiga asiática o asiática estadounidense (en este caso llamémosle Lisa). Comparta con él lo que está aprendiendo sobre Lisa y qué maravilloso sería si ella formara parte de su familia. Cuéntele a otros cristianos, en especial a otros miembros de la familia y amigos cercanos, las mismas cosas que ha compartido con Dios, así podrán orar con usted y querrán ser parte del proceso de evangelización.
- *Cuéntele cosas maravillosas de Jesús a Lisa* y cómo lo ha transformado a usted y sus relaciones, en especial la manera en que ha obrado en su vida y la de su familia. Cuéntele a Lisa cosas buenas de sus amigos y familiares cristianos, y las historias de la obra de Cristo en sus vidas.

Segunda etapa: *Cuidado*

Para cuidar la relación, usted debería:

- *Ponerse de acuerdo sobre un momento en el que podrán hacer algo que sea significativo y divertido.* Busque un momento de sinceridad o, mejor aun, un deseo en Lisa de conocer a Jesús y/o a sus amigos y familiares cristianos. Elija una actividad que sea informal y relacional, como un asado o una reunión en su casa, e invite a Lisa para que se les una. Decir una oración de gratitud por la comida y compartir de manera normal lo que Dios ha hecho en su vida en su presencia es una presentación suficiente de Jesús en este momento. Esta experiencia para Lisa con sus amigos y familia debería ser la primera de muchas.

- *Continúe tomando la iniciativa* para arreglar los horarios en los que sus amigos y familiares cristianos y usted puedan compartir con Lisa hasta que se sientan lo suficiente cómodos para reunirse por su cuenta. A medida que aparezcan las oportunidades de forma natural, usted y los otros cristianos deberían compartir sobre Jesús y sus experiencias con él. Al pasar el tiempo, Lisa hará preguntas relacionadas con Jesús, acerca de lo que significa para usted, y sobre la diferencia que hace en su vida. Le puede presentar la Biblia como su recurso principal de visión e inspiración. También la puede remitir a otros recursos cristianos, como artículos, libros, vídeos y películas.

- *Empiece a invitar a Lisa a reuniones que son solo cristianas* a medida que hablar de Jesús y las cosas espirituales se convierte en algo muy común en el tiempo que comparten. Llévala a su grupo pequeño, al estudio bíblico, o al servicio de alabanza o actividad de la iglesia, empezando con lo más informal e interpersonal y luego yendo a lo más programado y organizado. Entusiásmela para que aprenda por su cuenta más sobre Dios al estudiar la Biblia, en especial al conocer de Jesús por medio de los Evangelios. Invítela a estudiar la Biblia con usted o con otros.

- *Invite a Lisa a hablar con Jesús en oración*, con usted o por su cuenta, una vez que tenga un entendimiento sólido y básico de quién es Jesús. Invítela a hacer su propia oración o a orar en silencio mientras usted ora si se siente cómoda haciendo eso.

Tercera etapa: *Estimulación*

La última etapa es estimularle para comprometerse a Cristo. Usted debería:

- *Comparta con Lisa de vez en cuando cómo usted y otros pusieron sus vidas en manos de Jesús para que él pudiera empezar a transformarlos desde adentro.* En algún momento, si ella expresa o demuestra de alguna forma el deseo de hacer lo mismo, una herramienta evangelista apropiada, como la diseñada para los asiáticos estadounidenses por Iwa (ver iwarock.org), puede ser de ayuda. Estas herramientas presentan el evangelio de manera relacional y proveen un ejemplo de oración de compromiso. Si tal herramienta no está disponible, provea un ejemplo de lo que tal vez quiera orar y pregúntele si refleja sus propios pensamientos y sentimientos hacia Dios. De ser así, ella puede repetir o expresar algo por su cuenta, en voz alta o en silencio. Usted puede cerrar con su propio pedido por la seguridad de Dios en la vida de ella.

- *Déle apoyo a Lisa mientras desarrolla su propia relación con Cristo.* Ore por ella. Mantenga un contacto personal, poniéndose al tanto de cómo está progresando su relación con el Señor. Preséntela a personas, programas y otros recursos que la ayudarán a crecer en áreas específicas de su vida que Dios está tocando.
- *Ayude a que Lisa crezca* en su relación no solo con Dios sino con su familia y amigos. Ayúdela a acercarse a ellos. Asegúrese de que otros cristianos la incluyan, aun aquellos de su iglesia. O ayúdela a encontrar su propio sistema de apoyo.
- *Ofrézcale apoyo a Lisa si tiene problemas* para progresar en su relación con Cristo, y sea un puente a Dios para ella si lo necesita.

Lo más importante es: Presentarles a Jesús a los asiáticos y no un sistema de creencias.

50

Hispanos

Luis Palau

Cuando usted piensa en los «hispanos», ¿qué le viene a la mente? Estas son algunas cosas que debería saber:

Como grupo, los hispanos son ahora el grupo minoritario con más influencia en los Estados Unidos. Muchos tienen una alta educación y son exitosos. Sirven al presidente, en el congreso, en las compañías de Fortune 500, en las universidades de más prestigio y los departamentos de las fuerzas militares, como jueces, gobernadores y alcaldes.

Como la mayoría de las etnias, los hispanos no son un grupo homogéneo. Representan a más de dos docenas de países y muchas culturas. La mayoría valora a la familia muchísimo y buscan la forma de celebrar juntos durante el año. La gran mayoría prefiere no ser llamados hispanos estadounidenses. En cambio, ya muchos se ven como estadounidenses que disfrutan de una rica herencia hispana. Muchos de los jóvenes prefieren hablar inglés en vez de español.

Un gran número de hispanos en los Estados Unidos son cristianos o vienen de trasfondos cristianos. No es difícil compartir el evangelio de Jesucristo con la mayoría de los hispanos porque ellos creen en los hechos básicos del evangelio. No obstante, muchos no han sido invitados a confiar solo en Jesucristo para la salvación. Cuando se les invita, muchos dicen que sí.

Los hispanos son uno de los segmentos con mayor crecimiento en las iglesias a través de toda la nación, y las iglesias hispanas están apareciendo por todo el país. Muchas veces las iglesias establecidas que apoyan a las nuevas iglesias hispanas ven resultados excitantes. Los hispanos ahora sirven como pastores de las iglesias más grandes y de mayor crecimiento en los Estados Unidos. Muchos otros sirven como líderes claves. Un quince por ciento estimado tiene el don de evangelismo. ¡Cuanto más podamos alentar a estos hombres y mujeres enérgicos y dotados, mejor!

En el mundo hispano-parlante la iglesia está mostrando su prioridad evangelista por medio de las misiones. Argentina y otros países latinoamericanos se han unido a algunos países asiáticos, como Corea del Sur, Hong Kong y Singapur, como naciones que envían misioneros. La división entre las naciones que envían misioneros y las que los reciben ha sido borrada. La declaración: «De todas las naciones a todas las naciones», está teniendo lugar. Mi colega James M. Williams, quien dirige todos mis ministerios en Latinoamérica, volvió de El Salvador hace poco. Una iglesia local que visitó estaba dándole la bienvenida a una pareja que está plantando las semillas del evangelio en un país árabe. En realidad, muchos latinoamericanos están siendo enviados al Medio Oriente.

Los individuos, las iglesias y los ministerios que apoyan a los evangelistas hispanos muchas veces juntan una gran cosecha. Una gran esperanza y un sentido de emoción envuelven a la iglesia en Latinoamérica. Los pastores están predicando el puro evangelio sin excusas. La gente común comparte su fe con autoridad.

Un amor para compartir el evangelio

Hasta los hispanos más humildes pueden ser evangelistas maravillosos. Durante la preparación de uno de nuestros festivales evangelistas, un hombre pobre, modestamente vestido, asistió a las clases que teníamos para aquellos que servirían en nuestras oficinas temporales de consejería. En general, los líderes de las iglesias locales más educados, establecidos socialmente y con madurez espiritual son los que asisten a estas clases. Por eso era inesperado ver a un hombre tan pobre participar en ellas. Además, el hombre era analfabeto. Estaba acompañado de un sobrino joven que leía y escribía por él. A pesar de que el hombre asistió a todas las clases, no esperábamos que llevara a cabo mucha consejería. Sin embargo, como mucha gente analfabeta, tenía una memoria fantástica y había aprendido mucho por medio de las clases de consejería que se impartieron.

Después de una de las reuniones del festival, todos los consejeros disponibles estaban muy ocupados excepto este hombre analfabeto. En ese momento entró un doctor, buscando consejería. La mayoría de los doctores son muy sofisticados y modernos, por supuesto, y este doctor no era la excepción. Antes de que alguien lo pudiera detener, el hombre vestido de forma humilde llevó al doctor a una habitación de consejería.

Cuando nuestro director de consejería escucho esto, se preocupó un poco. No sabía si el hombre analfabeto iba a ser capaz de comunicarse de manera efectiva con el sofisticado doctor. Cuando el doctor salió de la habitación de consejería, nuestro director de consejería le preguntó si podía ayudarle con algo.

«No, gracias», respondió el doctor. «Este señor me ha ayudado mucho».

Al día siguiente, el doctor volvió con otros dos doctores para recibir consejería. Nuestro director quería hablar con él, pero el doctor se rehusó, pidiendo consejería con el hombre analfabeto. ¡Para el final del festival, el hombre analfabeto había guiado a cuatro doctores y sus esposas a Cristo Jesús!

Deje que Dios lo use

Dios no llama a todos los cristianos a ser evangelistas, pero Dios ha ordenado que cada uno evangelice. Cuando era joven, decidí que no tenía el don del evangelismo. Era obvio. No importaba con cuánto celo predicara, nadie estaba viniendo a Cristo. Nada de lo que hacía parecía producir alguna diferencia. Estaba inspirado por las cosas que leía y escuchaba sobre el ministerio de Billy Graham, pero sabía que no tenía lo que poseía él. Le di una fecha límite a Dios: «Si no veo a nadie convertirse por medio de mis predicaciones, lo voy a dejar de hacer». Ah sí, aún sería un cristiano activo, pero me resignaría solo a enseñar a otros creyentes.

El fin del año llegó y se fue. Ningún convertido. Ya había tomado la decisión. Había terminado con la idea de ser predicador. Ahora estaba seguro de que no tenía el don.

El sábado en la mañana, casi cuatro días después del año nuevo, la pequeña iglesia donde asistía llevaría a cabo un estudio bíblico casero. No tenía ganas de ir, pero fui de todas formas por lealtad a los ancianos.

La persona que se suponía iba a dar el estudio bíblico nunca vino, por lo que el dueño de la casa me dijo: «Luis, tendrás que decir algo». Yo no tenía preparación alguna.

Sin embargo, había estado leyendo un libro del Dr. Graham titulado *The Secret of Happiness* [El secreto de la felicidad], el cual está basado en las Bienaventuranzas. Así que pedí un Nuevo Testamento y leí Mateo 5:1-12. Luego solo repetí lo que me acordaba del libro del Dr. Graham.

Mientras comentaba sobre las Bienaventuranzas: «Dichosos los de corazón limpio, porque ellos verán a Dios», una señora se puso de pie. Ella empezó a llorar y decir: «Mi corazón no es limpio. ¿Cómo puedo ver a Dios? Alguien dígame cómo puedo tener un corazón limpio». ¡Qué maravilloso fue guiarla hacia Cristo Jesús!

No recuerdo el nombre de la mujer, pero todavía no he olvidado sus palabras: «Alguien dígame cómo puedo tener un corazón limpio». Leímos juntos en la Biblia que «la sangre de su Hijo Jesucristo nos limpia de todo pecado» (1 Juan 1:7). Antes de que se acabara la noche, la mujer encontró paz con Dios y fue a su casa con un corazón puro rebozando de gozo.

Cuando se gana a las personas para Cristo, esto constituye el gozo más grande. Su graduación es excitante, el día de su boda es excitante, su primer bebé es excitante, pero la cosa más excitante que puede hacer uno es ganar a alguien para Cristo. Y es contagioso. Una vez que lo hace, no quiere parar.

Lo desafío a orar: «Querido Dios, quiero esa experiencia. Quiero saber lo que es ganar a alguien para Cristo». Usted puede fortalecer su visión hacia los perdidos permaneciendo mucho tiempo en oración (en especial por los no salvos), poniéndose al tanto de los problemas y preocupaciones de otros, y reconociendo la urgencia de compartir las Buenas Nuevas.

Persuadir a otros a seguir a Cristo: ese es nuestro llamado. ¡Que Dios nos de hoy una visión a favor de los perdidos y el poder para ser comunicadores efectivos del precioso evangelio de Jesucristo!

¿Por qué avergonzarse del evangelio? El mismo «es poder de Dios para la salvación de *todos* los que creen» (Romanos 1:16). ¡Cambie vidas aquí y ahora para toda la eternidad!

51

Indígenas

Alcanzando a los primeros habitantes de los Estados Unidos

Jim Uttley Jr.

Los nativos son el grupo de gente más evangelizado y el menos alcanzado de los Estados Unidos. Por más de quinientos años, los misioneros, las iglesias y los evangelistas han estado «evangelizando» a los primeros habitantes de este continente. Sin embargo, hoy menos del tres por ciento de los nativos americanos se considerarían a sí mismos evangélicos. Eso es algo muy lejano al casi veinte por ciento de estadounidenses que se consideran evangélicos ellos mismos.

¿Qué ha estado mal? ¿Qué errores se han cometido y cómo podemos ver a más indígenas llegar a conocer a Jesús no solo como su Creador sino también como su Salvador y Señor?

De acuerdo a Richard Twiss, un lakota de la Reserva Rosebud en Dakota del Sur, el cristianismo no ha penetrado la cultura indígena de manera efectiva. Él cree que esto es en parte causado por el hecho de que históricamente los cristianos no indígenas «han hecho pocos esfuerzos genuinos para encontrar valores en los indígenas y sus culturas. En cambio, las culturas indígenas han sido marcadas y denunciadas en parte como paganas, muchas veces ocultistas y seguro que pecaminosas. ¿Queda alguna duda de por qué muchos indígenas ven al cristianismo como la religión del hombre blanco y acusan al cristianismo por la pérdida de su cultura e identidad?»

Preparación para evangelizar a los indígenas

Antes de poder evangelizar a cualquier persona, debemos tratar de entender su vida y cultura, ser sensible a ella como ser humano, y tener un amor genuino por ella. Al tratar de evangelizar a los indígenas debemos dar los siguientes pasos:

1. *Aprenda sobre la gente de las primeras naciones y sus raíces.* Mucho de lo que los cristianos saben sobre los indígenas viene de presentaciones erróneas de Hollywood, por ejemplo: Tonto y el Llanero Solitario. La gente indígena de los Estados Unidos tal vez sea la gente más malentendida de nuestro continente.

    Algunos que tratan de alcanzar a los nativos muchas veces ponen a todos los grupos indígenas juntos sin darse cuenta de que hay más de quinientos grupos tribales en los Estados Unidos y Canadá. Mientras que son similares, cada uno tiene su cultura, idioma y costumbres distintas.

    Estudie la historia de algunas de estas tribus, en especial de la que está tratando de evangelizar. Aprenda algo de su cultura. Lea a algunos autores indígenas, como Sherman Alexie, Vine Deloria y Crying Wind. Tenga una idea de lo que es la vida para el indígena promedio hoy en día.

2. *Percátese de que la mayoría de los indígenas ya tienen una conciencia del Creador y sienten respeto por él.* Los indígenas tradicionales son gente espiritual. En otras palabras, no compartimentan sus vidas en cajas espirituales y seculares. Por eso le asignan el término de sagrado a muchas cosas, incluyendo los objetos inanimados. A pesar de que los indígenas estadounidenses son muy espirituales, la ausencia de Cristo deja un vacío en sus corazones. A medida que su travesía espiritual los lleva a un área abierta al evangelio, este grupo de gente suele estar entusiasmado por escuchar el mensaje de la cruz.

    Los indígenas son dados a recibir estímulos por medio de sueños y acciones de la naturaleza. Otra forma de decir esto es que ven al Creador en todo lo que tiene vida, de forma contraria a los cristianos de pensamiento popular que suelen ver y escuchar a Dios solo cuando están dentro de un contexto religioso, como la mañana del domingo en la iglesia. Una lectura sugerida es *One Church, Many Tribes* [Una iglesia, muchas tribus], de Richard Twiss.[1]

3. *Pídale a Dios que le dé un entendimiento y un corazón para sentir el dolor que ellos tienen.* Los indígenas estadounidenses han sufrido abusos y traumas increíbles casi desde el momento en que el primer europeo vino a esta tierra, y la gente religiosa o las instituciones religiosas, como la iglesia, han tenido una buena parte en mucho de este abuso. Por ejemplo, en Canadá el gobierno usó a las iglesias para llevar a cabo sus infames escuelas residenciales, que buscaban educar a miles de niños indígenas. Sin embargo, cientos sufrieron

de abuso emocional, físico y sexual. Los indígenas de hoy están afectados de manera directa o indirecta por el abuso que sufrieron sus padres o abuelos. Considere leer libros como: *The Grieving Indian* [El indio se lamenta] de Arthur H. y *Does the Owl Still Call Your Name?* [¿Sigue llamándole el búho?] de Bruce Brand. Lea libros que traten de la Batalla de Wounded Knee, la época de las escuelas residenciales, y las marchas largas y forzadas, tales como el Camino de Lágrimas (Trail of Tears).[2]

4. *Desarrolle una relación con el indígena antes de querer ofrecerle testimonio.* Muchas veces los cristianos han tratado de evangelizar a los indígenas con la actitud de que «hemos venido a salvarlos de su paganismo y a redimir sus vidas». Los indígenas no le prestan atención a cualquiera que se les acerca con este tipo de actitud.
5. *Acuda a ellos con una actitud de amistad y servidumbre.* Si quiere ser efectivo a la hora de alcanzar a la gente indígena para Cristo, necesita convertirse en su amigo. No vaya a predicar, escuche. Aprenda a desarrollar amistades con la gente y esté dispuesto a servir, a dar una mano.
6. *Use herramientas efectivas como recursos para su testimonio.* Existen un par de herramientas que pueden ayudarle a comunicarse efectivamente con los indígenas. *Indian Life* [Vida indígena] es una publicación evangelista que presenta el evangelio de una manera relevante a su cultura.[3]

Uno de los folletos evangelistas más efectivo es «The Creator's Path» [«El camino del Creador»], publicado por Indina Life Books. Este es muy efectivo cuando se trata de evangelizar a la gente indígena tradicional.[4]

Una manera simple de explicar el evangelio

Eligiendo el camino del Creador: El Creador creó el mundo; las montañas, los árboles, los ríos y los mares. Él creó todas las criaturas de esta bella tierra. El Creador también creó al hombre y la mujer y los puso a cargo de cuidar la obra de la creación.

El hombre y la mujer estaban en el camino de la vida. Se les dio la opción de caminar por el camino del Creador o ir por otro camino.

El ser humano no escuchó la voz de su Creador. Eligieron ir por su propio camino y hacer lo que les pareció bien a ellos en sus propios espíritus.

Esto le causó mucha tristeza al Creador. Él amaba a su creación mucho y no quería que se fuera por su propio camino. Decidió que solo había una forma de salvar al hombre y la mujer de destruirse a sí mismos y a toda su creación. Él mandaría a su Hijo para que fuera como ellos y viviera en la tierra.

El Creador manda a su Hijo: El tiempo llegó cuando el Creador mandó a su Hijo a la tierra en la forma de un pequeño bebé. Vino de una mujer y creció como niño. Pronto fue un hombre; un joven guerrero. Pero este guerrero era diferente. Él no eligió pelear. Vino a traer paz y a enseñar.

No a todos les gustaba lo que el Hijo del Creador decía. No querían aceptar su mensaje de perdón y salvación. Algunas de las personas que lo seguían querían hacerlo su jefe. Otros querían matarlo.

Un día, aquellos que querían matar al Hijo del Creador se hicieron más poderosos. Ellos pudieron cambiar el corazón de sus líderes en contra del Creador. Tuvieron permiso para matar al Hijo.

Este hombre no había hecho nada malo, pero lo colgaron en un árbol y lo dejaron ahí para morir.

Luego el cuerpo del Hijo del Creador fue bajado del árbol y se le enterró. Pero solo tres días después, la tumba estaba vacía. Había venido a la vida otra vez. Después el Hijo del Creador volvió al cielo con su Padre. Antes de dejar la tierra, le dijo a sus seguidores que llegaría un día cuando el volvería y todos se le unirían. Esto los dejó a todos contentos.

El libro del Creador, la Biblia, nos dice que él creó todas las cosas para que lo alabaran. Es su deseo que tengamos una relación personal con él. A pesar de que el hombre eligió tomar su propio camino y alejarse del Creador, el Creador desea que el hombre camine con él por el Camino de la Verdad.

A lo largo del tiempo, la gente ha tratado de alcanzar al Creador a través de otros espíritus, búsquedas de visiones, viviendo una vida moral, y por medio de religión y de la creación misma. El libro del Creador nos ofrece un plan que nos indica cómo seguir el camino del Creador hacia una vida abundante. ¿Le gustaría encontrar ese camino?

He aquí los pasos para pedirle al Creador que sea su Salvador:

- Dígale a Dios que quiere aceptar su camino para conocer la paz y el gozo.
- Dígale que sabe que sin su ayuda estaría separado del Creador en la vida y en la muerte.
- Acepte a Jesús como la única provisión de Dios para lidiar con la separación de él.
- Invite a Jesús, el Hijo de Dios, a tomar el control de su vida y que lo tenga bajo su cuidado.
- Ore esta oración (o dígala con sus propias palabras):

Querido Dios Creador:

Acepto tu camino. Creo que tu Hijo Jesús murió por mis pecados para que yo pudiera ser parte de la familia de Dios. Debido a que levantaste a Jesús de la muerte, yo puedo tener «armonía de vida» con tu Hijo como mi Pastor. Te pido perdón por mis pecados y les doy la espalda. Te pido que te hagas cargo de mi vida. Te ofrezco esta oración por medio de tu Hijo Jesús. Amén.

52

Inmigrantes recientes

El sentir de Dios por el inmigrante

Renée Sanford

Mi corazón a favor del inmigrante se moldeó cuando mis padres decidieron ser anfitriones para una familia vietnamita después de la caída de Saigón.

Durante el verano de 1975 pasé parte de mi cumpleaños mirando el aeropuerto, esperando la llegada de una pareja joven que pasaría los seis siguientes meses viviendo con nuestra familia y acostumbrándose a su nueva vida en los Estados Unidos. Lo que no sabíamos de antemano era que los dos invitados pronto serían tres: con el nacimiento de su primer hijo dos semanas después del arribo de Man y Tin. Los tres se hicieron siete cuando la hermana de Man, su esposo y dos hijos pasaron un mes en nuestra casa después de haberse mudado de otro estado para estar más cerca de la familia.

Estas primeras familias que vivieron con nosotros eran creyentes firmes —Tin era el hijo de un pastor— que estaban todos huyendo de la próxima ola de persecución. Compartimos una dulce confraternidad aun cuando su inglés era limitado.

Varios años después, otra familia vietnamita que nunca había escuchado de Cristo Jesús vino a quedarse a nuestra casa. Les presentamos a nuestros amigos cristianos vietnamitas y, antes de que se fueran a vivir a otro estado, ellos también llegaron a la fe en Cristo.

No todos pueden traer a una familia entera a vivir a sus casas. Pero todos podemos tener el corazón y la mente para bendecir a los extranjeros que Dios ha traído a nuestras costas.

Dios ama a los inmigrantes

El corazón especial de Dios por los inmigrantes se ve a través de las Escrituras. Desde el principio, Dios les ordenó a los israelitas que le demostraran amor a los «extranjeros»… a aquellos que vinieron y vivieron entre ellos como una gente separada de su país de origen. Estas eran personas que estaban en una posición en la que no tenían los mismos derechos y recursos que hubieran tenido en su propia nación, y se les debía cuidar de la misma manera que a las viudas y los huérfanos (Éxodo 22:21; 23:9). Dios les recordaba a los israelitas que ellos podían acordarse de lo que era ser extranjero en Egipto y deberían tener compasión por ellos… incluso amor (Deuteronomio 10:19). Aunque nunca deberían adoptar la religión falsa de los extranjeros, Dios quería que su gente no los tratará mal (Jeremías 7:5-7).

La iglesia primitiva se encontró aceptando a muchos inmigrantes: empezando por el día de Pentecostés y continuando con los cristianos que huían de la persecución y dejaban sus propios países para hacer avanzar el reino de Dios.

Pídale a Dios que agrande su corazón

Aunque no esté involucrado de manera específica en el evangelismo a los inmigrantes, sigue siendo importante tener un buen corazón hacia el extranjero. Todos tenemos nuestras zonas de comodidad, pero sentirse cómodo no es la meta en cuanto a alcanzar a las personas para Jesucristo. Algunas personas se acercan de modo más natural a la gente de otras culturas, y son llamadas en específico a este ministerio. Pero Dios desea que cada uno de nosotros amemos a nuestro prójimo —hasta al prójimo que no habla nuestro idioma— como a nosotros mismos.

Dígale a Dios que le muestre sus prejuicios y que los cambie. Si no tiene un interés por la gente de otras culturas, pídale a Dios que le ayude a desarrollarlo. No tiene que lograr esto por su cuenta; pídale a Dios que le dé un corazón por las personas de distintas razas y culturas.

Hace muchos años mi esposo y yo visitamos la exhibición de Arabia Saudita en la Feria Mundial. Antes de irnos de esa atmósfera opresiva, decidí que darles testimonio a los musulmanes no estaba en mi futuro. Mejor que otra gente con distinto sentir se les acercara a esta gente perdida; no quería tener que ver nada con ellos.

Sin embargo, antes de que transcurriera un año, Dios cambió mi corazón prejuicioso. Mi esposo y yo queríamos hacernos amigos de algunos estudiantes internacionales, así que un viernes por la noche visitamos el café cristiano internacional de una universidad cercana. Apenas entramos un amigo llamó nuestra atención para que fuéramos a sentarnos junto a él con una pareja musulmana que estaba vestida de forma tradicional. Charlamos y aprendimos que Hamid y Fátima no solo eran musulmanes, también eran árabes sauditas.

A pesar de mi decisión anterior, continuamos con lo que obviamente había sido organizado de manera divina. Los familiares de Hamid y Fátima les habían reprochado que no tuvieran ningún amigo estadounidense. Cuando nos conocieron, estaban entusiasmados por relacionarse con otra pareja con niños. Empezamos a compartir un tiempo juntos como amigos. Ese invierno llevamos a su familia a la montaña para deslizarnos por la nieve con un neumático. Un verano pasamos un día hermoso en la playa. Comimos comidas estadounidenses juntos y disfrutamos de la cocina árabe de Fátima.

Por medio de esta amistad, los empezamos a ver no solo como musulmanes sino como individuos únicos. Cuando empezamos a amarlos como seres humanos, nuestra actitud hacia las personas como ellos también cambió. Dios me dio un nuevo sentir con relación a los musulmanes y me enseñó a pedirle de manera constante que limpiara mi corazón de prejuicios.

A medida que su corazón crece, pídale a Dios que lo guíe a las personas con las que él desea que establezca una amistad. Yo estaba más interesada en ser amiga de la gente judía. Dios me llevó a mis amigos musulmanes.

¿Le pedirá a Dios que agrande su corazón hacia los inmigrantes y extranjeros? ¿Le pedirá que traiga a su camino a aquellos que él desea que usted conozca?

Inmigrantes en su comunidad

Para empezar a explorar cómo Dios lo usaría para alcanzar a los inmigrantes, empiece haciendo la pregunta que el señor Rogers solía hacer en forma de canción: «¿Quiénes son las personas en mi barrio?» Empiece a observar a la gente en el mercado. Si vive en la ciudad, tome el transporte público. Puede empezar a ver y escuchar a personas que no había visto antes. Lea sobre los acontecimientos locales en el diario. Ya sea que se trate de la Cena Anual Polaca o la celebración del Cinco de Mayo, este tipo de eventos son indicios de una comunidad étnica muy fuerte.

La gente vino a este país proveniente de experiencias culturales separadas, y es obvio que no todas son iguales. Por esta razón, es mejor especializarse cuando esté ministrando a los inmigrantes. La Oficina de Censo de los Estados Unidos dijo en el 2004 que treinta y tres millones de personas nacidas en el extranjero vivían en el país. ¡Piense en todas las posibilidades!

Pregúntese a sí mismo: *¿A que grupo étnico me siento más atraída? ¿Qué grupo parece que Dios está trayendo a mi vida?*

Aprenda sobre otra gente

Para aprender sobre gente de otros países, lea libros y artículos sobre el tema. Hasta podría ser anfitriona de un estudiante de intercambio. Lo importante es aprender los valores culturales de la gente y buscar maneras para comunicarles mejor el evangelio.

Cuando trabaja con inmigrantes querrá determinar si los individuos están más interesados en mantener su identidad cultural o quieren involucrarse con rapidez en la cultura de los Estados Unidos. La meta es presentarles la idea de una «ciudadanía celestial», pero primero debe entender los motivos y deseos que los impulsan. Eso le ayudará a ministrarles con más efectividad.

Manténgase a la búsqueda de ciertas diferencias culturales que podrían ser un obstáculo, o un puente, para compartir su fe. En nuestra amistad con nuestros amigos musulmanes, siempre teníamos cuidado de servir pollo o carne de res, ya que no les está permitido comer puerco. Por eso nos dio un poco de vergüenza cuando en una excursión nuestro hijo menor exclamó: «¡Pero yo quiero un sándwich de jamón!» Hamid y Fátima no se ofendieron, aunque ese fue el día en que aprendimos que nunca debes sentarte con tus pies enfrentando a otra persona. Esta vez tampoco cometimos ningún error fatal, pero aprendimos tan rápido como pudimos cómo no ofender a propósito a nuestros amigos nacidos en el extranjero.

A veces conocer el trasfondo religioso de una persona puede ser una oportunidad. Debido a que una vez leí que el Islam sí valora las santas Escrituras, invité a Fátima a un estudio del Corán que también involucraba aprender de la Biblia. Aprendí mucho sobre el Islam cuando leí el Corán, y Fátima leyó la Biblia e hizo preguntas que nunca me habían cruzado por la mente.

Investigue las oportunidades de ministerio

Si no ve ningún inmigrante en su barrio cercano, igual puede encontrar muchas oportunidades de ministerio. Contacte a escuelas públicas en las que puede ofrecerse como voluntaria para llevar a cabo la tutoría de estudiantes nuevos, o solo estar disponible para ellos durante el tiempo de adaptación. Durante el primer día de clases del primer grado de mi hijo más chico, noté a una niña africana que estaba sola. Como conocía a la maestra, me quedé como voluntaria para ayudar a Ishma a guardar su mochila y acomodarse en su escritorio.

Nuestro hijo mayor comenzó a ser tutor de un muchacho vietnamita del barrio. Por este medio, entablamos una relación con su mamá y esperamos que el niñito pueda venir al campamento de verano de la iglesia.

Busque iglesias étnicas locales y añádase a sus esfuerzos de ministerio. Muchas veces esto significa brindar apoyo mientras les dan la bienvenida a amigos y familiares a este país. Aunque su iglesia no lleve a cabo un ministerio étnico, puede ser parte del ministerio de otra iglesia. Una mujer que conozco enseña inglés como un segundo idioma a los estudiantes de una iglesia en otra parte de la ciudad. ¿Qué dones tiene usted que puede compartir con los inmigrantes?

Involucre a su familia

Más que por cualquier servicio que pueda proveerle, un nuevo inmigrante es más bendecido por su bondad y amistad. Las vidas de una familia cristiana que se ama son testigos poderosos de las Buenas Nuevas de Jesucristo. Una persona puede vivir mucho tiempo en este país sin nunca poner un pie en la casa de un creyente. Invite a su amigo inmigrante a su casa a comer, y acepte la invitación de visitar su hogar también.

Los niños son puentes sólidos para llegar a relacionarse con otras personas, en especial con las familias inmigrantes. Hamid y Fátima decidieron ser nuestros amigos en un principio porque teníamos niños. Los padres de todas las nacionalidades se preocupan mucho por sus hijos, y responden cuando a otros les importan sus hijos también. Invitar a los niños para realizar actividades especiales, programas y campamentos de verano es natural cuando ya han pasado tiempo con sus hijos en su casa.

Lo mejor de todo es que sus hijos obtendrán una perspectiva del amor de Dios por toda la gente. A pesar de que necesita ser sensible a cuánto tiempo quiere pasar su familia involucrada en la tarea de evangelizar a los inmigrantes, el solo hecho de pasar tiempo con gentes de otras razas y culturas ensanchará sus mentes y corazones.

¿A qué actividad familiar podría incorporar a una familia inmigrante con facilidad? Elija una fecha para invitar a cenar a alguien que sea nuevo en su país y comunidad. Enséñeles a sus hijos cómo hacerse amigos de personas de otros países, y anímelos a entablar una amistad con los compañeros nuevos.

Comparta su cultura y fe

La necesidad sentida de muchos inmigrantes es la de aclimatarse a los Estados Unidos. La mayoría de las personas que vienen a este país tienen ganas de adaptarse, y nos agradecen por cualquier manera en que podamos ayudarlos a hacerlo. Sin embargo, es importante hacer una distinción entre compartir nuestra cultura y compartir nuestra fe. Esto no es fácil porque muchas veces no nos detenemos a ver la diferencia.

Recuerde la meta: la ciudadanía celestial es más importante que la ciudadanía estadounidense. No deje que su patriotismo o la falta de él se interponga en su relación. Hasta la gente más positiva puede decirle cosas que lo ofendan o que usted piense que no tienen sentido. Recuerde que lo que piensen de los Estados Unidos no es tan importante como lo que piensen de Jesucristo.

Por otro lado, los feriados estadounidenses tradicionales pueden ser buenas oportunidades para compartir el mensaje cristiano verdadero. Cuando celebre el Día de Acción de Gracias, la Navidad y las Pascuas, cuente la historia que se halla detrás del día feriado y ofrezca una presentación clara de las Buenas Nuevas. Es de ayuda diferenciar cómo la cultura estadounidense celebra un feriado y cómo los cristianos celebran el mismo feriado en su corazón. Mucho de esto será nuevo para la gente de otros países que ven a los estadounidenses como cristianos.

Invitar a una persona a la iglesia es como invitarla a otra cultura. Es probable que este no sea el primer paso más efectivo a la hora de evangelizar a los inmigrantes. Si lleva a su amigo a la iglesia con usted, piense en eso como una simple «muestra» que puede acentuar su curiosidad e incrementar su apetito por una comunidad de fe. Asegúrese de que su familia eclesiástica sepa cómo darle la bienvenida a un visitante que tal vez no hable el idioma muy bien, si es que lo habla.

A medida que usted abre sus ojos al mundo que tiene a su alrededor, esté preparado para que Dios agrande su universo y su corazón por medio de las personas que trae a su vida.

¡Que empiece la aventura!

53

Estudiantes internacionales

El mundo está en su puerta

Tom Phillips

¿Qué tienen en común Kofi Annan, secretario general de las Naciones Unidas, el rey Abdullah de Jordania, y Benazir Bhutto, ex primer ministro de Pakistán? Todos ellos se educaron en universidades estadounidenses como estudiantes internacionales.

Hay más de setecientos mil estudiantes internacionales estudiando en las universidades estadounidenses. Estos estudiantes suelen ser los más brillantes y mejores de sus países, y muchas veces los futuros líderes del mundo. Están interesados en la cultura de los Estados Unidos, pero la mayoría obtiene su diploma y se van sin nunca haber visto el interior de un hogar estadounidense. La iglesia de los Estados Unidos tiene una oportunidad única de influenciar a la generación emergente del mundo sin un gasto financiero grande, desarraigar a las familias, o un entrenamiento substancial.

Los estudiantes internacionales no necesitan emoción o entretenimiento, pero sí necesitan conocer a personas que sean cristianos comprometidos, dispuestos a compartir su fe de forma genuina mientras que al mismo tiempo construyen relaciones auténticas. Los cristianos no necesitan desarrollar una presentación evangelística inteligente… solo necesitamos amar a Jesús y tener un deseo de compartir su amor de manera apropiada. Es increíble pensar que Dios ha traído a muchos grupos de personas justo hasta nuestra misma puerta, incluso de aquellos países cerrados al evangelio. Lo animo a que aproveche esta oportunidad.

El evangelismo construido sobre una relación

Una diferencia primordial entre muchos estudiantes internacionales y los occidentales es el concepto que tienen de una relación. Mientras que los estadounidenses valoran el núcleo familiar y el individualismo, muchas personas no occidentales valoran la familia extendida y ser parte de un grupo social. Los estadounidenses están interesados en la competencia, la privacidad y el entretenimiento, mientras que los no occidentales ven la conversación como un entretenimiento y disfrutan de socializarse. Estas diferencias de valores nos permiten ver por qué muchos estudiantes internacionales se sienten solos.

Los estudiantes internacionales a menudo cuentan una historia familiar. Las clases comienzan o se mudan a su dormitorio. Mientras caminan por el pasillo, se encuentra con alguien que ya conocieron. El estudiante internacional dice: «Hola». El estudiante estadounidense dice: «¿Cómo estás?» El estudiante internacional responde, pero el estudiante estadounidense ya pasó de largo y se encuentra del otro lado del pasillo.

Los estudiantes internacionales buscan tener una relación genuina con alguien con el que puedan hablar, hacer cosas, participar en la vida familiar, o solo estar... alguien que quiera una relación con ellos sin importar su interés religioso.

¿Entretenimiento u hospitalidad?

Muchas veces la gente siente la presión que viene con el entretenimiento tradicional estadounidense, como tener la casa impecable o cocinar comidas excepcionales. Sin embargo, el entretenimiento es diferente de la hospitalidad, y es hospitalidad lo que los estudiantes internacionales desean.

Imagínese estar en donde la gente conoce muy poco de su país natal. A usted le gustaría sacar un mapa y mostrarles dónde creció. Quisiera hablar del tipo de comida que le gusta. Tal vez quiera cocinar una comida típica de su país. Estos mismos son los deseos de los estudiantes internacionales.

La hospitalidad significa incluir a un estudiante internacional en el ritmo y rutina regular de su familia. ¿Sus hijos juegan fútbol? Lleve a un estudiante internacional al partido. ¿Se van a caminar o de excursión? Los estudiantes internacionales le dan la bienvenida a las oportunidades de viajar, hablar y formar una relación. Recuerde que muchos no occidentales valoran la conversación como un entretenimiento. Puede invitar a un estudiante internacional amigo a la iglesia, pero no insista para que vaya ni base el futuro de su relación en su decisión.

Su vida como ejemplo

A medida que edifica su amistad con un amigo estudiante internacional, sus creencias y, más importante aun, la manera en que vive su vida, serán un testimonio poderoso. No se trata de delinear lo que puede y no puede hacer. Se trata de compartir la fe y la confianza que usted tiene en Cristo Jesús como su Salvador y vivir eso a diario.

A medida que crece su relación, el estudiante tal vez pregunte sobre temas espirituales. También puede motivarle a hablar acerca de cosas espirituales al hacer preguntas apropiadas como:

- ¿Dónde consideras que te encuentras espiritualmente?
- ¿Cuáles son algunas de las prácticas espirituales de tu país? ¿Tu familia las practica? ¿Y tú?
- ¿Qué cree sobre Dios la gente de tu país? ¿Y de Cristo Jesús? ¿Y de la Biblia? ¿Tú también crees estas cosas?
- ¿Cuáles piensas que son las diferencias más importantes entre tu religión y el cristianismo?
- ¿Te gustaría aprender más de Dios y nuestra cultura cristiana?
- ¿Tienes una Biblia? ¿Te gustaría tener una? Te puedo conseguir una en inglés o en tu idioma.

Es importante no forzar la discusión. Recuerde que debemos amar a los estudiantes internacionales sin que importe si están interesados en Cristo. Nuestra amistad debe ser incondicional.

Esté preparado

Algunas personas están preocupadas con relación a cómo van a responder si un estudiante empieza a hacer preguntas sobre el cristianismo. Es importante «estar preparados para responder a todo el que les pida razón de la esperanza que hay en ustedes» (1 Pedro 3:15). Para compartir lo fundamental del cristianismo con efectividad, debe estar listo a responder a las preguntas básicas acerca de las creencias cristianas:

- ¿Qué creen los cristianos sobre Dios, la Biblia, el significado de la vida, la humanidad, el pecado y demás?
- ¿Cómo puede una persona tener una relación con Dios?

- ¿Cómo se comunican Dios y la gente?
- ¿Quién es Cristo? ¿Por qué cree que él resucitó de entre los muertos?
- Si el cristianismo es el único «camino», ¿qué hay de mi familia y amigos en casa?
- ¿Cómo sabemos que Dios quiere una relación personal con nosotros?

Un buen estudio bíblico lo ayudará a preparar las respuestas antes de tiempo. Otro recurso es *The compact Guide to World Religions* [La guía compacta de religiones del mundo] de Dean C. Halverson.[1]

El versículo en 1 Pedro dice que al compartir nuestra esperanza, debemos hacerlo «con gentileza y respeto».

Oración y la Palabra de Dios

No podemos lograr nada por nuestra cuenta, sin embargo, solemos olvidarnos de contar con la oración y la sabiduría bíblica. Estos son ingredientes vitales para una relación evangelística saludable con un estudiante internacional.

- Ore por el estudiante de manera diaria. Pídale a otros que oren también por él.
- Ore por un amor incondicional hacia el estudiante, usando a Cristo como ejemplo, y para que sea firme en cuanto a hacer un seguimiento de su compromiso.
- Estudie las Escrituras, no solo para enseñarle al estudiante sino también para su propio crecimiento espiritual. Su propia relación correcta con Dios es el testimonio más poderoso para un estudiante internacional que está mucho más enfocado en las acciones que en las meras palabras.

Compartiendo su travesía espiritual

Es normal, en el transcurso de cualquier relación, contar nuestra historia de la vida. Para los cristianos, esto incluye nuestro testimonio personal. Este puede ser uno de los métodos menos ofensivos de compartir su fe en Cristo Jesús. A medida que comparta su propia travesía espiritual con un estudiante internacional, el mismo puede aprender de sus experiencias, y esto abrirá puertas a nuevas conversaciones para llevar a cabo futuras discusiones espirituales. Dedique un tiempo a pensar sobre su historia. Tal vez quiera escribir su testimonio usando las siguientes preguntas como guía:

- ¿Cómo era su vida antes de ser un cristiano?

- ¿Qué hizo que confiara en Cristo para su salvación?
- ¿Cómo ha cambiado su vida?

Practique su testimonio con un amigo cercano y pídale que le señale la «jerga de iglesia» que no tendría sentido para el estudiante. La practica también ayuda a no divagar mientras cuenta su historia.

Haciendo la pregunta y dando seguimiento

Muchas veces los creyentes construyen relaciones, responden las preguntas y comparten su testimonio sin nunca preguntar: «¿Le gustaría orar para convertirse en un seguidor de Jesucristo?» Ya que muchos estudiantes provienen de culturas donde es educado «estar siempre de acuerdo», debemos ser sensibles y no presionar. Sin embargo, no tenga miedo de preguntar.

Tal vez nunca ha orado con nadie para que acepte a Cristo. Es muy simple. Le puede preguntar al estudiante si desea orar solo, con usted, o incluso después de usted. Puede guiar al estudiante en una oración para confesar su pecado y aceptar su necesidad de la salvación de Jesús de tal pecado. Si no vienen a su mente todas las palabras correctas, Dios igual conoce la condición de su corazón y la del corazón del estudiante.

La Gran Comisión nos manda a «hacer discípulos». Si un estudiante acepta a Cristo, continúe su relación por medio del discipulado, el estudio bíblico y la oración. Sea constante en hacer un seguimiento para ayudar al estudiante a crecer en lo espiritual. Si el estudiante nunca acepta a Cristo, continúe amando y comparta el ejemplo de Cristo a través de su vida. Puede estar plantando semillas eternas.

Empezando

Involucrarse con los estudiantes internacionales es fácil. Empiece por contactar a una organización (como Estudiantes Internacionales, Inc. en www.isonline.org) que ministra a los estudiantes de otras partes del mundo. Puede que ya tengan personal en su área buscando voluntarios. Empiece a orar ahora por ese estudiante que Dios pondrá en su camino. Busque oportunidades para aprender más sobre los países y las culturas alrededor del mundo. Concéntrese en profundizar su propio andar con Dios por medio del estudio bíblico, solidificando su entendimiento de los fundamentos cristianos y desarrollando su testimonio personal. Aproveche la oportunidad de alcanzar a los líderes del mundo del mañana que están estudiando en los Estados Unidos hoy. Puede leer más del tema en *The World at Your Door* [El mundo está en su puerta] de Tom Phillips y Bob Norsworthy con Terry Whalin.[2]

Sección J

Gente común debido a la situación de su vida

54

Víctimas de abuso

Creyendo en las cosas correctas de maneras erróneas

C. Richard Wells

Los efectos ampliamente devastadores del abuso familiar han creado lo que representa un grupo de gente escondida y no alcanzada. Las víctimas de abuso demuestran patrones distintivos de comportamiento y necesidades, y por eso, suelen escuchar el evangelio con oídos diferentes. Como todas las otras personas, las víctimas de abuso son pecadores que necesitan un Salvador, y el mensaje de Cristo es suficiente para salvar a todos, pero las víctimas de abuso (casi todas mujeres) suelen estar solas, aisladas, cargando con el peso de culpa falsa y viviendo con esperanzas irrealistas. Compartir el evangelio con estas personas requiere de discernimiento, sensibilidad e inversión personal. Las víctimas de abuso suelen estar esperando por alguien a quien le importen, alguien con quien puedan contar, alguien que les pueda ofrecer ayuda de verdad. Están a la espera de Cristo.

Una plaga moderna

Las estadísticas son abrumadoras: Se *registran* setecientas mil violaciones por año; una de cada tres mujeres es abusada sexualmente en su vida; cerca de un millón de incidentes de violencia doméstica son reportados cada año (el setenta y cinco por ciento puede que no se reporte); casi tres millones y medio de casos de abuso contra niños o negligencia se informan en el 2003 (un incremento del veintisiete por ciento desde 1990); entre 1976 y 1996, más de treinta mil mujeres fueron asesinadas por sus esposos y novios (el treinta por ciento de los casos de asesinato de mujeres).

La medicina moderna libró al mundo de las epidemias que aterrorizaban al hombre de la antigüedad, pero la cultura moderna tiene su propia plaga, igual de terrible. Desde «la cuna hasta la mecedora, parece que el abuso existe en algún modo»[1], tomando muchas formas, atacando a todas las edades y clases, y escondiéndose con inteligencia del ojo público. La categoría «víctimas de abuso» no aparece en las tablas demográficas, pero su experiencia los separa del resto.

Tome como ejemplo a Jenny. Ella creció con un padre alcohólico que de manera regular abusaba de su madre de forma verbal y a veces física. Jenny se protegía de sus padres, ponía una fachada alegre y, como muchos hijos de abusadores, se casó joven para escapar... solo para darse cuenta muy tarde de que se había casado con una copia de su padre. (Este patrón se repite una y otra vez, a medida que los hijos de familias abusivas se convierten en abusadores o nuevas victimas de abuso.) Gracias a Dios, Jenny encontró la salida por medio de Jesucristo.

Volveremos a su historia, pero deberíamos detenernos aquí y hacer algunas preguntas pertinentes. Primero: ¿Qué queremos decir con «abuso»? Segundo: ¿Quiénes son las víctimas de abuso? Tercero: ¿Cómo «escuchan» el evangelio las víctimas de abuso? Y cuarto: ¿Cuáles principios deberían guiarnos a la hora de compartir acerca de Cristo con ellos?

Definiendo lo que es el «abuso»

Aunque no hay una definición general aceptada de «abuso», podemos identificar patrones de relaciones abusivas. De acuerdo a las cifras del Departamento de Justicia, la violencia entre esposos es en su mayoría (noventa y dos por ciento) de hombre a mujer. Con relación al abuso de niños, las madres sobrepasan a los padres dos a uno (ambos padres están involucrados en casi una quinta parte de los casos). Los padres, sin embargo, suelen ser más responsables del abuso físico (incluyendo el sexual), y la madre por negligencia. El abuso a los ancianos es un poco menos común que el abuso al niño, y también incluye abuso físico y negligencia, mayormente de manos de los hijos varones. En la mitad de los casos, el mismo abusador había sido abusado de niño.

El abuso asume muchas formas. Puede significar simple negligencia (la mitad de todo el abuso de niños) o asaltos emocionales, tales como demeritar, ridiculizar, culpar o amenazar, incluyendo amenazas de violencia acompañadas por gestos, intimidación o enfrentamientos cercanos, como matar a una mascota o golpear con el puño la pared. El abuso emocional suele acompañar o escalar al abuso físico, que puede ser desde un empujón, una golpiza, hasta un asesinato de segundo grado. Casi por definición, el abuso sexual es una mezcla de abuso emocional y físico: un acto (usualmente violento) de daño físico que de manera simultánea (y muchas veces a propósito) avergüenza y degrada.

La violencia doméstica, para elegir el ejemplo más común, tiene un patrón casi estereotípico de tres fases. Primero, crece la tensión. La mujer «trata de controlar las cosas al tratar de complacer a su pareja y mantener su mundo en calma».[2] En segundo lugar, a pesar de sus mejores esfuerzos, algo lo provoca, y él la viola o la golpea. En la tercera fase, el abusador expresa remordimiento. Tal vez demuestre afecto por su víctima y suele prometer no hacer esto otra vez.

La violencia doméstica de manera habitual también incluye circunstancias estresantes, como el desempleo o los problemas financieros que sirven de catalizadores. Los hombres abusivos suelen estar aislados en su vida social, y las mujeres abusadas suelen ser dependientes en el aspecto financiero y/o emocional. Además, irónicamente, tanto el abusador como el abusado suelen tener (aunque distorsionada) una alta imagen del «matrimonio tradicional», la cual, al desalentar a un divorcio, puede habilitar al abusador.

Las víctimas de abuso

Estos patrones de relación sugieren que las víctimas de abuso también pueden llegar a demostrar comportamientos característicos. Mientras que no hay un perfil común de una «víctima», lo más típico es que una mujer abusada muestre una o más de las siguientes características:

- *Imagen propia distorsionada.* Tal vez ella crea que tiene la culpa o que tendría que ser capaz de controlar la situación haciendo lo correcto.
- *Esperanza irrealista.* Ya que su pareja demuestra remordimiento y hace promesas de cambio, la víctima tal vez continúe con la esperanza de que lo haga. Además, el remordimiento suele traer un nuevo afecto, que al mismo tiempo aumenta la esperanza de la mujer.
- *Aislamiento.* Como en todo sufrimiento, una relación abusiva tiende a aislar a la víctima. Muchos abusadores son controladores, así que muchas veces las mujeres se encuentran gradualmente más lejos de cualquier sistema de apoyo relacional. Las mujeres abusadas siempre tienen cierto temor de compartir su «secreto».
- *Culpa y vergüenza.* Además de asumir la culpa la víctima tal vez se sienta cul-

pable por su fracaso al intentar cambiar la situación. Muchas veces también sentirá culpa por los sentimientos que tiene sobre su pareja.

La manera en que las víctimas de abuso «escuchan» el evangelio

Volvamos ahora a Jenny. De pequeña, de vez en cuando escuchaba historias de la Biblia, pero nunca llegó a conocer a Cristo y no había asistido a una iglesia en años. Sin embargo, ahora su matrimonio necesitaba algo mejor.

Según sucedió, su trabajo en una planta de manufacturación la puso en contacto con tres cristianos. Harry era el más evidente. Empapeló su oficina con versículos bíblicos. Hablaba de ir a la iglesia y a veces les reprochaba a los que no iban, aunque de buen corazón. Evelyn, por otra parte, mencionaba su fe muy poco. Era una empleada modelo, con un matrimonio modelo e hijos modelos. Ella creció en una familia cristiana y enseñó en la Escuela Dominical, tal como su madre hizo antes que ella.

Luego estaba Maxine. A Maxine parecía importarle. Ella dedicaba tiempo a escucharle y simpatizaba con Jenny, aunque no dudaba en mostrarle su engaño. Más de una vez Maxine se ofreció para ayudarla, pero ella siempre hacía énfasis en que solo Dios podía darle la ayuda que más necesitaba. Con el tiempo, Jenny aceptó la invitación de ir a la iglesia de Maxine. Y ahí, unas semanas después, le abrió su corazón a Cristo.

Cada persona es única, pero la historia de Jenny subraya algunas características comunes en cuanto a la forma en que las víctimas de abuso «escuchan» el evangelio. Lo más importante tal vez es *cómo* la experiencia de abuso llevó a Jenny a buscar ayuda. Un hecho obvio en consejería es que la gente con problemas no busca ayuda hasta que alcanzan un punto de crisis. El «abuso» es una crisis por definición, pero como hemos visto, las víctimas aprenden a vivir con la crisis, ocultando sus secretos por vergüenza o porque tienen ilusiones. De manera paradójica, quieren ayuda con desesperación, y casi con la misma desesperación temen buscar ayuda. Como Jenny, las víctimas de abuso suelen estar esperando que alguien se les acerque.

Para Jenny, ese alguien fue Maxine. ¿Por qué no Harry o Evelyn? Años después, Jenny diría que ambos parecían distantes. No se trataba de que fueran hipócritas, despreocupados o impersonales, pero en su aislamiento Jenny dudaba de que pudieran entender su situación, y aun si lo hicieran, tenía dudas de que estuvieran dispuestos a involucrarse en su problema. Como muchas víctimas, Jenny no quería darles la carga de sus problemas.

No obstante, Maxine tomó la iniciativa. Ella se dio cuenta de que las cosas para Jenny no estaban bien. Después de un tiempo, Maxine logró que Jenny sacara el problema de su corazón (Proverbios 20:5), sin rechazarla cuando ella comenzó hablar del tema. Maxine ofreció ayuda, y por primera vez que pudiera recordar, Jenny tenía a alguien con quien contar.

Igual de importante era que Jenny podía contar con Maxine para que le dijera la verdad. Desde el punto de vista del evangelio, las víctimas de abuso creen en todas las cosas correctas pero en formas incorrectas. Por ejemplo, sienten culpa, pero casi siempre es por la razón incorrecta, como la culpa errónea por no poder controlar la situación, sin darse de cuenta que mantener la relación es algo irresponsable. Las víctimas muchas veces se sienten dependientes... pero de sus esposos no de Dios. O suelen tener esperanza... esperanza de que las cosas mejorarán a pesar de la evidencia de lo contrario, en vez de tener esperanza en el Dios de la esperanza (Romanos 15:13).

Maxine empezó a enfrentar con gentileza estas distorsiones en la vida de Jenny, y poco a poco Jenny comenzó a ver su situación tal como era en verdad. Además, Maxine se rehusó a convertirse en una muleta para Jenny. Si no, Jenny tal vez hubiera trasladado su dependencia de un compañero abusivo a una amiga que le simpatizaba, en lugar de depender de Dios.[3]

Algunos puntos sobre cómo compartir de Cristo

Como ya se ha dicho antes, cada víctima de abuso es única. Aun así, del mismo modo en que hemos señalado patrones en las relaciones abusivas y en el comportamiento de las víctimas, podemos sugerir algunas pautas para llevar el evangelio a sus vidas.

- Ya que la gran mayoría de las víctimas de abuso son mujeres, la importancia de las mujeres que alcanzan a otras mujeres que son abusadas no se puede sobreestimar. Muchas víctimas se sienten muy incómodas hablándole a un hombre de su secreto. (Los celos son un gran problema en las relaciones abusivas, y hablar con un hombre sobre el conflicto podría empeorar las cosas, por lo menos en la mente de la mujer abusada.) Un hombre que encuentra a una víctima de abuso tendría que buscar la ayuda de su esposa u otra mujer fiel, no solo para su protección sino también para establecer una relación.
- Más que en otros casos, el ministerio con las víctimas de abuso hace borrosa la distinción entre «evangelismo» y «consejería». La mayoría de las mujeres abusadas se enfrentan a problemas importantes en su vida. Muchas veces necesitan ayuda para salir de una situación peligrosa y con frecuencia no tienen

los recursos financieros y de otro tipo para cuidarse a sí mismas y a sus hijos. Nadie puede esperar compartir a Cristo de una manera significativa sin el peligro de involucrarse en sus vidas.

☞ Ya que muchas mujeres abusadas han aprendido a esconder su secreto o racionalizar su situación, los cristianos preocupados deben adiestrarse en cuanto a las señales de abuso, los recursos disponibles, las implicaciones legales y demás. Una guía para hacer preguntas diagnósticas (Apéndice 1) y una lista de señales tempranas de peligro (Apéndice 2) están provistas al final de este capítulo. Las agencias locales pueden proveer información de ayuda adicional.

☞ Así como Jenny vino a Cristo en la fraternidad de una iglesia amorosa, debemos enfatizar el valor de una familia cristiana preocupada para desarrollar la fe y llevar a cabo un discipulado. Muchas víctimas de abuso, como Jenny, crecieron en hogares disfuncionales. Primera y principalmente necesitan a Jesucristo y, por supuesto, necesitan aprender cómo «formar una familia», pero también necesitan *a la familia*. En muchos casos, la única verdadera opción es una comunidad cristiana tierna y amorosa.

Epílogo

Hoy Jenny está felizmente casada con un hombre de Dios. Tienen dos hijos y una hijita. Piensa darles clases en la casa, y trabaja con los niños en la iglesia. No obstante, su corazón se quebranta por las mujeres que se encuentran en el otro extremo de la vida. Ella conoce cómo se sienten... del temor y la vergüenza, la desesperanza y la soledad. Y sabe cuánto quieren que alguien las ayude.

Apéndice 1: ¿Es usted una víctima de abuso?

Quejas y síntomas somáticos típicos
- Disturbio en el apetito: pérdida del apetito o comer más de lo normal
- Asma
- Dolor del pecho, espalda y pelvis
- Sensación de ahogo
- Dolor crónico
- Problemas digestivos
- Fatiga
- Incomodidad gastrointestinal

- Dolores de cabeza
- Hiperventilación
- Heridas, moretones
- Insomnio
- Pesadillas, más que nada violentas
- Vejez prematura[4]

Quejas y síntomas emocionales típicos
- Agitación
- Ansiedad
- Depresión o síntomas de depresión
- Desespero
- Dudas de la sanidad, dudas de sí mismo
- Uso o abuso de drogas y alcohol, posibles sobredosis, otros comportamientos de adicción
- Disforia
- Vergüenza
- Evasión
- Experimenta al hombre como omnipotente
- Reactividad emocional extrema
- Temor: siente miedo o está en un estado constante de terror
- Siente como que el abuso es merecido
- Se siente fuera de control
- Siente que no tiene valor
- Sentimientos de pérdida y tristeza
- Llanto frecuente
- Culpa
- Pensamientos suicidas
- Adicción a la esperanza
- Desesperanza
- Humillación
- Pensamientos de «Si solo»
- Incapacidad de relajarse
- Aislamiento, sentimientos de aislamiento
- Sobresaltos
- Falta de energía
- Siente que no hay ayuda
- Soledad
- Baja autoestima

- Nerviosismo
- A menudo acompañada por una pareja masculina
- Pasividad
- Síntomas del desorden de estrés postraumático
- Impotencia
- Autoculpa
- Pena
- Pensamientos e intentos de suicidio
- Ninguna memoria cálida[5]

Apéndice 2: Señales tempranas de abuso

- El hombre domina a la mujer de manera verbal, criticándola y haciéndola sentirse menospreciada, causando que pierda el equilibrio o tenga dudas de su propio valor y capacidad.
- Hace todos los planes, no pregunta por los deseos de ella ni trata de tener su opinión.
- Solo él impone el ritmo sexual, comenzando todos los contactos y rechazando cualquiera de los acercamientos sexuales de ella.
- Él toma la mayoría de las decisiones sobre el futuro y le da los anuncios a ella en vez de incluirla en el proceso de planificación y decisión. Se rehúsa a negociar las decisiones importantes.
- Tiene cambios de carácter, haciendo difícil para ella predecir cómo será el próximo encuentro con él.
- Llega tarde de manera crónica sin excusas o remordimiento.
- Él dice cuándo pueden discutir los asuntos, si es que lo hace; justifica su control al repetir que odia el conflicto.
- Es hostil hacia otros así como también con ella.
- Su padre era abusivo con su esposa.
- Él demanda el control sobre los contactos de su pareja con sus amistades y familiares, al igual que en sus finanzas.
- La humilla públicamente, a veces comenzando con chistes pesados; en vez de pedir perdón cuando ella se queja, él le dice: «¡Consigue una piel más gruesa!» o «¡Cálmate!».
- La cachetea, empuja o le pega.
- Demuestra enojo, arrogancia, pone mala cara o se aísla si no se sale con la suya.
- De repente es frío o repelente.

- Su mal carácter es incontrolable, y manifiesta enojo sin control hacia otros.
- Es muy crítico con su pareja.
- Hace comentarios para hacer que la mujer se sienta insegura de sí misma.
- Es dominante de forma verbal.
- Hace alarde de sus relaciones con otras mujeres.[6]

55

Adictos

Una guía bíblica para ayudar a liberar a los adictos

Brent Crowe

Pues por medio de él la ley del Espíritu de vida me ha liberado de la ley del pecado y de la muerte.

Romanos 8:2

Hace unos años me pidieron hablar en un evento realizado en mi ciudad natal, Atlanta, Georgia. El propósito era atraer a la «gente más roquera» al llevar a cabo un festival de rock cristiano donde se presentaría el evangelio.

Al caminar hacia mi auto después que se terminó la noche, reconocí a Chris, un viejo compañero de la secundaria. Después de una mirada de dos segundos, me dijo: «Brent, me pareció que eras tú el que estaba ahí arriba». Viendo su dolor, le pregunté cómo andaba y qué había estado haciendo. Él respondió: «Todo está arruinado, mi vida es un lío».

Fuimos a su departamento, y mientras más avanzaba nuestra conversación, se me hacía más evidente que él se había convertido en prisionero de una sustancia adictiva. Había construido unas paredes tan altas alrededor de él que no podía ver nada fuera de su prisión. Le expliqué cómo podía conocer a Dios y, ahí mismo, a las cuatro de la mañana, podía dejar el pecado de su vida e ir hacia los brazos del Salvador. Sus ojos se llenaron de lágrimas, y cuando le di la oportunidad de decir la oración de salvación, enseguida estuvo de acuerdo en hacerlo. Nos arrodillamos alrededor de una mesa negra de mármol y oramos una oración simple.

Después le pregunté cómo se sentía, y él respondió: «Me siento nuevo». Luego empezó a reír y dijo: «Sabes, Brent, anoche esta mesa negra estaba blanca de cocaína, pero hoy me arrodillé ante la misma mesa y le pedí a Cristo que cambiara mi vida». Fue en ese momento definitivo cuando Chris fue transformado y comenzó el proceso de ser convertido a la imagen de Cristo.

¿Qué puede romper la esclavitud de una adicción? Para decirlo de manera simple, el evangelio y solo el evangelio. Jesús no fue a la cruz para que podamos estar en un estado constante de «recuperación». Nada está más lejos del punto de vista bíblico. Cristo murió para rescatar y redimir a los pecadores y romper en verdad las paredes de su prisión. Murió para que el adicto sea *recuperado*.

Al comunicarle el evangelio a un adicto, no estamos discutiendo sobre autoayuda o un programa de doce pasos. Los individuos deben estar convencidos de esta verdad fundamental: Solo Dios puede salvarnos. El resto de este capítulo se enfocará en un plan para liberar a aquellos que se sienten impotentes. Consideraremos lo que todos los prisioneros quieren y, para su sorpresa, lo que Dios quiere para ellos: *libertad*. Dios desea que seamos libres para así poder disfrutar de su Hijo y capturar los momentos de la vida para honrarlo. El siguiente modelo bíblico se basa en la realización de que cuando uno está en Cristo, es en verdad libre.

Enfrente los hechos: Juan 8:34

Muchos consejeros bíblicos definen la adicción como una «alabanza puesta en el lugar equivocado». Es la decisión de idolatrar o tener una relación de amor con una actividad o un objeto. La alabanza resultará en una de dos cosas: la alabanza correcta nos liberará para estar libres en Cristo, y la alabanza incorrecta nos esclavizará en una forma de intimidad pervertida. Todos fuimos creados con el propósito de alabar, y por eso alabaremos a algo. La intimidad pervertida tiene lugar cuando nuestra alabanza está dirigida hacia otra cosa que no sea Dios. El adicto debe entender que en el centro de su esclavitud voluntaria hay un problema de alabanza. La libertad en Cristo no se puede obtener desde ningún otro punto de partida que no sea la convicción de que la alabanza y la idolatría deben ser redirigidas.

Sanidad completa y final: Romanos 8:2

El adicto debe creer que por el poder del evangelio él puede ser liberado de la adicción. La teoría más popular sobre la adicción es que es una enfermedad. Esto le dice al adicto: *Está adicción no es mi culpa. No puedo hacer nada. Tengo una enfermedad y por eso está más allá de mi control.*

Los adictos dicen ser víctimas de esta «enfermedad» de la misma manera que una persona que tiene Parkinson es una víctima. Esta teoría es perpetuada de manera habitual por AA, el grupo de apoyo a los adictos más reconocido. El primer paso de Alcohólicos Anónimos dice: «Admitimos que no tenemos poder sobre el alcohol», y cada reunión comienza con la gente presentándose como «un alcohólico». A pesar de todo el bien que hace AA, esta creencia central de que los alcohólicos son víctimas choca de frente con las Escrituras.

La Biblia dice en 2 Corintios 5:17: «Si alguno está en Cristo, es una nueva creación. ¡Lo viejo ha pasado, ha llegado ya lo nuevo!» El adicto debe creer que es necesario que un cambio radical ocurra en su vida y que Dios puede librarlos… y que los puede librar *por completo*.

El pecado, una condición crónica y una elección consciente: Romanos 1:24-25

En primer lugar, el pecado es la condición crónica de la humanidad; todos somos afligidos por eso. También es una elección consciente, algo que elegimos hacer. Un adicto es igual a un esclavo voluntario, ambos *eligen qué hacer* y al mismo tiempo están *encadenados a* este hábito que domina la vida. Ignorar que el pecado es una elección consciente elimina la idea de la culpa, y por eso no hay necesidad de perdón, ya que el pecado no era la culpa de nadie para empezar. Si esta lógica se lleva a cabo, Jesús murió en vano y no había necesidad de su sacrificio. El adicto debe reconocer que su pecado es un gran problema que puede ser solucionado solo por medio del gran sacrificio de Jesús. Hasta que la gravedad de nuestro estado de pecadores y nuestras elecciones pecaminosas sea una realidad en nuestras vidas, no nos daremos cuenta de nuestra necesidad desesperada de salvación.

El punto de vista bíblico de la naturaleza humana: Génesis 1:26-28

Al testificarle a un adicto, uno debe ayudarle a tener una perspectiva de la humanidad a través de las Escrituras. «Somos criaturas de Dios hechas a la imagen de Dios. La humanidad se debe entender como … un acto consciente y a propósito de Dios».[1] Esto significa que aunque Dios sabía que la humanidad elegiría el pecado, de igual forma decidió crearnos. Romanos 3:10 dice: «No hay un solo justo, ni siquiera uno», y tal cosa se menciona otra vez en versículo 23: «Pues todos han pecado y están privados de la gloria de Dios».

La pregunta es la siguiente: ¿Por qué Dios creó a la humanidad sabiendo que pecaría? Por una palabra: gracia. La humanidad fue creada para que disfrutara de Dios, y es solo en la alabanza que se encuentra la satisfacción y la felicidad verdaderas. Jonathan Edwards, un gran pastor usado por Dios para traer un gran avivamiento a nuestro país, dijo esto de nuestro propósito: «El disfrute de Dios es la única felicidad con la que nuestra alma debe estar satisfecha».[2]

Arrepentimiento y cambio bíblico: Mateo 5:29; Colosenses 3:5

Así que, ¿cómo se lleva a cabo el cambio? Dicho en palabras simples, ocurre por medio del arrepentimiento. Oswald Chambers dijo: «El arrepentimiento es un regalo de Dios».[3] Jim Berg, en su libro *Changed into his image* [Cambiados a su imagen], dice que un cambio bíblico requiere mortificación, meditación en las Escrituras y en Cristo, y la manifestación de Cristo.[4]

Mortificación (Romanos 6:11). Esto significa que no somos más sujetos a la adicción que nos ha tenido cautivos porque le hemos dado la espalda y estamos muertos a ella y vivos para Cristo. El arrepentimiento significa que donde sea que estemos en la travesía de la adicción, nos volvemos hacia la cruz. Es ver la cruz y de inmediato desarrollar un odio por el pecado que puso a Cristo allí. Es darse cuenta de que cuando Mateo 26:67 dice que «algunos le escupieron en el rostro y le dieron puñetazos. Otros lo abofeteaban», se está refiriendo a mí y a mi pecado: Con mi pecado, le escupí el rostro, y con mi adicción, lo abofeteé.

Meditación en las Escrituras y en Cristo (Romanos 12:2). El próximo paso es renovar la mente y ser transformado sobre una base diaria por la Palabra de Dios. El prefacio a una vieja Biblia decía esto: «Este Libro muestra la mente de Dios, el estado del hombre, el camino a la salvación, la ruina de los pecadores y la felicidad de los creyentes».

Manifestación de Cristo (Efesios 4:24). Esto significa que hemos sido transformados y ahora somos hijos de Dios, nuevas criaturas. Manifestar a Cristo significa que reflejamos al Dios dentro de nosotros en vez de enmascararlo para el mundo que nos rodea.

Motivados por el perdón, obedecemos a Dios: Romanos 6:12-14

Cristo nos rescató y redimió para que nuestros corazones estén llenos con una gratitud rebosante y un deseo de alabarlo por lo que ha hecho y por quién es. Si una persona viene a Cristo pero cae en un sistema para agradar a Dios basado en las obras, no ha ocurrido un cambio bíblico. Los cristianos son obedientes y siguen a Dios porque tienen un corazón agradecido, no por una lista de lo que pueden o no hacer. La habilidad de seguir a Dios descansa en su gracia y en el hecho que él nos ha perdonado. Si forma parte del pueblo cristiano, viviendo en un estado de perdón, «el pecado no tendrá dominio sobre ustedes, porque ya no están bajo la ley sino bajo la gracia» (v. 14).

H. Bonar, en *Longing for Heaven* [Deseando el cielo], escribe: «Es el perdón lo que hace que un hombre trabaje para Dios. No trabaja en orden de ser perdonado, sino porque ya ha sido perdonado y la conciencia de su pecado perdonado le hace desear más que nunca que el mismo sea eliminado por entero».[5]

Guía: Gálatas 6:1-2; Santiago 5:19-20

El Dr. Sam Williams, profesor de consejería bíblica en el Seminario Southeastern, ha descrito varios pasos prácticos para ayudar a una persona a empezar su nueva vida. Una persona que le testifica a un adicto debería usar las siguientes pautas para ayudarlo a establecer nuevos límites en su vida.

1. *Asesoramiento de su estilo de vida.* Ayude al adicto a cambiar su vida diaria.
   - Haga una lista de comportamientos específicos que no debe hacer.
   - Haga una lista de comportamientos que constituyen un «desliz» y que llevan a los comportamientos destructivos ya mencionados (por ejemplo, no mirar de forma persistente a las mujeres).
   - Ayúdelo a crear sugerencias para cambiar su estilo de vida (por ejemplo, limitar el uso de la Internet).
2. *Compañeros ante quienes rendir cuentas y con los cuales orar:* Esto se debe hacer varias veces a la semana. También puede ser de ayuda para el adicto tener un horario de oración y llevarlo a cabo durante el momento cuando la tentación es mayor (por ejemplo, en la noche).
3. *Enseñanza de las disciplinas espirituales:* Hágalo escribir un plan sobre cómo mantendrá una disciplina espiritual. Sea constante al ayudar al adicto a mantenerse en este plan.
4. *Desarrollo de «formas de escape»:* Construya paredes y cercas para minimizar las oportunidades de deslizarse.

5. *Instrucción y discipulado de vida a vida:* Ayúdelo a entablar una guerra espiritual y a pelear la buena batalla de la fe y la obediencia. Esto debería incluir una enseñanza práctica bíblica sobre la santificación y otros conceptos importantes como eliminar lo viejo y hacer las cosas nuevas, así como renovar la mente. El adicto debe entender el pecado y la santificación.
6. *Reemplazo de la idolatría por la alabanza al verdadero Dios:* El adicto debe aprender a alabar. Agustín dijo: «La raíz de todo mal es el deseo mal dirigido». Sus deseos y afectos deben ser redirigidos.
7. *Amar a otros:* Esto incluiría confesar los pecados a otros y buscar el perdón, la reconciliación, y donde sea posible, la restitución.
8. *Lidiar con la decepción:* La adicción y las mentiras duermen juntas. Enséñele al adicto cuán importante y seria es la honestidad (vea Hechos 5:1-11).
9. *Involucrar a otros en el plan de cambio:* Este es un trabajo para la iglesia, no para una persona.
10. *No se deje desilusionar por las recaídas:* Son muy comunes. Los que han conquistado exitosamente la adicción de manera habitual han fallado varias veces antes de llegar a la victoria.

En conclusión, para ministrar a los adictos debe sentir una pasión por esto. Lamentablemente, parece que la iglesia no quiere ensuciarse las manos con el más asqueroso de los pecadores. Muchos les dan la espalda, olvidando que en cualquier momento cualquiera puede caer en la adicción. El Dr. Ed Welch, un consejero bíblico líder y autor, lo dijo bien cuando mencionó: «La iglesia debería estar llena de gracia; muy a menudo la iglesia ha usado la Biblia como a un palo en vez de como palabras de vida».

Una razón por la cual los adictos se mantienen escondidos detrás de la cortina química es porque la iglesia parece ser apática e insensible al alma de un adicto. ¿Por qué es que esperamos hasta que alguien que conocemos cae en la adicción para llorar? Como cristianos, la compasión de Cristo no es una opción, y si en verdad lo amamos, nos importarán las cosas que a él le importan y veremos a la gente de la manera en que él las ve... con un valor infinito. Oro para que el material que se halla frente a usted le ayude a tener una mejor idea de lo que el evangelio de Jesús puede hacer por aquellos que están perdidos en el pecado de la adicción. Debemos ayudar a tales personas a entender que no fueron creadas para la prisión en la que se encuentran en el presente. Ellos están supuestos a disfrutar de una relación personal con Jesús. Todos debemos ser alentados para no quedarnos cortos en la travesía de la vida al conformarnos con las cosas terrenales. Podemos encontrar nuestro gozo solo en él.

C. S. Lewis escribió: «Si consideramos las promesas desvergonzadas de recompensas y la naturaleza sorprendente de la recompensa prometida en los Evangelios, pareciera que para nuestro Señor nuestros deseos no son muy fuertes, sino demasiado débiles. Somos criaturas de medios esfuerzos, haciendo tonterías con el sexo y la bebida y la ambición cuando se nos ofrece gozo infinito ... Nos satisfacemos demasiado fácil».[6]

56

Convictos

Cumpliendo la Gran Comisión detrás de las rejas

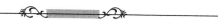

Mark Earley

> Estuve en la cárcel, y me visitaron.
> Mateo 25:36

> Acuérdense de los presos, como si ustedes fueran sus compañeros de cárcel.
> Hebreos 13:3

¡Las rodillas me estaban matando! Había estado arrodillado en el piso de concreto frente a la celda de la prisión cerca de una hora. Era justo antes de Navidad y un grupo del personal de Prision Fellowship y voluntarios de la iglesia local estaban pasando el día visitando a las mujeres prisioneras en el centro correccional de Virginia.

Ashley (no es su verdadero nombre), una mujer afroamericana joven, estaba sola en una celda de concreto cerrada con una pequeña ventana al nivel del ojo y una apertura para pasar la comida a la altura de la rodilla. Hablándole a través de la apertura para la comida, podía ver que Ashley no se parecía al tipo de persona que uno espera encontrar en la prisión. No parecía endurecida, cansada, amargada o vencida. En cambio, tenía porte, un buen vocabulario, y poseía una sonrisa que resplandecía. Sin embargo, estaba en prisión por asesinato.

—¿Dónde te hallas en tu caminar con Dios? ¿Si murieras esta noche, estás segura de si vas a ir al cielo o no? —le pregunté.

—No iría al cielo —dijo, mostrando la misma sonrisa tan brillante que había tenido durante el tiempo en que hablamos de sus hijos—. Con lo que he hecho, soy muy mala para ir al cielo.

—Ashley —le pregunté—, ¿puedo compartir contigo las Buenas Nuevas de Jesús?

Estaba más que desesperada. Yo sabía que el Espíritu Santo estaba trabajando en su corazón y quería a Dios. Compartí con ella el evangelio de Jesucristo, y le conté mi propio testimonio acerca de cómo había tratado ser lo suficiente bueno para alcanzar a Dios y su cielo, solo para descubrir que necesitaba un Salvador. Parafraseé Efesios 2:8-9 usando su nombre: «Porque por gracia [Ashley] ha sido salvada mediante la fe; esto no procede de [ti], sino que es regalo de Dios, no por obras, para que [Ashley] no se jacte».

—¿Te gustaría recibir a Cristo Jesús como tu Salvador hoy? —le pregunté.

—Sí, quisiera —me dijo.

—¿Te gustaría orar conmigo ahora y confesar tus pecados, arrepentirte y pedirle a Cristo que te salve y te llene del Espíritu Santo?

Estaba llorando ya al aceptar a Cristo como su Salvador y Señor. Me miró y dijo:

—No he llorado durante mucho, mucho tiempo.

Alenté a Ashley a comenzar a leer el Evangelio de Juan, orar, compartir su corazón con Dios y unirse a un estudio bíblico en la prisión. Ella dijo que lo haría.

Este corredor de celdas frías de la prisión se había convertido en un lugar santo con la obra visible de Dios en el corazón de Ashley. ¡Me estaba regocijando al levantarme de sobre mis rodillas dolidas y, con el oído de la fe, podía escuchar a los ángeles regocijándose en el cielo!

Lecciones al compartir de Cristo en prisión

Ashley estuvo dentro de mis primeras experiencias de evangelismo en la vida real como presidente de Prison Fellowship. Sin embargo, llevar el evangelio detrás de los alambres de púa y las puertas cerradas de la prisión es algo que nuestro fundador Chuck Colson y nuestros voluntarios han estado haciendo de forma regular durante casi treinta años. Con los seminarios de Prison Fellowship, los estudios bíblicos y los eventos especiales de evangelización ocurriendo en más de mil quinientos centros correccionales cada año, hemos aprendido mucho sobre cómo trabajar dentro del medio ambiente de la prisión estadounidense... hoy en día el «hogar» de más de dos millones de hombres y mujeres.

Nos hemos unido a unos cuantos miles de capellanes de prisión, a muchos de los cuales no se les paga. Los hemos apoyado y hemos tratado de aliviar su carga al compartir el trabajo. Hacemos esto porque Jesús mismo se identificó mucho con el desahuciado tras las rejas: «Les aseguro que todo lo que hicieron por uno de mis hermanos, aun por el más pequeño, lo hicieron por mí» (Mateo 25:40).

Por su diseño, la prisión causa miedo. Lo gris del alambre de púa y las paredes de concreto reflejan la condición de la población. La prisión degrada, humilla, aísla, controla y deprime a todos los que entran. Da lugar a una verdadera oscuridad espiritual. Por eso antes de siquiera poner un pie en la prisión para compartir el evangelio, ore con mucho fervor.

Dicho esto, tengamos en cuenta que Jesús nos dice que no debemos temer, y la experiencia de miles del personal y los voluntarios de Prison Fellowship ha mostrado que la prisión puede ser uno de los lugares más excitantes para ministrar. Estos son algunos puntos que le ayudarán a llevar a cabo la tarea de evangelización en la prisión.

- *El ministerio en la prisión no es para los llaneros solitarios.* Usted experimentará un sentido de seguridad y gozo trabajando como parte de un equipo con otros voluntarios.
- *Siempre trabaje con y por medio del capellán de la prisión.* Muchos han pasado largas horas y muchos años en el medio ambiente de la prisión, y han llegado a ser capaces de distinguir a aquellos que en realidad están en la búsqueda de Dios de los que profesan una «conversión debido a la cárcel» que no es sincera. Los capellanes saben todas las reglas de la prisión, y conocen a los carceleros. Respete al capellán y siga sus sugerencias y direcciones. Hay mucho que hacer a la hora de ministrarles a hombres y mujeres en la cárcel, y los capellanes saben que no pueden hacerlo todo ellos mismos. La mayoría le dará la bienvenida a voluntarios sinceros que están dispuestos a entrar y trabajar con ellos, no en su contra.
- *Aunque muchos prisioneros no parezcan muy accesibles al evangelio, la mayoría aprecia mucho el hecho de que se les visite.* Muchos han sido abandonados por la familia y los amigos, y están hambrientos por un contacto humano. Ellos se dan cuenta que está brindando su tiempo libre para venir a la prisión, y eso significa mucho para ellos.
- *Al mismo tiempo, los prisioneros pueden captar si usted es falso.* (Ellos mismos han jugado ese juego muchas veces.) Lo probarán para ver cuán «real» es. No crea que tiene que copiar su estilo particular de hablar o dramatizar su propio testimonio para identificarse mejor con ellos. Nunca haga promesas que no puede cumplir. Solo sea usted mismo. Eso le abrirá más puertas.

Mantenga el oído atento

Antes de compartir el mensaje del evangelio, dedique un tiempo para escuchar; como lo hizo Jesús muchas veces. Su atención total es un gran regalo para alguien cuyo sentido de autoestima ha sido distorsionado o reducido por la prisión y sus propias malas decisiones del pasado. Pregúnteles a los prisioneros por su familia, sus deseos, sus sueños. Pero nunca pregunte sobre sus crímenes, sin que importe su curiosidad. (A usted no le gustaría que un extraño le pregunte sobre sus peores pecados, ¿no?) Después que haya establecido cierto nivel de confianza, tal vez compartan esta información con usted.

Hay unos cuantos beneficios al escuchar. Crea un nivel de confianza. Le ofrece una percepción de las vidas de los prisioneros. Y —como le contará casi todo voluntario del ministerio en la prisión— muestra que estos hombres y mujeres que se encuentran en la cárcel se parecen mucho a usted y a mí, a pesar de la proyección distorsionada de los medios. Todos hemos tomado decisiones malas y egoístas en nuestra vida que han lastimado a otros y a nosotros mismos y que han mostrado nuestra necesidad de un Salvador. Todos tenemos sueños de una mejor vida para nuestros seres queridos y para nosotros mismos.

Edifique la confianza

El evangelismo en la prisión muchas veces comienza liderando un estudio de las Escrituras, porque el contacto continuo y relacional crea confianza... la pared más dura que hay que cruzar en cualquier prisión. Aquellos prisioneros que son considerados manipuladores dejarán el estudio si no logran controlarlo. Los que son sinceros serán evidentes por su hambre de conocer las Escrituras. Présteles atención a los individuos callados, que suelen tener miedo de hablar por temor a mostrar su ignorancia de la Biblia. Conózcalos y trate de alcanzarlos.

Esté al tanto de que muchos prisioneros no saben leer o escribir bien. Así que nunca se arriesgue a avergonzar a alguien en determinado momento al pedirle que lea un pasaje de las Escrituras en voz alta. Siempre pida un voluntario para leer. Tal vez pueda considerar usar una versión de la Biblia fácil de leer e imprimir el texto. También quizá quiera emplear algunas técnicas de enseñanza interactiva divertidas, como pequeñas obras teatrales, actuaciones y lecciones con objetos que refuercen una idea.

Tenga cuidado además de un «código de prisión» informal pero presente que maldice y explota las señales de debilidad. Mientras que muchos hombres y mujeres dolidos en la prisión tienen hambre del amor y el perdón de Cristo, solo correrán el riesgo de compartir su corazón y necesidad en privado, como lo hizo Ashley. Después que pase el tiempo, su estudio bíblico o servicio de capilla puede convertirse en un lugar seguro donde puedan sincerarse.

Siga las reglas

Siempre tenga en mente que usted está ministrando en una *prisión*, donde la suma preocupación del personal es la seguridad. Esté dispuesto a soportar lo que parecen formularios y procedimientos sin sentido para asegurarse de que su programa sea aceptado. Espere que haya demoras.

Respete todas las reglas y restricciones, aunque no entienda el propósito de ellas por completo. Por ejemplo, no entre o saque nada de la prisión sin antes tener la aprobación del personal. Fíjese en los códigos de vestimenta y obedézcalos.

Para su propia seguridad, no le dé su nombre completo, dirección o número de teléfono a ninguno de los prisioneros. Y no se involucre en ninguna transacción de negocios con ninguno de ellos. Tenga cuidado con el contacto físico en la prisión. A un guardia, un buen abrazo cristiano puede parecerle como una transferencia de contrabando.

Entrenamiento y recursos

Prison Fellowship ha desarrollado entrenamientos para voluntarios que desean llevar a cabo un ministerio en la prisión, y no hace falta estar afiliado a Prison Fellowship para participar en el entrenamiento. Algunas prisiones requieren hoy en día que todos los voluntarios reciban la instrucción gratis de PF antes de involucrarse en cualquier tipo de ministerio en la prisión. Prison Fellowship comparte con gusto esta información porque queremos ver un evangelismo efectivo en la prisión y no hace falta que sea el nuestro. El curso básico se ofrece varias veces al año en muchas comunidades cercanas a las prisiones. Para más información vaya a www.pfm.org.

Otro recurso es *Inside Journal* [Diario interno], el diario de Prison Fellowship para los prisioneros, que se publica ocho veces al año. *IJ* siempre incluye una presentación del evangelio, así como también testimonios e información que puede ayudar a los prisioneros a sobrevivir la prisión, mantener las relaciones familiares y mejorar su educación. Se anima a los voluntarios del ministerio en la prisión a distribuir este diario gratis en las cárceles que lo permitan. Otra manera de ministrar en una prisión es por medio de un programa de correspondencia.

Para saber más del programa de correspondencia o acerca de cómo obtener copias gratis de *IJ* para distribuir, contacte a Prison Fellowship al 1-877-478-0100 o visítenos en la Internet en www.prisonfellowship.org.

El ministerio en la prisión es una gran tarea, no solo para la salvación de almas sino también para la salud de la iglesia. Yo creo que muchos líderes eclesiásticos futuros saldrán de las prisiones, como lo hizo Chuck Colson en 1974. Estaríamos contentos de tener a otros cosechadores a nuestro lado, y compartiremos con gozo lo que hemos aprendido con usted.

57

Gente afectada por la discapacidad

En busca de la aceptación

Joni Eareckson Tada

El sentir de nuestro corazón está en lograr que el evangelio sea accesible a la gente afectada por la discapacidad y en ayudar a las iglesias a incluir a las personas discapacitadas. Las estadísticas de la Organización Mundial de la Salud nos dicen que más del diez por ciento de la población de un país incluye a las personas con discapacidad (o como se le llama más comúnmente hoy en día, a las personas afectadas por la discapacidad). En el mundo hay más de seiscientos cincuenta millones de gente discapacitada. Esto significa que cada comunidad tiene a alguien con una discapacidad. Pero muchas veces esta gente está escondida.

Por causa del rechazo que recibe mucha de la gente discapacitada durante toda su vida, muchas veces son los más receptivos a las Buenas Nuevas del evangelio. El evangelio significa inclusión y aceptación. A medida que predicamos el mensaje de aceptación y reconciliación de la humanidad con Dios por medio de Jesucristo, la gente discapacitada lo acepta con ganas. Encuentran a Dios en su quebrantamiento y buscan encontrarle sentido a la situación difícil en la que los coloca su discapacidad.

Cualquier persona discapacitada dirá que es la actitud de la gente la que los afecta más que nada. La sociedad hace a un lado a la gente discapacitada y la rechaza, porque le gusta sentirse cómoda. A la sociedad le gusta la gente hermosa. Como iglesia, debemos modelar la integración y traerlos hacia adentro. Mire la prioridad que le dio Jesús al ministerio con la gente discapacitada. Deberíamos mirar nuestro propio ministerio y ver la prioridad que le damos nosotros. Jesús nos dio el patrón a seguir cuando nos contó la historia del gran banquete (Lucas 14:12-14). Y él le está hablando a la iglesia. Extiéndale su mano a la gente discapacitada. Estas personas son indispensables. El cuerpo de Cristo nunca estará completo hasta que ellos sean parte de nuestra congregación.

Sugerencias prácticas

Estas son algunas sugerencias prácticas: Si se encuentra con alguien que no tiene la capacidad de hablar, siéntase libre de preguntar: «¿Cuál es su señal para decir que sí?» Luego aprenda la señal para decir no. Una vez que conozca las señales de sí y no, puede entablar una conversación con ese individuo solo con hacer sus preguntas de tal manera que puedan ser respondidas de forma adecuada usando sí o no. Si la persona está tan incapacitada que no puede entender nada hablado, separe las letras del alfabeto de alguna forma y solo use el alfabeto. Esta es una forma maravillosa de aprender el nombre de alguien.

¿Cómo saludar a alguien con discapacidad? Yo suelo extenderles mi mano. Es un gesto que dice: «Es invitado a darme la mano», pero mucha gente se echa para atrás. Otra gente debe atravesar por toda una gimnasia física para conectar su mano con la mía en un clásico apretón de manos. Ni se preocupe por hacer todo eso. Haga lo que hace normalmente con cualquier persona. Si suele estrechar las manos, entonces acerque la mano y estreche un codo o toque una muñeca o apriete un hombro con gentileza. Solo acorte la distancia.

Si alguien es sordo y no sabe el lenguaje de señas, una sonrisa comunica mucho. Tenga buen contacto visual también. Encuentre un pedazo de papel y un lápiz y escriba algunas palabras de saludo. Luego entréguele el papel y el lápiz a su amigo sordo para permitirle responder.

Siéntase cómodo para compartir el evangelio en términos simples con gente que tenga retrasos mentales. Trate de alcanzarlos por medios que puedan entender. Llévelos con amor hasta el reino de Dios. Dios nos puede dar un amor como ese.

Para alcanzar a las personas ciegas para el Señor Jesús, provéales la Biblia en Braille o en casetes. Invítelos a su reunión para que puedan escuchar el evangelio.

La gracia de Dios es tan maravillosa que puede usar a una persona en una silla de ruedas para ayudar a hombres y mujeres a caminar con Dios; puede usar gente sorda para que el mundo escuche el evangelio; y puede usar a gente ciega para que otros vean.

El Centro Internacional de Discapacidad

Para los seiscientos cincuenta millones de personas en el mundo con discapacidad, a veces es difícil encontrar esperanza. El Centro Internacional de Discapacidad, programado para abrir en septiembre del 2006, capacitará a «Joni y sus amigos» para servir como un rayo de esperanza y ánimo a la población discapacitada del mundo por las generaciones venideras.

Con la pobreza, el divorcio, el suicidio y el desempleo en rangos cada vez más altos entre los discapacitados, la necesidad sigue siendo impresionante. Dios ha creado a «Joni y sus amigos» para tal propósito. Veinticinco años de ministerio han tenido un impacto enorme, con miles y miles de vidas tocadas y cambiadas. Sin embargo, la necesidad sigue siendo grande.

El Centro, localizado en Augora Hills, California, también será la casa del Instituto Cristiano de Discapacidad (Christian Institute on Disability), ofreciendo un respuesta bíblica a temas críticos que afectan a la comunidad discapacitada (por ejemplo, la bioética, la eutanasia, el aborto). El Centro también desarrollará un plan de estudio para los discapacitados, ofrecerá entrenamiento, y proveerá pasantías y becas a estudiantes en instituciones cristianas de alto nivel de estudio.

58

Los desamparados

Comparta un mensaje alentador con los desconsolados

Tony Cooper

Como otros grupos de personas, los desamparados tienen sus características únicas. El no tener hogar es un tema muy complejo con un número de factores contribuyentes: el abuso de drogas, el desempleo, el subempleo, los costos de las casas desproporcionales al sueldo, la falta de transporte adecuado, los temas de salud, el divorcio, la muerte de la pareja o un familiar, las necesidades de salud mental, los asuntos de autoestima, las presiones económicas y otros varios problemas.

La gran mayoría de los que se encuentran desamparados los son por casualidad, no por decisión. Su situación no fue intencional ni tampoco es su culpa. De manera habitual, un suceso del cual no tuvieron control los sobrecogió al tocar sus vidas. La mayoría de los desamparados básicamente no son diferentes de una persona promedio excepto porque no tienen casa, trabajo o familia cercana.

Con el tiempo, ser desamparado cobrará el precio en la persona afectando todo su ser de manera física, sicológica y espiritual. Esa es la razón por la cual el remedio para el desamparo tiene que ser capaz de tocar y alcanzar a la persona completa.

Yo creo que la gente desamparada son los proscritos modernos, junto con los que son VIH positivo o tienen SIDA. Es seguro que hay muchas malas percepciones y muchos malentendidos en cuanto a los desamparados, lo cual causa que un gran número de personas tengan prejuicios hacia aquellos que luchan y sufren por no tener hogar. Muchos se sienten aprehensivos y hasta temerosos cuando están en contacto con la gente desamparada.

En mis veinte años de trabajo directo con personas desamparadas, he descubierto que no hay razón para tener miedo o ser aprehensivo, sino que hay una necesidad de información correcta y educación. Por ejemplo, la mayoría de los desamparados son personas locales no transeúntes. Salen de nuestras propias comunidades y barrios. La edad promedio es aproximadamente treinta y cinco, lo que demuestra que la gente se está quedando desamparada mucho más joven que en el pasado. Casi el treinta por ciento son veteranos militares, hombres y mujeres que han servido a nuestro país. Y estamos viendo cada vez más familias desamparadas, en especial a mujeres con niños. Ellos forman la población de crecimiento más rápido entre los nuevos desamparados. Un número alto de los desamparados tienen trabajo. Son parte de los trabajadores pobres. Los desamparados son como nosotros: hombres, mujeres y niños que están dolidos, sufriendo y luchando con los desafíos de la vida.

Así que, ¿cómo les ministramos? Compartimos el evangelio con ellos igual que lo hacemos con cualquier otro. Romanos 1:16 dice: «El evangelio ... es poder de Dios para la salvación de todos los que creen». En mi opinión, Lucas 4:18 no solo se refiere al ministerio de Jesús y al trabajo de la iglesia, está describiendo a aquellos que sufren por ser desamparados. Jesús dijo que había sido ungido «para anunciar buenas nuevas a los *pobres*», fue enviado a «proclamar libertad a los *cautivos* y dar vista a los *ciegos*, a poner en libertad a los *oprimidos*».

Me doy cuenta de que Dios ama a todos y que la salvación puede alcanzar a cualquier persona que cree y recibe. Sin embargo, yo creo que Jesús hizo mucho por el proscrito, el destituido y el intocable. Algunos ejemplos son la mujer samaritana junto al pozo, el leproso que Jesús tocó y sanó, el hombre al lado del estanque de Betesda, los endemoniados gadarenos y Zaqueo. Jesús siempre tenía tiempo y se preocupaba por el pobre en espíritu. Si vamos a compartir nuestra fe de forma efectiva y ministrar a los desamparados, hay algunas cosas que debemos entender.

Llamado

Como cristianos hemos sido llamados por Dios a evangelizar. La Gran Comisión nos dice eso. Tenemos la responsabilidad de comunicar nuestra fe y dejar que brille nuestra luz. Sin embargo, creo que para ser efectivos necesitamos una dirección divina hacia la gente desamparada. Aunque al principio la mayoría de nosotros seremos ingenuos y no tendremos educación en cuanto a cómo tratar con los desamparados, igual necesitamos una motivación interna y simpatía por su situación, así como un fuerte deseo de ayudarlos.

Compasión

Como Jesús, debemos tener compasión por la gente dolida. La compasión es similar a la empatía. Nos hace sentir el dolor *con* las personas, no solo sentir lástima *por* ellas. La compasión nos ayudará a mirar más allá de las faltas y ver sus necesidades. Ellos necesitan a Jesucristo en sus vidas como todos los demás.

La compasión es un producto de amor ágape. Este es el amor de Dios que nos hace tener una preocupación no egoísta por el bienestar de otros, un respeto incondicional y positivo por los demás.

No obstante, hasta el amor ágape es a veces un amor difícil. En especial al ministrar a los desamparados, no deberíamos estar preocupados por ser incapaces de suplir cada necesidad o responder a todos los pedidos. *No* es una buena palabra cuando es necesaria. No significa: «No me importa»; por el contrario puede significar: «No puedo» o «No soy capaz» o «Eso no es algo con lo que me siento cómodo».

Compromiso

Como cristianos deberíamos siempre estar comprometidos con lo que sea que hagamos. Ministrar a los desamparados no es distinto. El compromiso es necesario, en especial cuando llega la desilusión. Cuando lidiamos con la gente, seguirá la desilusión. Compartir el evangelio con los desamparados puede ser excitante y desafiante… excitante cuando ve a la gente responder al mensaje y desafiante porque la mayoría de los desamparados no responden de inmediato y algunos nunca lo hacen.

Se ha dicho que no somos llamados a tener éxito, solo a ser fieles. Es lamentable cuando la gente no aprovecha la esperanza y ayuda que ofrece Dios. Cuando la gente rechaza el poder transformador de vida del evangelio, nos desilusionamos y nos damos por vencidos. Sin embargo, cuando responden y una nueva vida comienza, toda la desilusión y el desánimo del pasado se convierten en gozo. El compromiso da a luz al discipulado, la dedicación y la determinación. Estos son los ingredientes necesarios de una vida cristiana y nos beneficiarán al compartir nuestra fe.

Comunicación clara

Debemos comunicar el mensaje del evangelio de una manera clara y simple. Este mensaje es el mismo para todos, ya sea que estén en una situación buena o mala. El estatus económico y social de los que escuchan no produce ninguna diferencia. El piso está nivelado al pie de la cruz. Todos necesitamos aceptar por fe a Cristo Jesús como nuestro Señor y Salvador.

Al compartir nuestra fe con los desamparados no debemos dejarnos llevar por sus necesidades secundarias. Sí, debemos estar interesados en sus necesidades físicas y hacer lo que podamos para saciarlas. La mejor manera de ayudarlos es involucrándonos en un ministerio que fue creado para ministrar a los desamparados. De esta forma podremos dirigir a los desamparados o llevarlos a un refugio que es capaz de suplir sus necesidades básicas. Sin embargo, debemos recordar que su necesidad primordial es espiritual… de una ayuda y esperanza que comienzan desde adentro. El poder del evangelio es la única cosa que puede transformar una vida. En 2 Corintios 5:17 dice: «Si alguno está en Cristo, es una nueva creación. ¡Lo viejo ha pasado, ha llegado ya lo nuevo!»

Entendimiento apropiado

A la hora de testificarles a los desamparados, ciertamente debemos ser sinceros, pero no ingenuos. Debemos entender que no podemos resolver todos sus problemas o remediar sus dolores, pero podemos señalarles a un Dios todo poderoso que es el Gran Médico.

Los desamparados son supervivientes. Han tenido que amoldarse y a veces ser creativos solo para sobrevivir. De forma lamentable, algunos han aprendido a ser manipuladores, en especial los que están luchando con el abuso de sustancias. Algunos también han aprendido que la culpa se puede usar para motivar a la gente a ayudar. Del mismo modo muchos desamparados saben que apelar al sentido de la compasión o la simpatía en algunos funciona bien. Un ejemplo de esto está en los carteles que dicen: «Trabajo por comida». La mayoría de estos llamados no son genuinos. Muchos tienen historias de «mala suerte» o razones creíbles de por qué necesitan dinero. Para la mayoría, dinero no es lo que en verdad necesitan. Necesitan un cambio de vida. Con esto no digo que sean siempre suspicaces, insensibles o que no crean en nada. Lo que estoy diciendo es que tengan *precaución*. «Sean astutos como serpientes y sencillos como palomas» (Mateo 10:16).

Se debe mantener una distancia emocional cuando se ministra a los desamparados. La compasión es un requisito, pero podemos cuidar a una persona y estar dispuestos a ayudarla sin asumir la responsabilidad por ella. Sé que esto es difícil de hacer, pero es necesario. Es algo similar al principio de consejería que dice que un consejero no debe asumir la responsabilidad por el cliente o por cómo responde a la consejería.

Debemos continuar siendo pacientes y nunca darnos por vencidos con la gente. Muchos no responderán de inmediato. Para algunos, una decisión tal vez tome años, y algunos nunca recibirán el amor de Dios. Sin embargo, nuestra responsabilidad es continuar plantando semillas porque algunas caerán en buena tierra, y la gente desamparada forma parte de esa buena tierra.

Recuerde que mientras que Jesús estuvo en la tierra como adulto, se refirió a sí mismo como un desamparado. Él dijo: «Las zorras tienen madrigueras y las aves tienen nidos, pero el Hijo del hombre no tiene donde recostar la cabeza» (Lucas 9:58). También en Mateo 25:35-36,40 Jesús dice: «Tuve hambre y me dieron de comer; tuve sed, y me dieron de beber; fui forastero, y me dieron alojamiento; necesité ropa, y me vistieron ... todo lo que hicieron por uno de mis hermanos, aun por el más pequeño, lo hicieron por mí».

Cuando compartimos nuestra fe con la gente desamparada, es imperativo que nos demos cuenta de que son *personas* que por el momento no tienen una casa propia. Son gente que está dolida y luchando, y necesitan con desesperación experimentar el amor de Dios y el poder transformador de vida del evangelio.

59

Mileniales

*Confrontando a la generación del milenio
y la juventud de los deportes extremos con el evangelio*

Paul Anderson

Yo creo que será necesario un evangelio claro y estimulante para alcanzar los corazones de la juventud de la generación del milenio.[1]

La mayoría de ellos ha crecido en hogares rotos. Les hicimos una encuesta a los chicos en patinetas de la escuela media y secundaria que asistían a nuestra iglesia, y casi tres de cada cuatro tienen padres que están divorciados. Del noventa al noventa y cinco por ciento no proviene de un hogar cristiano.

Estos chicos están siendo educados por el televisor, los vídeos, la música y MTV, que les enseñan todas las ideas incorrectas sobre quién es Dios y lo que es la moralidad, la verdad y el amor. La única representación del cristianismo que ven viene de canal religioso con gente que promete sanidad y perdón si el televidente manda cien dólares. Los mileniales piensan que esto es un chiste.

También escuchan a los cristianos siendo criticados por los medios por hacerle frente a algún asunto moral. Muy poca gente les ha explicado lo maravilloso que es Jesús.

Los niños que vienen a la Iglesia de la Patineta, como muchos de la generación del milenio, no confían en la autoridad. No confían en los adultos porque muchos de sus padres no han sido dignos de confianza. Más de una de cada cinco chicas en nuestra cultura ha sido abusada sexualmente, muy a menudo por un padre, familiar o un amigo de «confianza» de la familia.

¿Por qué estoy motivado a predicarles el evangelio? Cuando yo era un niño, mi mamá era una alcohólica que nos gritaba todo el día. Le gritó a mi padre hasta que se fue. Uno de los días más tristes de mi vida fue cuando vi a mi papá irse manejando para nunca más vivir con nosotros.

Dediqué mi vida a andar en patineta —usaba la vestimenta, el idioma, los trucos— para que alguien me dijera: «Oye, tú eres bueno en esto». Andar en patineta, consumir alcohol, el vandalismo a las casas de mis vecinos, robar madera para hacer las rampas para las patinetas… todo iba junto. Mi mejor amigo, Clint Bidleman, y yo nos convertimos en competidores máximos de estilo libre en San Luis Obispo, California.

Para que yo escuchara el evangelio, el Señor tuvo que traer gente a mi vida a personas que eran fastidiosas y valientes. Por ejemplo, cuando tenía casi diecisiete años, fui a una fiesta en la playa para emborracharme y escuché el evangelio por medio de un pastor con un megáfono. «Jesús los ama chicos», gritaba. Mis amigos subieron el volumen de la canción de AC/DC, «Ruta al infierno». Recuerdo el contraste entre lo que indicaba la canción y lo que estaba diciendo el pastor, pero tenía miedo de que mis amigos pensaran que era un tonto si hablaba con él.

¿Cómo podemos alcanzar a la generación milenial y su cultura de deportes extremos?

Sea valiente

Algunas personas piensan que deben usar el método de venta suave. Sea su amigo primero y obtenga el derecho a ser escuchado. Eso no está en la Biblia, eso es Dale Carnigie: cómo ganar amigos e influenciar a la gente. Cuando le habla con valor y confianza a las personas, ellas escuchan.

En la Biblia los apóstoles eran valientes con individuos que nunca habían conocido. Jesús fue valiente con gente con la que nunca había hablado, como la mujer junto al pozo. En treinta y siete segundos, si se guía por el diálogo, le dijo de la vida eterna y le habló de su pecado. La mujer se fue creyendo y empezó a compartir su poderoso testimonio en su ciudad (Juan 4:1-42).

Le hacemos daño al cristianismo cuando sentimos vergüenza al proclamar el evangelio. Estos chicos necesitan escucharlo ahora. Tal vez salgan este fin de semana y consuman una sobredosis de drogas o mueran en un accidente de auto.

Sea auténtico

Esta generación no quiere un plan empaquetado de tres partes. Están buscando algo que sea real. Necesitan ver el celo por Cristo que tenemos en nuestras vidas, porque nos enamoramos de Jesús y no podemos aguantar no contarle a la gente sobre él. Dios ya ha puesto eternidad en sus corazones (Eclesiastés 3:11). Tienen desde el momento de su creación lo que Pascal llamó un vacío con forma de Dios, que más allá de lo superficial solo Dios puede llenar.

Tuvimos a un muchacho, hijo de un pastor, que había escuchado el evangelio su vida entera y estaba imitando la vida cristiana y yendo al estudio bíblico, pero al mismo tiempo fumando marihuana con sus amigos de la secundaria. Un día, alguien de la Iglesia de la Patineta le explicó el evangelio, y él lo entendió y le entregó su vida a Cristo. Terminó yendo al seminario, recibiendo el puntaje más alto de la escuela en el examen de conocimiento de la Biblia, enseñando métodos de estudio bíblico en la universidad, y más tarde enseñando hebreo bíblico en un seminario local.

Estos chicos son apasionados. El mismo celo que tienen por sus patinetas, por ser rebeldes o cualquier otra cosa en la que estén involucrados es el que pueden tener cuando reciban a Jesucristo en sus almas.

Interésese por el destino eterno de sus almas

¿En realidad creemos que el siguiente pasaje de romanos es verdad?

«Todo el que invoque el nombre del Señor será salvo». Ahora bien, ¿cómo invocarán a aquel en quien no han creído? ¿Y cómo creerán en aquel de quien no han oído? ¿Y cómo oirán si no hay quien les predique? ¿Y quién predicará sin ser enviado? Así está escrito: «¡Qué hermoso es recibir al mensajero que trae buenas nuevas!» Sin embargo, no todos los israelitas aceptaron las buenas nuevas. Isaías dice: «Señor, ¿quién ha creído a nuestro mensaje?» Así que la fe viene como resultado de oír el mensaje, y el mensaje que se oye es la palabra de Cristo.

Romanos 10:13-17

¿Creemos en el infierno?

Vivimos en una realidad temporal más que en una posibilidad de eternidad. No creemos que la vida sea trascendente. «Un soplo nada más es el mortal, un suspiro que se pierde entre las sombras» (Salmo 39:5-6). Pensamos que no estamos supuestos a contarles a los mileniales de Cristo porque no queremos ofenderlos. Si tememos al hombre más que a Dios, esto puede significar que alguna persona joven no escuche de la vida eterna.

Sea amigo de los pecadores

Esto es igual que cuando Jesucristo caminó por la tierra. Será igual en tres mil años, si es que no vuelve antes. Debemos encontrarnos con los pecadores en donde estén. Jesús era amigo de los recolectores de impuestos y los pecadores. Fue a la casa de Zaqueo. El apóstol Pablo no comprometió al evangelio; él se relacionó con la gente. A propósito, él se proponía entrar en el mundo de sus pensamientos y vidas para poder comunicarles el evangelio.

Hay dos ingredientes que deben estar presentes para que el evangelismo tenga lugar: el *evangelio* debe ser *presentado*, y debe ser presentado a los *incrédulos*. Sin ambas cosas no habrá evangelismo. Solamente estar con los incrédulos no es evangelismo, y tampoco lo es predicarle al coro.

No tenemos que comprometer al evangelio. Cada uno de nosotros está involucrado con los no creyentes de alguna manera. A menudo es a través de la red natural de relaciones. Yo soy de la cultura de las patinetas, así que es natural para mí proclamarles el evangelio a los chicos que andan en patinetas.

Cuando vine a Cristo, era un patinador fanfarrón que hacía mis propias rampas, y Dios me usó para construir rampas, patinar con los chicos, y abrir mi boca y predicar.

Tenga urgencia

Deberíamos decir: «Escucha, esta es la verdad. Tú necesitas esto. Te estas yendo al infierno sin esto». Algo que ocurrió en 1991 cambió mi perspectiva sobre la forma en que me intereso por estos chicos y el modo en que les hablo.

Un chico que vino a la Iglesia de la Patineta justo se sentó ahí y escuchó como muchos de los chicos hacen. Dos semanas después leí de él en el diario. Se drogó con un amigo y trató de robar una casa. El hombre que vivía ahí lo encontró adentro y le disparó y lo mató. No puedo parar de pensar en ese chico —por más de una década, veinticuatro horas al día, trescientos sesenta y cinco días al año— ha estado en el infierno y nunca va a salir. Debemos tener urgencia para comunicar nuestro mensaje de que *hoy* es el día de la salvación (2 Corintios 6:2).

Asegúrese de que todos hayan escuchado

Solemos tener el pensamiento incorrecto de que todos han escuchado el mensaje del evangelio, así que nosotros solo tenemos que vivirlo. Volviendo del festival de Myrtle Beach, me senté al lado de un chico de trece años en el avión. Yo estaba leyendo mi revista de patinetas y me di cuenta de que él estaba muy interesado en lo que estaba haciendo, entonces saqué este folleto de mi bolsillo: «¿Puedes hacer un ciento ochenta?», lo cual habla en términos de los patinadores sobre el arrepentimiento.

Le expliqué el evangelio a Kyle y luego le pregunté: «Oye, ¿has escuchado eso alguna vez?» Él dijo: «No». Hasta había estado en reuniones de jóvenes y nunca lo había escuchado. Yo le dije: «Puedes hacer la oración que está en la parte de atrás del folleto si en verdad quieres darle la espalda al pecado. ¿Quieres hacer eso Kyle?»

Aquí estaba un chico de trece años en los Estados Unidos que no sabía que Jesús, murió y resucitó por él, o que *él* podía conocerle. Kyle aceptó a Cristo como su Salvador.

No hay una promesa de que todos serán salvados. Pero la Biblia sí promete que el evangelio es poder de Dios para la salvación de todos los que creen (Romanos 1:16). Es interesante para mí ver cómo tantos que sienten pasión por ver a Dios liberar su poder en un mundo venido abajo por el pecado están buscando por todos lados la llave. La Biblia dice que la llave es el evangelio. El poder de Dios puede ser liberado para salvar a la gente por medio de la Palabra de Dios. Este hecho se puede ver en muchas cartas del Nuevo Testamento (ver Romanos 1:16-17; 10:17; 1 Corintios 1:21-24; Efesios 1:13; Santiago 1:18; 1 Pedro 1:23).

Todavía hay gente ahí afuera que no ha escuchado el evangelio. Ellos necesitan saber que Jesús es maravilloso y que su historia significa buenas nuevas para sus vidas.

60

Los adinerados

Algunas cosas que el dinero no puede comprar

Scott Dawson

Existe cierta maravilla alrededor de la gente que tiene dinero. El poder, el prestigio y la posición suelen estar con una persona rica. Los Donald Trumps, los Bill Gates y las Oprah Winfreys de nuestros días parecen tenerlo todo. ¿O lo tienen? El dinero es un bien quisquilloso. Puede estar aquí hoy y ya no estar mañana.

De acuerdo a la revista *Forbes*, la cual ha publicado una lista de los cuatrocientos estadounidenses más ricos desde 1982, «solo cincuenta y ocho personas en esa lista de 1982 han aparecido en todas las listas siguientes. El trece por ciento de la lista de 1982 vino de tres familias: once Hunts, catorce Rockefellers y veintiocho DuPonts. En el 2002, la lista incluía solo a un Hunt, tres Rockeffelers y ningún DuPonts».[1]

Cuando observamos la vida de un individuo rico, vemos la misma búsqueda que en la vida de una persona con poco dinero: una búsqueda de *paz*. Es increíble que podamos desintegrar un átomo y explorar Marte, pero que no seamos capaces de obtener paz personal. En un país que ha sido tan bendecido con innumerables riquezas, no hemos entendido que el dinero no puede comprar la paz. Este es un punto importante cuando esté lidiando con una persona que posea una cantidad significativa de dinero.

¿Por qué es tan difícil para las personas ricas venir a Cristo? Jesús dijo que le es más fácil a un camello pasar por el ojo de una aguja que a un rico entrar en el cielo

(Mateo 19:23-24). Esto es una referencia a un portón llamado «el ojo de una aguja». El camello, con su forma extraña y su gran carga, no podía maniobrar a través de esta entrada. ¿Se estaba refiriendo Jesús a toda la gente de dinero? No lo creo. Sin embargo, nos hace recordar que es posible que las riquezas consuman a un individuo.

Dificultades a la hora de alcanzar a los ricos

La gente rica es uno de los segmentos de la sociedad más difícil de alcanzar con el evangelio. Hay varias razones para esto. Estas son tres:

- *Sus riquezas les han permitido construir barreras naturales.* El tener recursos abundantes a su disposición le permite a la gente rica eludir, evitar o ignorar cualquier confrontación o conversación que no deseen. Un amigo mío que estaba compartiendo a Cristo con el gerente ejecutivo de una pequeña compañía me contó lo difícil que fue encontrar al hombre. ¡Cada vez que aparecía mi amigo, el gerente ejecutivo encontraba alguna forma de evitar la conversación! Mi amigo dijo que él pensaba que el gerente ejecutivo tenía a alguien contratado solo para interceptar cualquier situación incómoda. Los ricos pueden pagar para usar tales interferencias ante cualquier cosa que quieran evitar.
- *Muchos individuos ricos son como los políticos.* Están acostumbrados a que todos quieran algo. Para la mayoría de los políticos en Washington cada día está dividido en segmentos de quince minutos, durante los cuales están escuchando constantemente lo que quiere la gente de su oficina. No me gusta usar oraciones absolutas, así que diré que es *casi imposible* que una persona comparta sobre Cristo con un individuo rico sin antes desarrollar una relación. Sin la relación, el individuo estará siempre preguntándose qué usted quiere y por qué está ahí.
- *La mayoría de la gente rica ha trabajado mucho para tener lo que poseen.* Esto no es para decir que la gente rica es avara o egoísta. Sin embargo, un trabajo arduo se relaciona con sus grandes ganancias. Desde muy temprano la persona rica ha trabajado largas horas, creado grandes oportunidades, y ha usado sus habilidades en los negocios para progresar. Según la forma de pensar de esta persona, el evangelio le es extraño por completo, porque el mismo dice que no podemos trabajar o pagar para obtener nada que sea agradable a los ojos de Dios. Todos somos iguales y por lo que hemos trabajado durante tanto tiempo tiene que ser entregado en las manos de un Dios que no podemos ver. ¿Puede imaginar la dificultad de esta proposición para un rico?

Ayudas para dar testimonio

Para la mayoría de nosotros, el único camino para buscar ayuda es hacia arriba, pero una persona rica puede crear redes, comprar u obtener consejos, ayuda, o hasta amistad con sus grandes recursos. ¿Entonces, cómo les testificamos? Muchos individuos ricos han venido a Cristo, y he entrevistado a varios. Algunas de las similitudes en sus caminos hacia Jesucristo son maravillosas. Usando la sigla RICE, que significa *Respeto, Inspección, Conexión* y *Él*, les contaré lo que he aprendido.

Respeto

Al comenzar el proceso de compartir sobre Cristo lo primero que debemos considerar es *respetar* al *individuo*, no su posición, posesiones o poder. Jesús nos enseña a mirar a la persona no a las cosas. En la vida de cada persona hay momentos cuando la riqueza no importa.

Me senté junto a un caballero, que es creyente, durante la operación de su esposa. Es un hombre muy rico. Me miró y dijo que se daba cuenta de que no podía escribir un cheque lo suficiente grande para resolver esta situación, y que solo Dios lo podía ayudar.

En su lecho de muerte, Jackie Kennedy Onassis le pidió a la familia que trajera un ministro para que así pudiera morir en paz. Todos, ricos o pobres, necesitan un Salvador. Al compartir sobre Cristo, recuerde respetar a la persona.

Inspección

Cuando le testifique a una persona rica, debe *inspeccionar* sus motivos. Considere lo siguiente: ¿Tendría la misma pasión para compartir sobre Cristo con este individuo si las riquezas no estuvieran ahí? Recuerde que la gente rica está acostumbrada a que todos quieran algo, y el libro de Santiago nos advierte en contra de tener favoritismos por la gente que tiene riquezas. Debemos estar listos para compartir sobre Cristo con todos, no solo con aquellos que nos pueden ayudar.

Una vez una persona rica me preguntó por qué nunca le había pedido dinero. Nos conocíamos desde hace unos años, y lo más probable es que ya me hubiera ganado el derecho de pedirle algo para el ministerio. Le respondí que en cuanto le pidiera dinero, me convertiría en otra persona que quería algo de él. Esta persona estaba acostumbrada a eso. Sin embargo, debido a que el límite nunca se había cruzado en lo financiero, se desarrolló una confianza en lo espiritual.

Conexión

Debemos *conectarnos* con la persona rica. ¿Qué le atrae a esta persona de usted? He aquí la noticia. No es su encanto, belleza, habilidad o ambición... es el amor de Dios. Si mantiene una amistad con una persona rica —o con cualquier otra en verdad— por favor, nos desaproveche esta coyuntura crucial para llevar a cabo la tarea del evangelismo. Dios le ha dado favor a los ojos de esta persona. Dios, que es soberano, podría haber elegido a cualquiera para mandar su mensaje, y él se decidió por usted. Con esto viene la responsabilidad de la fidelidad. Usted no es responsable de si la persona recibe o no a Cristo, pero debe ser fiel para entregar el mensaje. Cuando la fidelidad está en su corazón, no se dará por vencido con el primer «no» o un momento incómodo en la conversación. La fidelidad significa entender que su vida tiene un propósito en Cristo.

Él

Por último, debemos recordar que en la vida todo es sobre *Él*. Se me hizo difícil esta última letra, tratando de encontrar una palabra que encajara. Busqué en un diccionario y una enciclopedia, y al final la idea me vino de golpe: la vida no se trata de crear una sigla ingeniosa o de aliteraciones; la vida se trata de Jesucristo. Piénselo, y es obvio a más no poder. ¡La vida se trata de conocer a Cristo!

La riqueza es muy frágil. Una decisión incorrecta, una llamada telefónica o una reunión, y puede perderse toda. Cuando Jesús y sus discípulos miraban a la muchedumbre que los dejaba por las «palabras fuertes» que Jesús había enseñado, miró a los discípulos y les preguntó si ellos también se iban a ir. Pedro respondió: «¿A quién iremos?» (Juan 6:68). ¿Quién más ofrece la paz, el propósito y amor de Cristo? ¿Adónde más puede ir su amigo para obtener vida? A ningún lado. La vida se trata de Cristo.

Durante su próxima conversación, mire a su amigo y comparta su preocupación por él. Deshágase de cualquier motivación egoísta y fíjese en que Dios lo ha puesto ahí para ser luz. ¡Sobre todas las cosas, percátese de que esta persona está buscando algo que las riquezas no pueden comprar, que las posesiones no pueden lograr, y propiedades que no pueden ser heredadas! ¡Muéstrele a Jesús!

61

Los pobres

Tratando entender antes de buscar ser entendido

Monroe Free

La pobreza es un gran divisor. Aquellos que poseen recursos y los que no los tienen suelen estar divididos de manera geográfica, social, y hasta religiosa. La mayoría de las personas de clase media alta y clase alta deben ser intencionales en cuanto a conocer a alguien que sea pobre. Por eso la mayoría de la gente en las categorías socioeconómicas altas no conoce a nadie que viva en la pobreza. Y esto lleva a terribles malentendidos.

Los sentimientos, perspectivas y experiencias de la gente que es pobre son diferentes de los del resto de la sociedad. ¿Qué se siente al tener que preocuparse a diario por cómo satisfacer las necesidades y darles de comer a sus hijos? ¿Cómo será aguardar en la fila con la ropa rota, esperando por la canasta de alimentos? ¿Qué se sentirá al ser dependiente todo el tiempo? ¿Cómo moldean estas experiencias a usted y su fe?

Jesús estableció el modelo para responder a estas preguntas. Él vino a la tierra y halló entendimiento a través de su presencia en medio de nosotros, buscando experimentar la vida desde nuestra perspectiva. Este hecho nos atrae hacia él y le da crédito a sus palabras: «Los amo».

La tarea más difícil en el ministerio a los pobres es establecer una credibilidad. Los pobres han visto a mucha gente tratar de hacer el bien, pero su principal motivación siempre fue cubrir sus propias necesidades. Ayudar a los pobres hacía que esta gente se sienta mejor, más noble, espiritual, menos culpable, o parte de un grupo. Los pobres también han visto y escuchado a mucha gente ofrecer respuestas simples a cuestiones complejas. Los necesitados nos se impresionan cuando venimos a ayudarles hasta que demostremos estar más motivados por entender la situación de una persona pobre que por cubrir nuestras propias necesidades.

Muchos de los pobres han aprendido a sobrevivir al analizar a la gente, y algunos lo pueden hacer bastante bien. Muchas veces se pueden dar cuenta de cuándo alguien no es sincero. Nunca ayuda decir: «Entiendo cómo te sientes», porque no es cierto. Hacer preguntas francas y escuchar de forma activa puede ayudar. Tratar de entender, de una forma no prejuiciosa, lo que experimenta, piensa y siente una persona pobre es importante. Ser honesto sobre el hecho de que usted no entiende es bueno. Admitir que su vida es distinta a la de ellos y que usted no se enfrenta a los mismos desafíos es algo que ayuda. Dar respuestas positivas a la resistencia y el coraje de una persona pobre de una manera auténtica será aceptado.

Una vez, después de predicar en un servicio de capilla en una misión rescate, me senté con un joven para hablar unos minutos. Estaba tratando intencionalmente de evangelizar a un nivel personal, luego de haberlo hecho desde el púlpito. Apoyándome en mi mejor entrenamiento, le pregunte si él creía que Dios lo amaba. Él respondió: «Creo que me tiene lástima, pero no creo que me ame».

Mi entrenamiento no me había preparado para responder a esas palabras, pero ellas me ayudaron a entender por qué este hombre no podía recibir la oferta más generosa del evangelio. El problema era que yo estaba actuando de forma agresiva no de forma encarnacional. No dije nada. Más tarde, al pensar sobre la conversación con el hombre desamparado, me hubiese gustado experimentarla antes de hablarle a la muchedumbre. Así habría dado un mensaje que se relacionara con el malentendido acerca de Dios y no hubiera tratado de vencer la resistencia de ellos hacia él.

Cuídelos

Un aspecto a la hora de expresar un entendimiento de los pobres es ayudarlos con sus necesidades físicas. Cuando le damos de comer a las personas que tienen hambre o las refugiamos cuando no tienen hogar, les comunicamos que entendemos lo que es importante para ellos. Cuando les llevamos alimentos a las personas y saltamos un agujero en el piso para entregarles los víveres sin ofrecerles una manera de arreglar el agujero, podemos perder credibilidad. Pintar una casa o arreglar un techo, dar ropa nueva o útiles escolares, puede poner a los que reciben estas cosas en una posición para decir: «Esta gente me entiende».

Nada establece más la credibilidad como la constancia. El don de aparecer de manera regular no puede enfatizarse en exceso. Una relación de confianza se desarrolla por medio del cuidado constante y la preocupación. Ir una vez con un mensaje fuerte y mucha caridad no tiene el mismo efecto que visitar de manera regular durante un período de tiempo. Los pobres sospechan de cualquiera que ayude de manera esporádica pero aprecian a los que siguen viniendo.

Respételos

La clave para evangelizar a los pobres es respetarlos. La sociedad en la que vivimos valora a la gente según su nivel socioeconómico. La riqueza es una señal de arduo trabajo, dedicación, ingenio, y en algunos lugares, de la bendición del Señor. Muchas veces la pobreza es vista como una señal de que estas cosas están faltando. Los pobres pueden llegar a creérselo ellos mismos, tal vez porque esto se les ha dicho de manera directa e indirecta.

Charlie era un hombre pobre, desamparado y alcohólico a quien encontré muy interesante. Lo ayudé a entrar a un programa de tratamiento. Luego, temprano una mañana, fui informado de que Charlie había dejado el programa, así que fui a buscarlo. Cuando lo encontré, le dije: «Volvamos otra vez al programa y empecemos de nuevo». Él me respondió: «Pastor, ¿por qué no me deja solo? No soy nada más que un borracho sin valor». En ese momento me di cuenta de que el problema de Charlie no era que tomaba mucho, aunque lo hacía. Me percaté de que el problema de Charlie era que la imagen que tenía de sí mismo era la de «un borracho sin valor», y su comportamiento solo completaba esa imagen.

Tuve el privilegio de ser parte de la transformación radical que llevó a cabo Dios en un desamparado llamado Cecil. Me pregunté qué yo había dicho o hecho que marcó una diferencia en su relación con Dios. Me contó esto una vez en una carta: «Mi vida cambió cuando vi que usted pensaba que yo era un hombre. Cuando me di cuenta de que usted pensaba que yo era un hombre, empecé a creer que era un hombre también».

La gente pobre necesita un cambio de identidad. A veces su imagen propia bloquea su relación con Dios. Por medio de comunicarles respeto, podemos ser parte del quebrantamiento de esa vieja imagen y del nacimiento de una nueva. Ese puede ser el factor decisivo en la aceptación de la gracia que Jesús ofrece, la cual lleva a una nueva y radical imagen propia. A través de nuestro ánimo, bondad, presencia o enseñanza, podemos sugerir que lo que creen sobre sí mismos es incorrecto. Cuando nos miran a los ojos y ven reflejada en ellos a una persona digna de respeto, entonces pueden creer que, en vez de un borracho sin valor, son hijos del Rey.

Una advertencia...

Involucrarse en el evangelismo a los pobres de la manera que sugiero le causará dolor. Cuando escucha de su miseria y sus luchas, esto duele. La desilusión y el fracaso son parte del proceso. A veces los temores y las experiencias de los pobres causan que temas de nuestro pasado y presente salgan a la superficie. La gente de los niveles socioeconómicos más altos han tenido que salir y a veces mucho de su zona de comodidad. Habrá momentos incómodos, hasta algunos vergonzosos. Ciertos lugares donde vive la gente necesitada son peligrosos. Se necesita valor para evangelizar a los pobres.

Un punto de partida a la hora de evangelizar a los pobres puede ser trabajar con un programa ya en existencia y empezar despacio. Sirva una comida en un refugio y luego siéntese a la mesa y conozca a alguna de la gente que está comiendo. Vaya con alguien que tenga experiencia, mire y aprenda. Pídale a alguien del programa que le ayude a encontrar a una persona joven a la que pueda servirle de mentor. Empiece a asistir a una iglesia en un área pobre de la ciudad. Dígale al pastor que quiere aprender y ser parte del discipulado a los necesitados. Vaya con los pobres y permanezca con ellos donde estén, y atiéndalos hasta que haya ganado credibilidad para ser escuchado. Luego hable con entendimiento. Mírelos a los ojos, de amigo a amigo, y vea comenzar la transformación radical de Dios.

62

Los desempleados

Consejos espirituales y prácticos

Luis Palau

Hace varios años estaba teniendo una serie de reuniones en Glasgow, Escocia, y la BBC me desafió con relación a la imagen local del desempleo.

—Tenemos un veinticuatro por ciento de desempleo aquí —me dijeron—. Probablemente un cuarto de la gente en su audiencia es desempleada. ¿Qué les va a decir?

—Nunca pensé al respecto —les respondí.

—Bueno, pues es mejor que lo haga —me dijeron—, porque esta gente está desesperada.

Tal desafío me forzó a considerar qué le diría a hombres y mujeres llevados hasta el desespero debido al desempleo. Los siguientes consejos surgieron de mi propio tiempo de dificultad con el desempleo.

Ideas para lidiar con el desempleo

Algunas de las siguientes ideas para lidiar con el desempleo son prácticas y otras son de naturaleza más espiritual. Lo más probable es que no quiera darlas todas de una vez a una persona desempleada. Use su radar espiritual para descubrir para qué está listo o lista. De manera lenta, y durante un tiempo, comparta los principios apropiados en respuesta a las necesidades de su amigo.

Ponga su confianza en Dios

Anime a su amigo desempleado a que acuda a Dios. ¡No tenga miedo de dejarles saber que si no conocen a Cristo como Salvador su situación es más desesperante de lo que piensan! La Biblia dice: «Pues todos han pecado y están privados de la gloria de Dios» (Romanos 3:23) y «la paga del pecado es la muerte». Pero no se detenga en las malas noticias. Déjeles saber las buenas nuevas: «La dádiva de Dios es vida eterna en Cristo Jesús, nuestro Señor» (6:23).

Invite a su amigo a confiar en Dios en ese instante al invitar a Cristo Jesús a su corazón. El apóstol Pedro nos dice: «En ningún otro hay salvación [excepto Jesucristo], porque no hay bajo el cielo otro nombre dado a los hombres mediante el cual podamos ser salvos» (Hechos 4:12).

Sugiera la siguiente oración de compromiso: «Señor, me acerco a ti con humildad, en medio de mi dolencia y tristeza. Por favor, perdona mis pecados. Gracias porque Jesús murió en la cruz para limpiar mi corazón y se levantó otra vez para darme vida eterna. Gracias porque ahora puedo disfrutar de la esperanza segura del cielo. Por favor, llévame a un nuevo trabajo donde les pueda contar a otros sobre ti. Te amo, Señor, y viviré para ti todos los días de mi vida. Amén».

Trate de encontrar el propósito de Dios para el desempleo

Dígales a las personas desempleadas que acepten sus circunstancias como si fueran de la mano de Dios. Fíjese que no dije que deberían *culpar* a Dios sino que deben *aceptar sus circunstancias* como si vinieran de Dios. Hay una gran diferencia.

Cuénteles de José. Los capítulos 37 al 50 de Génesis describen una familia disfuncional en la que hay una mezcla mortal de celos, amargura y enojo que con el tiempo lleva a la traición y casi al asesinato. Los hermanos de José lo venden como esclavo, y durante muchos años le vienen encima una calamidad tras otra. Es acusado falsamente de violación y enviado de manera injusta a la cárcel, donde permanece por mucho tiempo.

Para los observadores de afuera, debería parecer que Dios había abandonado a José, lo había olvidado y desechado. Sin embargo, en su propio tiempo Dios usó las circunstancias terribles de José para un gran propósito. Al final, después de que Dios lo elevó a una posición de gran poder en la tierra de su cautiverio, José entendió su propósito. Cuando sus hermanos traicioneros (y temerosos) volvieron a él años después, les dijo: «Ustedes pensaron hacerme mal, pero Dios trasformó ese mal en bien» (Génesis 50:20).

Déjele saber a su amigo que hay un propósito en todo lo que ocurre en nuestras vidas, y nuestro trabajo es encontrar ese propósito si es posible. Si de repente nos quedamos sin trabajo, podemos decir: «Pensaba que este era un trabajo maravilloso, pero Dios sabe qué es lo mejor. Debe haber algo mejor que hacer para mí que trabajar en esta compañía. Ahora debo encontrar qué es».

Pase un tiempo a solas con Dios

Anime a su amigo que está sin trabajo a pasar un tiempo a solas con Dios. Déle una Biblia si no tiene una, y anímelo a leerla. Sugiérale que comience con el libro de Juan. Puede usar un cuaderno y anotar sus pensamientos y preguntas, y luego acudir a usted u otro creyente para discutirlas. Anímelo a dejar a un lado todos los otros libros y apartar treinta minutos, una hora o más para estar a solas con Dios, manteniendo un espíritu atento a lo que sea que él le revele. Pídale que esté dispuesto a aceptar las «cosas nuevas» que Dios quiera hacer en él.

Hágase voluntario de una organización de servicio

Sugiera que el desempleado done cuatro horas al día siendo voluntario de una organización de servicios digna o busque individuos que necesiten ayuda. ¿Quién necesita ayuda alrededor de la casa o en el jardín para hacer un trabajo de pintura o arreglos eléctricos? Las viudas y los ancianos suelen necesitar una mano que ofrezca ayuda. Dígale a su amigo: «¡No deje de trabajar solo porque no se lo paguen!»

Comience un nuevo emprendimiento

Anime al individuo desempleado a pasar otras cuatro horas al día buscando trabajo o nuevos emprendimientos. Pídale a su amigo que está sin trabajo que se haga una autoevaluación honesta. Debe preguntarse: *¿Qué entrenamiento necesito? ¿En qué soy bueno? ¿Qué disfruto? ¿Qué recursos tengo? ¿Qué necesita la gente? ¿Cómo suplo esas necesidades? ¿A quién puedo llamar para algunas ideas creativas?*

Plante y haga crecer

Si tiene una porción de tierra, por más pequeña que sea, sugiérale que plante algo, ya sean tomates, lechugas, papas o frijoles, lo que sea. Si no tiene una porción de tierra, dígale que pida prestada una. Muchas personas estarían dispuestas a dejarle usar la tierra si les dicen: «Mira, estoy desempleado. Quiero plantar algunos vegetales. ¿Me dejarías usar una esquina de tu jardín?»

En poco tiempo, no solo tendrán algo para comer, sino también tendrán la satisfacción que solo los granjeros conocen.

Ni piense en las apuestas o los bares

En vez de invertir los recursos limitados de forma creativa, muchos los despilfarran en apuestas. Otros van a los bares y se sientan por horas, ahogando sus penas en el alcohol y yendo a casa aun más pobres que cuando se fueron. Reconozca ante su amigo que el desempleo no es divertido, pero úrjale a no empeorar una situación difícil al gastar sus recursos limitados en apuestas, bebidas o parrandas.

Ayúdelo sugiriéndole alternativas. Invítelo a su casa con frecuencia. Pídale que lo acompañe a dar una caminata, a una excursión, a jugar fútbol en el parque, a las actividades de la iglesia… usted capta la idea.

Una palabra de ánimo

No titubee en recomendar que sus amigos desempleados pasen tiempo con Dios buscando el propósito de su desempleo, aunque no sean salvos. Cuando la gente no tiene trabajo, suele estar más al tanto de su necesidad de Dios y más dispuesta a buscarlo que si tuvieran un empleo. El tiempo usado leyendo la Palabra y hablando con Dios sobre sus problemas puede ser el primer paso hacia una relación personal con él.

Por último, recuérdeles a sus amigos desempleados que a pesar de que sean pobres ahora, no tienen que quedarse en esa condición. La gente puede haberlos lastimado o abusado de ellos, pero no tienen que permanecer como víctimas. ¡Déjeles saber que esta es una oportunidad excitante para empezar no solo una nueva carrera sino toda una nueva vida en Cristo Jesús!

63

Proscritos

Alcanzando a los que no tienen privilegios

Marty Trammell

¿Qué podemos hacer para alcanzar a la gente que no parece encajar? Si es verdad que en el pasado los libros y las revistas nos daban la mejor comprensión de los corazones y las mentes de aquellos con los que compartíamos sobre Cristo, tal vez sea igual de cierto que los sitios electrónicos personales (blogs) y las salas de chat de hoy presentan la mejor imagen de aquellos fuera de la fe. Estas son los sitios donde los «otros» viven, donde se juntan los perdidos, donde hablan los solitarios. Este capítulo describe cómo compartir sobre Cristo con esta gente... seres humanos a los que llamamos «sin franquicia».

Cristo y los que no tienen franquicia

Las conversaciones de Cristo con los que no tienen franquicia nos sorprenden. Por qué el Dios-hombre con todas las respuestas esperaría a escuchar las preguntas humanas y responder es algo provocativo. Pero eso es justo lo que hace con la mujer junto al pozo. A pesar de que conoce la respuesta a su necesidad de inmediato, le hace una pregunta, escucha, y espera a que ella le pregunte a él (Juan 4:7-9). ¿Por qué? Tal vez porque, al conocer todas las cosas, entiende que su corazón atento será en parte responsable por su sanidad.

Una historia del *Reader's Digest* cuenta de una niña y una madre soltera que entran a una juguetería para comprar una muñeca. Algunas de las muñecas más caras caminaban, hablaban, cantaban o comían. Por último, la niña levanta una muñeca que la madre puede pagar. Pero cuando le pregunta qué hace la muñeca, la madre se da cuenta de que no hay una descripción en la caja. Entonces se le ocurre una idea. Le susurra a su hija: «Querida, esa muñeca escucha». A pesar de que la niña no sabía nada del costo de las otras muñecas, ella eligió la que escuchaba. Esta historia nos hace recordar que en algunas cosas nunca crecemos, porque aun elegimos a la gente que nos escucha. También los sin franquicia. Escuchar es una manera simple pero efectiva de compartir sobre Cristo con los «otros» perdidos y solos en nuestro mundo.

Convirtiéndonos en oídos

La mayoría de nosotros hemos vistos a estos «otros» en los programas de entrevistas, en los cafés, en los cubículos donde trabajamos. Son los abusados, los de sexo confuso, los convictos, los divorciados y los individuos sin amigos. Sobresalen para nosotros porque nuestra cultura los ha dejado afuera. Nadie parece escucharlos, verlos y ciertamente tocarlos. Muchas veces estas almas sin franquicia desean que alguien escuche a sus corazones. Como la niña con las muñecas, están buscando un cartel que diga: «Esta escucha».

No es fácil escuchar a los que se han quedado afuera. Debemos escucharlos donde sea que estén —de una forma que nos saque de nuestra zona de comodidad— en nuestros cafés, nuestros cubículos y nuestros hogares. Podemos hacer este trabajo no común al convertirnos en «todo oídos». Cuando escuchamos a la gente de una forma que puedan entender, nos escucharán.

Entre en su mundo

En su libro *Caring Enough to Hear and Be Heard* [Preocupándonos lo suficiente para escuchar y ser escuchados], David Augsburger explica que para que la escucha se lleve a cabo de forma efectiva, debemos aprender a entrar en el mundo donde las personas viven.[1] Entrar en su mundo eliminará algunas de las barreras de comunicación y ayudará a crear una vía para compartir el evangelio. A veces entrar en su mundo significa estudiar sus intereses. Asistir a un evento con ellos, leer un libro que hayan recomendado o hacer preguntas sobre sus intereses son formas prácticas de adentrarnos en su mundo. Aunque hay ciertos temas y eventos que debemos evitar, raramente estos individuos nos invitarán a asistir a un determinado evento o leer un libro que sepan que puede ofendernos.

Por ejemplo, al testificarle a un individuo sin franquicia me ha parecido de ayuda usar obras de teatro modernas. Dramas como *Esperando a Godot* de Samuel

Beckett y *Seis personajes en busca de un autor* de Luigi Pirandello presentan la desesperanza de la vida sin Dios… una desesperanza que estos «otros» conocen muy bien. Como las páginas de Eclesiastés, estas obras nos ayudan a entender el pensamiento de los sin franquicia, de aquellos que sienten la desesperación de un mundo sin Dios. Escuchar sus pensamientos sobre las obras ha hecho más fácil para mí orar por ellos, ver más allá de sus hábitos y encontrar puentes que podemos cruzar juntos hacia el evangelio. No he tenido mucho éxito a la hora de «hacer la oración» con estos individuos, pero en cada caso hasta ahora están acercándose en lugar de alejarse de la verdad.

Entrar al mundo que esta gente habita no nos ayudará por completo a entender su desesperanza. No siempre los traerá a Cristo. Pero al menos les recordará que hay un Dios que escucha, un Dios cuyas Buenas Nuevas son las noticias que necesitan escuchar.

Preste atención al significado detrás de las palabras

«¡No escuchaste nada de lo que dije!» ¿Cuántas veces palabras como estas han acabado con una conversación? ¿Cuántas veces han quedado sin decirse pero de igual modo afectan la relación? Todos sabemos cómo se siente esto. Cuando nuestras palabras quedan flotando en el aire, muy pocas veces tenemos ganas de seguir hablando. Los sin franquicia no son distintos. Para ellos nuestro evangelismo debe verse como algún tipo de hockey en el aire. Nuestras palabras van y vienen pero muy pocas veces tocan la superficie de sus pensamientos y sentimientos.

Nos parece difícil prestarle atención al significado detrás de sus palabras porque, en verdad, nos saca un poco de quicio o hasta nos ofende tal significado. No obstante, nuestra insistencia en hablar solo del evangelio con ellos elimina cualquier deseo de conectarse con nosotros por medio de una relación sólida… una que tal vez más adelante incluya al evangelio.

El apóstol Pablo demuestra escuchar el significado detrás de las palabras. Cuando discutió de teología con los filósofos en el Areópago, Pablo prestó atención a sus ideas. Él se dio cuenta de que habían hecho una inscripción «al dios desconocido» en un altar allí (Hechos 17:23). Se percató de que estos filósofos habían creado el altar para evitar ofender a cualquier otro dios que hubiera quedado fuera de su politeísmo. Pablo usó el altar y una frase de uno de sus poetas para explicar que Dios no está «lejos de ninguno» (v. 27) y que «todos, en todas partes» necesitan arrepentirse (v. 30). Prestarle atención al significado detrás de las palabras lo puede ayudar a encontrar los altares y las frases que los sin franquicia usan para convencerse a sí mismos de que no necesitan a Dios.

Responda a sus necesidades

Un joven amigo pastor una vez le contó a su grupo de jóvenes acerca de la primera vez que besó a su esposa. Estaban sentados al lado de un arroyo silencioso cuando él le preguntó: «Querida, ¿te puedo besar?»

Ella se quedó callada.

A pesar de que él consideró que tal vez no quería ser besada, decidió pensar que no lo había escuchado y le preguntó otra vez: «Querida, ¿te puedo besar?»

Aun entonces ella no respondió. Frustrado y preguntándose si ya había perdido su oportunidad, igualmente fue tan persistente que preguntó de nuevo, solo que esta vez lo hizo más fuerte: «Querida, ¿te puedo besar?»

Ella permaneció callada. «¿Estás sorda?», le preguntó.

«¿Estás paralizado?», dijo ella riendo.

El punto es que ella solo quería que él respondiera a la situación.

Solo después que *entramos* en el mundo de una persona y le prestamos atención al significado tras las palabras podemos responder de una forma que les ministre. (Somos todo oídos.) Es entonces cuando compartir el evangelio es más efectivo. Este es incluso el modelo que nos grita desde las páginas del Nuevo Testamento. Jesús entró en nuestro mundo, le prestó atención al significado de nuestras palabras, y respondió a nuestras necesidades de una manera que nos quitó el aliento... en especial a nuestra mayor necesidad: la salvación.

A pesar de que en los sitios electrónicos personales y las salas de chat podemos aprender mucho sobre sus participantes, lamentablemente, una vez que paran de escribir, no podemos conocer nada más. El mismo principio se aplica a los sin franquicia a nuestro alrededor. Debemos aprovechar la oportunidad del momento. Tal vez si escuchamos, los podremos oír antes de que sigan adelante. Entonces conocerán las únicas Buenas Nuevas: el perdón de Dios les da la bienvenida a ellos, los que no tienen franquicia, a una familia de amigos.

Sección K

Gente común debido al sexo o la orientación sexual

64

Hombres

Alcanzando a los hombres para Cristo

Brian Peterson

Más hombres que nunca están buscando conectarse con Dios y encontrarle sentido a sus vidas, pero nunca lo dicen. ¿Cómo hacemos para atravesar su duro caparazón?

Como un joven en su adolescencia y sus veinte, Josh era un rebelde de casi dos metros, rubio y de temperamento fuerte. Sus amigos y familiares mantenían distancia de este «demonio de Tasmania», ya que la ofensa más pequeña podía enojar a Josh. Sin embargo, todo eso cambió cuando cumplió treinta. Josh descubrió a Buda.

Cuando Josh era niño adoptó las creencias cristianas de su familia. Él cuenta la historia de sus raíces cristianas… y de cómo luego todo cambió cuando anunció que era homosexual. Después de eso, lo que más recuerda Josh es un fluir constante de predicación de parte de su madre y un comentario de su hermana acerca de que se quemaría en el infierno. Cansado de la lucha, en 1999 cortó casi todo contacto con su bien intencionada familia y encontró aceptación en un grupo de apoyo para estudiantes de Buda.

En su nueva fe budista, Josh dice que no se siente más en contra de Dios, su enojo ha desaparecido, y ya no siente que su creador está distante de él… algo muy contrario a lo que sentía antes. «El cristianismo me enseñó que Dios estaba más cerca cuando me portaba de cierta forma, y más lejos cuando no lo hacía. Nunca me sentí lo suficiente bueno para estar cerca de Dios». Si Josh fuese su amigo, ¿qué haría?

Distintos hombres, las mismas raíces

Esta historia verdadera de la vida de Josh puede parecer extrema, pero muchos de nosotros conocemos a hombres en una situación muy parecida. Tal vez no estén considerando el budismo o la homosexualidad como un estilo de vida, pero están en un camino de decepción, distracción o ambivalencia. Y muchos se sienten muy contentos de estar en ese camino.

A pesar de que algunas mujeres luchan con estos mismos problemas, los números son muy distintos. De acuerdo a una encuesta de Barna con adultos estadounidenses, el setenta y cinco por ciento de las mujeres dice que su fe es muy importante para ellas, mientras que solo el sesenta por ciento de los hombres dice lo mismo. Y lo principal es que cerca del cuarenta y seis por ciento de las mujeres han aceptado a Cristo para salvación, comparado a un treinta y seis por ciento de los hombres.

Sin embargo, es interesante que justo el mismo número de hombres y mujeres dice estar «buscando significado y propósito en la vida» (cuarenta y ocho y cuarenta y nueve por ciento, respectivamente). Las estadísticas sugieren que los hombres buscan una vida más significativa, pero será necesario un cambio enorme de mentalidad para que busquen las soluciones de una iglesia, un grupo de cristianos, o hasta de Jesucristo mismo.

Los números también muestran una conclusión obvia: alcanzar a los hombres para Cristo no será fácil. Patrick Morley, autor de *El hombre frente al espejo*, lo dice bien claro: «Alcanzar a los hombres es muy parecido a jugar al baloncesto. El juego tiene que ver con lograr hacer el trabajo en medio de opositores que revolotean los brazos. La resistencia natural que encontramos en alcanzar a los hombres es parte del juego».[1]

Así que si usted y su iglesia están teniendo dificultad a la hora de alcanzar a los hombres, sepa esto: no están solos. Sin embargo, darse por vencido no es una opción, y un solo hombre que venga a Cristo puede revolucionar una iglesia o comunidad entera. Pero antes de ver cómo llevar a un hombre a Cristo, será de ayuda examinar la situación de los hombres en nuestra cultura hoy. ¿Cuáles son sus presiones, frustraciones y pensamientos secretos?

¿Qué molesta a los hombres hoy?

Estos son algunos de los temas que están enfrentando los hombres del vigésimo primer siglo que muy a menudo hacen que sean difíciles de alcanzar.

- *Los hombres están atrapados en una carrera sin fin.* El día de trabajo de doce horas no parece estar disminuyendo. Los hombres están tan cansados de su trabajo y sus responsabilidades familiares que rara vez tienen tiempo de enfrentarse a sus necesidades espirituales. Se están literalmente llevando a sí mismos a la enfermedad y la muerte espiritual y física.
- *Los hombres están aburridos.* El aburrimiento no se cura necesariamente con estar ocupado. Los hombres están aburridos de la lista sin fin de cosas que deben hacer… algunas de las cuales ellos nunca anotaron, cosas que deben llevar a cabo para mantener un nivel de vida o preservar una imagen. Los hombres están aburridos de sus iglesias. Son vencidos por lo mundano, sin energía para librarse.
- *Los hombres no son desafiados a hacer las cosas que aman.* En el trabajo, los hombres sienten la presión económica de quedarse en donde están, aunque sus sueños los llevarían a cosas nuevas por completo. Esto puede ser cierto en especial en algunos lugares cristianos donde los hombres son animados a ser conservadores y jugar siempre a lo seguro. En vez de ser desafiados a vivir al límite y alcanzar sus sueños, se les pide que tengan paciencia para «esperar a que Dios hable» antes de dar cualquier paso importante.
- *Los hombres han perdido contacto con su esencia masculina.* Los hombres se han vuelto afeminados; se han olvidado (o nunca conocieron) las capacidades y perspectivas únicas que tienen como hombres, y con cuánta desesperación las necesitan las mujeres y niños. Los hombres deberían sentirse libres de actuar según su naturaleza masculina.
- *Los hombres están cayendo en la noción de que los mejores años han pasado.* Nuestra cultura adora a la juventud, y muchas veces los hombres creen que los jóvenes tienen más valor que la gente adulta. Se ponen al borde del partido a la edad de cincuenta… justo cuando la sinergia de su energía y experiencia está comenzando.
- *Los hombres están tratando de ser algo que no son.* Muy pocos hombres han sentido el fluir de la confianza que pueden tener en ellos mismos, en vez de tratar de ser la copia de alguien, o tratar de vivir según la imagen machista que aparece en las carteleras y propagandas de hoy.

Si se supiera la verdad, sabríamos que casi todos los hombres —incluyendo los hombres con una fe cristiana fuerte— han lidiado con uno o más (¡o todos!) de estos problemas en algún momento. Y he aquí cómo todo esto se conecta con la evangelización de los hombres: Debemos reconocer nuestras necesidades y luchas en común, y relacionarnos con los hombres en donde estén. Cuando queremos revelarle la verdad de Cristo a otros hombres, esto muchas veces empieza con una amistad sin agenda, en la cual se construye la confianza a medida que los hombres hablan de sus necesidades en común y buscan soluciones juntos.

Por fortuna, un hombre llamado Gary tuvo a alguien en su vida que entendió lo que era la amistad, la paciencia y la confianza. Y esto en última instancia salvó su vida. Veamos su historia.

Un caso de estudio: El rescate de Gary

Desde cierta distancia, nadie hubiese esperado encontrar problemas en la vida de Gary. Parecía ser un hombre de negocios y un esposo seguro y exitoso. En público él y su esposa de once años parecían ser la pareja perfecta. Necesitó solo tres años en una compañía de Fortune 500 para demostrar su perspicacia en los negocios, y fue promovido a la gerencia con rapidez. Entusiasmado por su trabajo, las horas en la oficina se extendían hasta bien entrada la noche, con más viajes cada mes. En sus viajes de negocios, Gary empezó a relajarse cada vez más con la bebida, y el viejo hábito de beber mucho volvió.

Estando lejos de su esposa, y con su matrimonio desasiéndose claramente, Gary continuaba concentrándose en su trabajo. Luego vino la bomba. Un día su esposa le dijo que ya no estaba más enamorada de él, y le pidió el divorcio. Y más tarde le contó a Gary acerca del otro hombre. El dolor era más de lo que Gary podía soportar por su cuenta. Siguió bebiendo y pronto empezó con las drogas.

Una noche, manejando hacia su casa después del trabajo, Gary estaba pensando en qué era lo que había salido mal en su matrimonio, y decidió compartir la historia completa con Emilio, su vecino de al lado y un compañero con el que corría cada día desde hacía mucho tiempo. Emilio había estado orando durante meses por un momento adecuado para compartir su fe, pero nunca había sentido que el momento era correcto con Gary. Cuando Gary llamó, Emilio supo que esta era la oportunidad. Le sugirió preparar un almuerzo y salir de excursión el próximo sábado para tener un poco de charla y ejercicio.

Mientras corrían ese día, Gary le contó su historia a Emilio. Antes de que se terminara la carrera, Emilio le había contado una historia similar de su propia vida, y cómo Dios había interferido en el momento justo. Gary estaba lleno de preguntas sobre la «relación» de Emilio con Dios, las afirmaciones de Cristo y la simplicidad de la salvación. Gary lo pensó por un tiempo, pero en dos semanas Emilio lo había guiado en la oración para recibir el regalo de Cristo.

Ya era muy tarde para salvar el matrimonio de Gary, pero su nueva relación con Dios lo ayudó a escapar de las drogas y el alcohol. Encontró una iglesia en la que congregarse y se estaba sanando gradualmente del dolor de un matrimonio fallido mientras descansaba en su salvación y se enfocaba en ayudar a otros a alcanzar la sanidad en sus relaciones.

El poder de una vida compartida

Gary y Emilio experimentaron el poder de una vida compartida. Es este tipo de relación la que lleva al éxito con los hombres en el evangelismo. Los líderes de hombres respetados están de acuerdo de manera unánime en que construir relaciones a largo plazo es la mejor forma de llevar a un hombre a Cristo.

Cuando se le preguntó a Jack Lewis, ministro de educación en la Iglesia Bautista de Tulip Grove en Nashville, por qué pensaba que su ministerio varonil era un éxito, él dijo: «Tratamos de ser un grupo de apoyo. Nos juntamos como hombres a orar por estos chicos». Su iglesia tiene un grupo de sesenta a setenta hombres que son miembros activos y se especializan en un evangelismo de servicio, incluyendo el auxilio en los desastres, desayunos mensuales, ayudantes para realizar pequeñas tareas, misiones urbanas, programas de comida, y hasta torneos de golf para beneficio del ministerio de hombres.

Este tipo de servicio práctico construye una confianza que es necesaria a la hora de alcanzar a los hombres para Cristo. Como un ejemplo, Jack mencionó a un hombre que vino a la iglesia después de haberse divorciado y estaba luchando con las drogas y el alcohol. La iglesia le demostró una gran aceptación, y con el tiempo recibió a Cristo. Ahora es un líder de la Escuela Dominical y del ministerio de hombres. En realidad, terminó llevando a su ex esposa y su nuevo marido a Cristo. «Esta es una organización de servicio», dice Jack, «y funciona».

El líder laico Bill Rogers está de acuerdo. Incluso al tratar con hombres que aun no son creyentes, parece que responden mejor si pueden ser de ayuda y dar de sí mismos. «Lo que ha funcionado mejor para nosotros», dice Bill, «es cuando salimos y trabajamos, cosas como misiones de construcción, donde ellos utilizan las capacidades que tienen y ayudan a alguien más. No hay nada como trabajar días de catorce horas y dormir en el piso de una iglesia en algún lado».

Bill, que ha servido en la Iglesia Bautista Woodmont en Florence, Alabama, durante dieciséis años, ha visto a su congregación duplicarse en tamaño, ahora con mil quinientos miembros. «Los hombres piensan que nunca podrían hacer evangelismo», dice, pero casi siempre asumen la posición correcta cuando dejan que tal cosa ocurra de forma natural en el contexto de servir a otros.

Algunos líderes de hombres se han sorprendido de cómo algunos de ellos, incluso no creyentes, son más capaces de aparecerse para trabajar en algún proyecto que para una reunión de la iglesia. Romy Manansala, director de la División de Misiones de la Convención Bautista de Nueva York, dijo que esto había ocurrido recientemente en su estado cuando una iglesia envió setenta y cinco voluntarios a los Juegos Goodwill en Lake Placid. Un hombre no creyente solo fue a dar una mano, pero después de haber trabajado lado a lado con los otros, terminó orando para recibir a Cristo en su vida.

Diez cosas que necesitan los hombres

Cuando llegue el momento de compartir su fe con un hombre, le beneficiará recordar unos pocos hechos que suelen ser verdad con relación a los hombres y lo que ellos necesitan. Si ya ha creado una relación de confianza, esta es la parte fácil.

1. *Los hombres necesitan respeto.* «Si les decimos que están equivocados sin explicarnos, se sentirán irrespetados», dice Sean Taylor, estratego de Misión de Educación Adulta para el Directorio de Misión Norteamérica (NAMB). «Venimos en una posición de igualdad, tratando a otros como más grandes que nosotros mismos».
2. *Los hombres necesitan espacio.* No espere que un hombre le cuente su vida muy rápido, y trate de no ser entrometido. Cuando comparta su fe, no presione mucho al hombre para que tome una decisión. Usted no puede avanzar al siguiente paso en una relación a no ser que lo dejen.
3. *Los hombres necesitan pasos prácticos.* Los hombres son físicos por naturaleza; les gusta llevar las cosas al mundo físico. Por lo tanto, si se menciona una verdad espiritual, la siguiente pregunta de un hombre es: «¿Qué debo hacer?» «¿Qué significa esto en lo práctico?»
4. *Los hombres necesitan procesar las cosas en su mente primero.* Los hombres terminan relacionando las cosas de manera emocional, pero este no es el primer paso. De forma habitual, gravitarán hacia el intelecto y la razón. También puede apelar al sentido de la curiosidad de un hombre. Exploren las interrogantes y maravillas y misterios de la vida juntos. No pretenda ser el Señor Sabelotodo, pero camine junto a su amigo en su travesía para descubrir a Dios.
5. *Los hombres necesitan hacer preguntas.* «Muchos hombres han sido traumatizados por los encuentros evangelistas», dice Bill Rogers. «Quieren saber las respuestas a preguntas como: ¿Qué tal con los hipócritas? ¿Y qué sobre el

dolor? ¿Es Jesús el único camino? Tienes que tomar todas esas preguntas en serio».
6. *Los hombres necesitan visualizar.* Ellos responden más al ver que al escuchar. La mayoría de los hombres hablan de forma natural con palabras que describen una imagen o en analogías. Cuando un diagrama es de ayuda para explicar un concepto, úselo.
7. *Los hombres necesitan ver que ser como Cristo está conectado con la excelencia y el éxito.* Hay grandeza en el corazón de todo hombre, y Cristo la saca afuera. Muéstrele a los hombres que hacerse creyente no es solo crítico para llegar al cielo, sino también es crítico para vivir en la tierra. Los hombres quieren saber que pueden mejorar en todos los roles que tienen: esposo, padre, hombre de negocios, atleta, vecino, amigo.
8. *Los hombres necesitan ser escuchados.* Ya de por sí es bastante difícil lograr que un hombre hable, así que si habla, trate de no cortarle la palabra. Déjelo que divague si es necesario. Escuche lo que está diciendo. Cuanto más hable, más bajará la guardia y conversará con libertad.
9. *Los hombres necesitan ser tratados como hombres.* En general, la iglesia no ha hecho mucho para afirmar la masculinidad. ¿Asiste a una iglesia feminizada? Si su iglesia está compuesta mayormente por mujeres, hágase algunas preguntas difíciles. ¿Esta asustando a los hombres en alguna forma su iglesia? En algunas iglesias un visitante masculino podría asumir que una inyección de estrógeno lo haría sentirse más en casa.
10. *Los hombres necesitan una visión.* Los hombres necesitan la energía que viene de buscar algo grande. Necesitan un sentido de destino y significado. El publicista Stephen Strang enfatizó esto en el número de marzo del 2001 de la revista *New Man* [Nuevo hombre]: «Los hombres necesitan una visión y un propósito para sus vidas. Algunos hasta dirían que la falta de visión y la existencia de problemas como la adicción sexual pueden estar conectadas».[2] Puede ser que los hombres sacien su necesidad de aventura con diversiones sexuales, y así llenar el vacío que crea la falta de una meta o visión saludable.

Piense en un amigo masculino no creyente que conozca. Ya sea que esté engañado, distraído, o solo que no le interesen las cosas espirituales, será necesario más que un folleto para traerlo hacia Cristo. Debemos ganar su confianza, quedarnos junto a él durante un largo camino, y tratarlo como a un hombre.

Sugerencias para alcanzar a un hombre

Cuando llegue el momento de compartir su fe, tenga estas pautas en mente:

1. **Encuéntrese con él en su terreno.** No lo haga venir a una iglesia si prefiere no hacerlo, ni siquiera si esto significa hacer algo que le interese hacer un domingo por la mañana.

2. **Establezca una conexión con los asuntos que tiene en su mente.** ¿Está preocupado por su hija adolescente? ¿Preocupado por su trabajo? Escuche sus preocupaciones, recuérdelas, y pregunte sobre ellas la próxima vez que se encuentren, o mándele un correo electrónico sorpresa en medio del día preguntándole cómo están las cosas.

3. **Mantenga su proceso de evangelismo simple.** Hasta el hombre de mente más simple puede entender el mensaje de la salvación. El problema es que muchos cristianos no saben cómo hacer una presentación de Cristo sin perderse en el camino.

4. **Baje su guardia primero.** Háblele de sus propios fallos y debilidades, y espere que él sienta la libertad de hablar de su vida. Puede que no ocurra de inmediato, y eso está bien.

5. **Olvide la predicación.** Una letanía de las Escrituras no suele ser lo que un hombre necesita. Cuando llegue la oportunidad, hágalo de manera natural como hizo Jesús: haciéndolo de modo simple, hablando su idioma, y esperando que se abra la puerta en vez de patearla para abrirla.

6. **Hable en términos no religiosos.** En vez de hacer la pregunta: «¿Haz hecho a Jesús tu Salvador y Señor?», empiece diciendo: «¿Eres un hombre de fe? ¿Crees en Dios? ¿Cómo describirías al Dios en que crees?» Luego, la puerta se abrirá fácilmente a la validez de la Biblia, las afirmaciones de Cristo y el plan simple de la salvación.

7. **Manténganse lejos de la introspección mórbida y el autoanálisis sin fin.** Dios no repara en pequeñeces y no espera que nosotros lo hagamos. Él tiene una forma mucho más positiva de atraernos naturalmente a un nivel mucho más alto de la vida. Así que cuando comparta su fe, es mejor explorar las grandes maravillas de ser un creyente: el sentido del poder y la presencia de Cristo, la existencia eterna, y la paz con Dios.

8. **¡No sea tan pesado!** Ríanse juntos, diviértanse, muéstrele a su amigo cuán divertido puede ser vivir. No trate de suprimir al niño que hay en todo hombre. Con Cristo como su campeón y la certeza de salvación, ¿qué otra postura podría encajar mejor?

65

Mujeres

Amistades reales y nuestras historias de Jesús

Martha Wagner

Sura vive una vida típica de muchas mujeres en Uganda. Su esposo murió de SIDA, y tiene varios niños a su cuidado. Cheryl es una ejecutiva en una compañía internacional de software en Palo Alto, California. Ambas mujeres desean ser amadas, cuidadas y valorizadas por los que las rodean. Desean tener un impacto positivo en su mundo. Las circunstancias de las mujeres varían mucho, dada la cultura y la familia en donde viven, pero en lo más profundo de nuestro ser, somos todas muy parecidas.

Las mujeres son creaciones perfectas del Dios viviente y tienen la oportunidad de volverse a su creador por medio de una relación con Jesucristo. Es imperativo que empecemos a ofrecer esta relación de una manera apropiada a cada cultura, usando metodologías que hablen a las necesidades del corazón de cada mujer.

Muy a menudo hoy en día nos faltan las respuestas a las preguntas más básicas sobre el evangelismo: ¿Cómo nos conectamos de manera práctica con las necesidades de las mujeres comunes con el propósito de comunicar el amor de Dios hacia ellas por medio de Cristo Jesús?

El problema

En el mundo evangélico de hoy, hay muchas mujeres que son excelentes maestras de la Biblia, las cuales nos están ayudando a crecer en nuestra fe en Cristo. En contraste hay pocas mujeres oradoras o personas creativas que tienen una pasión por contar las buenas nuevas de una manera clara y simple.

Entre las fortalezas de nuestro sexo se encuentran las relaciones. Por eso hacemos énfasis en el evangelismo a través de la amistad, pero ¿en realidad practicamos esta estrategia? Ya que el rechazo por medio de nuestros compañeros es un gran temor, pasamos por alto muchas oportunidades de ayudar a nuestros amigos a entender nuestra fe en Jesús como Salvador. Evitamos poner en peligro nuestras amistades. Somos «amigas» pero muchas veces no *verdaderas* amigas.

Podemos hablar de la iglesia y de estar involucradas: «Jim y yo estuvimos en el estudio bíblico anoche. Tenemos un grupo maravilloso». Y evitamos dar información sobre por qué nuestro grupo es tan significativo. ¿Estamos siendo amigos reales de esta gente que está muriendo a nuestro alrededor sin Jesús? ¿Somos un club social que espera que el evangelio viaje por ósmosis?

No nos engañemos. Las mujeres cristianas están fallando a la hora de evangelizar a las mujeres no creyentes. Una razón es que no cultivamos amistades con los que no van a la iglesia. Tenemos muchos eventos para las mujeres de la iglesia. Todavía hacemos cosas que hacíamos hace cincuenta años, como intercambios de galletas y té de madres e hijas. ¿Ven las mujeres de hoy que no van a la iglesia esos eventos como significativos o de intercambio cultural? ¿Descubrirían si asistieran cómo hacerse seguidoras de Jesús, o solo cómo ser miembros de un club de mujeres cristianas?

En una ocasión, cuando me pidieron cerrar un desayuno para mujeres, un pedido fue agregado: «Por favor, no ofenda a nadie». Hay una suposición leve de que compartir las Buenas Nuevas causará problemas. Yo aproveché la oportunidad y compartí acerca de cómo seguir a Jesús. Siete mujeres hicieron una decisión de fe ese día. Fueron necesarios solo cinco minutos ya que la oradora las había preparado muy bien al contar la historia de su relación con Jesús y la victoria que había experimentado en su vida… su historia de Jesús.

Las posibilidades

Fuimos hechas a la imagen de Dios y tenemos una cantidad tremenda de creatividad innata. Es tiempo de utilizar todo lo que el Espíritu Santo nos ha dado. Necesitamos convertirnos en las mujeres que Dios quiso que seamos. Somos oradoras, escritoras, vocalistas, bailarinas, actoras, visionarias, líderes, gerentes y servidoras de nuestro Creador.

Las mujeres están calificadas para ministrar y evangelizar a otras mujeres. En Tito 2 se nos dice que las mujeres mayores deben ayudar a las más jóvenes en la fe y las creencias (vv. 3-5). Esto es cierto en el evangelismo también. Conocemos la necesidades profundas en la vida de cada una. Es tiempo de que las mujeres tengan valor de levantarse y, usando los recursos disponibles del Espíritu Santo, le cuenten a otras de su necesidad de fe en Jesús como Salvador.

Cada mujer que cree en Jesús tiene tremendo potencial para expandir el reino de Dios. En Hechos 2:17-18, Pedro cita al profeta Joel: «Derramaré mi Espíritu sobre todo el género humano. Los hijos y las hijas de ustedes profetizaran ... en esos días derramaré mi Espíritu aun sobre mis siervos y siervas». ¡Esos días son ahora! El tiempo es corto y la gente se está muriendo por escuchar sobre Jesús. ¿Qué mensaje único de vida le ha dado Dios?

Su historia de Jesús

Dios le ha dado una historia de vida con el propósito de mostrarles a otros la victoria que Jesús tiene sobre el pecado y la muerte. Su historia puede que contenga cosas que no quiera recordar, y en especial nunca hablar de ellas. Sin embargo, muchos necesitan escuchar su historia de victoria por medio de su relación con Jesús. Por medio de compartir su historia puede lograr muchos beneficios para el reino de Dios.

Dándole la gloria a Dios

Su historia le da gloria a Dios. Usted es una luz en la colina; no esconda su luz bajo una canasta. Las mujeres están dolidas. Los abusos físicos, emocionales y sexuales son problemas comunes. ¿Incluye algo de esto su historia? Las mujeres desean ser amadas y cuidadas. ¿Está Jesús en el proceso de mostrarle su gran amor? Él puede hacer lo mismo por otras mujeres. ¿Ha hecho Jesús un trabajo de sanidad en su vida? ¿Dónde estaría sin él? Las mujeres están solas y anhelan amistad. ¿El hacerse creyente le brindó un nuevo grupo de amistades?

Su historia personal puede ser triste o traumática. Jesús es capaz de llevar a cabo en usted y otros, por medio de su persona, una gran obra de sanidad y frescura. Es por medio de Jesús que la vida puede ser nueva.

Construyendo una comunidad

Su historia construye una comunidad. Es tiempo para nosotras, como mujeres, de salir de atrás de la fachada llamada «perfecta» y compartir con otros quiénes somos en verdad. Se necesita valor, pero cuando somos reales, nuestras amistades son más profundas y amorosas, y estamos más llenas de compasión los unos por los otros. Descubrimos que somos como los demás. Somos todos personas que han sido lastimadas por los efectos del pecado y que juntos necesitamos a Jesús.

Cindy tenía cinco hermanas. Tenía trece años cuando las drogas se convirtieron en su estrategia de supervivencia. Durante quince años sobrevivió a las relaciones dañinas y buscó la verdad espiritual. Cuando una amigo le contó de Jesús, lo siguió y encontró una nueva vida. Jesús aún la está sanando, pero es una mujer victoriosa. Cindy es una mujer llena de compasión, que ama y es amada.

Evangelismo

Su historia significa evangelismo. Jesús oró: «Que todos sean uno. Padre ... permite que ellos también estén en nosotros, para que el mundo crea que tú me has enviado» (Juan 17:21). Compartir nuestras historias con los amigos que no van a la iglesia les da una visión de la comunidad de creyentes, una comunidad que ama, cree y se alienta los unos a los otros hacia la victoria. Cuando esto ocurre la gente se siente hambrienta y desea la misma experiencia. Si nos escondemos y aparentamos ser perfectas, nuestras historias nunca llegarán a decirse. Y las mujeres no se podrán identificar con nosotras. No les daremos el mejor regalo.

El mejor regalo de Dios

El mejor regalo de Dios para nosotras es una relación con él mismo hecha posible por medio del sacrificio de nuestro Salvador Jesús. Nuestro regalo hacia otros también es una relación... nuestra relación con ellos que también abre el camino para que ellos tengan una relación con Cristo. Aquí hay algunos puntos importantes para recordar a la hora de alcanzar a las mujeres.

- *Demuestre una preocupación sincera.* Dios envió a Jesús para traer a su creación de vuelta a una relación con él. Y nos manda a contarle a otros sobre Jesús, para que muchos puedan conocer la esperanza, el amor y la compasión salvadora de Dios. Necesitamos ser amigas verdaderas. Mientras entablamos una relación con las mujeres que no van a la iglesia en nuestras vidas, ellas descubren una relación con y por medio de Jesús. Estamos modelando lo que nos dio Jesús al dárselos a ellas.
- *Utilice a la comunidad de la iglesia.* ¿Qué podemos hacer para construir relaciones fuera de las paredes de la iglesia? Las mujeres que no se congregan deben sentir que nos interesan lo suficiente para asistir a la iglesia. A la gente se le debe encontrar en donde está. Descubra los asuntos con los que lidian en esta etapa de sus vidas. Estos pueden ser la viudez, el divorcio, la soltería y la soledad. En cada nivel de la vida las mujeres luchan con temas diferentes.

Las madres jóvenes necesitan ayuda en el cuidado de los hijos. Las mujeres de mediana edad están lidiando con el hecho de permitir que sus hijos crezcan. Las mujeres con el nido vacío están dolidas porque ha cambiado el enfoque principal de sus vidas. ¡La menopausia está teniendo lugar para muchas! Necesitamos ayuda para saber cómo envejecer con gracia.

Los grupos que se forman para ayudar a suplir estas necesidades deben ser accesibles a los que no van a la iglesia. Mientras que estos grupos proveen una asistencia útil y práctica para los varios niveles de vida de una mujer, también pueden ser puntos de entrada para que las mujeres escuchen nuestras historias de Jesús y tengan la oportunidad de seguirle.

- *Cree oportunidades de evangelismo relevantes a la cultura.* Durante años había orado: «¿Cómo puedo comunicar de manera efectiva el mensaje de Jesús a las mujeres de nuestra cultura?» Luego, como un relámpago, el Espíritu Santo me dio una visión para una obra. Es graciosa y contemporánea y utiliza varios medios de entretenimiento. Dios está usando la obra *Better than a Story* [Mejor que una historia] para comunicarles a las mujeres cómo convertirse en seguidoras de Jesús. La obra examina la travesía espiritual de las mujeres e incluye una presentación del evangelio. La misma es una idea del Espíritu Santo. Pídale a Dios que deje que su creatividad brille en usted.
- *Busque y siga la dirección de Dios.* Empiece a orar sobre cómo la puede usar el Espíritu Santo para tocar las vidas de mujeres comunes con las Buenas Nuevas de Jesús. ¡Se sorprenderá! Esté lista para ser obediente, porque él es digno de todos nuestros esfuerzos, sin importar cuán agotadora y extenuante la idea parezca. El Espíritu Santo nos da todo lo necesario para cumplir su misión.

A medida que las mujeres del mundo miren a Jesús para hallar las respuestas de sus vidas, sus familias, ciudades y naciones serán cambiadas con poder. Vayamos juntas y hagamos discípulos de todas las naciones, porque él nos ha dado todo el poder y la autoridad en el cielo y en la tierra.

66

Solteros

Necesidad de un Salvador

David Edwards

Lo único que todos tenemos en común es que hemos estado solteros en algún momento de nuestra vida. Ser solteros nos coloca en buena compañía. Por lo que sabemos, Dios sigue siendo soltero y mientras estaba en la tierra, Jesús fue soltero también.

Ser soltero es algo neutro, no es malo ni bueno. Nuestras vidas son la explicación final de lo que decidimos creer y hacer. Si nos casamos o no esto es solo un ingrediente más en la explicación final de nuestro ser. Cristo está parado en el cruce crítico, demandando una decisión de cada individuo que cambiará para siempre la descripción física, mental y espiritual que será la explicación eterna de todos nosotros.

Deshágase de los estereotipos

No mucho después de que el novio cruza el umbral de su hogar con la novia a cuestas, se cruza otro umbral: los dos se olvidan de cómo era ser soltero. Miran a sus amigos todavía solteros y, después de un tiempo, empiezan a pensar de ellos con los mismos estereotipos que los otros suelen usar:

Sin logros: «acomodado» o ya no «motivado».
Fallido: mercancía dañada, de alguna forma incompleta.

Infeliz: No sobre algo en particular, sino infeliz acerca de las cosas en general. Han llegado a estar impulsados por las crisis.

En un estado de pecado: Contrario a lo que muchos predicadores enojados dicen, la soltería no es pecado.

En la caza: Todos los solteros son como «águilas», descendiendo en picada para la caza, estableciendo contactos, y luego yéndose. Todas las solteras están listas para el «espectáculo», anunciando que están para ser llevadas.

Proscritos sociales: No todos los solteros tienen las habilidades personales del hombre que vive en el cementerio.

Hay solteros que pueden ser descritos con estos títulos, pero no beneficia a nadie que los mismos sean usados. Al mismo tiempo, hay solteros exitosos que en realidad aman ser solteros. Sin importar el nivel de éxito del individuo, todos los solteros necesitan conocer a Cristo y la vida que él ofrece.

Mientras que los solteros sean vistos como «anormales» o «menos que otros» por los evangelistas, el mensaje de Cristo que se les entrega viene envuelto en un papel ofensivo, en vez de venir abierto y listo para ser tomado. Es la responsabilidad del evangelista entregar un mensaje claro y desenvuelto. Debe recordar que no está hablando con caricaturas; está hablando con gente real, y tienen el derecho de ser tratadas como tales.

Libere la estrategia de la esperanza

Todos los solteros deben encontrar a Cristo en medio de su situación actual, y Dios, obrando para nuestro beneficio, es capaz de obtener el bien de todas las cosas. La esperanza no se encuentra en cambiar la situación de vida sino en presentar la estrategia de esperanza que se ofrece en Cristo.

Hay cuatro situaciones de vida principales para un adulto soltero:

1. *Nunca se casó*: Por decisión o circunstancia, no importa. Las personas están decidiendo quedarse solteras por más tiempo, a veces para buscar el logro personal o un mejor descubrimiento de sí mismas. Debemos comunicarles a estos individuos que no son *incompletos* sin Cristo, están *perdidos* sin Cristo. La vida que ofrece Cristo les dará el valor y la posición que están buscando en el mundo.
2. *Divorciado*: Esta es una creciente realidad en nuestra sociedad. Es la responsabilidad del evangelista no criticar los males del divorcio sino admitir que ocurre y ofrecer esperanza en Cristo. El tema no es si el divorcio está bien o

mal; el tema es la necesidad de la persona divorciada del amor de Cristo Jesús que no cambia.
3. *Separado*: Este puede ser uno de los lugares más incómodos en la vida. Si una pareja sigue legalmente casada, ninguno está libre desde el punto de vista moral o legal para buscar otra relación. La soledad puede ser el compañero constante de la persona separada. Debemos señalar que Cristo se identifica con la separación. Él puso a un lado su naturaleza celestial y se hizo uno con la humanidad para traernos salvación. Dejó la perfección del cielo por un mundo fallido. Soportó la incomodidad de la soledad para que ninguno de nosotros tenga que estar realmente solo.
4. *Viudo*: Muy seguido, la muerte termina la vida de ambos: el que está enterrado y el que está tratando de unir los pedazos que quedaron de su vida. El soltero viudo tiene una vulnerabilidad particular, y muchos solteros viudos están dispuestos a participar de la relación amorosa que ofrece Dios por medio de Cristo. Ellos añoran un amor que llegue hasta su alma porque han perdido a alguien a quien nunca podrán reemplazar. El amor incondicional de Dios los encuentra en donde están y les da vida otra vez.

Algunos solteros también son padres solteros: llenos de sentimientos de temor, insuficiencia y engaño. Cuando se permite que estas emociones existan sin ser corregidas, el resultado es la desesperanza. Todos los padres solteros luchan con la mejor forma de manejar sus sentimientos. Si fallan en responder de manera adecuada, corren el riesgo de pasar su inmadurez emocional a sus hijos. Cristo es el *único* que puede presentarles una nueva vida que les dará la esperanza que anhelan.

Deje que hablen las Escrituras

La transformación en la vida de los solteros no se origina a partir de nuestras historias y anécdotas, sin importar cuán poderosas puedan ser. El adulto soltero renace desde el punto de vista eterno cuando la verdad de las Escrituras que se encuentran en las páginas de la Biblia es presentada de una manera que le ofrece las porciones más necesarias a su vida. Al narrar las historias acerca de los solteros en las Escrituras, el evangelista estará más al tanto de los temas de la soltería, y contar sobre estas vidas entregará una verdad poderosa que los solteros pueden entender.

Isaac. Vivió en casa de sus padres hasta que cumplió cuarenta antes de que al fin se casara. Después de casarse con Rebeca, tuvieron dos hijos, Jacob y Esaú, que se convirtieron en los padres de dos grandes naciones.

Ruth. No se cerró a la posibilidad de un futuro a pesar de la pérdida de su esposo. Decidió vivir en vez de dejarse morir lentamente por lástima a sí misma.

Elías. Él fue un hombre que vivió su vida entera para Dios. Su vida incluyó viajes y dificultades, y al final, le traspasó su unción a otro hombre soltero, Eliseo.

Daniel. Él era un hombre íntegro, inteligente y con dotes de liderazgo. Emergió del rango de la esclavitud para servir en la corte del rey.

José. Nunca perdió la esperanza del sueño de Dios. En realidad, interpretó los sueños de otros a la luz del deseo de Dios para la humanidad.

María Magdalena. De su pasado sórdido, fue transformada en una mujer con una alabanza extravagante.

Jesús. Él es el sumo ejemplo de la vida soltera y el impacto que puede tener en el mundo.

Levántese con la fuerza de Dios

No importa cuán profundos sean nuestros dolores y cuán poderosos nuestros temores, Dios quiere ser nuestro rescate. Él es nuestra fuente de fortaleza y nos ministrará en cada dificultad. Este es el mensaje que debemos mostrar a los solteros que luchan con situaciones de vida dolorosas.

En nuestros sueños quebrantados

Dios ofrece una posibilidad en nuestras circunstancias desesperadas. Él es el dador de la vida y el que brinda libertad. En ningún lado de las Escrituras dice que Dios no le da la posibilidad a los solteros de experimentar una vida completa y abundante. En cambio, la Biblia dice que Dios está al tanto de nuestras necesidades y obra para suplirlas a medida que vivimos de acuerdo a él. Una paráfrasis mía de Mateo 6:33 dice: «Si haces que mi *plan* sea tú *plan*, me aseguraré de que tus sueños se hagan realidad».

En nuestro aislamiento

Ninguna persona está tan aislada que Dios no la vea, la ame y ofrezca su perdón para ella. Muchos solteros se sienten segregados de la sociedad. Asegúrese de que lo único que perciban de usted sea la atención enfocada en Dios, que los ama y los llama hacia él.

En nuestro sufrimiento

Dios no es la causa de nuestro sufrimiento. Él lucha en contra de este. En medio del dolor, él no es el problema; es nuestra solución. Dios no está en nuestra contra; está a nuestro favor. Solo por medio de la vida y la muerte de Cristo en la cruz somos capaces de entender adecuadamente el rol que juegan el mal y el sufrimiento en nuestras vidas.

Guíelos a una decisión espiritual

La respuesta a los problemas de la vida no está en cambiar nuestras circunstancias. La respuesta está en llegar a un entendimiento de quién es Cristo y su implicación en nuestras vidas.

Toda nuestra vida es impactada por las decisiones que tomamos. Esto es verdad en especial con relación a la vida espiritual. La meta es llevar a los solteros al lugar donde serán enfrentados de una manera cariñosa con la decisión espiritual de lo que harán con Cristo.

Al realizar eventos donde los solteros se puedan reunir y escuchar lo que dijo Cristo, les estamos ofreciendo oportunidades para elegir seguirlo. Hay algunos principios importantes que debemos recordar si queremos que los eventos para solteros cumplan los propósitos para los que fueron planeados. Estos acontecimientos deben contar con nuestros mejores esfuerzos para que podamos crear un ambiente que facilitará su conexión con Dios. Todo evento exitoso tiene los mismos tres elementos:

1. *Debe ser real.* No puede ser nada inventado o tonto, por ejemplo un karaoke, copias del programa *Fear Factor* [Factor miedo] y demás. Los solteros disfrutan de una cena y una película, eventos deportivos y conciertos. Una actividad popular hoy en día es ir a un café donde haya música, juegos, y a veces un comediante invitado.
2. *Debe ser relevante.* Debe tocar algún tipo de necesidad en la vida del soltero. Debe haber algún tipo de ganancia, como hacer amigos o sentirse aceptado por un grupo, para que él sacrifique sus planes y venga a su evento.
3. *Debe ser relacional.* Siempre debe existir la oportunidad de formar amistades con otros adultos solteros.

Comunicar la verdad de Cristo a los solteros no es la tarea más difícil que tengamos, pero sí requiere que los veamos de la manera exacta en que Dios los ve. Primero, tienen necesidad de Dios, y luego están solteros. Cuando el mensaje que comunicamos sigue este orden, muchos adultos solteros serán alcanzados para Cristo.

67

Homosexuales

Compartiendo el evangelio con aquellos que no entienden

Robert y Shay Roop

El siquiatra cristiano John White, en su libro *Eros Defiled* [Eros profanado], escribe que «un acto homosexual es uno diseñado para producir placer sexual entre miembros del mismo sexo. Un homosexual es un hombre o una mujer que se involucra en actos homosexuales». Esto pone el énfasis en el comportamiento en vez de en la persona.

Hay tres tipos de homosexuales. Los homosexuales manifiestos involucrados en actos sexuales, los homosexuales latentes que tienen una atracción hacia el mismo sexo pero no actúan según ella, y los homosexuales circunstanciales que se involucran en comportamientos homosexuales de forma temporal por falta de disponibilidad de parejas del sexo opuesto. Los homosexuales son diversos: de todas las edades, profesiones, niveles socioeconómicos y denominaciones de la iglesia, y la mayoría de las veces no se corresponden con el estereotipo más común.[1]

Las causas de la homosexualidad

No hay una prueba científica que identifique una causa de la homosexualidad. Puede ser que la homosexualidad no sea ni heredada ni el resultado de anormalidades fisiológicas. Para nuestros propósitos de evangelismo, el hecho de descubrir la causa de la homosexualidad no debe ser nuestro enfoque. Jesús no le preguntó al ladrón en la cruz: «¿Por qué o cómo te convertiste en ladrón?» Él leyó el corazón del hombre y le ofreció perdón. Como evangelistas mortales, no somos capaces de leer los corazones o entender muchos de nuestros propios comportamientos. Jesús fue claro cuando dijo:

> No juzguen a nadie, para que nadie los juzgue a ustedes.
> Mateo 7:1

> ¿Por qué te fijas en la astilla que tiene tu hermano en el ojo y no le das importancia a la viga que tiene en el tuyo?
> Lucas 6:41

> Sean bondadosos y compasivos unos con otros.
> Efesios 4:32

La Biblia y la homosexualidad

Menos de trece pasajes en la Biblia mencionan a la homosexualidad, y por supuesto nunca es aprobada, pero tampoco está apartada como si fuera peor que otro pecado.[2] Por ejemplo, el pasaje de Romanos 1 condena a la gente que adora a otra cosa que no sea Dios, pero Pablo no trata de decir aquí que *solo* la idolatría homosexual es mala. En cambio, señala que cuando a la gente no le importa Dios, esto les permite involucrarse en todo tipo de situaciones pecaminosas, inclusive la homosexualidad manifiesta. Cada vez que la homosexualidad manifiesta se menciona en la Biblia, se le señala como algo malo. Pero, ¿que tal con la homosexualidad latente o escondida?[3] Ser tentado no es pecado; es pensar de modo obsesivo en la tentación o dedicarse a tener fantasías o deseos sexuales lo que se convierte en pecado. Esto es cierto con los heterosexuales así como también con los homosexuales.

Tal cosa es difícil de entender si nuestros intereses están dirigidos a la atracción por el sexo opuesto, pero para testificarle de forma efectiva a un homosexual, debemos entenderlo. Para algunos, es difícil alcanzar con el amor cristiano a estos individuos, pero somos llamados a hacer exactamente eso. Sus percepciones son difíciles de aceptar, pero debemos mirar más allá de nuestro propio prejuicio, como hizo Jesús cuando comió con los publicanos y pecadores (Marcos 2:15). Compartir el evangelio con los homosexuales es complejo, pero somos llamados a ser mensajeros de las Buenas Nuevas, no jueces del comportamiento de otros.

La salvación es para todos

La imagen de la salvación se ve mejor en la crucifixión cuando los dos ladrones que colgaban a ambos lados de Jesús le hablaron. Uno parecía reírse del Salvador, diciéndole que se salvara a sí mismo si en verdad era el Hijo de Dios. El otro, dándose cuenta de la verdad acerca de quién era Jesús, le pidió perdón por su vida de pecado (Lucas 23:32-43). Esta imagen es en lo esencial una representación de la humanidad. Fue la presencia de Jesús lo que le permitió a cada ladrón tener la oportunidad de verse a sí mismo necesitado de su intervención. Uno aceptó esta verdad, y el otro la negó, a pesar de que la muerte era inminente.

Aquellos que se ríen del concepto del pecado creen que la salvación es un sueño de tontos y que la vida eterna es una fantasía imposible. Ellos ven la vida como una travesía de placer, riqueza y supervivencia a cualquier costo, colocándose a sí mismos por encima de Dios. Por otra parte están aquellos que anhelan la existencia de Dios y, una vez que escuchan el mensaje de salvación, aceptan de inmediato a Cristo como su Salvador y empiezan a aplicar los principios bíblicos a sus vidas, basados en la convicción que brinda el Espíritu Santo. El evangelio debe caer en todos los oídos para que la Gran Comisión sea cumplida (Mateo 28: 19-20).

Jesús solo le respondió al ladrón que pidió perdón. Él dijo: «Te aseguro que hoy estarás conmigo en el paraíso» (Lucas 23:43). Nunca habló en específico de la vida del hombre ni le pidió que hiciera una lista de sus numerosos pecados. Jesús reconoció el verdadero deseo del hombre de ser perdonado y borró sus pecados, así como también los pecados del mundo, por medio de su muerte.

Evangelismo versus consejería

La consejería es una relación en la cual un individuo busca ayudar a otra persona a reconocer, entender, tener visión y resolver sus problemas. Sin embargo, el evangelismo es simplemente contar el mensaje de la salvación y dejar que el Espíritu Santo traiga convicción y visión a la persona. El evangelismo actúa simplemente como un catalizador para una conciencia alerta, despierta a la necesidad de Cristo. Muchas veces al dar testimonio tratamos de ser el Espíritu Santo y hacer el trabajo por él (Juan 16:8). El intercambio final de la vida eterna por el perdón de pecados se hace en el silencio de la cruz entre el Espíritu Santo y el pecador.

El evangelismo y el homosexual

Jesús no excluyó a nadie, y la necesidad más grande de un homosexual es la aceptación. De forma habitual, un homosexual ha experimentado una vida en la cual se ha sentido distinto, separado y no incluido, y en la que ha enfrentando el enojo y el reproche. Sus memorias más tempranas pueden ser de voces que decían: «No eres digno de nuestro amor y amistad». El amor de Jesús no les da más valor a algunos pecadores que a otros.

Una de las peores cosas que podemos hacer cuando le testificamos a un conocido homosexual es hacerle pasar vergüenza al sugerir que la homosexualidad es peor que otros pecados. Romanos 2:4 dice «que la bondad de Dios lleva al arrepentimiento». Parecería entonces que somos llamados a ser embajadores de la bondad y el amor de Dios. Sin embargo, cuando nos acercamos a una persona con orgullo y arrogancia, somos justo lo opuesto. Dios nos conquistó con su bondad y gracia. ¿Por qué haría menos por un homosexual?

Antes de que trate de evangelizar a la gente gay, necesita evaluar sus creencias y motivos. Si siente temor o repulsión por los homosexuales, o si los condena, puede hacer más daño que bien para el reino de Dios. Es difícil esconder los verdaderos sentimientos. Por eso la falta de un verdadero interés será evidente. Jesús amó a los pecadores y a los que estaban tentados a pecar. Usted tal vez necesite evaluar sus sentimientos y creencias antes de involucrarse en esta tarea maravillosa y orar por el sentir de Dios con relación a este tema.

Dios ha colocado a los cristianos en un nivel de entendimiento más alto que el de las otras personas. Él quiere que seamos la personificación de la compasión y la humildad. Debemos señalar *hacia* la cruz no *hacia* la persona. No debemos asumir nada y sí eliminar todo prejuicio, temor y malos conceptos de nuestra mente. Necesitamos apreciar que nosotros no somos más dignos de recibir la aceptación de Dios que un homosexual.

Cuando nos sentimos llamados a compartir el evangelio, esto no nos da licencia para atacar o rebajar a la gente. Jesús les dijo a lo hombres que acusaban a la mujer adúltera: «Aquel de ustedes que esté libre de pecado, que tire la primera piedra» (Juan 8:7). Necesitamos ser diligentes en *la oración* para que el Espíritu Santo dé convicción de pecado en vez de acusar al pecador. Recuerde que fue *Jesús* el que dijo: «Ahora vete y no vuelvas a pecar» (v. 11).

Estos son algunos pasos que debemos dar a la hora de testificarle a un homosexual:

1. Ore por sabiduría y conocimiento, así como también por la mente de Cristo, antes de compartir el evangelio con los homosexuales.

2. Evalúe sus creencias, prejuicios, motivos y actitudes antes de empezar esta tarea.
3. Edúquese sobre la variedad de dimensiones de la homosexualidad, así no comenzará con ideas estereotipadas nacidas de la ignorancia.
4. Evangelice y comparta los efectos que ha tenido en su vida el aceptar a Cristo. Use las Escrituras, ya que la Palabra es «viva y poderosa, y más cortante que cualquier espada de dos filos ... y juzga los pensamientos y las intenciones del corazón» (Hebreos 4:12).
5. Esté preparado para muchas preguntas, en especial aquellas que se tratan de la Biblia y la homosexualidad. Trate de no ponerse a la defensiva o tomar las cosas personalmente.
6. Recuerde que usted es el mensajero, no el mensaje.
7. Si usted pide orar con el individuo antes de irse, asegúrese de que sea una oración de amor incondicional, que indique la aceptación de Dios para toda la gente. Jesús no nos limpió antes de aceptarnos. Él vino y «cuando todavía éramos pecadores, Cristo murió por nosotros» (Romanos 5:8).

Para encontrar la grandeza en el reino de Dios, debemos ser sirvientes para el mundo. Debemos ir más allá de nuestras percepciones y ver a los perdidos y la gente dolida a través de los ojos de Dios. Se nos ha encomendado compartir con toda la gente las Buenas Nuevas, en vez de elegir y separar a aquellos que nosotros creemos que serían buenos candidatos para la salvación. Como 1 Samuel 16:7 indica: «La gente se fija en las apariencias, pero yo me fijo en el corazón».

68

Lesbianas

Una reflexión bíblica y personal

Brad Harper

El fundamento para la vida cristiana se encuentra en los dos mandamientos que Jesús dijo eran los más importantes: «Ama al Señor tu Dios con todo tu corazón, con todo tu ser y con toda tu mente ... Ama a tu prójimo como a ti mismo» (Mateo 22:37,39). Amar a nuestro prójimo no es solo un acto de obediencia para un cristiano, tal cosa representa el amor por Dios que es una consecuencia de ser amado por él. El amor de Dios es transformador, cautivando nuestros corazones y llevándonos a parecernos a Cristo.

Nuestra respuesta de amor a Jesucristo no es una mera respuesta racional a su obra por nosotros. En cambio, estamos en el proceso de llegar a ser «como él» a medida que transforma nuestros corazones con su amor. De la misma manera, el amor por nuestro prójimo es la respuesta de un corazón transformado por el amor de Dios.

En respuesta a la pregunta del experto en la ley: «¿Y quién es mi prójimo?» (Lucas 10:29), Jesús contó la parábola del buen samaritano. Jesús muestra como prójimos a dos personas separadas por siglos de animosidad cultural, valores diferentes y una distinta percepción de Dios. Tal vez la división entre judíos y samaritanos no está tan lejos de la separación entre homosexuales y heterosexuales hoy en día.

Los homosexuales han pasado gran parte de su historia en los Estados Unidos como una subclase rechazada, dándose a conocer en las últimas décadas solo para encontrarse en una batalla por la legitimidad social, civil, y ahora marital. Es interesante ver que la misericordia que tuvo el samaritano con su prójimo judío no ilustra una fusión de culturas, valores o puntos de vista sobre Dios. Pero su acto sí muestra lo que quiere decir Jesús cuando dice: «Ama a tu prójimo».

Amar a mi prójimo homosexual no es solo un asunto de cumplir un mandamiento, como si Dios nos forzara a actuar de buena manera hacia los «repulsivos y casi no humanos». Muchos cristianos evangelistas no ven mucho en sus vecinos homosexuales, si es que encuentran algo, que sea digno de ser amado y halagado.

Los evangélicos se han referido a los homosexuales como asquerosos pervertidos que necesitan arrepentirse de su pecado y recibir a Jesús, un punto en el que se convertirían de manera automática en heterosexuales. Se han referido a los homosexuales en formas denigrantes, sin darse cuenta de que puede haber alguien luchando con la homosexualidad sentado cerca de ellos... en la iglesia.

Sugiero que la respuesta bíblica en cuanto a amar al homosexual, el fundamento del amor al prójimo, radica en la imagen de Dios. En Génesis 9:6, Dios le dice a Noé que matar está mal porque derrama la sangre de un ser que fue hecho a su imagen. Y por si acaso pensamos que Dios está hablando solo de gente obediente, debemos darnos cuenta de que Dios describe a la raza humana posterior al diluvio como malvada en todas las inclinaciones del corazón (8:21).

Dios hace una diferenciación clara entre la vida humana y el resto de la creación. Los humanos son sagrados, creados por Dios para vivir en relación con él y responder de manera consciente y libre a su dirección. El texto deja en claro que *cada ser humano* tiene un valor único para Dios, haya establecido o no una relación de obediencia con él. Los seguidores de Dios deben respetar y honrar el valor supremo de toda la gente.

Creados a imagen de Dios

Como creyentes en Jesucristo deberíamos ver cada aspecto de la creación de Dios como hermoso y digno de loor, donde sea que le encontremos. Si hay razón para alabar a Dios por el reflejo quebrantado de su naturaleza en la iglesia, también hay razón para regocijarnos por la imagen de Dios quebrantada, pero verdadera, reflejada en nuestro prójimo, cristiano o no, gay o heterosexual.

Mientras que las lesbianas no reflejan la naturaleza de Dios en su unión sexual, hay muchas otras maneras en las que sí lo hacen. Mi vecina lesbiana, a pesar de su sexualidad dañada, es mucho más capaz de reflejar la gloria de Dios que cualquier otro ser.

Mis vecinas son Sherry y Tara; la hija de Tara de dieciséis años, Michelle; y su bebé varón, Wyatt. Sherry y Tara son compañeras lesbianas, un hecho del que estábamos al tanto antes de que se mudaran hace dos años.

Mi esposa y yo nos preguntábamos cómo podíamos amar a nuestras nuevas vecinas. Cuando se mudaron, conversamos todos juntos, les ayudamos en lo que podíamos, y las tratamos como a cualquier otro. Después de un tiempo nos dimos cuenta de que disfrutábamos hablando y trabajando juntos. Durante muchos meses el tema de la homosexualidad nunca se tocó. Decidimos que hablaríamos del tema si ellas querían, pero que nosotros no sacaríamos el tema. Oré para que Dios me diera una oportunidad de hablar del amor de Cristo, y para que ellas sacaran a relucir el tema también.

Un día estaba saliendo para correr y Sherry estaba trabajando al frente de su casa, ella me llamó y me preguntó: «¿Qué es exactamente lo que enseñas en la universidad?» Le dije que enseño teología cristiana. Me sonrió y dijo: «Ah, me encanta hablar de teología, porque aún estoy tratando de encontrar mi lugar en este mundo». Había orado para que Dios abriera una ventana, y él me abrió el portón del garaje.

Sherry y yo tuvimos una conversación maravillosa. Me contó de algunas experiencias dolorosas con la iglesia y con un número de personas cristianas por razones de su orientación sexual. Sentí que estaba tratando de conocer nuestra reacción hacia ella y Tara. Yo le dije: «Sherry, mi punto de vista en cuanto a la homosexualidad, el que deduzco de la Biblia, es muy distinto al tuyo. Pero el Jesús de la Biblia, el que me ama y dio su vida por mí, dice que puedo honrar a Dios amando a mi prójimo. Sherry, estamos muy contentos de que sean nuestras vecinas. Queremos ser parte de sus vidas y queremos que ustedes sean parte de la nuestra».

Sherry levantó sus brazos al aire y gritó: «¡Sí!»

Desde ese día, nos hemos visitado mutuamente. Compartimos la comida, las herramientas y el trabajo de jardinería. Hemos tenido varias conversaciones sobre la fe y la sexualidad. Yo creo que se sienten seguras con nosotros, así como nosotros con ellas. Como seguidor de Cristo Jesús, oro que Sherry y Tara, que no profesan una fe en Cristo, algún día sean confrontadas tanto con su amor maravilloso como con su señorío absoluto. Oro para que reciban el regalo del perdón y entreguen todo aspecto de sus vidas a él, incluyendo su sexualidad.

Amando a nuestros prójimos

¿Qué significa para nosotros amar a nuestras vecinas lesbianas? Simplemente debemos amarlas como amamos a cualquier otra persona: descubriendo sus necesidades y supliéndolas, compartiendo cosas y visitando sus hogares, regocijándonos de lo bueno que ocurre en sus vidas, compartiendo nuestras historias de vida y fe, y afirmando el amor de Dios por ellas.

No debemos ni esconder el tema de la homosexualidad ni hacerlo un punto en la relación. Debemos afirmar el valor de las relaciones solidarias y sacrificadas. ¿Puedo afirmar la relación sexual de mi vecina lesbiana? No. Pero puedo afirmar el amor sacrificado entre humanos cuando es evidente.

Debemos desistir y declararnos en contra de toda palabra que denigre a los homosexuales como personas. En la iglesia y en público debemos rechazar toda conversación en la que se detracte el hecho de que las lesbianas son personas creadas a imagen de Dios, personas que él ama. Aunque debemos rechazar la idea de que las parejas homosexuales son matrimonios en el sentido bíblico, al mismo tiempo debemos ser sensibles a los beneficios sociales y legales que muchas veces se les quitan a los homosexuales. Estos son temas donde la compasión nos debería llevar a arreglar el problema... no redefiniendo el matrimonio sino cambiando otras leyes.

En el caso de nuestras vecinas lesbianas que no son cristianas, debemos enfocarnos en Jesús, no en la homosexualidad. La historia de la mujer sorprendida en adulterio en Juan 8 nos da una imagen clara. Lo que todos los pecadores necesitan más es un encuentro con Jesús, que viene acompañado de amor y gracia. Solo después de este encuentro se toca el tema del pecado. El apóstol Pablo dice que es la gracia de Dios en Cristo, viniendo sin condenación, la que transforma nuestros corazones para desearlo a él y sus caminos (Romanos 8).

En el caso de vecinas lesbianas que profesen ser cristianas, la Biblia no permite que el pecado se esconda bajo una alfombra. Debemos tocar el tema con nuestras vecinas que dicen ser cristianas, pero debemos hacerlo de una manera reflexiva y cuidadosa, trayendo a consideración la distinción entre la iglesia local y los cristianos individuales viviendo en la esfera pública. Mi responsabilidad personal no es reforzar la disciplina de la iglesia. Mientras que tal vez no sea capaz de compartir la comunidad de la iglesia local con mis vecinas lesbianas cristianas, igual voy a orar por y con ellas y a darles la bienvenida a mi casa y vida.

El amor de Dios por mí en Cristo es algo tanto confortante como temible. Es, por una parte, un amor que trae una gracia mayor que mi pecado; no hay otra paz que pueda compararse a la paz de su amor tan profundo, tan ancho y que lo perdona todo. Por otra parte, su amor también es intenso, uno que se rehúsa a permitir que yo haga las reglas para vivir una vida santa que le honre a él.

Es con este amor maravilloso con el que debo amar a mi vecina lesbiana, aceptándola y regocijándome en su individualidad bendecida por Dios. También debo señalarle hacia Cristo, que la llama a una sexualidad bíblica, diseñada por Dios para ser expresada por medio de una unión sexual y un matrimonio solo entre una mujer y un hombre.

69

Descontentos

Cómo disfrutar siendo quien es

David Edwards

A todos lados que voy, encuentro gente que está amargada e infeliz con la situación de su vida. Estaba hablando en una cena para adultos solteros por el Día de Acción de Gracias. La iglesia había contratado los servicios de un proveedor de comida para que trajera un buffet enorme. Me encontraba en la fila detrás de una mujer bastante grande que estaba enojada y apilando comida de las bandejas en su plato.

Ella levantó una de las cucharas para servir llena de puré de papas, lo tiró en su plato, y suspiró: «¡Ahhh!» Yo puse un poco de papas en mi plato mientras que ella alcanzaba el recipiente de la salsa, levantaba el cucharón, y lo enterraba en su puré de papas para crear su propio mini lago de salsa, luego puso el cucharón otra vez en su lugar y se quejó: «¡Ay!» Me miró e hicimos contacto visual por un segundo. Yo pasé de largo ante la salsa pero la miré apilar en su plato tres fetas de jamón y carne asada mientras que me decía por encima de su hombro: «¡Vaya, otro año ha venido y se ha ido, y yo sigo soltera!»

Yo nunca he sido conocido como el rey de la ética, así que dije lo primero que me vino a la cabeza: «¡Sí, Dios no es bueno!» Después de darme cuenta de lo que había dicho, decidí que ya tenía suficiente comida y dejé la fila con solo la gelatina y las papas en el plato.

Parece que donde sea que esté la gente, quieren estar en otro lado. Si no están casados, quieren estar casados. Si ganan ocho dólares por hora, quieren ganar quince. Si viven en una casa sin tener gastos, quieren un departamento propio. La mayoría de la gente se puede caracterizar por una palabra: *descontentos*. Tienen lugares donde preferirían estar, cosas que preferían estar haciendo, y gente con la que preferían hacer esas cosas.

En este capítulo, quiero dar algunos principios que puede compartir con un amigo célibe.

Buscando el contentamiento

He descubierto que la razón por la que las personas están descontentas es que viven con un punto de vista de la vida muy pequeño y limitado. Es pequeño y limitado porque está centrado en ellos mismos. Hasta muchos de los que lo han «logrado» de acuerdo a los estándares humanos y mundanos están descontentos porque el enfoque entero de sus vidas está en lo que ellos pueden lograr, cuánto pueden acumular y cuánta gente conoce su nombre.

Jesús dijo: «Busquen primeramente el reino de Dios y su justicia, y todas estas cosas les serán añadidas» (Mateo 6:33). Este versículo ha sido una fuente de esperanza para muchos y de problemas para muchos otros. Es mi deseo que este corto capítulo le ayude a encontrar que la verdad de este versículo es dar esperanza y ánimo.

La mayoría de la gente busca estar contenta en cuatro áreas: *emociones, cosas, personas* y *oportunidades*. La verdad lamentable es que las emociones son muy difíciles de controlar, las cosas se caen a pedazos y ya son viejas días después de adquirirlas, las personas son impredecibles por completo, y las oportunidades son más aleatorias que encontrar justo lo que está buscando al apretar el botón de búsqueda «Voy a tener suerte» de Google.

Si vamos a aprender a disfrutar lo que somos, debemos *localizar nuestra fuente de complacencia*. Nunca encontraremos la satisfacción en cómo nos sentimos, nuestras posesiones, nuestros amigos y familiares, o los prospectos del futuro. Tenemos que tomar la decisión difícil de conducir nuestras vidas de tal manera que estas cosas no definan el valor de la vida para nosotros. Esto es posible solo cuando buscamos nuestra complacencia en la vida de Cristo que Dios ha puesto en nuestro interior.

Nuestro contentamiento será *externo*: derivado de las emociones, las cosas, las personas o las oportunidades; o *interno*: derivado de nuestra conexión íntima con la vida de Cristo. La complacencia externa es a lo sumo temporal. La complacencia interna es eterna. Cuando buscamos la satisfacción en lo externo, nos perdemos de vivir la vida aquí y ahora. Nos perdemos la vida que Dios ha puesto inmediatamente enfrente de nosotros. Y el resultado es un descontento intensificado.

Escuchando el llamado

Jesús nos promete complacencia: «Y todas estas cosas les serán añadidas». Pero el camino a la satisfacción es elegir vivir la vida de una forma que las cosas externas no determinen nuestra calidad de vida. Debemos cambiar lo natural por lo no natural, de forma literal. Debemos trasladar el origen de nuestra complacencia de los sentimientos, las posesiones, las personas y las experiencias hacia la vida de Cristo.

Esta reubicación no es tan difícil como nos imaginamos. Dios nos da una señal direccional. Todo lo que tenemos que hacer nosotros es escuchar el llamado sagrado. Este es el llamado de la vida de Cristo dentro de nosotros. Es la voz interna a la que le escuchamos decir lo que Dios quiere con nosotros, de nosotros, y para nosotros. Sin importar el estado de nuestra vida, el llamado sagrado nos manda a ordenar nuestras vidas de tal forma que logremos una devoción ferviente al Señor. Una devoción ferviente significa que nos ponemos al lado del Señor y permanecemos con él.

Jesús le llamó a eso buscar primeramente el reino de Dios. Es imposible que podamos hacer tal cosa si estamos enfocados en lo externo. Su reino y rectitud vienen de adentro hacia fuera, no de afuera hacia adentro. Los encontramos cuando escuchamos su llamado y ordenamos nuestras vidas para poder tener una devoción sin restricciones hacia él.

Cuando no escuchamos el llamado, hay consecuencias que empiezan a aparecer. Una consecuencia es que las relaciones que tenemos con otros empiezan a deshacerse. Como cristianos, nuestra relación más importante es con Cristo. Él es el centro sobre el cual se construyen y se mantienen todas las otras relaciones. Cuando nuestra relación primordial con Cristo no es la que debería ser, tampoco lo serán nuestras relaciones con los demás. Estamos distraídos de nuestro enfoque en ellos.

Si no escuchamos el llamado, también empezaremos a tomar malas decisiones. Nos cansamos de esperar en Cristo por las cosas que queremos. Empezamos a buscar al Sr. o la Srta. Correctos, y si no los podemos encontrar, nos quedamos con Sr. o la Srta. Del Momento. Encontramos formas de saciar nuestras necesidades, y lo más común es que tomemos malas decisiones.

Otra consecuencia de no escuchar el llamado es que empezamos a desarrollar un punto de visa del mundo que está distorsionado. Este punto de vista torcido nos dice que Dios existe para suplir nuestras necesidades. Y debido a que está haciendo un trabajo horrible, no nos vamos a someter a eso. Y mientras más lejos nos movamos hacia estas consecuencias, más distantes estaremos. Cuando nos encontramos en este lugar, debemos suplicarle a Dios: «Déjame escuchar tu llamado».

Nuestra decisión

No tenemos que esperar hasta que experimentemos las consecuencias de no escuchar el llamado de Dios. Antes de llegar a este punto, podemos decidir *vivir por el espíritu de decisión*. Elegir vivir de esta forma es optar por creer que Dios está completamente al tanto de nuestras circunstancias y condiciones, y que ya está respondiendo de manera positiva para suplir nuestras necesidades al mantenernos fieles.

Dios está al tanto de todo lo que sucede en nuestras vidas. Incluso está al tanto de las cosas que pueden llegar a suceder en ellas. Dios nunca nos ha mirado horrorizado por algo inesperado que nos haya pasado. Él ya ha pensado todas las posibilidades y está listo para cualquier cosa que tengamos que enfrentar. Él ya está actuando para suplir cualquier necesidad futura. Dependiendo de cómo respondamos a las circunstancias de la vida, está preparado para darnos la ayuda apropiada.

Dios nunca deja de tener en cuenta nuestros deseos sexuales o nuestro anhelo de intimidad y conexión física. En cambio, nos pide que se los llevemos a él, creyendo por completo que Dios sabe qué es lo mejor y ya está trabajando activamente para proveerlo.

El requisito es que nos mantengamos fieles. En otras palabras, debemos tener la confianza de que suplirá nuestras necesidades en su tiempo. Esto significa que no tomamos los asuntos en nuestras manos (sí, quiero decir exactamente lo que escribí) sino que los dejamos en las de él. Significa que tomamos las mejores decisiones que podamos mientras escuchamos su llamado sagrado. Significa que hacemos estas cosas mientras encontramos nuestra satisfacción en la vida de Cristo, no en las cosas externas que nos rodean.

Sabremos que estamos viviendo la vida de la manera correcta porque podremos decir con honestidad que, sin importar las circunstancias, no hemos perdido la esperanza. No hemos renunciado a creer que Dios suplirá nuestras necesidades, y seguimos creyendo que él está al tanto de ellas y ya está obrando de forma activa para suplirlas. Nos mantenemos fieles a la esperanza de que conocemos la verdad.

Y le puedo prometer que nunca se lamentará de vivir la vida de la manera que Dios quiere. No le puedo prometer que nunca se encontrará queriendo estar en algún lugar donde no esté, haciendo cosas que no está haciendo, con gente con la que en realidad no está. Pero le puedo prometer lo mismo que prometió Jesús: «Busquen primeramente el reino de Dios y su justicia, y todas estas cosas les serán añadidas».

Si conoce a algún célibe que está en la búsqueda de significado y satisfacción, muéstreles que solo Dios puede llenar este vacío en su corazón.

Alcanzando a un célibe para Cristo

Mi amigo era alguien a quien en verdad le importaba la gente que conocía desde hacía mucho tiempo. Cuando salió a relucir el tema de Cristo, fue muy natural para mi explicarle la idea de una relación a mi amigo. Sin embargo, al mirar hacia atrás a esta experiencia, me doy cuenta de mi error a la hora de compartir el evangelio. El significado de una relación para mi amigo era muy distinto al significado que el término tenía para mi.

Suele ser por accidente que me entero a través de una conversación de que alguien es célibe. Cuando me entero de que alguien está comprometido al celibato, trato de descubrir la base de su decisión. ¿Es célibe por una convicción personal, una situación del momento, o el resultado de una relación que ha terminado? El celibato verdadero es un compromiso muy fuerte para una persona, y por eso es también una indicación de la capacidad de la persona para dedicar su vida a una causa.

Podemos compartir de Cristo con un amigo célibe sobre la base de que él fue tentado en todas las cosas y aun así no tuvo pecado (Hebreo 4:15). Aunque esta persona tal vez no haya estado involucrada en una relación sexual, igual hay un problema de pecado, como existe con todos. El deseo, la avaricia y el orgullo son todos pecados a los ojos de Dios, y por eso hay una necesidad de Cristo. Jesús fue un célibe que le da a un hombre o una mujer un ejemplo perfecto de cómo vivir.

Por último, el celibato puede ser el estado perfecto de devoción absoluta a Cristo. Apocalipsis 14:4 dice: «Éstos se mantuvieron puros, sin contaminarse con ritos sexuales. Son los que siguen al Cordero por dondequiera que va. Fueron rescatados como los primeros frutos de la humanidad para Dios y el Cordero». Adonde el Cordero vaya, aquellos que no estén contaminados le seguirán. Esta hermosa imagen del celibato deja que el individuo vea la oportunidad que está frente a él. Le permite ver el llamado de Dios como un llamado superior al del celibato.

En 1 Corintios 7:8, Pablo instruyó: «A los solteros y a las viudas les digo que sería mejor que se quedaran como yo». Pablo dijo esto porque sabía que si una persona entrega su vida a Dios y se compromete a una vida de celibato, no habrá nada que obstaculice el servicio a Cristo. Jesús, Pablo y la Madre Teresa son todos ejemplos de vidas célibes que fueron usadas para impactar al mundo y hacer avanzar el reino de Dios.

Stuart Walker

Notas

Capítulo 3: Conozca la diferencia
1. Victoria Rideout, Donal F. Roberts y Ulla G. Foehr, comps., *Generation M: Media in the Lives of 8-18 Year Olds*, Menlo Park, California, 2005.
2. Neil Postman, *Amusing Ourselves to Death: Public Discourse in the Age of Show Business*, Penguin, Nueva York, 1985, p. 103.
3. Ibid., p. 118.
4. G. K. Chesterton, *Orthodoxy: The Romance of Faith*, Dodd and Mead, Nueva York, 1908.
5. J. R. R. Tolkien, *The Lord of the Rings: The Two Towers*, Houghton Mifflin, 1994, p. 696.
6. C. S. Lewis, *Mere Christianity*, Macmillan, Nueva York, 1976, p. 120.

Capítulo 8: Ilustraciones diarias
1. Mike Silva, *Would you like fries with that?*, Word, Dallas, 2005.

Capítulo 12: Cuando tiene las respuestas
1. C. S. Lewis, *Mere Christianity*, Macmillan, Nueva York, 1960, pp. 40-41.
2. Clark H. Pinnock, *Set Forth Your Case*, Craig Press, Nueva Jersey, 1967, p. 62.
3. J. T. Fisher, *A Few Buttons Missing*, Lippincott, Filadelfia, 1951, p. 273.
4. C. S. Lewis, *Miracles: A Preliminary Study*, MacMillan, Nueva York, 1947, p. 113.
5. Philip Schaff, *The Person of Christ*, American Tract Society, Nueva York, 1913, p. 97.

Capítulo 13: Cuando no tiene las respuestas
1. Langdon Gilkey, *Naming the* Whirlwind, Bobbs-Merrill, Nueva York, 1969, pp. 181-82.
2. Paul Tournier, *To Understand Each Other*, John Knox, Atlanta, 1976, p. 8.
3. Ibid., p. 49.
4. George Selders, comp., *The Great Quotations*, Pocket Books, Nueva York, 1967, p. 816.
5. H.S. Vigeveno, *Is it Real?*, Regal, Glendale, California, 1971, p. 6.
6. John Warren Steen, *Conquering Inner Space*, Broadman, Nashville, 1964, pp. 104-6.

Capítulo 14: Cuándo hacer nuevas preguntas

1. Para más información sobre cómo alcanzar a la gente que no pertenece a la iglesia, véase Alvin L. Reid, *Radically Unchurched: Who they are and How to Reach Them*, Kregel, Grand Rapids, 2002.

Capítulo 15: ¡No tenga miedo!

1. Stephen Olford, *The Secret of Soul Winning*, Moody, Chicago, 1963, pp. 9-13.

Capítulo 16: Guerra espiritual

1. Samuel Wilson, «Evangelism and Spiritual Warfare», *Journal of the Academy for Evangelism in Theological Education* 10, 1994-95, p. 39.
2. El exclusivismo es la creencia de que Jesucristo es el *único* Salvador, y la fe explícita en él es necesaria para la salvación. El pluralismo asevera que hay muchos caminos a Dios. El inclusivismo afirma que Jesús es el único camino a Dios, mientras que niega la necesidad de una respuesta explícita y personal de fe.
3. George Barna, *The Index of Leading Spiritual Indicators*, Word, Dallas, 1996, p. 72. Vea también la Investigación Barna en la Internet, 2000.

Capítulo 19: Compañeros de trabajo

1. E. M. Bouds, *Power through Prayer*, Moody, Chicago, 1979, p. 37.

Capítulo 24: Adultos de la tercera edad

1. D. James Kennedy, *Evangelism Explosion*, Tyndale House, Wheaton, 1996, pp. 75-79.
2. Calvin Miller, *Walking With Saints*, Thomas Nelson, Nashville, 1995, pp. 11-12.

Capítulo 26: Juventud

1. Jonathan Edwards, «Some Thoughts Concerning the Present Revival of Religion in New England», en *The Works of Jonathan Edwards*, ed. Sereno E. Dwight, vol. 1, Banner of Truth Trust, London, 1834, p. 423.
2. George Barna, *Real Teens: A Contemporary Snapshot of Youth Culture*, Regal, Ventura, California, 2001, p. 68.

Capítulo 29: Atletas

1. Pat Williams, *Ahead of the Game*, Revell, Grand Rapids, 1999.

Capítulo 34: Medios de comunicación

1. Sermón dado por Charles Colson en el Club de Prensa Nacional en Washington D.C., el 11 de marzo, 1993; vuelto a imprimir en «Crime, Morality, and the Media Ethics», *Christianity Today*, agosto 16, 1993, pp. 29-32.
2. Cal Thomas, «Meet the Press», *Christian Herald*, septiembre / octubre 1990, p. 18.
3. Ibid.
4. Luis Palau, *Calling America and the Nations of Christ*, Thomas Nelson, Nashville, 2005, p. 108.

Capítulo 37: Agnosticismo

1. C. S. Lewis, «The Case for Christianity» in *The Best of C. S. Lewis*, 1947; reimpreso, Baker, Grand Rapids, 1969, p. 449.

Capítulo 38: Ateísmo

1. Armand M. Nicholi, *The Question of God*, Free Press, Nueva York, 2002, pp. 84-85.

Capítulo 41: Hinduismo

1. Paul G. Hiebert, *Missiological Issues in the*

Encouter with Emerging Hinduismo in Missiology: An International Review 28, no. 1, 2000.
2. Nirad C. Chaudhuri, *Hinduism: A Religión to Live By*, Oxford University Press, Nueva York, 1979.
3. Gavin Flood, *An Introduction to Hinduism*, Cambridge University Press, Cambridge, 1999.
4. V. P. Kantikar y Owen Cole, *Hinduism: Contemporary Books*, McGraw-Hill, Chicago, 1995.

Capítulo 42: Judaísmo

1. Stan Telchin, *Betrayed*, Chosen, Grand Rapids, 1982.

Capítulo 46: Sectas

1. Walter Martin, *The Kingdom of the Cults*, Bethany, Minneapolis, 1997.

Capítulo 51: Indígenas

1. Richard Twiss, *One Church, Many Tribes*, Regal, Ventura, California, 2000.
2. Arthur H., *The Grieving Indian*, Indian Life Ministries, 1988; Bruce Band, *Does the Owl Still Call your Name?*, Indian Life Ministries, 2000; Dee Brown, *Bury my Heart at Woeded Knee: An Indian History of the American West*, Owl Books, 2001; Gloria Jahoda, *Trail of Tears*, Wings, 1995; John Ehle, *Trail of Tears: The Rise and Fall of the Cherokee Nation*, Anchor, 1997.
3. Para más información sobre la vida indígena, visite http://community.gospelcom.net.
4. Para información sobre «El Camino del Creador», visite http://ilm.gospelcom.net.

Capítulo 53: Estudiantes internacionales

1. Dean C. Halverson, *The Compact Guide to World Religions*, Bethany, Minneapolis, 1996.
2. Tom Phillips y Bob Norsworthy, con Terry Whalin, *The World at Your Door*, Bethany, Minneapolis, 1997.

Capítulo 54: Víctimas de abuso

1. Grant L. Martin, *Counseling for Family Violence and Abuse*, vol. 6 de *Resources for Christian Counseling*, Word, Dallas, 1986, p. 15.
2. Véase Diane R. Garland, *Family Ministry: A Comprehensive Guide*, InterVarsity, Downer's Grove, Illinois, 1999, pp. 594-97.
3. Véase el capítulo «Unrepentant Recovery» en *Addicted to Recovery* de Gary y Carol Tharp Almy, Harvest House, Eugene, Oregon, 1994, pp. 199-210.
4. Adaptado de *«Not for People Like Us»: Hidden Abuse in Upscale Marriages*, Basic Books, Nueva York, 2000, pp. 233, 239.
5. Ibid.
6. Ibid.

Capítulo 55: Adictos

1. Millard J. Erickson, *Introducing Christian Doctrine*, Baker, Grand Rapids, 1992.
2. Jonathan Edwards, *Christian Pilgrim: Collection of Sermons*, Broadman and Holdman, Nashville, 2004.
3. Oswald Chambers, *My Utmost for his Highest*, Barbour, Uhrichsville, Ohio, 1935, p. 255.
4. Jim Berg, *Changed into His Image*, SC: BJU Press, Greenville, 2000.
5. H. Bonar, *Longing for Heaven*.
6. C. S. Lewis, «The Weight of Glory», in

Transpositions and Other Addresses, 1949; reimpreso, Harper Collins, Nueva York, 1980, p. 21.

Capítulo 59: *Milenidles*

1. La generación milenial incluye a aquellos nacidos entre 1977 y 1998.

Capítulo 60: *Los adinerados*

1. William P. Barrett, «The March of the 400», *Forbes*, 30 de septiembre del 2002, p. 80.

Capítulo 63: *Proscritos*

1. David W. Augsburger, *Caring enough to Hear and Be Heard* Regal, Ventura, California, 1982.

Capítulo 64: *Hombres*

1. Patrick M. Morley, *The Man in the Mirror: Solving the Twenty four Problems Men Face*, Wolgemuth y Hyatt, Brentwood, Tennessee, 1989.
2. Stephen Strang, *New Man*, marzo del 2001.

Capítulo 67: *Homosexuales*

1. John White, *Eros Defiled*, InterVarsity, Downers Grove, Illinois, 1977, p. 121.
2. Génesis 19:1-11; Levítico 18:22; 20:13; Deuteronomio 23:17; Jueces 19:22-25; 1 Reyes 14:24; 15:12; 22:46; 2 Reyes 23: 7; Romanos 1:25-27; 1 Corintios 6:9; 1 Timoteo: 1:9-10.
3. Gary Collins, *Christian Counseling: A Comprehensive Guide*, Word, Waco, Texas, 1980, pp. 318-19.

Recursos de Internet gratis

Imagine un lugar donde un buscador puede...

- Aprender sobre el evangelio de Cristo Jesús.
- Encontrar respuestas a las preguntas difíciles sobre la salvación para las que él o ella nunca han tenido una respuesta satisfactoria.
- Revisar una base de datos de testimonios para encontrar cómo individuos con los mismos intereses y trasfondos llegaron a conocer a Jesucristo.
- Encontrar un calendario de seminarios, festivales y cruzadas que estén por realizarse.
- Participar de charlas con invitados expertos que puedan responder preguntas difíciles.

Imagine un lugar donde un cristiano puede...

- Ir y aprender cómo dar testimonio en cualquier situación.
- Encontrar respuestas a casi cualquier pregunta que un buscador pueda tener sobre Jesucristo.
- Encontrar consejos e ideas sobre cómo llevar una conversación o situación de lo secular a lo espiritual.
- Anotarse para compartir su fe sobre una base semanal y tener la inspiración, las herramientas y el apoyo para mantener esta responsabilidad.
- Encontrar el centro de recursos más completo para el evangelismo mundial.
- Hallar todos los recursos que su iglesia necesita para aprender a educar, equipar e inspirar a sus miembros para compartir su fe.
- Crear incentivos innovadores para desafiar a su membresía a compartir su fe

y tener los resultados organizados de manera automática y en un reporte.
- Encontrar un calendario completo de futuras conferencias, festivales, cruzadas y seminarios sobre evangelismo.
- Personalizar recursos y adaptarlos a las necesidades específicas de la persona.

¡Existe tal lugar: Sharingthefaith.com!

El «Constructor de testimonio», que es único en este sitio de la red, lo capacitará para aprender cómo compartir su fe por medio de una experiencia interactiva en la Internet. Después de eso, tendrá la posibilidad de enviarles a sus amigos y familiares su testimonio por correo electrónico, seguido de una explicación clara y atractiva del mensaje del evangelio y una oportunidad para el que lo reciba de confiar en Jesucristo. Los individuos que respondan a su correo electrónico recibirán seguimiento inmediato. ¡Imagine los posibles resultados!

¡Asegúrese de visitar Sharingthefaith.com hoy!

Contribuidores

Lon Allison es el director del Centro Billy Graham y un profesor asociado de evangelismo en Wheaton College. Usted puede aprender más en www.wheaton.edu.

Paul Anderson, un patinador desde los once años, creció en San Luis Obispo, California, dentro de la cultura de patinadores de finales de la década del 70 y el 80. Confió en Cristo a los diecisiete. En 1987, él y su mejor amigo, Clint Bidleman, fundaron Skatechurch [Iglesia de la Patineta] en el estacionamiento de la Iglesia Central Bíblica en Portland, Oregon. Un edificio fue terminado y dedicado en 1996. El área interior de Skatechurch ahora tiene once mil pies cuadrados para patinar, que incluyen una mini rampa y dos caminos con múltiples salientes, plataformas de lanzamiento, bancos y pasamanos. Cerca de diez mil patinadores de Portland han escuchado el evangelio por medio de Skatechurch, y más de mil personas han reconocido a Cristo como Salvador y Señor. Puede aprender más en www.skatechurch.net. Para más información sobre el ministerio de Anderson, visite www.skatechurch.net o envíe un coreo electrónico a info@skatechurch.net. Escríbale a 8815 NE Glisan Street, Portland, OR 97220 o llame al 503-252-1424, extensión 181. Él está disponible para hablar acerca de actividades de alcance evangélico.

George Barna fundó el Grupo Barna (antes Grupo de investigación Barna) en 1984. La oficina busca facilitar la transformación moral y espiritual al proveer una investigación primordial: musical, visual y de los medios digitales; recursos impresos; desarrollo del liderazgo para la gente joven; y mejoramiento de iglesias. Barna ha escrito más de tres docenas de libros, incluyendo algunos de los más vendidos: *Transforming Children into Spiritual Champions* [Transformando a los niños en campeones espirituales], *The Frog in the Kettle* [La rana en el caldero] y *The Power of Vision* [El poder de la visión]. Cientos de miles de personas tienen acceso a su reporte bisemanal de investigación (www.barna.org), y es un anfitrión y presentador de la Cadena Satelital CNN y la Cadena Interactiva VIPER. Vive con su esposa e hijas en el sur de California.

Natun Bhattacharya creció en una familia de sacerdotes hindúes. Por medio de un testimonio de un trabajador cristiano indio, llegó a entender la singularidad del amor y la salvación de Cristo. Tiene una maestría en divinidades del Seminario Bautista Northwest del norte de Colorado. Él conduce seminarios de entrenamiento para misioneros e iglesias, y ha publicado artículos sobre el hinduismo y algunos puntos de vista mundiales.

Mark Cahill es un orador celebrado que ha compartido del Señor con miles de personas en conferencias, campamentos de verano, retiros, escuelas y universidades cristianas. Es graduado de la universidad Auburn. Su libro, *One Thing You Can't Do in Heaven* [Una cosa que no podrá hacer en el cielo], tiene más de cien mil copias impresas. Para más información, busque www.markcahill.org.

Phil Callaway es autor ganador de premios y orador, conocido por su punto de vista humorístico de la vida cristiana. Es autor de doce libros que han sido éxitos de ventas, entre los que se incluye *Making Life Rich Without Any Money* [Haciendo que la vida sea rica sin ningún dinero]. Descrito como «Dave Barry con un mensaje», Callaway es editor de la revista *Servant* del Instituto Bíblico Prairie y un orador popular en conferencias, campamentos e iglesias. Su serie de vídeos de cinco partes *The Big Picture* [La imagen grande], está siendo vista por ochenta mil iglesias. Callaway vive en Alberta, Canadá con su esposa, Ramona, y sus tres hijos adolescentes. Para más información vaya a www.philcallaway.com.

Regi Campbell es un hombre de negocios, empresario y el autor de *About My Father's Business: Taking Your Faith to Work* [Sobre el negocio de mi Padre: Llevando su fe al trabajo]. Su compañía, Inversiones Seedsower, ayuda a que otras compañías con énfasis en la tecnología despeguen. Después de empezar su carrera con AT&T, se convirtió en gerente ejecutivo de una pequeña compañía que recién empezaba la cual se hizo muy exitosa, y desde ese entonces ha ayudado a iniciar otras nueve compañías. Campbell tiene una maestría en negocios de la Universidad de Carolina del Sur. Colabora en el directorio ejecutivo de Ministerios de Alta Tecnología y en el Centro de Salud Buen Samaritano y ha servido como diácono junto a Andy Stanley en la Iglesia de la Comunidad North Point, en Atlanta, una de las iglesias más grandes de los Estados Unidos. Campbell ha sido un «ministro de mercados» por los últimos veinte años. Él y su esposa, Miriam, tienen dos hijos adultos que viven en Atlanta, Georgia. Para más información visite www.amfb.com.

Vic Carpenter es candidato a un doctorado en el Seminario Teológico Bautista Southeastern. También ha servido como orador invitado en la Universidad Metro College Wingate.

Tony Cooper ha estado casado con su esposa, Dale, por sesenta y tres años. Tienen dos hijos adultos, Tony y Ben. Es un veterano de las fuerzas armadas y un ministro ordenado, el cual ha estado involucrado en el ministerio por veintisiete años. Recibió su licenciatura en Biblia y teología en la Universidad Toccoa Falls en Georgia y su maestría en consejería de la Universidad Troy State de Alabama. Cooper ha sido director ejecutivo de la Misión Jimmie Hale en Birmingham, Alabama, desde agosto de 1990. Es colaborador en varios directorios ejecutivos y está involucrado en numerosas organizaciones. Para más información visite www.jimmiehalemission.com.

Karen Covell es madre y productora de televisión para programas como *Headlines and Legends with Matt Lauer* [Titulares y leyendas con Matt Lauer] y *Changed Lives: Miracles of the Pasión* [Vidas cambiadas: Milagros de la pasión]. También es una experta autora y oradora, habiendo hablado por todos los Estados Unidos acerca de dar testimonio, la oración y Hollywood como campo misionero, y es directora fundadora de la Cadena de Oración Hollywood. Covell, su esposo Jim y su amiga Victorya Rogers son coautores de *How to Talk About Jesús Without Freaking Out* [Cómo hablar de Jesús sin asustarse] y *The Day I Met God* [El día que conocí a Dios]. Para más información visite www.HollywoodPrayerNetwork.org.

Brent Crowe es fundador de las conferencias URGENCY y es un evangelista talentoso que ha hablado por toda la nación y predicado en muchas cruzadas internacionales. También es decano de estudiantes para la Universidad Liderazgo Estudiantil y representante de Contagious Christianity [Cristiandad Contagiosa], afiliada con la Asociación Willion Creek. Brent y su esposa, Christina, viven en Wake Forest, Carolina del Norte. Él tiene una licenciatura de la Universidad Bryan, una maestría en divinidades sobre evangelismo, y un doctorado en ética del Seminario Teológico Bautista Southeastern. Puede conocer más en www.brentcrowe.com.

Scott Dawson es el fundador de la Asociación Evangelística Scott Dawson, Inc. Este ministerio, que comenzó con retiros juveniles, ha crecido hasta llegar a ser una asociación evangelística que va más allá de las divisiones de edades y denominaciones en un esfuerzo para ofrecer un unificador mensaje de esperanza: las Buenas Nuevas de Cristo Jesús. Dawson es uno de los nueve evangelistas que conforman la Alianza Próxima

Generación, asociada de forma estratégica con la Asociación Evangelista Luis Palau. Vive en su ciudad natal de Birmingham, Alabama, con su esposa, Tarra, su hijo, Hunter, y su hija, Hope. Puede aprender más visitando www.scottdawson.org.

Tarra Dawson es ama de casa y tiene dos hijos, apoya al ministerio de su esposo de una manera activa, y está involucrada en la Asociación Evangelística Scott Dawson. Para conocer más, visite www.scottdawson.org.

Lewis Drummond pasó su vida trabajando en el evangelismo y el ministerio de la iglesia, tanto como estudiante y practicante. Siendo un asociado cercano a Billy Graham, Drummond ha escrito veintiún libros, incluyendo *The Awakening That Must Come* [El avivamiento que debe venir], *Eight Keys to Biblical Revival* [Ocho claves para el avivamiento bíblico] y *The Spiritual Woman* [La mujer espiritual], en el que fue coautor con su esposa, Betty. Drummond también enseñó evangelismo a nivel de seminario por muchos años, sirviendo como presidente del Seminario Teológico Bautista Southeastern en Wake Forest antes de ir a la Escuela de Divinidades Beeson en la Universidad Samford, donde sirvió como el primer profesor de Billy Graham de evangelismo y crecimiento de iglesia. Terminó su jornada de toda una vida de servicio en el ministerio en el Centro de Entrenamiento Billy Graham.

Jimmy Dusek fue parte del personal de la Primera Iglesia Bautista de Orlando por más de veintidós años. Es nativo de Texas y graduado de la Universidad Baylor en Nueva Orleáns y del Seminario Teológico Bautista de Nueva Orleáns. Pastoreó en Alabama, Louisiana, Tennessee y Carolina del Norte antes de ir a Orlando y especializarse en el cuidado de líderes y pastores. Él y su esposa, Shirley, tienen dos hijos y tres nietos. Los Dusek se retiraron en el 2004 a Franklin, Carolina del Norte, y sirven en diferentes iglesias locales.

Mark Earley, presidente y gerente ejecutivo de Prison Fellowship USA, fue misionero con los Navegadores y un antiguo senador y abogado general del estado de Virginia. Está a cargo del ministerio nacional fundado por Charles Colson en 1976, que desde ese entonces se ha esparcido a ciento siete países además de los Estados Unidos. Prison Fellowship trabaja con miles de iglesias y voluntarios alrededor de los Estados Unidos enfocándose en la fraternidad con Jesús, las visitas a los prisioneros, y en darles la bienvenida a sus hijos. También contribuyeron a este capítulo Ron Humphrey, Jeff Peck y Becky Beane. Para más información visite www.pfm.org.

David Edwards viaja tiempo completo como orador para todas las edades en una gran variedad de escenarios. Como un comunicador dotado, Edwards habla desde su corazón sobre temas relevantes a una generación postmoderna, ayudando a la gente a descubrir la importancia de una vida centrada en Cristo. Como predicador itinerante postmoderno, su misión es reintroducir la verdad de la Palabra de Dios al permitirle conocer a la gente dónde se encuentran en la vida, trayéndolos un paso más cerca en el proceso de conocer a Jesucristo y llegar a ser como él. Edwards ha escrito doce libros, y los puede encontrar en www.davetown.com.

Monroe Free es director del Grupo de Monroe Free, el cual ofrece consejería sin fines de lucros y estrategias de comunicación. Por veinte años ha estado involucrado en el Ministerio de Misión Rescate. Sirvió en la Misión Rescate de Waterfront en Pensacola, Florida, y luego como presidente y gerente ejecutivo del Ministerio Rescate del Área de Knox en Knoxville, Tennessee. Ha servido como director de la Coalición del Condado de Knox sobre los Desamparados y la Coalición del Condado de Knox sobre Violencia Familiar, así como en muchos otros grupos locales. Free es en la actualidad el director de la Fundación de Hogares del Sudeste. Su compañía trabaja con muchos ministerios enfocados en los pobres locales y nacionales. Para más información visite www.monroefreegroup.com.

Timothy George es decano fundador del Colegio de Divinidad Beeson en la Universidad de Samford y editor ejecutivo de *Christianity Today* [Cristianismo hoy]. Tiene diplomas de la Universidad de Tennessee en Chattanooga (Licenciatura en Artes) y de la Universidad de Divinidades de Harvard (Maestría en Divinidades, Doctorado). Siendo un notado historiador y teólogo, George ha escrito y editado numerosos libros, incluyendo *Theology of the Reformers* [Teología de los reformistas], *Baptist Theologians* [Teólogos bautistas], *John Calvin and the Church* [Juan Calvino y la iglesia], *The New American Commentary on Galatians* [El nuevo comentario americano sobre Gálatas], y el más reciente, *Is the Father of Jesus the God of Muhammed* [¿Es el Padre de Jesús el Dios de Mahoma?]. También ha sido coautor (con John Woodridge) en *The Mark of Jesus: Loving in a Way the World Can See* [La marca de Jesús: Amando en una forma que el mundo pueda ver]. Es un orador muy solicitado sobre asuntos de educación superior cristiana, temas teológicos y bíblicos, y cuestiones culturales. Para más información visite www.beesondivinity.com.

Colin Harbinson ha estado involucrado en las artes y las misiones en más de sesenta naciones. Muy conocido como escritor de *Toymaker and Son* [El fabricante de juguetes y su hijo] y *Dayuma*, también ha sido precursor de intercambios culturales históricos por medio de las artes, la educación y los negocios, impactando de manera significativa la causa de Cristo en Rusia, Bulgaria y China. Harbinson es en la actualidad decano de artes en el Colegio de Belhaven en Jackson, Mississippi, y editor de *Creative Spirit*

[Espíritu creativo], una publicación internacional sobre las artes y la fe. Para más información visite www.belhaven.edu o www.colinharbinson.com.

Brad Harper creció en el área de la Bahía de San Francisco y continúa siendo un fanático de los 49'rs. Le entregó su vida a Cristo a la edad de cinco años. Obtuvo un doctorado en filosofía sobre teología histórica en la Universidad de St. Louis y sirvió trece años como pastor asociado y pastor fundador en dos Iglesias Libres Evangélicas de St. Louis. Hoy en día enseña teología en el Colegio Bíblico Multnomah en Portland, Oregon. Harper ha publicado artículos sobre el rol de la iglesia en la ética social y en el diálogo católico romano/evangélico. Brad y su esposa, Robin, han estado casados desde 1984 y tienen tres hijos. Para más información visite www.multnomah.edu.

Daniel Heimbach fue criado entre budistas en Tailandia y es autor de «Budismo» (un folleto de testimonio). También ha escrito varios libros, incluyendo *True Sexual Morality: Recovering Biblical Standards for a Cultural Crisis* [Moralidad sexual verdadera: Recuperando los estándares bíblicos para una crisis cultural]. Haimback es profesor de ética cristiana en el Seminario Teológico Bautista Southeastern en Wake Forest, Carolina del Norte.

Jim Henry es un pastor principal de la Primera Iglesia Bautista en Orlando, Florida. Nacido en Tennessee y graduado de la Universidad de Georgetown y el Seminario Teológico Bautista de Nueva Orleáns, Jim también ha pastoreado en Mississippi y Tennessee. Su esposa, Jeannette, es de Kentucky y graduada de la Universidad Belmont. Tienen tres hijos y cinco nietos. Para más información visite fbcorlando.org.

Stanley K. Inouye es el presidente fundador de Iwa, una organización asiática americana de desarrollo del liderazgo y el ministerio. Inouye ha sostenido posiciones nacionales e internacionales con Campus Crusade for Christ [Cruzadas Universitarias para Cristo], ha dirigido la Sociedad Cristiana Asiática Americana (AACF) de la Sociedad Evangélica Misionera Japonesa (JEMS), ha servido de consejero nacional para iglesias, denominaciones y organizaciones del ministerio, y ha enseñado como un adjunto del Seminario Teológico Fuller. Es un orador frecuente alrededor de todo el país y un autor publicado. Para más información visite www.iwarock.org.

Michael Landry es el pastor principal de la Iglesia Bautista de Sarasota, Florida. Su fuerte énfasis en el ministerio evangélico nace de su experiencia inolvidable como un antiguo ateo. También ha servido en iglesias en Georgia, Oklahoma y Ohio, y fue director de evangelismo y crecimiento de la iglesia por diez años para más de seiscientas iglesias bautistas sureñas de Ohio. Ha estado casado por más de veintiocho años con su esposa, Cindy, y es padre de tres hijos, Jasón, Beth y Michelle. Para más información visite www.sarasotabaptist.com.

Chuck Lawless sirve como decano de la Escuela de Misiones, Evangelismo y Crecimiento de la Iglesia de Billy Graham en el Seminario Teológico Bautista en Louisville, Kentucky, donde obtuvo su doctorado. Antes de unirse a la escuela de Graham sirvió como pastor principal por catorce años. Es autor de cinco libros, incluyendo *Discipled Warriors: Growing Healthy Churches that are Equipped for Spiritual Warfare* [Guerreros discipulados: Haciendo crecer iglesias sanas equipadas para la guerra espiritual]. Es fundador del Grupo Lawless, una sociedad de consejería para las iglesias. Para más información visite www.lawlessgroup.com.

Josh Malone se asocia con las iglesias locales durante el año para ayudarlas a alcanzar y discipular estudiantes y adultos en sus comunidades. Malone mezcla ilustraciones vivas personales con verdades bíblicas no comprometidas para alcanzar de manera efectiva a los no creyentes y equipar a los creyentes. Habla durante todo el año en conferencias, actividades de las iglesias, eventos estudiantiles y asambleas escolares. Malone vive en Birmingham, Alabama, donde forma para de la Asociación Evangelística Scott Dawson. Para más información visite www.scottdawson.org o www.joshmalone.com

Rick Marshall sirvió en la Asociación Evangelística Billy Graham durante veintitrés años. Fue director de misiones/cruzadas para Billy Graham y director de consejería y seguimiento. En la actualidad, Marshall está sirviendo en varios ministerios por medio de Consejería en Formación. Se le puede contactar en rickm3birches@comcast.net.

Josh McDowell es un orador y escritor reconocido internacionalmente. Autor o coautor de más de noventa y cinco libros. Es el campeón de la campaña Beyond Belief [Más allá de la creencia], que equipa a los padres y a la iglesia para darles una base a sus hijos y a la gente joven en cuanto a por qué creen y cómo vivir lo que creen. Para más información y recibir recursos gratis, visite www.BeyondBelief.com.

Daniel Owens es fundador de Eternity Minded Ministries [Ministerios centrados en la eternidad] y ha proclamado el evangelio transformador de vida de Jesucristo a cientos de miles de personas por todos los Estados Unidos y decenas de países. Owens es autor de *Sharing Christ When You Feel You Can't* [Compartiendo a Cristo cuando sientes que no lo puedes hacer]. Es un popular presentador de seminarios que ha entrenado a decenas de miles de cristianos para construir puentes hacia un mundo incrédulo. Para más información visite www.eternityminded.org.

Luis Palau, autor y comunicador cristiano, ha compartido el evangelio con cientos de millones a través de su ministerio global. Sus libros y artículos han sido publicados en docenas de idiomas, y sus programas radiales se escuchan a diario en más de dos mil cien estaciones de radio en cuarenta y ocho países. Nacido en Argentina, Palau es un ciudadano estadounidense que ha elegido a Portland, Oregon, como su hogar. Él y su esposa, Pat, tienen cuatro hijos y nueve nietos. Para más información visite www.palau.org.

Patricia Palau ha servido, junto con su esposo Luis, como misionera evangélica en Colombia y México. Hoy en día ministra a través de la Asociación Evangélica Luis Palau y tiene un propio ministerio activo de conferencias. Para más información visite www.palau.org.

Les y Leslie Parrott son un equipo de esposo y esposa que comparten la pasión de ayudar otros a construir relaciones saludables. En 1991 los Parrott fundaron el Centro para el Desarrollo de las Relaciones en la Universidad Pacífica Seattle, un programa innovador dedicado a enseñar la base de las buenas relaciones. Cada año hablan a más de un millón de personas en los Estados Unidos y en otros países. Sus libros, publicados en dos docenas de idiomas, han vendido más de un millón de copias, incluyendo el más vendido y ganador del Premio Medallón de Oro, *Saving you Marriage Before it Starts* [Salvando su matrimonio antes de que empiece]. Descubra más de ellos en www.realrelationships.com.

Roger Parrott es el presidente del Colegio Belhaven en Jackson, Mississippi, que sirve a mil quinientos estudiantes en tres universidades. Obtuvo su doctorado en la Universidad de Maryland en administración de educación superior. Parrott representa a la tercera generación de presidentes universitarios en su familia y fue uno de los presidentes de universidad más jóvenes de los Estados Unidos, elegido por primera vez a la edad de treinta y cuatro años. Sirve en varias juntas directivas y fue presidente del Foro para la Evangelización Mundial en el 2004, el cual fue auspiciado por el Comité Lausanne para la Evangelización Mundial. Su esposa, MaryLou, obtuvo un doctorado en inglés. Tienen dos hijos que estudian en casa. Para más información visite www.belhaven.edu.

Brian Peterson trabaja con World Vision [Visión Mundial], una organización de ayuda humanitaria que sirve a ochenta millones de personas en cien países. Es autor y editor contribuyente de varios libros y revistas, y también fue el editor fundador de la revista *New Man* [Hombre Nuevo].

Tom Phillips fue director de cruzada en la Asociación Evangelística Billy Graham durante muchos años, dirigiendo cruzadas en varias ciudades de los Estados Unidos y el resto del globo. También ha servido como director de consejería y seguimiento y ha jugado un rol clave en el desarrollo de materiales y programas actuales. Phillips fue presidente y director ejecutivo de Estudiantes Internacionales, Inc., con base en Colorado Springs, Colorado, y luego vicepresidente de cruzadas y entrenamiento para la Asociación Evangelística Billy Graham y director ejecutivo del Centro de Entrenamiento de Billy Graham en Asheville, Carolina del Norte. Él ahora sirve con el pastor Mike MacIntosh en la Sociedad Cristiana Horizonte en San Diego, California. Para más información visite www.horizonsd.org.

Thom S. Rainer ha escrito quince libros sobre la iglesia y el evangelismo, y dos de sus libros más recientes fueron finalistas para el Premio Medallón de Oro. Es presidente y director ejecutivo de Recursos Cristianos Lifeway en Nashville y puede ser contactado en www.lifeway.com.

Sherman R. Reed es un capellán (coronel) jubilado del ejército, con treinta años de servicio activo y en la reserva. Es pastor, evangelista y presidente de Living Truth Ministries [Ministerios verdad viva]. Reed es graduado de la Universidad Perdue, el Seminario Teológico Nazareno, y el Colegio del Personal General y de Comando de los Capellanes del Ejército de los Estados Unidos. Es embajador del ejército de la reserva y vive en Lebanon, Tennessee. Para más información visite www.shermanreed.org.

Alvin L. Reid es profesor de evangelismo en el Seminario Teológico Bautista Southeastern. Tiene un ministerio extenso de conferencias en más de cuarenta estados y varias naciones, y ha publicado varios libros, incluyendo *Raising the Bar* [Levantando el límite], *Radically Unchurched* [Radicalmente sin iglesias], *Light the Fire* [Enciende el fuego], *Introduction to Evangelism* [Introducción al evangelismo], *Evangelism for a Changing World* [Evangelismo para un mundo cambiante] y *Revival* [Avivamiento]. Sus pasatiempos incluyen sus serpientes mascotas y tocar el bajo en la banda One Way Up. Él y su esposa, Michelle, tienen dos hijos, Josa y Hannah. Para más información visite www.alvinreid.com.

Larry D. Robertson es el pastor principal de la Iglesia Bautista Hilldale en Clarcksville, Tennessee, y un antiguo especialista en evangelismo del estado para la Convención Bautista de Tennessee. Está casado con Beth y tienen dos hijas, Morgan y Rebecca. Ostenta un doctorado en evangelismo del Seminario Teológico Bautista de Nueva Orleáns. Para más información visite www.hilldale.org.

Tim Robnett ha servido como director de las cruzadas internacionales para la Asociación Evangelística Luis Palau durante diez años y ha ejercido por cuatro años como director de Next Generation Alliance [Alianza de la Próxima Generación], una sociedad para animar y equipar a la próxima generación de evangelistas. Además de sus responsabilidades con la Asociación Palau, sirve como profesor asociado del ministerio pastoral y es el director de pasantía en el Seminario Bíblico Multnomah en Portland, Oregon. Robnett y su esposa, Sharon, viven en Portland, cerca de la sede internacional de la Asociación Palau. Tienen dos hijos, Joel y Karen. Para más información visite http://www.palau.org/nga.

Robert y Shay Roop son ambos consejeros licenciados en salud mental y terapeutas sexuales certificados por el directorio. Como esposo y esposa, han trabajado en este campo por más de veinticinco años y han aconsejado a adolescentes, individuos y parejas. La Dra. Shay Roop es autora de *For Women Only: God's Design for Female Sexuality and Intimacy* [Solo para mujeres: El diseño de Dios para la sexualidad y la intimidad femenina].

David Sanford sirve como presidente de Comunicaciones Sanford, Inc., una compañía dedicada a desarrollar libros cristianos transformadores de vida, productos relacionados con la Biblia, artículos de revistas y recursos de Internet. Sanford y su esposa, Renée, son autores de *How to Read Your Bible* [Cómo leer su Biblia] y las cuatrocientas páginas de notas de aplicación devocional en la Living Faith Bible [Biblia de Fe Viva]. Él puede ser contactado en aldrsanford@earthlink.net.

Renée Sanford es escritora, editora, oradora en conferencias y madre de cinco hijos. Ella y su esposo, David, viven en Portland, Oregon, y dirigen Comunicaciones Sanford, Inc. Renée es graduada del Colegio Bíblico Multnomah y está involucrada con las misiones y el ministerio de niños en la Iglesia Bíblica Spring Mountain. Disfruta conociendo a gente de todas partes del mundo, ya sea al viajar a otros países o viviendo en un vecindario urbano de diversas etnias.

Abraham Sarker, autor de *Understand My Muslim People* [Entienda a mi gente musulmana], nació y creció como un musulmán devoto. Mientras que estaba siendo entrenado como un líder musulmán, Dios de manera milagrosa abrió sus ojos y tocó su corazón con el evangelio de Jesucristo. Sarker tiene un doctorado de la Universidad Regent y es profesor adjunto de la Universidad Bautista de Dallas. Fundó Gospel for Muslims Inc. [Evangelio para Musulmanes, Inc.], un ministerio dedicado a llevar esperanza a millones de musulmanes alrededor del mundo. Para más información visite www.gospelformuslims.com y www.UnderstandMyMuslimPeople.com.

Floyd Schneider es autor de *Evangelism for the Fainthearted* [Evangelismo para los de corazón débil]. Enseña clases sobre evangelismo, crecimiento de iglesias y misiones, así como también relaciones internacionales, estudios islámicos y europeos. Schneider es director del Departamento de Estudios Interculturales del Colegio Bíblico Emmaus en Dubuque, Iowa. Él y su esposa, Christine, sirvieron como misioneros en Austria por quince años, donde plantaron tres iglesias bíblicas independientes. En la actualidad se congregan en la Iglesia Bíblica Riverside de Dubuque. Para más información visite www.emmaus.edu.

Mike Silva es un evangelista reconocido internacionalmente. Siendo un antiguo pastor, misionero y director internacional de evangelismo, Silva es un orador fascinante que ha predicado el evangelio a cientos de miles de personas alrededor del mundo por medio de cruzadas, conferencias, festivales y servicios de iglesias. Es autor de *Do You Want Fries With That?* [¿Quiere papas fritas con eso?], que ofrece ciento una ideas para usar objetos diarios en ilustraciones del evangelio. Para más información, visite la página de Internet de Mike Silva en www.mikesilva.org.

Steve Sjogren es el pastor fundador de la Iglesia de la Comunidad Vineyard en Cincinnati. Ha fundado cuatro iglesias (en Los Ángeles, Oslo, Baltimore y Cincinnati). A partir de la iglesia de Cincinnati, casi otras veinte iglesias fueron fundadas. Debido a su compromiso de empezar nuevos trabajos con regularidad, a la iglesia de Cincinnati se le llama el «Punto de Despegue». Sjogren pasa la mayor parte de su tiempo entrenando a fundadores de iglesias, hablándole a las congregaciones y dando conferencias sobre evangelismo sirviente y liderazgo eclesiástico, así como escribiendo libros y artículos. Ha escrito nueve libros, de los cuales el más reciente es *Irresistible Evangelism* [Evangelismo irresistible]. Vive con su esposa, Janie, y sus tres hijos, Rebekah, Laura y Jack, en West Chester, Ohio (en el lado norte de Cincinnati). Para más información visite www.stevesjogren.com.

Greg Stier es el fundador y presidente de Dare 2 Share Ministries, Internacional (D2S) [Ministerios Anímese a Compartir, Internacional], con base en Denver, Colorado. Su meta es entrenar y equipar a un millón de adolescentes cristianos alrededor de los Estados Unidos a compartir su fe con valor, claridad, y compasión. En 1988, Stier se graduó de la Universidad Cristiana de Colorado con un diploma en el ministerio de jóvenes. Él y su esposa, Debbie, y sus hijos, Jeremy y Kailey, viven en Arvada, Colorado y asisten a la Iglesia Gracia. Para más información visite www.dare2share.org.

Jay Strack, autor y orador aclamado por la nación, es fundador y presidente de la Universidad de Liderazgo Estudiantil, una organización internacional sin fines de lucro, dedicada a equipar, potenciar y capacitar a estudiantes con cualidades de liderazgo por medio de programas únicos. Además de su trabajo con los estudiantes, Strack ha sido llamado a entrenar y motivar a más de quince millones de personas en los negocios, la educación, el cuidado de la salud, el ministerio, el gobierno, las organizaciones sin fines de lucro y el área de los deportes. Él y su esposa, Diane, viven en Orlando. Para más información visite www.studentleadership.net.

Joni Eareckson Tada es fundadora y directora ejecutiva del Centro Internacional de Discapacidad Joni y sus Amigos, una organización que está incrementando el ministerio cristiano en la comunidad discapacitada. Desde un accidente de natación en 1967 que la dejó cuadripléjica, Joni ha sido una voz para las personas discapacitadas, ha escrito treinta libros y se ha convertido en una oradora muy solicitada en múltiples conferencias. Para más información visite www.joniandfriends.org.

Marty Trammell enseña comunicación en el Colegio Corban en Oregon. También ayuda a pastorear la Iglesia Bautista Valley de Perrydale. Trammell y su esposa, Linda, tienen tres hijos que los ayudan a disfrutar de las misiones mundiales, los deportes y los viajes alrededor del país. Visite www.corban.edu para más información.

Jim Uttley Jr., coordinador de comunicaciones para Wiconi Internacional, ha estado involucrado en el ministerio a los indígenas desde 1988. Uttley pasó más de veintidós años en Haití como un hijo de misionero y luego como misionero con World Team y Crossworld antes de servir por trece años como editor para Indian Life Ministries [Ministerios Vida Indígena]. Es un escritor independiente y ha escrito mucho sobre temas haitianos e indígenas. Sirve como corresponsal especial para Assist News Service [Servicio de asistencia de noticias]. Uttley y su esposa viven en Winnipeg, Manitoba, Canadá. Tienen tres hijos adultos y un nieto. Para más información visite www.wiconi.com.

Martha Wagner es fundadora y directora ejecutiva de Hope Ministries Internacional [Ministerios Internacionales Esperanza]. Martha y su esposo, Bill, viven en Corvallis, Oregon. Recibió su maestría en evangelismo del Seminario Bíblico Multnomah. Su pasión es alcanzar a las mujeres de todas las naciones con el evangelio. Ella ha hecho esto en naciones africanas, la India y el norte de Europa. La creatividad, la iniciativa y el liderazgo son sus fuertes. Su último esfuerzo ha sido escribir y producir una obra teatral que comunica el evangelio a las mujeres en los Estados Unidos. Para más información visite www.betterthanastory.com.

Bob Waldrep es el director de Alabama de Watchman Fellowship y director ejecutivo de Evangelical Ministries to New Religions [Ministerios Evangélicos a Nuevas Religiones] (emnr.org). Waldrep ha escrito numerosos artículos sobre movimientos religiosos nuevos. Habla en iglesias y grupos cívicos de forma regular, y con frecuencia los medios lo solicitan para que exprese sus comentarios expertos. Para más información visite www.wfial.org.

Herbert Walker asistió a la Universidad de Vanderbilt y recibió su entrenamiento médico en la Universidad de Alabama, en Birmingham. Él y su esposa, Marie, viven con sus siete hijos en Birmingham, donde Walker lleva a cabo su exitosa práctica.

Rick Warren es el pastor fundador de la Iglesia Saddleback en Lake Forest, California, una de las iglesias más grandes y conocidas de los Estados Unidos. Además, Warren es autor de los exitosos libros según la lista del *New York Times* de los más vendidos *Una vida con propósito* y *Una iglesia con propósito*, el cual fue nombrado uno de los cien libros cristianos que cambiaron el siglo veinte. También es fundador de Pastors.com, una comunidad global en la Internet para ministros.

Dolphus Weary, esposo y padre de tres niños, ha servido desde 1998 como director ejecutivo de Misiones Mississippi, un ministerio de reconciliación racial, después de haber trabajado para los Ministerios Mendenhall por treinta años. Recientemente Weary fue nombrado presidente del ministerio Misiones Mississippi, el cual anima a la unidad en el cuerpo de Cristo sobrepasando las líneas raciales y denominacionales. Es el autor de *I Ain't Comin'Back* [No voy a volver], que cuenta su historia de crecer en Mississippi y aprender a sobrellevar los problemas del racismo, la pobreza y la injusticia. Weary es un orador frecuente en varias conferencias locales y nacionales. Para más información visite www.missionmississippi.org.

C. Richard Wells ha servido como pastor principal de la Iglesia Bautista South Canyon en Rapid City, Dakota del Sur, desde el año 2003. Formó parte del profesorado fundador de la Escuela de Divinidades Beeson (Birmingham, Alabama) y por siete años sirvió como presidente del Colegio Criswell (Dallas, Texas) hasta su retorno al pastorado. Tiene un doctorado de la Universidad Baylor y la Universidad del Norte de Texas.

Pat Williams es el vicepresidente principal del Orlando Magic, autor de cuarenta libros y uno de los oradores estadounidenses más motivadores, inspiradores y humorísticos. Ha pasado cuarenta y tres años como jugador y ejecutivo en el béisbol y el baloncesto profesional. También es uno de los cuatro ejecutivos de los deportes que ha servido como gerente general de cuatro franquicias. Williams y su esposa Ruth son padres de diecinueve hijos, incluyendo a catorce que han adoptado de cuatro países extranjeros, cuyas edades van desde los diecinueve hasta los treinta y tres. Para más información visite www.orlandomagic.com.

Rusty Wright es un escritor ganador de premios, reportero, columnista sindicado y orador internacional en representación de Probe Ministries. Ha hablado en seis continentes.

José Zayas es un evangelista internacional, autor y orador popular en múltiples conferencias. Sirve como director de evangelismo para los adolescentes en Enfoque en la Familia y es fundador de Evangelismo Internacional José Zayas. Para más información, visite www.family.org o www.josezayas.org.

Índice de Escrituras

Génesis
1:1 169
1:26-28 324
1:27 34
1:28 170
2:9 170
2:15 170
8:21 389
9:6 389
37—50 357
50:20 .... 60, 357

Éxodo
12:46 252
20:1-21 54
22:21 301
23:9 301
31:1-6 170
32 171

Levítico
19:31 269
20:27 269

Números
21:4-9 170

Deuteronomio
6:4 265
10:19 301
18:9-12 269
18:15 251
18:18-19 251

1 Samuel
16:7 387
28 269

2 Reyes
18:4 171
21:6 269
23:24 269

Salmos
14:1 96
14:2-3 75
16:10 252
19:7 109
22:7-8 251

22:14 252
22:16-17 252
22:18 252
34:2 22
34:20 252
37:4 15
39:5-6 345
40 60
41:9 251
51 60
69:9 61
69:21 252
106:43 60
110:1 252
116 28
118:22 251
119:11 .... 23, 109, 117
119:33 60
119:71 60
126:5-6 150
139 114

Proverbios
8:17 74
11:30 84
20:5 317
25:12 60
31 11

Eclesiastés
3:11 .... 35, 345
4:12 105

Isaías
1:18 265
7:14 251
8:19 270
19:3 270
40:22 83

44:25 270
47:12 269
47:13-14 269
50:6 251
53 252
53:1-3 251
53:5-12 252
53:7 251
53:8 251
53:10-11 223
53:12 252
55:11 .... 116, 139, 230, 274

Jeremías
7:5-7 301
10:2 269
14:14 270
17:9 240
20:9 61
27:9-10 .... 269, 270
29:13 222

Lamentaciones
3:21-23 21

Ezequiel
13:3 270
13:8 270
21:21-23 270

Daniel
4 200
12:3 37

Oseas
4:6 249

Miqueas
5:2 251
5:12 .... 269, 270

Zacarías
9:9 251

Mateo
1:18-25 251
1:15—2:23 223
1:23 29
2:1-6 251
4:1-11 109
4:10 .... 54, 120
5:1-12 293
5:16 258
5:29 325
6:31 235
6:33 .... 235, 381, 393
7:1 384
7:7-8 139
7:15-20 278
8:10 199
8:12 16
9:38 139
10:16 341
10:29-31 81
10:32-33 70
11:28-29 35
12:34 61
12:36 235
13 45
13:3-8 70
13:3-9 107
13:18-23 .... 70, 107
13:31 65
13:47 65

15:24 250
16:15 86
16:24 176
19:14 .... 163, 167
19:19 181
19:23-24 349
20:28 35
21:1-11 251
22:36-37 15
22:37 .... 55, 388
22:37-40 258
22:38 55
22:39 .... 15, 388
24:4 275
24:24 275
25:31-46 265
25:35-36 342
25:36 329
25:40 .... 331, 342
25:41 16
25:46 16
26:3-4 251
26:14-16 251
26:47-50 251
26:67 .... 251, 325
27:1-2 251
27:12-14 251
27:30 251
27:31 252
27:34 252
27:35 252
27:38 252
27:39-44 251
28:1-8 223
28:1-10 252
28:18-19 255
28:18-20 .... 139, 282

28:19 .... 10, 45, 54, 70, 180, 210, 229
28:19-20 .... 83, 385
28:20 182

Marcos
2:15 384
9:24 23
14:65 251
15:3-5 251
15:20 252
15:25 252
15:27-28 252
16:19 252

Lucas
1:26-38 251
1:26—2:40 223
2:1-20 251
2:49 160
4:1-13 178
4:16 83
4:18 339
5:29 75
6:27 181
6:41 384
6:46 73
9:58 342
10:29 388
13:5 73
14:12-14 336
15:11-32 45
19:10 9
22:19-23 251
22:31 107
23:1-25 251
23:8-10 251
23:11 251
23:32-34 252

23:32-43 385
23:35 251
23:42-43 257
23:43 385
24:1-4 223
24:50-51 252

Juan
1:5 38
1:14 20
1:29 252
1:41 17
1:41-42 154
3:7 25
3:16 .... 24, 121, 142, 151
3:16-18 54
4:1-42 344
4:7-9 360
4:23 74
4:42 72
6:8-9 17
6:28 22
6:29 22
6:44 183
6:68 351
7:40 251
8 391
8:7 386
8:11 386
8:12 14
8:31-32 109
8:34 323
10:3-4 116
10:28 .... 152, 166
11:49-52 252
12:12-16 251
12:32 114
12:37-43 251
13:1-17 54

14 101
14:1-6 152
14:6 .... 109, 151, 156, 190,
 224, 235, 245, 264, 265
14:16-17 .... 255, 256
14:23 .... 101, 235
14:26 101
14:27 .... 104, 255
15:13 181
15:15 257
15:16 70
15:20 139
16:8 .... 72, 75, 385
16:11 106
16:13 .... 39, 258
17:3 .... 14, 265
17:21 .... 255, 376
18:37 264
18:38 263
19:23-24 252
19:28-30 252
19:31-36 252
20:31 89

Hechos
1:8 .... 59, 139, 258
2 211
2:5 82
2:14-41 70
2:17-18 375
2:21 152
2:22-32 252
2:37 72
2:37-38 211
2:40-47 83
4:1-12 251
4:12 .... 151, 235, 265, 357
4:29 139
5:1-11 327

6:10-12 97
8 .... 82, 98
8:1-3 .... 97, 200
8:11-24 269
10:43 252
11:19-26 97
13:38-39 252
17:23 362
17:27 362
17:30 362
18:28 77
22—26 59
26:18 106
26:20 73

Romanos
1:1-3 24
1:16 .... 69, 173, 249, 294,
 339, 347
1:16-17 347
1:17 61
1:24-25 324
1:28 229
2:4 .... 45, 386
3:10 .... 151, 325
3:20 116
3:23 .... 26, 151, 165, 240,
 325, 357
5:8 ..... 103, 114, 234, 271, 387
6:6 40
6:8 40
6:11 325
6:12-14 326
6:14 326
6:23 .... 165, 357
8 391
8:2 .... 322, 323
8:7 235
8:15 257

8:28 .... 55, 113, 223, 234
8:38-39 257
10:9-10 .... 109, 165
10:13-17 345
10:15 73
10:17 .... 210, 347
12:1-2 54
12:2 325
12:6-8 41
13:1-4 200
15:13 317

1 Corintios
1:21-24 347
2:15-16 39
3:6 .... 45, 102
4:7 27
7:8 396
9:19-23 52
9:22 229
10:31 235
12:4-11 41
12:7 40
12:7-10
12:12-31 83
12:13 41
15:1-4 .... 24, 69
15:3-4 .... 101, 142

2 Corintios
1:4-10 60
2:17 58
4:3-4 .... 106, 229
4:18 233
5:8 265
5:14 62
5:17 .... 324, 341
5:19 62
6:2 346

11:2 83
11:14 109
12:9 55

Gálatas
3:24 136
4:18 61
5:19-21 269
5:22-23 .... 76, 130, 189
5:22-24 54
6:1-2 326
6:9 220

Efesios
1:13 347
2:2 106
2:8 24
2:8-9 .... 22, 151, 224, 234,
       240, 330
2:10 22
2:19-22 83
3:20 117
4:1 189
4:11-13 41
4:24 325
4:32 384
6:11 108
6:11-17 108
6:12 258
6:17 109

Filipenses
2:3 181
2:5 235
3:7-8 126
3:8 101
3:10 101
4:7 219
4:11-13 60

Colosenses
- 1:13 106
- 2:15 107
- 3:1-4 235
- 3:5 325
- 3:23 210
- 4:3-5 139
- 4:5 62
- 4:6 270

1 Tesalonicenses
- 1:8 58
- 2:19-20 211
- 4:7 54
- 5:18 113

2 Tesalonicenses
- 1:9 16

1 Timoteo
- 2:1-4 .... 200, 201
- 2:3-4 74
- 3:15 83
- 3:16 24
- 4:1 269

2 Timoteo
- 1:14 258
- 2:15 .... 80, 235, 273
- 2:22 235
- 3:15 76
- 3:16 75
- 3:16-17 77
- 3:16-19 212

Tito
- 1:9 273
- 2 374

- 2:3-5 375
- 3:5 240

Hebreos
- 4:12 .... 71, 109, 229, 378
- 4:12-13 75
- 4:15 396
- 9:14 20
- 9:27 265
- 10:17 104
- 10:24 22
- 10:25 .... 23, 83
- 12:1-2 235
- 13:3 329

Santiago
- 1:17 114
- 1:18 347
- 2:17 26
- 2:18 22
- 2:26 22
- 3:17 235
- 4:1-3 235
- 4:6 211
- 4:7 108
- 5:16 139
- 5:19-20 326

1 Pedro
- 1:18-19 35
- 1:23 347
- 2:1-2 77
- 2:9 59
- 2:23 212
- 2:24 165
- 3:15 .... 59, 79, 93, 98, 117, 140, 226, 250, 259, 308
- 3:15-17 .... 77, 229
- 3:18 .... 35, 165

4:14 103
5:8 108

2 Pedro
1:4 76
1:21 75
3:9 .... 62, 82
3:16 275

1 Juan
1:7 294
2:19 70
3:1 257
3:2 76
3:24 258
4:4 14
4:18 62
5:10 58
5:13 152

Judas
3 24

Apocalipsis
3:20 25
9:21 269
14:4 396
19:7 83
21:1 234
21:4 234
21:8 269
22:15 269

Nos agradaría recibir noticias suyas.
Por favor, envíe sus comentarios sobre este libro
a la dirección que aparece a continuación.
Muchas gracias.

7500 NW 25th Street, Suite 239
Miami, Florida 33122

Vida@zondervan.com
www.editorialvida.com